文明史のなかの文化遺産

飯田　卓　編

臨川書店

はじめに

本書は、国立民族学博物館が二〇一三年度から一五年度の三年間にわたって実施した機関研究「文化遺産の人類学――グローバル・システムにおけるコミュニティとマテリアリティ」の成果報告書である。このプロジェクトでは、他分野の研究対象となってきた文化遺産を文化人類学の分野であらためてとり上げなおすことにより、文化人類学と文化遺産研究（ヘリテイジ・スタディーズ）の双方にあらたな対象や研究方法を導入する意義を議論した。本書では主として、文化人類学の分野において文化遺産という対象をあつかうことの意義をよく示している諸論考をとり上げた。

後段でとりあげる「略称・略号などの一覧と解説」で述べるように、文化遺産という語は曖昧である。日本では、ユネスコの認定を受けた文化的所産という当初の意味がどんどん拡大して、各国政府が認定したもののほか、さまざまな機関や団体（文化関係以外の省庁、地方自治体、政府外郭団体、学会、新聞社、放送局）、ときには個人が「認定」することもある。文化の本質が社会的に共有された価値に関わり、そうした価値が二十一世紀のこんにち経済的価値の前で存在感を薄めつつあることを考えれば、当然の成りゆきであろう。国によっては、こうした価値にもとづく文化的営為を公的な認定と関わりなく文化遺産と呼び、民族アイデンティティや地域アイデンティティの象徴ととらえ、アイデンティティ政治の資源としようとする動きもみられる。いずれの場合も、文化遺産という語の範囲は拡大傾向にあるのだ。

このような現状をふまえれば、文化遺産はもはやたんなる文化行政の関心事ではなく、政治や経済の主流にうまく乗じきれなかった人たちの再挑戦に関わる重要なトピックだといえる。文化行政にとって、このことは一面で厄介なはずだが、一面では縦割り行政から漏れてきた事業を実現するため、現在のところ多くの政府が「文化遺産の民主化」を前向きにとらえているようにみえる。日本政府が認定する日本遺産と地域活性化政策との結びつき、中国政府が認定する非物質文化遺産と少数民族政策との結びつきは、その例といえる。

こうした動きと連動して生じているのが、建造物などの有形物からその担い手へという、文化遺産に関わる中心課題の移行である。もちろん、物質的な保存や修復、復元はあいかわらず重要なテーマだが、無形文化遺産というあたらしいタイプの文化遺産が一般に認知されつつある現在、国際学会や学術雑誌であつかわれるテーマは、物質性から非物質性・社会性へと重点を移行させつつある。

それにもかかわらず、とりわけ日本語での商業出版をみるかぎり、こうした二十年来の動きを反映した出版企画はほとんどなかった。そこで本書では、国立民族学博物館のプロジェクトの成果出版の一環として、文化人類学や民族学の立場から「文化遺産の担い手」をみたときのさまざまな問題をとりあげ、文化遺産全般にまつわる問題を考察することにした。ただし、文化遺産研究全般の流れを無視するつもりはなく、むしろそれとの関わりのなかで文化人類学がどのように変化しうるかという問題意識が底流にはある。本書の刊行を機に、このあたらしい潮流に関心をもつ若手研究者がひとりでも多くあらわれ、歴史や文化の愛好者たちがひとりでも多く文化人類学に興味を寄せてくれるようになれば、望外のよろこびである。

文明史のなかの文化遺産　目次

略称・略号などの一覧と解説

本書では、国際機関や国際条約、日本の法令などのうち、頻繁に登場するものを略称や略号で表記して解説をほどこした。これらはいずれも、文化遺産や文化財の議論においても頻出する。したがって、ここに掲げた一覧は、文化遺産学（ヘリテイジ・スタディーズ）のキーワード集として用いることもできよう。本書を読みすすめる前に、まずこの一覧を一読することをお勧めする。

ユネスコ

国際連合教育科学文化機関（United Nations Educational, Scientific, and Cultural Organizations、略称 UNESCO）。一九四六年に設立された、国際連合の専門機関。たんにユネスコという場合、その事務局を意味する場合が多いが、場合によっては議決機関である総会やそれを構成する加盟国、ユネスコの活動を支援するユネスコ協会や各国のユネスコ協会連盟を含むこともある。ユネスコ総会が採択した国際条約には、後述する世界遺産条約や無形文化遺産条約などがあり、それらの運営にあたる各種委員会もまた、ユネスコに含まれることがある。

文化遺産

日本語では一九九〇年頃まで、ユネスコが定める世界遺産（World Heritage）のうちの世界文化遺産（対となるカテゴリーは世界自然遺産）を意味した。しかし次第に、文化的な価値をもつことがら全般をあらわす普通名詞としてこの語を用いるようになっており、日本政府（文化庁）も、指定を受けていない文化財とほぼ同じ意味で文化遺産という語を用いている。二〇〇七年に設立された国立文化財機構の英語名は National Institutes for Cultural Heritage で、文字どおりに訳せば国立文化遺産機構となるし、二〇一一年には「文化遺産を活かした観光振興・地域活性化事業」（その後、

「観光振興」は名称から脱落）が始まり、二〇一五年には「日本遺産」の認定が始まった。本書における文化遺産の考えかたは、序章で述べる。

世界遺産条約

正式名称は「世界の文化遺産及び自然遺産の保護に関する条約（Convention Concerning the Protection of the World Cultural and Natural Heritage）」。一九七二年にユネスコ総会で採択され、一九七五年に発効した。日本政府の受諾は一九九二年。この条約を運営するための資金源として世界遺産基金（World Heritage Fund）が、締約国代表などが構成する運営機関として世界遺産委員会（World Heritage Committee）が設置されている。世界遺産委員会は、世界遺産の一覧表（List of World Heritage Sites）や危機にさらされている世界遺産の一覧表（List of World Heritage in Danger）を作成する責任と権限をもつため、しばしばユネスコと同一視される。また、各国が世界遺産の候補として推薦した物件を調査して評価するイコモス（後述、文化遺産の場合）やＩＵＣＮ（国際自然保護連合、自然遺産の場合）もまた、ユネスコと混同されることがある。

世界遺産に関する一覧表記載においては、申請案件が「顕著な普遍的価値（Outstanding Universal Value）」を備えていることが求められる。この点は（ユネスコの）無形文化遺産と大きく異なる点で、多様な価値観が共存する現状において矛盾を宿している。

グローバル・ストラテジー

正式名称は「世界遺産一覧表の代表性、均衡性、信用性のためのグローバル・ストラテジー（Global Strategy for a Representative, Balanced and Credible World Heritage List）」。遺産分布の地域的な偏りを正すため、一九九四年に世界遺産委員会が打ちだした戦略。この戦略にもとづいて、いわゆる生きた遺産（living heritage）や文化的景観（cultural landscape）の一覧表記載が奨励され、「世界遺産条約履行のための作業指針（Operational Guidelines for the Implementation of the World Heritage Convention）」でも、現在に息づく伝統との結びつきが「顕著な普遍的価値」とみなされるようになった。

イコモス

国際記念物遺跡会議（International Council on Monuments and Sites、略称ICOMOS）。一九六四年に発表されたヴェニス憲章（International Charter for the Conservation and Restoration of Monuments and Sites）をきっかけとして、一九六五年に設立された非政府組織。世界遺産の候補地を調査し評価する諮問機関として、ユネスコと協業している。

文化的景観

一九九三年、ニュージーランドの「トンガリロ国立公園」が世界遺産一覧表に記載されたのを最初の例として、近年あたらしく遺産とみなされるようになったカテゴリー。ただし、実質的に文化的景観とみなせる遺産は、それ以前にも存在した。一九九四年以降の「世界遺産条約履行のための作業指針」では、「自然と人による合作」である（自然遺産と文化遺産の両方の側面をもつ）ことと、地理的な制約や社会文化的な圧力を受けつつ長期にわたって形成されてきたことに、その価値を見いだせるとしている。

日本ではユネスコの動きをふまえ、二〇〇四年に改正された文化財保護法において文化的景観が次のように定義された。「地域における人々の生活又は生業及び当該地域の風土により形成された景観地で我が国民の生活又は生業の理解のため欠くことのできないもの」。ユネスコの定義ではたえざる変化が、日本政府の定義では現在の地域生活が、それぞれ文化的景観の基盤になっていると暗示されており、「生きた遺産」の好例といえる。

無形文化遺産条約

正式名称は「無形文化遺産の保護に関する条約（Convention for the Safeguarding of the Intangible Cultural Heritage）」。二〇〇三年にユネスコ総会で採択され、二〇〇六年に発効した。日本政府の受諾は二〇〇四年。この条約を運営するための資金源として無形文化遺産基金（Intangible Cultural Heritage Fund）が、締約国代表などが構成する運営機関として政府間委員会（Intergovernmental Committee for the Safeguarding of the Intangible Cultural Heritage）が設置されている。政府間委員会は、以下に述べる代表一覧表や危機遺産一覧表を作成し、ベスト・プラクティスを登録する。二〇一五年からは、一覧表記載にむけての推薦書を評価するため、評価部会（Evaluation Body）が政府間委員会のもとに設置された。

無形文化遺産に関する一覧表記載においては、世界遺産の場合と異なり、顕著な普遍的価値を備えていることは求められない。この点は世界遺産と大きく異なる点で、人類文化（および価値観）の多様性を尊重する趣旨にはかなうが、審査基準に曖昧さを残している。

危機遺産一覧表

一般的には、世界遺産条約に定められた「危機にさらされている世界遺産の一覧表（「世界遺産条約」の項参照）」を指すことが多いが、本書では、無形文化遺産保護条約に定められた「緊急に保護する必要がある無形文化遺産の一覧表（List of Intangible Cultural Heritage in Need of Urgent Safeguarding）」のことも指す。緊急に保護すべき無形文化遺産を各国政府が推薦する場合、条約に関わる政府間委員会が審査したのち、この一覧表に追加される。

代表一覧表

無形文化遺産保護条約に定められた「人類の無形文化遺産の代表的な一覧表（Representative List of the Intangible Cultural Heritage of Humanity）」のこと。人類の文化的多様性を示すのにふさわしい無形文化遺産を各国政府が推薦する場合、条約に関わる政府間委員会が審査したのち、この一覧表に追加される。

ベスト（グッド）・プラクティス

無形文化遺産条約に関して選ばれた「条約の理念と目的をもっともよく反映するプログラム、プロジェクトおよび実践（Programmes, Projects and Activities Best Reflecting the Principles and Objectives of the Convention）」のこと。当初は「ベスト・プラクティス」と略称されたが、二〇一六年の政府間会議以降は、「ベスト」にこだわらない「グッド・プラクティス」の略称が使われるようになっている。各国政府や非政府組織がおこなう無形文化遺産の保護措置のうち、条約の理念にふさわしいものを各国政府が提案して、条約に関わる政府間委員会が審査したのち、グッド・プラクティスに選ばれる。

無形遺産の傑作宣言

正式名称は「人類の口承及び無形遺産の傑作に関する宣言」。無形文化遺産条約の発効に先だつ二〇〇一年と二〇〇三年、二〇〇五年の三回にわたって出された。それぞれの宣言では、人類の文化的多様性を示すのにふさわしい文化的所産の代表が明記され、その数は合計すると九十件にのぼる。日本のものでは能楽（第一回）、人形浄瑠璃文楽（第二回）、歌舞伎（第三回）の三つが傑作として宣言された。これら九十件の傑作は、無形文化遺産条約が発効した後の二〇〇八年、人類の無形文化遺産の代表的な一覧表に転記された。

文化財保護法

一九五〇年に制定・施行された日本の法律。戦前の国宝保存法、重要美術品等ノ保存ニ関スル法律、史蹟名勝天然紀念物保存法などを継承しつつ、戦後の文化財保護を統一的に基礎づけた法律。一九五四年の改正では、戦前の法令で規定されなかった無形文化財や民俗文化財（当時の名称は民俗資料）などの保護措置が講じられた。また、一九七五年の改正では伝統的建築群保存地区や保存技術についての規定が、二〇〇四年の改正では文化的景観についての規定が加えられた。

選択無形文化財

文化財保護法に定められた「記録作成等の措置を講ずべき無形文化財」のこと。重要無形文化財と異なり、行政的な保護措置は講じられていない。

選択無形民俗文化財

文化財保護法に定められた「記録作成等の措置を講ずべき無形民俗文化財」のこと。重要無形民俗文化財と異なり、行政的な保護措置は講じられていない。

伝建地区

文化財保護法に定められた「伝統的建造物群保存地区」。そのなかでもとくに保護措置の講じられた「重要伝統的建造物群保存地区」は「重伝建地区」と表記する。個別の建造物でなく、定められた地区内の建造物群を一括して文化財とみなすもので、有形文化財と文化的景観の両方の性格を併せもつ。

ユネスコおよび日本政府（文化庁）が関係する文化遺産・文化財と、根拠となる条約・法令・プログラム（一部自然遺産を含む、2016年現在）

ユネスコ	
World Heritage（世界遺産）	Convention Concerning the Protection of the World Cultural and Natural Heritage（1972）
Intangible Cultural Heritage（無形文化遺産）	Convention for the Safeguarding of Intangible Cultural Heritage（2003）
Memory of the World（記憶遺産）	Memory of the World Programme
Audiovisual Heritage（視聴覚遺産）	なし（毎年10月27日を World Day for Audiovisual Heritage と制定）
Languages in Danger（危機言語）	なし（*Atlas of the World's Languages in Danger*, UNESCO, 1996（revised in 2001 and 2009））
Biosphere Reserves（生物圏保護地域、通称エコパーク）	Man and the Biosphere Programme（MAB）
Global Geoparks（ジオパーク）	International Geoscience and Geoparks Programme（IGGP）
日本（文化庁）	
国宝	古社寺保存法（1896）→国宝保存法（1929）→文化財保護法（1950）
重要文化財	古器旧物保存方（1871）→古社寺保存法（以下、国宝に同じ） 古器旧物保存方→重要美術品等ノ保存ニ関スル法律（1933）→文化財保護法（1950）
史跡・名勝・天然記念物	古墳発見ノ節届出方（1874）→史蹟名勝天然紀念物保存法（1919）→文化財保護法（1950）
登録有形文化財	文化財保護法（1996）
登録美術品	美術品の美術館における公開の促進に関する法律（1998）
登録記念物	文化財保護法（2004）
重要無形文化財（人間国宝）	文化財保護法（1954）
選択無形文化財	文化財保護法（1954、正式名称は「記録作成等の措置を講ずべき無形文化財」）
重要有形民俗文化財	文化財保護法（1954「重要民俗資料」→1975 現行名称）
登録有形民俗文化財	文化財保護法（2004）
重要無形民俗文化財	文化財保護法（1975）
選択無形民俗文化財	文化財保護法（1954、正式名称は「記録作成等の措置を講ずべき無形の民俗文化財」）
重要伝統的建造物群保存地区	文化財保護法（1975）
選定保存技術	文化財保護法（1975）
重要文化的景観	文化財保護法（2004）

根本昭ほか編『文化財政策概論』（東海大学出版会、2002年）などをもとに作成。カッコ内の数字は条約の採択年、または法律の制定年、改正年。

序章　人類的課題としての文化遺産――二つの文化が出会う現場

飯田　卓

文化遺産という語が人口に膾炙しはじめた一九九〇年代以降、文化の問題に関わって、文化遺産が話題にのぼったり論じられたりする機会がますます増えてきている。文化人類学の分野でも、文化遺産の問題をいずれ避けて通れなくなるだろう。本書では、文化人類学が現代的課題に対応していくための手続きのひとつとして、文化遺産の問題にとり組むことが効果的であることを示したい。同時に、文化の問題一般に関心をもつ読者に対し、文化遺産にまつわる問題群の人類史的重要性を示したい。人類史的というと大げさに聞こえるかもしれないが、まったく異なるふたつの文化概念の合流が現代ほど一般的にみられる時代はかつてなく、人類文化についてのとらえ方が大きく変わりはじめている。こうした変化において、文化遺産という考えかたの普及が重要な役割を果たしたことも、本書では示したい。

本章ではそのための序論として、近代的学問としての文化人類学が成立する以前にまで遡り、文化についての捉えかたが変わってくるようすをみていきたい。大まかな見取り図をあらかじめ示しておけば、文化についての考えかたにはこれまで、「人間の手で生みだし洗練させていく対象としての文化」と、「意識するせざるにかかわらず人間をとりまき、その活動を規定する文化」という、二つのモデルが併存してきた。両者は同じ語でありながら、異なるものを指すと考えられてきた、あるいは、われわれはそのように信じこまされてきた。しかし、『オリエンタリズム』に代表されるポストコロニアル批判と冷戦後のグローバル化を経たこんにちでは、認識論的レベルで両者を区別することにほとんど意味がなくなっている。そしてその状況は、文化遺産についての考えかたが一般に浸透するにつれ、ますます無視できなくなりつつある。そうしたなかで文化遺産をめぐる人びとの動きを追跡することは、文化の社会的布置を知るための重要な作業となる。

ドイツロマン主義における「文化」

ヨーロッパ語の「文化（culture あるいは Kultur）」という語は不思議な語で、自然の生命力と人間の創造力の両方を活力とする「農耕（cultura）」に由来するにもかかわらず、後代になると十八世紀頃まで、もっぱら人間の創造力を示すことがらと考えられていた（Eagleton 2000、吉見 二〇〇三）。たとえば、イタリアのルネサンス文化やフランスの宮廷文化がその典型だ。これらの文化を代表する絵画や音楽は、画家や音楽家たちの創造力が貴族たちの経済力によって最大限にまでひき出され、洗練されたものである。こうした芸術作品を「文化」と呼ぶとき、画家や音楽家たちの才能は、農耕における自然の生命力に喩えられていたのかもしれない。いずれにせよ、特定の芸術作品に結びついた文化は、裕福な階級の人たちが鑑賞するものであり、芸術家たちは、彼らの庇護を得ようと才能の研鑽に努めた。

こうした文化観に真っ向から異を唱えたのが、ドイツロマン主義の人びとだった。ドイツの西にあるフランスは、十八世紀後半の王政末期および革命期において、東方に領土を得る機をうかがう強国だった。この脅威に対抗しながら国家建設を進めるため、ドイツや東欧の知識人たちは、フランス流の文化観を批判するようになった。文化を国力の指標と考えた点では、彼らもフランス貴族と変わることがなかったが、それは経済力によって育成されるのではなく、民衆の生活のなかに素朴なかたちで宿されていると考えられた。だからこそロマン主義者たちは、グリム兄弟に代表されるように民間伝承を熱心に採話し、のちのドヴォルザークに代表されるように民衆音楽を克明に記録した。彼らの仕事がヨーロッパ流のフォークロアや民族音楽学を生み、ひいては日本民俗学の形成を刺激したことはいうまでもない（佐谷 二〇一五）。彼らは、民間の口頭伝承や民謡にみずからの文化の拠りどころを見いだし、エリートと民衆の区別なく共有される文化あるいは「民族精神（Volksgeist）」こそ、武力によらず国を統合する契機になると考えた。当時フランスで流行していた啓蒙主義の一面的かつ抽象的な人間観に対抗して、ドイツロマン主義は、自然環境や社会の多様性に関わりつつ発展していく全体的かつ具体的な人間観を提示したのである（矢田 一九五七）。この展望は、フランスで発展しつつあった自然科学に対し、ドイツで歴史科学を打ちたてようという宣言にまで展開していく。

ドイツロマン主義において、民話や民謡のかたちをとる文化は、鑑賞あるいは娯楽の対象としての側面を強く残している。その意味で、ドイツロマン主義にとっての文化は、二十世紀前半に文化人類学の分野で隆盛をきわめる文化相対主義の定義と異なり、「習慣や制度や価値観の総体」とは観念されていなかったかもしれない。しかし、その兆しはすでに現れていたといってよい。ドイツロマン主義者は、民話や民謡の集合体を「民衆文化」と呼ぶいっぽうで、それを支える「民族精神」が多様な生活実践と結びつきながら涵養されることを認めていた。たとえば、ドイツロマン主義の重要な一翼を担った哲学者ヨハン・ゴットフリート・ヘルダーは、次のように述べている。

……一国民の形成がどこまでも続行されるのは、運命の仕事に他ならないことがわかる。それは、無数の原因が相合《ママ》した結果であり、いわばそれらの原因がそのなかで生きて働いている全自然の結果である。（ヘルダー 一九七九：一三二）

かつての時代の人々は、これ［引用者註：教育のこと］についての考えが何と違っていたことだろう。すべては国民的にせまく限られていた。どんな教養も、きわめて特殊な個々の必要から生じ、またそこへもどっていった。――すべては経験、行為であり、きわめて限られた領域での人生の応用だった。あるときは族長の小屋、あるときは小さな畑地、またあるときは、わずかばかりの人間たちの共和国のこともあった。

人々は何でもじかに知っており、何でもこの身に感じ、だから人にも感じさせることができた。……物を言うにも言葉によってでは全くなく、行為と習慣と手本と無数の影響によって語った、あのよりよい時代は。

（同書：一三六）

人間形成は、啓蒙や近代的教育によってではなく、土地固有の諸条件をふまえて生活上の問題を解決していくうち、なかば無意識のうちに達成されるというわけだ。この言述は、土地に根ざした習慣や制度や価値観が、自然環境や生活技術などと分かちがたく結びついていることを示唆している。われわれは、この言述のうちに、のちの文化相対主義の萌芽をみてとることができよう。ドイツロマン主義において、生活に関わる観念や物質は芸術作品のように土地を離れて移動するのでなく、土地に根ざした諸条件と諸関係のなかでのみ息づく。民話や民謡のかたちをとっていても、人びとはたんにそれを創作したり鑑賞したりするのではなく、土地に根ざした諸条件の一部として「生きる」のである。

文化がたんなる作品ではなく、人びとによって「生きられる」ものだという考えかたは、文化相対主義による文化の再定義に向かう第一歩として、きわめて重要である。文化人類学がドイツロマン主義から受けた恩恵は、フォークロアや民族音楽学の場合と重なる部分もあるが、みかたによってはそれ以上である。重なる部分は、研究対象となる資料を民衆生活のなかに見いだす考えかただ。しかし一部のフォークロアや民族音楽学と異なり、文化人類学における文化はたんなる表現行為にとどまらず、身ぶりや話しかた、マナー、価値観、生活様式や思考様式など、生活のさまざまな側面を含む。いっけん無関係にみえるこれらの文化的諸側面は、人間行動全般を規定しており、ひとつの文化集団における行動の振幅を狭めるいっぽう、人類全体の行動をきわめて多様なものとする。意識的には変更しえない「第二の自然」としての文化観を、文化人類学はドイツロマン主義に負っているのである。

カルチュラルスタディーズの衝撃

「意識するせざるにかかわらず人間をとりまき、その活動を規定する文化」としての文化観、あるいは人びとに「生きられる」諸条件としての文化観は、ドイツ人民族学者アドルフ・バスチアンに継承され（Koepping 1995）、やはりドイツ人のフランツ・ボアズによってアメリカ合衆国で広く普及した。アメリカ流文化人類学に導入された（Stocking 1996）。この考えかたは、文化人類学の社会的要請が高かったアメリカ合衆国で広く普及した。日本へは、ドイツから直接なのかアメリカ経由なのかはわからないが、戦前期にすでに輸入されていたようだ。日本民俗学の創始者柳田國男も「古くから国に備わつて居つた時代々々の美しくてまた懐かしい生活様式も他の一つの文化でなければならぬ」と述べている（柳田 二〇〇三）。戦後になると、連合国軍が占領地統治のために文化人類学を応用した結果（中生 二〇〇五、二〇〇六）、戦前に「土俗」「習俗」「旧慣」「生活」などと呼ばれていたことがらが「文化」と呼びかえられるようになった。

文化人類学（とりわけ、二十世紀初頭から一九七〇年代までの文化相対主義）において、文化は人間生活のあらゆる領域（技術、社会、宗教）に関わるものと定義された。しかしそれらの領域は、孤立して機能するのではなく、他の領域と緊密に結びついて全体を形づくるものとされる。その意味では、絵画や宮廷音楽あるいは民話や民衆音楽のような鑑賞対象とはっきり異なり、むしろ、創作や鑑賞を可能にするための価値観や物質文化、娯楽や儀礼に関わる習俗全般などを指すようになっていく。二つの文化観は、この段階で明確に異なったものとなるのである。

文化相対主義における文化の定義は別所に譲ることとして（Kluckhorn and Kelly 1945, Tylor 1958, Kroeber and Parsons 1958、祖父江 一九七九）、ここでは、文化人類学が広めた「生きられる文化」が、アカデミズムを離れた文脈でも一般化したことを確認しておこう。

たとえば、こんにちわれわれが「異文化理解」と言うときの「文化」は、芸術作品や芸術家を意味するわけではないし、絵画市場やレコード産業、批評空間などを中心とする芸術システムを意味するわけでもない。価値観をはじめ、人びとが生きる異なる諸条件を広く「文化」と呼び、異なる立場の人びとに対する理解を「異文化理解」と呼んでいるのだ。同じような意味での文化は、「文化圏」「文化接触」「文化変容」といった用法にみられる。これらは、文化人類学で多かれ少なかれ論じられたのち、社会生活に浸透した例だ。ルース・ベネディクトの日本文化論（ベネディクト 一九六七）からは、「罪の文化（欧米文化を意味する）」と「恥の文化（日本文化を意味する）」といった言葉が広まり、『タテ社会の人間関係』（中根 一九六七）から『「縮み」志向の日本人』（李 一九八二）にいたるまで、さまざまな「日本文化論」が登場した。文化相対主義を経由して、戦後日本社会の人びとは、着脱が容易でない生活様式・思考様式としての文化を身近に感じるようになったのだ。この考えかたにおいて、文化は、構成員が等しく共有するものとされる。

アカデミズムと無関係に発生した用例としては、「大阪文化」「若者文化」「会社文化」などがこれに近い。「食文化」「服飾文化」「物質文化」といった表現は、全体性を備えた人類学的な文化とはややニュアンスを異にする。しかし、芸術などからかけ離れた諸分野に着目する点で、これらの用法も比較的あたらしいといえる。いっぽうで、芸術やそれに類する洗練や高みという意味での文化も健在で、「文化立国」「文化財」「文化庁」「文化人」などの用法がある。本書の関心からいえば、「文化遺産」という語も、もともとはこちらの用法に近かった。つい最近に至るまで、「文化」という語は、異なる二つのベクトルにひき裂かれた概念だったのである。そしてこの状況は、「文化」の語を日本より早く使いはじめた欧米でも大差なかった。

こうした文化相対主義的な文化観の広がりに対して疑問を投げかけたのが、エドワード・サイードの著作『オリエンタリズム』である。彼の主張によれば、非西洋の人びとを政治的に受動的な立場にとどめてきたもっとも深刻な要因として、西洋的な知のありかた（オリエンタリズム）を指摘できる。オリエントにくらす多様な属性の人びとを「東洋人」と名指し、他の可能なありかたを封じこめるという知的な「支配」のテクニックは、文化相対主義の文化観にも通じるものだった。文化相対主義において、文化は着脱不可能で、ときに牢獄のように個人の生を規定する。しかしそうした権力性は、文化そのものに由来するのではなく、文化人類学者の勝手な文化観によるのではないか。こうした厳しい批判の前に、文化人類学者たちがこれまでに書き綴ってきたすべての民族誌は矛先を突きつけられ、再考の作業が始まった。こうした事態は、「表象の危機」（マーカス・フィッシャー 一九八九）あるいは「『ライティング・カルチャー』ショック」（松田 一九九九）などと呼ばれている。

サイードの議論と通じあい、なおかつ文化概念にも再考を迫るという意味でより深刻な問題提起が、別の方向からも文化人類学に対しておこなわれた。それは、バーミンガム大学現代文化研究センターを拠点として一九七〇年代から急速に発展していた、カルチュラルスタディーズ学派からの問題提起である。この学派の論者は、文化概念に関して、フリーの立場で文筆活動を展開したレイモンド・ウィリアムズをしばしば参照している。ウィリアムズの著作『文化とは』を読むと、前述した二つの文化概念――創造としての芸術活動と、人間行動全般を規定する諸条件――の両方を区別していることがわかる（ウィリアムズ 一九八五）。しかし、ウィリアムズは両者のどちらか一方を偏重するのでなく、両者の「合流点」に問題を見いだした。すなわち、芸術活動はたんに鑑賞の対象としての作品を生みだすだけでなく、それ自体が人間行動の諸条件として作用すると喝破したのである。こうした循環的な再生産メカニズムとしての文化は、植民地支配がオリエンタリズムを生みオリエンタリズムが植民地支配を生むというサイードの文化観を彷彿とさせる。

ウィリアムズの発想の背景としては、広告や映画、テレビ番組などのマスメディアが旧来の芸術メディアを凌駕し、産業化していったことがあげられるだろう。こうした産業部門においてこそ、商品があらたな生産条件となり、知らず知らずのうちに政治関係が忍びこむという現代的な問題が露わになる（吉見 一九九四）。このためカルチュラルスタディーズの論者たちは、ポピュラー文化の演出者たちと消費者たちとのあいだにあるずれや重なりあいを、好んで研究対象とした（吉見 二〇〇〇）。

文化の資源化・客体化

サイードの問題提起が文化人類学に与えた影響は大きく、調査をおこない民族誌を書くときの方法が、倫理の問題として盛んに論じられた[1]。とりわけ、特定の地理的範囲の人びとや特定の属性の人びとが均質に文化的共通性を備えるという考えかたは、本質主義的であるとして警戒されるようになった。文化相対主義にもとづく文化観もまた、複数の文化が無交渉のまま自律性を保つという前提を受けいれてしまうと、本質主義に陥ってしまう。このため文化人類学のあいだでは、相対主義の欠点は認めるが自己中心的な見かたには警戒するという「反＝反相対主義」の立場もあらわれた（ギアーツ 二〇〇二）。

いっぽう、見かたによってはより重要なカルチュラルスタディーズの問いかけに対して、人類学者からの応答はそれほど明瞭ではない。そのもっとも大きな理由は、カルチュラルスタディーズの研究対象がポピュラー文化に偏重しており、人びとが上の世代からひき継いだ「行動を規定する諸条件」としての文化に踏みこもうとしていないようにみえたからだ。じっさいには、カルチュラルスタディーズにおけるイギリス労働者階級の研究など、文化人類学と共通の文化観のもとにおこなわれた研究もあったのだが、対象の多様化により、そうした手がかりが見えにくくなってしまったのだと思われる。その結果、サイードの批判対象に人類学が含まれたのと異なって、カルチュラルスタディーズは人類学を批判するというより、認識論的な違いを指摘したにすぎないという受けとめかたが多かった[2]。文化人類学とカルチュラルスタディーズは、ともに文化の問題を扱いながら、異なる側面に着目してほとんど没交渉のまま発展した。

とはいえ、一九九〇年代以降、変化は徐々に胎動していた。筆者のみるところ、もっとも敏感に反応したのは、観光やツーリスト・アートに関心をもつ論者だった。日本では、カルチュラルスタディーズを早くから紹介していた太田好信の業績が特筆に値する。「文化の客体化」という論文において太田は、東北や北海道、沖縄（八重山）などの事例にもとづき、それぞれの地域の人びとが観光のホストとしてふるまいながら自己表象するさまを指摘した。メディアやそれにともなう情報は、サイードが例示したような他者支配にのみ利用されるのではなく、土地のアイデンティティを高めるうえでも利用される（太田　一九九三）。このことは、カルチュラルスタディーズが指摘したように、二つの文化概念の「合流点」に現代的な問題が横たわっていることを示す。文化はいまや、人間の手による創作物であると同時に、人間行動の諸条件でもあることが明らかとなったのである。

経済活動でもある観光やツーリスト・アートが文化の問題としていち早くとり上げられた理由は、異なる文化が出会う場とみなされたからだろう。文化の問題を考えるとき、異文化の出会いにおいて触れる他者のまなざしが重要な契機となることを、現代文化研究センター所長のスチュアート・ホールは指摘している。彼は、本質主義的なアイデンティティがあたらしいアイデンティティに鋳なおされることを論じるにあたり、フランツ・ファノンを引用して他者との出会いの重要性を喚起した。

アンティル諸島出身の青年である著者［引用者註：ファノン］は、白人のペルシャ人の子供とその母親に出会う場面を描いている。それからその少年が母親の手を引っ張ってこういう、「ママ、ごらんよ。黒人だよ」。そこで著者はこう述べた。「初めて私は自分が何者か知った。初めて他者の視線、他者の凶暴なまなざしによって、私が吹き飛んだような感じがした。そして同時に別のものとして作り直されたような感じがした。

（ホール　一九九九：七六）

冷戦の終結により「出会い」の場が急増し、ローカルな文化過程がグローバルな文化過程に連動するようになったことこそ、カルチュラルスタディーズの問題提起が人類学に理解されるようになった直接の契機だった。観光人類学の普及に大きな役割をはたした山下晋司によると、ヒト、カネ、モノのグローバルなフローのなかで、文化的なものが社会の境界を越えて享受されるようになった結果、伝統的文化は一方で断片化し、他方では観光というコンテクストにおいて再構成されていく（山下 一九九九）。筆者が別所で論じたように、伝統文化が断片化していく背景には、さまざまなサービスや工業製品が普及していくなか、手近な素材や道具だけを用いた生活技術が効用を失って実践されなくなるということがあげられる（飯田 二〇一七a）。しかしその面だけを強調する「消滅の語り」は、これまでにも変わってきたはずの文化が変わっていくことを不当に嘆くことにほかならず、本質主義の誤った前提にもとづいている。実際にグローバル化がもたらす影響は負の効果だけではなく、異なる文化的伝統が出会うことであたらしいものも生まれている。そうした過程に着目する「生成の語り」こそ、文化人類学に求められていると山下はいう。

グローバル化がもたらした異文化の出会いという状況は、文化人類学の他の分野でも問題化されていった。その変化は、グローバル化の進展と歩調を同じく迅速で、二〇〇〇年代には多くの研究者が自覚するところとなった。その結果、人びとが演出したり操作したりする対象としての文化が、文化人類学の視野に入ってきた。そうした文化は、近年まで、人びとの生活の条件とはいえない「まがいもの」の文化と考えられがちだった。しかしそのような決めつけは、サイードが批判したオリエンタリストたちと同様に、学問の権威を笠に着て人びとを支配することにほかならない。文化概念について神経質になるよりも、人びとの実践を受けいれることからフィールドの現実に肉薄しようというポスト文化相対主義的な態度が、このようにしてできあがった。

他者との出会いを経た文化は、「人間の手で生みだし洗練させていく対象としての文化」と、「意識するせざるにかかわらず人間をとりまき、その活動を規定する文化」を、巧みに織りまぜながら自己形成をはたしていく。他者に文化を提示する場合には、音楽や祭の場面、彫刻や絵画といった芸術作品の形をとることが多いだろう。これは明らかに、人間の手で操作できる対象としての文化だ。それと同様に、自分に連なるローカルな歴史を反映し、かけがえのない自己の一部として息づく文化もまた、グローバル化のなかでアイデンティティを築くために重要である。社会的弱者としての記憶や物語、言語、意匠などがそうだ。こうした文化のありかたは、カルチュラルスタディーズが漠然と想定し、冷戦後のグローバル化のなかで文化人類学者の意識にのぼったものである。カルチュラルスタディーズの問いかけに対して、文化人類学は明快な応答をしたわけではなかったが、グローバル化の状況に直面して間接的に重要なアイデアをとり入れたのだといえる。

こうして完膚なきまでに批判されたかにみえる文化相対主義だが、その可能性が完全に断たれているわけではないことも、最後につけ加えておこう。複数の文化が無交渉のまま自律性を保つという前提は誤っているとしても、個々の文化が尊重すべき点をもつことについては、同意する研究者が少なくない。それどころか、多様な文化や価値観を認めつつひとつの人類社会を発展させていくことは、社会的な目標としても多方面から期待されている。後段で述べる「あらたなアイデンティティ」が模索されているように、「あらたな文化相対主義」は今後も模索されていくだろう（本書吉田憲司論文と竹中論文も参照）。だからこそ、文化相対主義が定式化した「生きられる文化」すなわち無意識のうちに人間活動を規定するという意味での文化は、グローバル化の現代もひき続いて現実味を帯びているのだ。それにくわえて、文化遺産という概念もまた、エリートが洗練させた客体・物質体という意味を離れ、生きられた文化としての意味あいを強めている（飯田 二〇一七a）。

文化遺産という合流点

ここでようやく、本書の主題である文化遺産の問題にとり組む準備が整った。本書でめざすのは、文化遺産を題材にとり、それに関わる人びとが従来の二つの文化概念に向きあいながら、いかに「他者との出会いを経た文化」を築きあげるか明らかにすることだ。これまで詳細に論じてきた文化の概念については、もっと長い時間をかけなければ最終的な回答を出せない。しかし、文化遺産の問題系において二つの文化概念が有している位置取りを、まずは示しておく必要があろう。

文化遺産という語は、個人的あるいは家族的な遺産という意味を拡大して、社会的にまで高めた語である。公式的な用例ではないものの、十九世紀末のヨーロッパや日本では、ナショナリズムの高まりとともに整備された国家的文化財が遺産と呼ばれた。その流通範囲を国際的な範囲にまで広げたのが世界遺産である（条約採択は一九七二年）。したがってすでに触れたように、文化遺産はまずもって鑑賞しうる対象という意味あいを帯びていたのであり、人間活動の諸条件として生きられる文化と結びついていなかった。

ところが一九九〇年代になり、世界遺産委員会自体がこの概念を見なおすようになった。現代の人びとの生活とともに変化しうる景観や建造物、あるいは現代の人びとが担う芸能や祭事などが含まれるようになったのだ。世界遺産委員会やユネスコ事務局が狙ったのは、そうした見直しにより、西洋の古典期と分かちがたく結びついた文化遺産をより普遍的な概念にしていくことだった。その結果、これからの文化遺産を考えていくにあたっては、変化と担い手という二つの新要素をどのように考えていくかが鍵になる（飯田 二〇一七a、本書小谷論文と関論文も参照）。

変化も担い手も、観光人類学が観光を文化人類学の主題として導入するにあたり、考察の対象となっていたことがらである。しかし文化遺産を問題とした場合、観光を問題とした場合とは微妙にその扱いは変わってくる。変化に関していえば、長期に持続することがらのみを文化とみなした従来の文化人類学に対して、演出のほどこされた「まがいもの」をも文化の範疇に含めた観光人類学の功績は大きい。この意味では、文化遺産の人類学も、観光人類学と同じ立場に立つ。しかし、観光現象だけを対象としていくと、どうしてもその場しのぎのショウアップが表面化してしまい、持続的な文化の問題が後景に退いてしまう。このことは、マンガやアニメ、「Pokémon GO」といったゲームなど、地域の文化とは無関係に創作されたメディアコンテンツが現在有力な観光資源になっていることからもわかる。地域の文化が副次的な観光資源となってしまった現場においては、二つの文化の「合流」を問題化することはむずかしいだろう。

これに対して、一九九〇年代以降に概念化されてきたあたらしいタイプの文化遺産は、二つの文化の連続性をふまえて提示されたものであり、それを対象化すれば長期的な文化的持続の問題と短期的な経済的効果の問題がおのずから交錯してくる。場合によっては、いったん消費対象として脱文脈化された文化を、生きられるものとして再文脈化する動きも生じてくる（飯田 二〇一七b）。とはいえ、再文脈化は、脱文脈化以前への回帰ではない。脱文脈化以前と再文脈化以後を較べると、さまざまな変化が生じている。こうした変化にもかかわらず変化しないものに価値を見いだそうとする人びとの努力こそ、文化遺産というテーマにおいて文化人類学が重視しようとすることがらである。

担い手に関していえば、観光デベロッパーと交渉する重要なアクター（主体）として、観光人類学はローカル住民を重視した。これは、従来の観光学がホスト側のアクターとしてホテル業者や地方自治体しか視野に入れていなかったことに較べれば、画期的である。とはいえ、観光問題における地域住民は、観光デベロッパーに対峙するアクターとして一枚岩的に描かれる傾向がある。その結果、観光に対する少数意見は、観光デベロッパーとの交渉の前で看過されたり無視されたりしてきた。つまり観光人類学では、ローカル住民の相互における矛盾や交渉がほとんど対象とされてこなかったのだ。

これに対して、文化遺産を対象とした人類学的モノグラフは、文化遺産の捉えかたについての人びとの意見が多様であること、さらには、自分たちが関わる文化遺産を運営していくうえでの展望が多様であることを明らかにしてきた（関 二〇一四、本書門田論文も参照）。このことは、民族的少数者や性的少数者が権利を主張するうえで、さまざまな意見のもとに運動を展開してきたことと関わる平行現象だ。多数派から抑圧されてきたという共通の歴史をふまえて、少数者たちのアイデンティティ政治[3]は始まったが、まもなく彼らの多様性は無視できなくなりはじめ、現在では多様性を前提とする「あらたなアイデンティティ」が模索されるようになっている（ホール 一九九九）。その戦略は場合によってさまざまだが、基本的には、多数者から排除されてきたかぎりでの共通性を基盤としつつ、多様性を認めるようなアイデンティティが現実のものとなりつつある（太田 二〇〇一）。文化遺産の担い手もまた、文化遺産にまつわるローカルな経験を将来にうけ継ぐため、多様性をのり越えることが求められている。そのさいに対峙すべき相手としては、多数者の歴史や経験のほかに、ローカルな価値を根絶やしにしかねないグローバル化の過程がある。

文化遺産にまつわるローカルな価値につどう人びとを、ここではあえて「コミュニティ」と呼んでおく。これは、世界遺産のグローバル・ストラテジーや無形文化遺産条約で重視されている概念で、ふつうは地域社会と読みかえてさしつかえない。しかし、文化遺産を支える人びとを地域社会とみなすだけでは、現代の文化遺産が今後遂げていく変貌は捉えきれないだろう。文化遺産を支える人びとを、文化人類学が概念化しつつある「実践としてのコミュニティ」としてとらえることこそ、今後は必要になってくると思われる。

実践としてのコミュニティについては、平井京之介による浩瀚なレビューがある（平井 二〇一二）。二十世紀後半には、文化人類学におけるコミュニティ概念として、相互行為にもとづくコミュニティと、象徴操作によって構築されていくコミュニティという二つの系譜があった。しかし二〇〇〇年代以降は、移民ネットワークや自助グループ、人権・環境ＮＧＯといったあらたな社会集団がコミュニティと呼ばれるようになり、二つの系譜が統合される傾向にある。これら新しいタイプのコミュニティは、多様性や競合、矛盾を内部に抱えながら緩やかに統合されており、相互行為の局面と象徴操作の局面がともに焦点化する行為主体の実践に目を向けなければとらえきれない。

文化遺産をめぐるコミュニティもまた、必ずしも境界をもたず、参与者の実践によってたえず更新されていく。それは、実体というよりプロセスといったほうがよい。こうしたコミュニティに人びとは、「生まれながらの属性によって帰属するのではなく、コミュニティの中にみずからを投げ入れる」（平井 二〇一二：一六）。そのようにして立ちあがってくる集合体は、ネットワークと異なり、実践の密度が比較的高い中心とそうでない周辺をもつ雲状の広がりである。こうした広がりのなかで、人びとがポジションを交代しながら輪郭を維持しているというコミュニティのイメージを、本書では提示していきたい。

以上から、文化遺産という問題にとり組むことは、観光人類学の問題意識を継承しつつさらに発展させるものだといえる。それだけでなく、文化人類学全体にとっても大きな意味があることを、最後に強調しておきたい。これは、先に変化の問題について述べたことと関わっている。一九八〇年代以降の文化人類学は、文化という語を意識的に用いなくなった結果、上の世代から現在の世代、下の世代までの人間関係を見通しにくくしてしまった。いっぽうで、長期に持続しない一時的な（エフェメラルな）ものを主たる対象とした結果、それまで見落とされていた重要な論点を視野に入れてきたことは事実である。しかし、表裏一体となった負の効果として、斯学が備えていて然るべき将来に向けての構想力が著しく減退してしまった。この構想力を回復するために、上の世代からうけ継ぎ下の世代へひき継いでいく文化遺産の問題は、かけがえのない題材になりうると筆者は信じている。

本書における文化遺産

これまでに述べてきた問題をとらえるにあたり、文化遺産とはなんなのかをあらためて定義しなければならない。人びとの実践に着目するのであれば、公的機関が認定した文化的所産だけを問題にすることはできないだろう。さしあたって本書では、次の二つの要件を満たすものを文化遺産と呼ぶことにした。①過去に製作された物質的な文化的所産、過去から反復されてきた非物質的な文化的所産や実践、またはこれら文化的所産を生みだす身体的基盤の三つのうち、いずれかひとつないし複数の側面をもつこと。②集合的・社会的に価値を認められていること。この二つの条件である。ユネスコや国、自治体などから認定を受けていることは、本書でいう文化遺産の要件ではない。これから認定を受けようとする文化遺産の問題も、変化や担い手の問題に深く関わっているからだ（飯田 二〇一四）。

①の条件から順に補足していこう。過去に製作された物質的な文化的所産とは、これまで有形遺産または有形文化財と呼ばれてきたものである。これに対して無形遺産や無形文化財は、残りの二つに対応する。すなわち、過去から反復されてきた非物質的な文化的所産・実践と、有形無形の文化的所産を生みだす身体的基盤である。身体的基盤というのはわかりにくいかもしれないが、近年では知識そのものや言語なども文化遺産と呼ばれることが多いので、記憶や身ぶりなども含めて身体的基盤と表現した。

このように、ひとまず三つのタイプの文化遺産を区分してみたが、じっさいの文化遺産を見てみると、三つのうちの二つ、または三つすべての要素から構成されるものも少なくない。たとえば伊勢神宮本宮は、有形所産である本殿建築のほか、式年遷宮という無形所産、ならびに神官や宮大工の身体的基盤という三つの側面から構成されている。どれかひとつでも古式（と考えられているもの）から逸脱すると、伝統の考えかたを変えなければならなくなる。その意味で、文化遺産とは複合的な文化現象だといってよい。

この意味では、日本（和人）文化やアイヌ文化など、文化相対主義のもとで独立した生活様式ないし「生きられる文化」と考えられてきた文化そのものも、文化遺産と捉えることが可能かもしれない。じっさいには、それほど広い領域に目配りをしながら文化遺産の運営をおこなうことは容易でないため、文化と文化遺産を同一視することは一般的でない。筆者がみるところ、もっとも広い領域をカバーする文化遺産は、二〇一三年にユネスコ無形文化遺産の代表的一覧表に記載された「和食」である（飯田 二〇一五）。この遺産物件は、伝統行事から食事作法までの幅広い要素を含み、北海道から沖縄までの変異を幅広くカバーしているため、考えようによっては「日本文化」「アイヌ文化」に匹敵する豊饒な内容を持っている。こうした例は現段階では例外的だが、個別の文化が文化遺産とみなされるようになることも、近い将来に生じるかもしれない。しかしいっぽうでは、日本文化やアイヌ文化といった概念は認識論的に文化相対主義を拠りどころとせざるをえず、そのことがはらむ問題も少なくない。このため現段階では、文化遺産は「生きられる文化」に内在する文化的現象であると考えておこう。

②でいう「集合」「社会」の範囲は、ユネスコの影響を受けるグローバルな範囲や国家の範囲だけでなく、その遺産の継承に関わる担い手だけという狭い範囲の可能性もある。とくに、いまだ公的な認定を受けていない遺産は、そのような狭い範囲でしか価値を認められないのがふつうである。また、本書の関論文が扱うように、それを継承する（人間としての）担い手が当初は現存せず、代わりに研究者らが価値を認めているという場合もある。さらには、あまりに日常事になっているためその価値が言表されることはないが、かけがえがないものと認められるかたちで価値が意識されていることもある。いずれにせよすべての文化遺産は、そのように価値を認められることで、世代を超えてこれまで伝えられてきたという実績か、今後伝えられようとする可能性のいずれかをもつ。いずれの場合も超世代的な存続が問題となるわけで、文化遺産の問題は多かれ少なかれ、長期的な持続に関わるといってよい。

こうした意味での文化遺産は、価値をもつがゆえにこそ、その獲得や占有をめぐって競合や対立が起こる。大勢の人びとを動員する政治的資源として用いられることもある。このため文化遺産は、アイデンティティ政治において少数者を団結させる役割をはたすが、場合によっては逆に、多数者の政治と同じ弊害をもたらすと批判されることもある。このため本書では、過去と未来の結節点を描くにあたり、複雑な人間関係に向きあうことになる。

本書の内容と構成

本書では、本章に続いて四部十三章を設け、「担い手」と「変化」に着目しながら文化遺産の問題を論じていく。

第一部「担い手たちのコミュニティ」では、本章で簡潔に述べた文化遺産のコミュニティを、個別事例にもとづいて具体的に描きだす。文化遺産の担い手をとらえるうえでの具体的なイメージを提供するとともに、担い手の変化を論じた第四部の導入編という性格もかね備えている。小谷竜介による「文化財の多様なまもり方」は、宮城県石巻市のはねこ踊りをとり上げたもので、前半部で近年の文化財政策の変化を詳しく描き、後半部では、さまざまな文化資源として活用されるこの踊りを「保護」するアクターの多様性を描いている。神社における祭事のほか、郷土芸能のコンテストや運動会、地域活性化を目的とする商工会の祭典などで上演されるようになったこの踊りは、行政関係だけでもさまざまな人びとによって担われており、観光をきっかけとして踊り手になった人たちも少なくない。このように拡散したコミュニティがあるいっぽうで、関雄二による「遺跡をめぐるコミュニティの生成」は、ペルーで出土した遺物、すなわち、本来は担い手のいない文化遺産をとり上げる。前半部は、国際的な文化遺産行政において担い手が注目されるに至る経緯や、文化遺産が政治資源化していくようすも論じられており、本章の論点を補完している。しかし関論文のもっとも重要なポイントは、文化遺産をめぐるさまざまな交渉のなかであらたな社会的記憶が生まれ、それが実際の社会関係を調整していくということである。文化遺産の社会的役割を明確に提示している点で、今後の学術と行政の課題を考える材料となろう。

第二部「生きている遺産」の諸論文は、文化遺産の概念が広がり、信仰や生活、工芸といった無形の要素を含むようになった現状から、変化の問題を考察している。刻一刻と姿を変えつつある文化遺産をどのように捉え、それにまつわる問題をどのように解決してよいかが問われる。中村亮による「隠された文化遺産」と、門田岳久による「聖地を担う」は、ともに有形の世界遺産をあつかいながら、信仰という無形で移ろいやすいものを主題としている。中村論文は、タンザニア南部キルワ島の遺跡群のなかに、観光客や研究者が気づかない祈願所が散在していることに着目し、ローカルな価値をそなえた祈願所を、顕著な普遍的価値をそなえた有形遺産とは別のかたちで保護していくべきことを提案している。いっぽう門田論文は、生きた遺産として周辺住民の参画が実現しつつある沖縄県の斎場御嶽を主題とし、従来は外部者とみなされていた観光客が御嶽にあらたな価値付与をおこなっていることを指摘する。こうした人たちが信仰以外にどのようなかたちで遺産に関わってくるのか、今後の成りゆきを見守る必要があろう。

生きている遺産はこのように、それを支える人びとの動きによって、価値やかたちを変えていく性質をもっている。河合洋尚による「創造される文化的景観」では、中国広東省の客家《ハッカ》の建造物をとり上げ、エスニック・シンボルとしていったん増加した円形土楼に代わって生活との結びつきがより強い囲龍屋がシンボル化しはじめていることを報告している。また、吉田憲司による「伝統の創成と開かれたアイデンティティ」では、ザンビアのチェワ、ンゴニ、ンセンガといった多数の民族がこぞって祭事を再興または創造し、民族アイデンティティが強まっていることが報告されており、本章で紹介した「あらたなアイデンティティ」をさらに発展させるための指針が示されている。

第三部「変わりゆく伝承のかたち」では、コミュニティを考えていくにあたり、伝承の場が従来の想像を大きく越えて広がっていることを論じている。齋藤玲子による「民族文化の振興と工芸」は、経済産業省の伝統的工芸品に指定された木彫りをとりあげ、国や自治体、各種団体の動きのもとに産業が活性化されたようすを描いている。その過程においては、小谷論文が指摘したような担い手の多様化とともに、博物館などの施設が直接間接に継承に関わるようになっていることが論じられている。文化施設の役割については、続く吉田ゆか子の「テーマ・パークにおける芸能伝承」が詳しく論じており、芸能を享受する層の広がりと継承の場の変化が同時進行することを例示している。インドネシアの首都ジャカルタでは、バリ島の踊り手と首都在住者が出会うことにより、多民族国家ならではの文化創造がはたされている。こうした混淆的な芸能は、これまで正当な評価を与えられてこなかったが、コミュニティ内の行動に規範を与えるという本来の役割を越えて芸能が享受されている現在、慣習的なセッティングで上演される芸能だけでなく、あらたなセッティングのもとで上演される芸能も、ひとつの要素として認める動きが今後ますます生じてくるだろう。ただし、これまでにない芸能の広がりには、問題点も少なくない。野林厚志による「伝統と創作のはざま」は、台湾先住民（原住民族）の知的財産権を従来の著作権や意匠権から区別し、伝統智慧という新概念によって捉えた台湾の法令とその判例について考察している。ユネスコの無形文化遺産条約は、もともと世界知的所有権機関（ＷＩＰＯ）が管轄した問題に端を発することからわかるように（七海 二〇一二、大貫 二〇一三）、文化遺産の問題と知的所有権の関係は深い。そもそもは狭い範囲でしか通用していなかった意匠や歌曲が、メディアの発達によって広く流通するようになると、問題は深刻化していく。台湾の法制化はある意味で現実的な対応だったようにみえるが、野林が指摘するように、国境を越えた権利侵害に関してこの法令は効力をもたない。また、伝統智慧を囲いこもうとする民族どうしの競合も生じており、歴史の共有を認める法令が知的所有権の私有を認める方向にはたらいてしまう危険をはらんでいる。このこともまた、二つの文化が合流する場であるからこそ、不可避的に生じる問題だろう。

第四部「新しい担い手たち」では、文化遺産をめぐるコミュニティをより根本的なところから考えていくために、これまで看過されてきた「担い手」をとり上げることにした。竹中宏子による「遺産を担う変わり者」は、スペインのサンティアゴ巡礼路沿いにあるパンブレ城の担い手として、行政とアソシエーションについて検討したのち、アソシエーションを活発な活動に導いていったリーダー個人に着目する。伝統的なコミュニティでは成員間の和を尊び、行政に迎合することが好まれがちだが、現代の文化遺産運営ではそれと対照的な性格が大きな貢献をもたらしている。じつはここでとりあげたリーダーは、地域の外から移入したよそ者だが、そうしたよそ者に注目したのが塩路有子による「遺産に暮らす新旧住民」と橋本裕之による「蝿としての研究者」である。塩路論文は、「生きている遺産」として知られるイギリスのコッツウォルズの町並みに移入者が増えつつある現状を報告し、彼らが遺産の保護に熱心であることを指摘しているが、同じ新住民でも別荘所有者のようなパートタイム住民が増加することには警鐘を鳴らしている。生きている遺産であるからには、それを対象として鑑賞するだけでなく、生活の一部として全面的に関わっていく必要があることを示唆している。橋本論文は、二〇一一年の東日本大震災で被災した岩手県普代村の鵜鳥神楽の復興に橋本自身がはたした役割をふり返るなかで、研究者としての自分はふだん煙たがられるだけだが、震災のような非常時には情報や関係を媒介する役割を果たしうるのだと指摘する。そうした役割を果たすためには、神楽子として受けいれられるような深い参与が必要なことはいうまでもないが、複雑な現代社会の人間関係のなかでたち回るためには、多様な個人が役割分担をしながら文化遺産を担っていくことが求められているのだろう。

このように、変化に着目して文化遺産をみてみた場合、文化遺産をうけ継ぐ条件そのものが現代では大きく変わっていることがわかる。なにかを変えずにうけ継ぐためには、別のことを変えながらそれを可能にしていくしかないだろう。そもそも文化遺産という考えかた自体、ナショナリズムの勃興とともに形成されてきたものであり（飯田 二〇一七a）、社会的な位置取りを変えていくのは当然といえる。文化遺産がどのように変化していくかを見きわめるうえでは、担い手の意識に着目する必要があろう。また、担い手に着目して文化遺産をみてみた場合、その動きはきわめて複雑である。ただひとつ言えるのは、文化に商品価値をもたせて存続をはかろうとする動きだけでなく、みずからの手元に留めて非経済的な価値を達成させようという動きもあることだ。文化遺産に関わって社会的な弱者や少数者が声をあげる動きは一部地域で勢いづいており、ときにはユネスコが主導する世界遺産や無形文化遺産の制度を利用することもある。われわれが生きる現代では、文化の問題をとおして、経済主導の潮流に歯止めがかかる可能性すらある。このことは、非政治的な立場でユネスコ遺産を消費するツーリストですら、「政治」に深く関わっていることを示していよう。

（1）　個々のケースとしてはデリケートな問題を残す場合があるものの、全体としては、次の諸点に留意することで「表象の危機」の克服が試みられた。①自他の区別に慎重となり、調査地の人びとと対等な人間関係を目指すこと、②先行研究だけを重視するのではなく、フィールド研究の原点にたち帰って調査地の問題を追跡すること、③①と②をふまえて、調査地の人びととの考えかたを研究の目的や方法、調査者自身の考えかたにまで反映させていくこと。つまり、調査者やその背後にあるドミナントな社会が一方的に調査地の人びとに働きかけるのでなく、逆に調査地の人びとが調査者や民族誌の流通範囲に働きかけるような回路を開くことで、「対話」を実現することが克服の要点である。

（2）カルチュラルスタディーズの側でも、事情は同じだったようである。日本においてカルチュラルスタディーズを広く紹介した吉見（一九九四）は、文化相対主義の影響が強かった文化人類学者の文化概念を、使いにくく感じていた。ただし、文化を「意味の網の目」とするクリフォード・ギアーツの定義（ギアーツ 一九七八）についてだけは、表象の問題に深く関わるカルチュラルスタディーズに資する可能性を認めている。

階級やジェンダーといった差異に着目するカルチュラルスタディーズにおいて、人種の問題を盛んに論じたポール・ギルロイですら、同時代の文化人類学を明からさまには批判していない（Gilroy 2000）。帝国主義的な人種政策に間接的に関与したという過去をもつ人類学に対しては、文化の概念という比較的些末な問題以外にも、争点を見いだしていたのかもしれない。この立場はおそらく、サイードの立場と同じであろう。しかし、ギルロイはたんに文化相対主義的な本質主義を批判したのではなく、アイデンティティ政治の初期段階において自文化を本質化する戦略を認めている（松田 二〇〇九）。

（3）論者によっては、アイデンティティ政治に対応する英語をカナ表記してアイデンティティ・ポリティクスと呼ぶこともある。太田好信は、語を補って「アイデンティティを土台にした政治的立場表明」と訳している（太田 二〇〇一）。とりわけ、民族的、人種的、性的な少数者あるいは障碍者としてのアイデンティティを根拠として、歴史的な疎外に対する補償を求めることなどがそれにあたる。

参考文献

李御寧（一九八二）『「縮み」志向の日本人』学生社。

飯田卓（二〇一四）「「文化遺産の人類学」とはなにか」『民博通信』一四五：八―九。

――（二〇一五）「和食は誰のものか？――公開フォーラムが投げかけた問い」『民博通信』一五三：四―九。

――（二〇一七ａ）「「人間不在の文化遺産」という逆説を超えて」飯田卓（編）『文化遺産と生きる』一二―三五頁、臨川書店。

――（二〇一七ｂ）「商品化と反商品化――マダガスカル山村の無形文化遺産」飯田卓（編）『文化遺産と生きる』三一五―三四二頁、臨川書店。

ウィリアムズ、レイモンド（一九八五）『文化とは』小池民男（訳）、晶文社。

太田好信（一九九三）「文化の客体化――観光をとおした文化とアイデンティティの創造」『民族学研究』五七（四）：三八三―四一〇。

――（二〇〇一）『民族誌的近代への介入――文化を語る権利は誰にあるのか』人文書院。

大貫美佐子（二〇一三）「人類の「無形の営み」を保護する挑戦」国立民族学博物館（編）『霧の森の叡智――マダガスカル、無形文化遺産のものづくり』一三四―一四一頁、国立民族学博物館。

ギアーツ、クリフォード（一九八七）『文化の解釈学 Ⅰ』吉田禎吾・柳川啓一・中牧弘允・板橋作美（訳）、岩波書店。

――（二〇〇二）『解釈人類学と反＝反相対主義』小泉潤二（編訳）、みすず書房。

佐谷眞木人（二〇一五）『民俗学・台湾・国際連盟――柳田國男と新渡戸稲造』講談社。

関雄二（二〇一四）『アンデスの文化遺産を活かす――考古学者と盗掘者の対話』臨川書店。

祖父江孝夫（一九七九）『文化人類学入門』中央公論社。

中生勝美（二〇〇五）「GHQと民族学・民俗学――民族学振興会文書に見る戦中・戦後の学術界」『歴史と民俗』二一：二四一―二六〇。

――（二〇〇六）「日本占領期の社会調査と人類学の再編――民族学から文化人類学へ」末廣昭（編）『岩波講座「帝国」日本の学知6　地域研究としてのアジア』一四三―一七七頁、岩波書店。

中根千枝（一九六七）『タテ社会の人間関係』講談社。

七海ゆみ子（二〇一二）『無形文化遺産とは何か――ユネスコの無形文化遺産を新たな視点で解説する本』彩流社。

平井京之介（二〇一二）「実践としてのコミュニティ――移動・国家・運動」平井京之介（編）『実践としてのコミュニティ――移動・国家・運動』一―三七頁、京都大学学術出版会。

ベネディクト、ルース（一九六七）『菊と刀』社会思想社。

ヘルダー、ヨハン・ゴットフリード（一九七九）「人間性形成のための歴史哲学異説」登張正實（責任編集）『世界の名著38　ヘルダー　ゲーテ』中央公論社。

ホール、スチュアート（一九九九）「新旧のアイデンティティ、新旧のエスニシティ」アンソニー・D・キング（編）『文化とグローバル化――現代社会とアイデンティティ表現』山中弘・安藤充・保呂篤彦（訳）、六七―一〇四頁、玉川大学出版局。

マーカス、ジョージ・E、マイケル・M・J・フィッシャー（一九八九）『文化批判としての人類学――人間科学における実験的試み』永渕康之（訳）、紀伊國屋書店。

松田素二（一九九九）『抵抗する都市――ナイロビ移民の世界から』岩波書店。

――（二〇〇九）『日常人類学宣言！――生活世界の深層へ／から』世界思想社。

矢田俊隆（一九五七）「ロマン主義と民族概念」『岩波講座　現代思想Ⅲ　民族の思想』岩波書店。

柳田國男（二〇〇三）「たのしい生活――第一回新女苑文化講座公園」『柳田國男全集　第三十巻』四四七―四六〇頁、筑摩書房。

山下晋司（一九九九）『バリ――観光人類学のレッスン』東京大学出版会。

山下晋司（編）（二〇〇七）『資源化する文化（資源人類学 二）』弘文堂。

吉見俊哉（一九九四）『メディア時代の文化社会学』新曜社。

――― （二〇〇〇）『メディア・スタディーズ』せりか書房。
――― （二〇〇三）『カルチュラル・ターン、文化の政治学へ』人文書院。

Eagleton, Terry 2000 *The Idea of Culture*, Oxford: Blackwell.

Gilroy, Paul 2000 *Against Race: Imagining Political Culture beyond the Color Line*, Cambridge: The Belknap Press of Harvard University Press.

Kluckhohn, Clyde and William H. Kelly 1945 The Concept of Culture. In Ralph Linton (ed.) *The Science of Man in the World Crisis*, pp. 78–106, New York: Columbia University Press.

Koepping, Klaus-Peter 1995 Enlightenment and Romanticism in the Fieldwork of Adolf Bastian. In Han F. Vermeulen and Arturo Alvarez Roldán (eds.) *Fieldwork and Footnotes: Studies in the History of European Anthropology*, London: Routledge.

Kroeber, Alfred L. and Talcott Parsons 1958 The Concepts of Culture and of Social System. *American Sociological Review* 23: 582–583.

Stocking, George W., Jr. (ed.) 1996 *Volksgeist as Method and Ethic: Essays on Boasian Ethnography and the German Anthropological Tradition*, Wisconsin: The University of Wisconsin Press.

Tylor, Edward Burnett 1958 *The Origins of Culture*, New York: Harper Brothers Publishers.

第一部　担い手たちのコミュニティ

文化遺産の多様なまもり方
——民俗芸能に引き寄せられた人たちのコミュニティ

小谷竜介

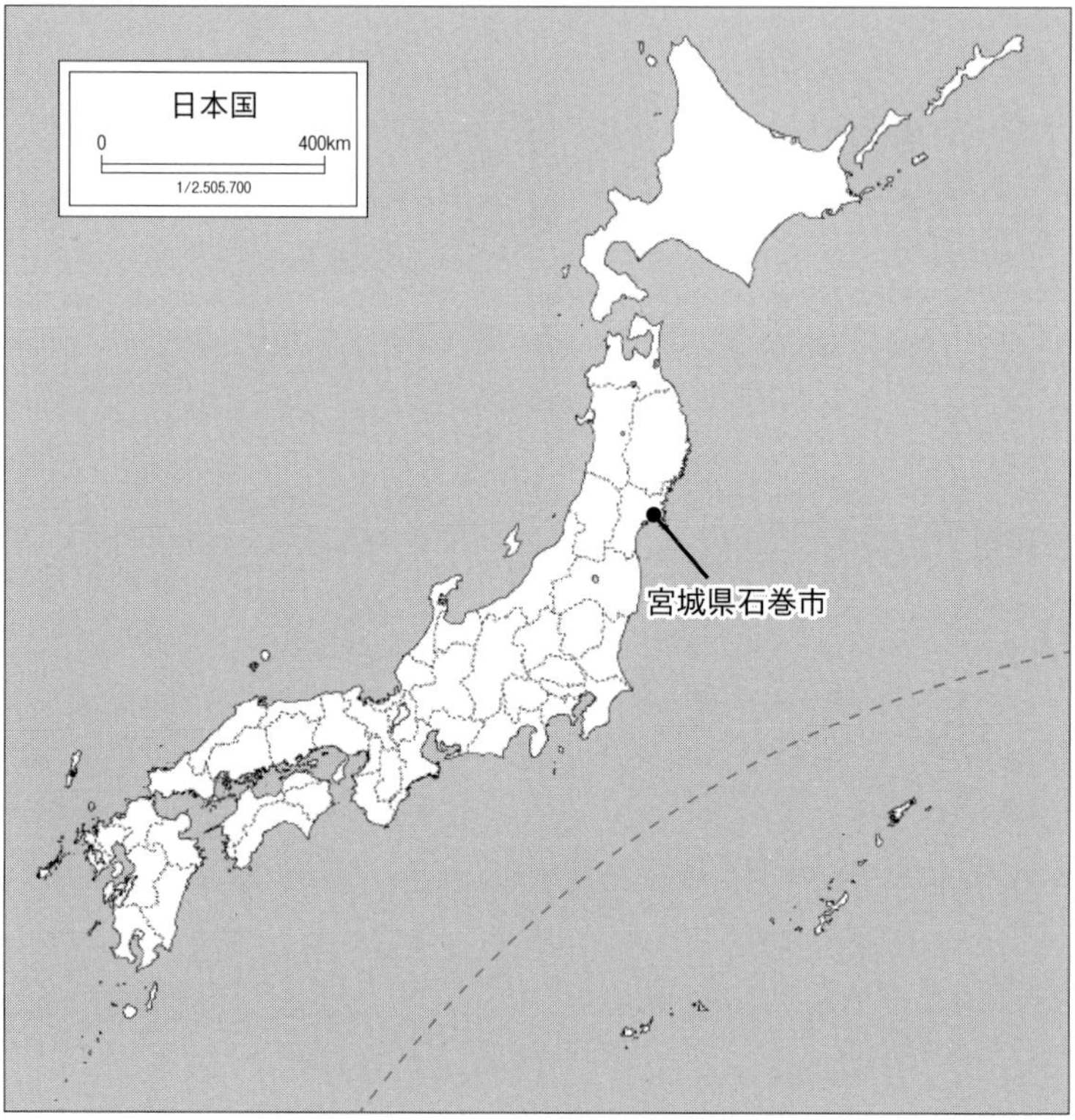
日本国
0
400km
1/2.505.700
宮城県石巻市

はじめに

日本の文化行政においては、文化遺産の保全は概ね文化財保護法に基づいて実践されている。そのため、文化遺産と文化財は混同されることが多い。しかしながら、二〇一三年にユネスコ無形文化遺産の代表リストに記載された和食のように、食育基本法という文化財保護法以外の法律に基づいて規定される文化遺産も生まれてきている。また、国連食糧農業機関による世界農業遺産など文化財とは異なる価値基準により規定される文化遺産もあり、文化遺産は文化財よりも広い概念である。本章では、こうした文化遺産の中で、特に文化財保護法に規定される無形民俗文化財を対象に、その保護の実践を通して、日本の文化財保護の特徴を検討するものである。そのため、本章において文化財といった場合はあくまでも文化財保護法に基づいて価値付けされる文化遺産をさすものである。

文化財保護法が規定する文化財の保護とは、単なる保全を図ることではなく、保存と活用をさすものと定義される。これは全ての文化財に対して求められる考え方であり、動産の文化財であれば展示公開が求められるし、無形の文化財も同様に公開公演が求められる。近年の文化財は、保存よりも活用に重きを置かれる傾向がある。それは、保存に重点を置いてきた文化財保護の反省のためとされる。こうした流れと軌を一にして、一九九〇年代末以降、文化財保護法を主管する文化庁では、「文化立国」をキーワードに伝統文化、芸術文化の振興を図るようになってきた（岩本 二〇〇七）。その背景には岩本が指摘するように政治的な背景はあるが、同時に一九九二年に日本が批准した世界遺産条約、そして当時日本も中心的となって制定にむけて動いていた無形文化遺産条約の考え方が大きく影響を与えている。

ユネスコの二つの条約のうち、先行する世界遺産条約は一九九〇年代から性格を変え、文化遺産を護るコミュニティを重視するようになってきた（本書序章を参照）。この考え方は、もう一つの無形文化遺産条約でも明確に記されており、文化遺産を保持するコミュニティの重視が一つの流れになっている。日本では、こうした流れを受け、さらに岩本が述べるような、保守的な政治勢力の影響を受けながら、文化を伝統と読み替え、コミュニティを「ふるさと」と読み替えた動きが見られた。そこでは無形文化遺産を保持するコミュニティが地域社会として描かれ、地域社会のためになる文化遺産という側面が強調されるような政策が見られるようになった。

一方、無形文化遺産を保持する地域社会の動きを見ていると、こうした文化遺産を意識した文化財保護行政とは異なるような動きも見られる。特に民俗文化財でその傾向が顕著である。それは、文化遺産を人類の文化遺産として認識しつつ、日常の生活の中にある芸能であり、技術と捉えているためである。そして、この考え方は、文化財行政の枠の中に収めていくこともできるが、一方で、乖離したものになることもある。そこで、本章ではこうした民俗文化財の性格を踏まえた上で、文化遺産と地域社会の関係について、民俗芸能と呼ばれる芸能を対象に、文化財保護行政と地域における活動の実践との関わりを通して考えてみたい。

一　日本の文化財保護制度における民俗芸能

文化財保護法では、文化財を有形文化財や民俗文化財などの六種のカテゴリーに分け、保護の在り方を規定している。このうち、伝統的な芸能は無形文化財の古典芸能と民俗文化財の民俗芸能に分けて保護措置がとられている。その性格の違いや在り方については大島暁雄の整理に詳しい（大島 二〇〇七）。この中で民俗芸能という芸能のカテゴリーは非常に曖昧であり、橋本裕之が整理している通り（橋本 二〇〇〇）、存在する芸能のうち、カテゴライズできないものが対象となっていると言っても過言ではない。ただ、民俗学レベルで考えたときには、地域社会と密接に関わる芸能であると定義できる。同時に文化財として国／都道府県／市町村による保護の対象になっており、この点では地域社会を超えた存在にもなっている。

民俗芸能が文化財として保護の対象になるという考え方は、法が成立した一九五〇（昭和二十五）年の当初よりある（本書橋本論文も参照）。当時、民俗芸能は無形文化財の一つに位置付けられていたが、芸術性を最大の評価基準としていたため、重要無形文化財として指定された民俗芸能はない。ただし、「保存の措置を講ずべき無形の文化財」の選択制度が設けられたのを機に、例えば宮城県ではこの時期に法印神楽、鹿踊等が民俗芸能研究上の分類を単位に無形文化財として選択されている。この制度自体は一九五四（昭和二十九）年に廃止されていることから、保護策として実態のあるものではなかったと思われるが、従来まで一部の郷土史家のみが注目してきた民俗芸能が文化財として価値付けられることを示した点では画期的なことであろう。これ以来、民俗芸能は文化財として地域社会に存するものとなった。

文化財になるということは、芸能が外と結びつくことを意味する。文化財化の初期、一九五〇年代であれば、それに関心を示すのは主に研究者や好事家が中心であり、芸能全般に造詣の深い人たちであった。一方で、今年で第六十四回を数える全国民俗芸能大会全国民俗芸能六ブロックの地区大会（ブロック大会）は、いずれも文化庁の補助事業として、民俗芸能の活用を目的に開催されている。こうした民俗芸能大会は、文化財の指定調査として機能していたため、注目すべき芸能がこの大会から世に送り出されていった。民俗芸能大会は芸能を広く一般に周知するとともに、芸能の担い手に外部の目を意識させるきっかけとなっている。また、従来祭礼の場として、神社の境内で舞っていたものとは異なる動きや、見栄えのよい動きを求めるような変化を舞台正面からの目線は生じさせることもある。さらに、芸能が周知されることにより、地元の祭礼等に観覧に来る人も増えてくる。ここでも、人の目に見られることにより、地域社会の人が同じ地域社会の人の前で舞う民俗芸能は、変容の契機を得る。

地域社会と民俗芸能の関わりについては、すでに別の論考で述べたことがあるが（小谷 二〇一四）、例えば国指定の重要無形民俗文化財である雄勝法印神楽をとっても、毎年行う祭礼において、地域社会の人たちが演目のすべてを凝視するわけではない。十年ほど前、研究者である筆者は初めて雄勝法印神楽を見に行った時、神楽師から「どちらの研究者さんですか」と問われ、併せて雄勝法印神楽に関する著名な研究者の論文のコピーを手渡された。確かにビデオカメラと写真機を持って、ずっと凝視しているわけで、大変目立つ客であったことは認めるが、神楽師たちがそうした外部の目に敏感で研究者慣れしていることに感心したことが深く印象に残っている。そして、雄勝法印神楽に限らず、他の民俗芸能の調査をしていて演者から所属を聞かれることは多々あり、民俗芸能の担い手たちが、地元の人たちとともに外部から来た人たちを気にしながら芸能を担ってきていることが理解される。文化財に指定されるということは、先に見たように外部との関係を持つことを意味しているのである。

二　民俗芸能とコミュニティ

民俗芸能は地域社会によって保持されてきた無形の文化遺産である。この地域社会は、コミュニティとも称することができるものである。それゆえ無形文化遺産条約において、「コミュニティが保持する」と表現される文化遺産に位置付けられる。一方で日本の文化財保護法の定義では、そうした担い手がいることは必要条件とされていない。ただし、民俗文化財の定義および無形民俗文化財の指定の仕方を鑑みると一定のコミュニティらしきものの姿も見えてくる。文化遺産のコミュニティを考えるにあたり、まずこの日本の文化財が想定する「コミュニティらしきもの」についてみてみたい。

民俗文化財とともに無形の文化財である無形文化財の場合、重要無形文化財として指定を受けるときには、その保持者ないし保持団体を認定することが法で定められている。一方、民俗文化財の場合、文化財保護法、そしてその細則を定める政令にも、保持者に関する記載はない。保持者に相当するものとして、法87条に「地方公共団体その他、保存に当たることを適当と認める者」と記されている。また、第一法規が刊行する「文化財保護提要」によると、一九七五（昭和五十）年の法改正時に出された文化庁次長通知には、注記として「保存に当たることが適当な者は、通常当該重要無形民俗文化財の保存に主として携わっている民間の団体、例えば特定地域の民俗芸能保存会等が考えられる」と記され、任意団体が中心的な担い手となることが示されている。これが、現在の文化庁の補助金の交付要項に記されている「保護団体」のことである。重要無形文化財には担い手、所有者があり、文化財の指定主体である文部科学大臣より認定書が交付される。無形民俗文化財では指定書の交付対象がなく、指定書にかわるものとして指定証書が文化庁長官より保護団体に対して発行されるだけである。

民俗芸能の保護団体は、名称の点で無形文化財の保持者／団体と類似するように感じられるが、制度上はそうではない。保持者／団体は当該の無形文化財の技を保持していることが求められる。このため保持団体の構成員は、全員が一定の技芸を有しており、文部科学大臣にそのことをより認定されている。つまり、保持団体に入会すれば保持者になれるわけではなく、一定の修行を経て技術を取得した上で、前記の通り文部科学大臣の認定を経て、保持団体に加わることができる。一方保護団体は、団体の構成員に規定はなく、芸能であれば初心者でも構成員になれるし、荷物運びなどの手伝いをする人も構成員になれる。また、充て職で地域の行政区長などが会長を務める例もある。このように保護団体は、無形民俗文化財の保存と活用を中心的に担い、継承するシステムを作っていく団体を指し、極端に言えば、指定される技術を有していない人だけの組織も対象になる。その背景には、無形民俗文化財が「国民の生活の推移を示すもの」すなわち、かつては国内に広くみられた民俗が生活の変化の中でたまたま特定地域に現在残っているものであるという考え方にある。この考え方に基づくと、特殊な環境や条件のもとに特定の地域でのみ行われている特別なものは、無形民俗文化財ではないということになる。それゆえ、無形民俗文化財は本来国民であれば誰でも担う可能性があると考えられ、保護団体の構成に絶対的な基準を設けられないという考え方が導かれる。ここに、本章の主題である文化遺産を護るためのコミュニティが生じる論理が成立する。すなわち、文化財保護制度を出発点にしながら民俗を担う地域社会や特定の技を持つ人たちだけに限定されないコミュニティを作り上げることも、論理的にはありうる。

　実際には、保存会などと呼ばれる民俗芸能の保護団体は、実際に芸能を担う人たちの団体であることが多い。先に触れた言い方であれば、特定の技を持つ人たちだけに限定された組織である。これは俵木が指摘してきているように（俵木 二〇一二）、無形民俗文化財の指定制度が成立する一九七五年の法改正以前、民俗芸能は無形文化財とされており、都道府県や市町村による、いわゆる地方指定は一九六〇年代から行われている。複数の人たちが集まって行うため、個人でなく保持団体が文化財指定とともに認定されている。しかし、一九七五年の法改正後には、重要無形文化財としての民俗芸能は重要無形民俗文化財に変更され、行政は保持団体を保護団体へと「読み替え」ることになった。民俗芸能の保護団体が担い手を中心に組織されることが多いのには、そうした背景がある。しかしながら、こうした保護団体の在り方は、民俗芸能の指定が一般化し、指定の対象となる芸能の種類が増えるにしたがって変化が見られるようになってくる。以下、こうした担い手のみで構成されない保存会の在り方について、一つの民俗芸能を事例に見ていくことにする。

三　寺崎のはねこ踊りに見る芸能の文化財化と地域資源化

　寺崎のはねこ踊りは、宮城県石巻市桃生町寺崎に伝わる群舞の芸能である。寺崎集落の鎮守八幡神社が四年に一度開く大祭礼の際に踊られた。大祭礼は神輿渡御を中心に執り行われる。はねこ踊りは、この神輿に付随する踊りとして、神輿とともに集落内を巡行する。神輿にははねこ踊りのほか稚児行列も同行し、道中では、同じく寺崎に伝わる法印神楽や獅子舞も奉納される。山車の引き手まで含めると、まさに寺崎の全住民が関わる地域最大の行事である。

　はねこ踊りは、数十人の若者が踊り手となり、調子の異なる打ち囃子、豊年踊り、馬鹿囃子の三曲を踊る。躍動感のある踊りが特徴で、激しく飛び跳ねることから「はねこ」の名がついたとの伝承がある。はねこ踊りの舞い手である若者は、男女を問わず、女物の着物を着て、手拭いを頭にかける。かつては男性がほとんどであったが、近年は女性の踊り手も増えている。現在は、後述する八幡神社例祭の前夜祭として行われている「ものうふるさと祭り」でのはねこ踊りも含め、寺崎を代表する芸能として知られる。しかしながら、踊り手の構成は近年変わってきている。かつては、はねこ踊りの担い手は青年団であった。中学校を卒業してから二十五歳までの未婚の男女で構成される青年団は、祭礼でも中心的な役割を果たし、獅子舞はねこ踊りの踊り手だけではなく、神輿の担ぎ手でもあり、大祭礼の行事では青年団などの余興でも様々な役割を担う。また、集落内の全ての男性がなにがしかの役割を担う。同様だけでなく、に女性も寺崎以外に住む親戚や縁者が来訪するため、各家では来客への接待をする必要がある。集落内の老若男女を問わず、祭礼期間中は公私を問わない役割がある。そうした中ではねこ踊りは、比較的若い青年団員の役割となる。つまり、花形とはいえない役回りであった。

写真１　大祭礼での寺崎のはねこ踊り（2012年９月15日撮影）

はねこ踊りの大きな転換は、一九六〇年代後からの青年大会への参加にあった。日本青年団協議会が主催する青年大会は、多様な部門のコンテストにおいて市町村大会、郡大会、県大会を経て、全国大会の出場をめざし、そして全国大会の最優秀賞受賞をめざす大会である。その部門の一つとして郷土芸能部門がある。寺崎地区は青年団活動が盛んで、ある時、近隣の青年団が全国青年大会演劇部門に出場したという話を聞き、寺崎でも青年大会に出場することにした。全国大会に出場するには、一番競争率が低い部門が郷土芸能であるとの情報を入手したことから、寺崎に伝わる芸能であるはねこ踊りで出場することになった。

はねこ踊りはもともと青年団員世代が担う芸能であり、踊り自体の習得は容易にできた。問題は囃子で、これについては、実際に囃子を担う先輩世代に手伝いを依頼することになった。既に青年団を退団しているOBは、この申し出を受けて一九六七（昭和四十二）年に寺崎はねこ踊り保存会を結成し、囃子役ほかを担うことにした。また、神輿渡御に随行して行列で踊る形式が舞台ではできないことから、横長の舞台に合わせた踊りの形式に整えた。青年大会では進行上の都合もあり、準備から撤収を含めて十五分に収めるというルールがある。この時間に収めるために、芸能の構成も変更する必要がある。はねこ踊りは神輿渡御に随行することを特徴とし、三曲の演目があるとはいえ、明確な型があるわけではなかった。青年大会出場の準備を通して、十五分の型が確立していくことになった。こうして整ったはねこ踊りにより、寺崎青年団は一九六七（昭和四十二）年に宮城県青年大会に初出場し、三度目の挑戦となった一九六九（昭和四十四）年には念願の全国大会出場を果たした。ここまでは、あくまでも青年大会に出場するためにパッケージ化されたはねこ踊りの成立過程である。いっぽうで一九七一（昭和四十六）年、はねこ踊りは桃生町指定無形文化財に指定される。大祭礼の一部であった芸能が単独で文化財指定を受けたことは、単独の芸能として認められるべき型が整ったということを示す。こうして、青年大会への出場は文化財としての歩みとも平行する。

はねこ踊りは踊りとしてのインパクトも大きく、素人目にも花のある芸能であることから、寺崎青年団の十八番として、継続的に出場するようになった。その結果、二〇〇三（平成十五）年には全国大会で優勝するに至った。また、毎年のように青年大会に出場するはねこ踊りは、外部の目にとまり、招待講演が増えるようになっていった。

一九七四（昭和四十九）年、寺崎の子ども達が通う桃生町立中津第二小学校から運動会の集団演舞としてはねこ踊りを習いたい旨、保存会に依頼があった。中津第二小学校には、寺崎の子どもだけでなくそれ以外の地区の子どもたちも通う。寺崎のはねこ踊りが、寺崎以外の人にも教えられるようになったのである。保存会員は毎週小学校に足を運び、踊りの指導を行った。以後、現在まで継続して同小での伝習活動を継続している。それとともに、一九九五（平成七）年に中津山第一小学校、翌平成八年に桃生中学校と、学校を舞台にした伝習活動は拡大していき、現在は旧桃生町全ての小中学生に伝習をしている。

写真２　北海道・東北ブロック民俗芸能大会での寺崎のはねこ踊り（2009年10月18日撮影）

一九八四（昭和五十九）年、東京の舞踊家須藤武子氏からはねこ踊りを習いたいとの申し出があった。保存会は東京の人たちにはねこ踊りを教え、囃子の音源を渡した。このことは桃生町寺崎の踊りが、地域の人から独立した芸能になったことを示している。さらに、一九八八（昭和六十三）年の大祭礼には、東京で須藤氏から習った人たちが踊り手として参加した。それまで、祭りの端役といっても言い過ぎではなかったはねこ踊りが、外部の人たちの訪問の主目的になったのである。

一九七〇年代から一九八〇年代の一連の動きは、はねこ踊りが型を持った芸能として完成していった過程である。それは、地域の中で完結していた伝承プロセスが地域の外にまで拡大したことを示すとともに、型を持った無形文化財として確立したことを示す。このことはさらに、民俗芸能を地域資源として活用する動きを導くことになった。

四　地域資源化するはねこ踊り

はねこ踊りフェスティバルの直接のきっかけは、はねこ踊りを毎年踊りたいという、寺崎の人たちからの要望によるものである。イベントが回を重ねるごとに多くの参加者を集め、成功を収めるようになってきた。ここで問題なのは「誰」にとって成功しているのかという点である。

はねこ踊りフェスティバルの主体は寺崎地区の人たちであった。しかし、出演者だけで千人を超えるイベントは、地域のボランティアだけでは成立しない。事実、直近のはねこ踊りフェスティバル、「ものうふれあい祭二〇一五はねこ踊りフェスティバルｉｎ桃生」は、石巻市役所桃生総合支所地域振興課内に事務局を置くものうふれあい祭実行委員会が主催しており、行政が積極的に関わっていることがわかる。ただし、このイベントがいわゆる官製イベントになってしまったとはいいきれない。二〇一〇年以前の実行委員会は河南桃生商工会桃生支所に事務局を置いており、商工会が主導していた。はねこ踊りフェスティバル自体も毎年のように展開してきているのである。

このイベントは、寺崎八幡神社の宵祭りにおける余興という位置付けで始まった。一九九二（平成四）年の寺崎八幡神社大祭礼の準備で山車の飾り付けなどを行っていた青年団員たちが休憩時に発した、「はねこ踊りを踊りたい」という一言がきっかけである。それは、神社の氏子である寺崎の人たちによる、寺崎の人たちのためのイベントである。この段階では、有志による小規模な宵祭りの余興として計画されたが、どうせなら少しでも規模の大きいイベントを、ということで、テレフォンカードを二千枚作成し、その売り上げを資金にはねこ踊りフェスティバルの原型を実施した。

この成功を受け、翌年、当時の自治省（現総務省）による地域づくりに関わる補助金に応募して採択された。三年間の補助事業期間には大祭礼をおこなわないため、本来はねこ踊りをしない期間であるが、事業を理由に、例祭の宵祭りの関連イベントとして実施することになった。さらに、この補助金の性格から、寺崎一地区の事業でなく隣接する中津地区との共同事業として実施することになった。中津地区は桃生町役場が置かれる町の中心地であり、寺崎までは市街地が連続する、一体的な景観を持つ町場である。小学校の学区も同じで、この時点ですでに二十年近くはねこ踊りの伝習活動を行ってきていた。この点が、共同ではねこ踊りフェスティバルを実施する背景にあった。

写真３　はねこ踊りフェスティバル（2009年９月13日撮影）

はねこ踊りフェスティバルは、さらに桃生町の商工会を巻き込んで規模を拡大することになる。産業振興を目的とした商工会まつりの客足が鈍ってきていたこともあり、このイベントをはねこ踊りフェスティバルに組み込み、イベントの最後に花火を打ち上げる企画を盛り込んだ。こうして一集落の若者たちの企画であったはねこ踊りフェスティバルは、町を挙げた企画へと展開していくことになった。現在は、はねこ踊りフェスティバルに二十団体以上のはねこ踊りグループ、千人近くの踊り手が参加する一大イベントへと成長している。旧桃生町を挙げての市民祭りである「ものうふれあい祭り」の中心イベントであり、まさに地域に人を誘客する資源として、積極的に活用されていったのである。

寺崎のはねこ踊りを中心に据えたものうふれあい祭りは、誘客の状況や踊りへの参加者数ともに、順調な推移を示している。その背景としては、ものうふれあい祭りはねこ踊りフェスティバルが始まった時期に、桃生小学校と中津第一小学校ではねこ踊りの伝習活動が始まっていたことがあげられる。以前より伝習している中津第二小学校を含め、この三校は当時の桃生町の全小学校となる。言い換えれば、ものうふれあい祭りが盛んになる時期には、旧桃生町出身者全てがはねこ踊りを踊れるようになっていた。それから二十年を経て、小中学校での経験をもとに、現在では旧桃生町全域から多くのグループがものうふれあい祭りに参加している。さらには、先に触れた東京の小学校ほか、はねこ踊りを習った全国各地のグループも参加している。そこでは、保存会から習った「正調」のはねこ踊りを習得し演舞するだけではなく、群舞として自由な踊りも認め、はねこ踊りフェスティバルの参加も促している。全てのグループが寺崎に伝わってきたはねこ踊りを踊っている訳ではないところにこのイベントの特徴がある。文化財として型を持つはねこ踊りが、同時に型にこだわらない踊りも矛盾なく受け入れることで地域資源化に「成功」できた背景には、こうした寛容さがある。

地域資源化の中心には寺崎はねこ踊り保存会がある。先に触れたように、無形文化財時代の保持団体として結成された民俗芸能保存会は、芸能の保持者と舞手・囃子手のみで構成されている。保存会とはそうした組織であるという認識から、無形民俗文化財の指定制度発足以後も、保持者によって組織されることが多かった。一方、寺崎はねこ踊り保存会は性格が異なる。そもそもこの保存会は、文化財の保持団体として結成されたわけではない。一九七一年の桃生町指定に先立つ一九六七年に結成された保存会は、青年大会のバックアップのために青年団員のＯＢによって組織されたものである。主として囃子などを担うという意味では芸能の担い手ともいえるが、踊り手の中心である青年団員とは別の組織でもある。この保存会は、バックアップ組織としてははねこ踊りの資源化プロセスにおいて中心的な役割を担うようになっていく。それは、青年大会に出場するための組織から、小学校への出向指導、そしてものうふれあい祭りはねこ踊りフェスティバルの運営組織へと発展した。さらに、青年大会を通してはねこ踊りが知られるようになった結果増えてきた、外部への公演要請に対応する役割もはたすようになる。

こうして、保存会は、単なるバックアップ組織からはねこ踊りに関わる人たちをとりまとめるグループとなり、全国に広がるはねこ踊りを代表する踊り手のグループへと変化することになった。また、彼らは、自分たちを「きちんとしたはねこ踊りを伝えるグループ」であると説明する。指定文化財の保護団体としての保存会は、これまでにない役割を担うようになった。民俗文化財が変化を容認するのに対して、無形文化財は一定の型を保持することが求められる。しかし、変化するものとされる民俗芸能も、芸術的な価値と一定の型を有するという無形文化財の性格を部分的にあわせ持つ。そうしてみたときに、寺崎はねこ踊り保存会は、その両面を持った保存会として活動しているといえる。直接文化遺産に関わり「型」を継承する一方で、継承の在り方や変化する各地のはねこ踊りを許容し支援する組織である。

こうした特色は、はねこ踊りが保存会員だけではなくはねこ踊りフェスティバルの参加者千人以上を踊り手として抱えていること、フェスティバルで優勝したグループのメンバーには優勝特典として、保存会のメンバーとして「寺崎のはねこ踊り」の名で公演に出られることなど、すべての踊り手がはねこ踊りの担い手になる可能性を有しているために生み出されてきた。それは、寺崎のはねこ踊りの展開と密接に関わりつつも、保存会を介して集落外の人たちを巻きこんで、寺崎の人たち自身が作った人的ネットワークの結果である。

五　無形文化遺産を取り巻くコミュニティ

保存会を中心とした寺崎のはねこ踊りをめぐる人的ネットワークは、次々と人を巻き込んで拡大していくという点からみると、寺崎という地域社会を超えて、自律し再生産するシステム、といえる。しかし、寺崎のはねこ踊りは、たんなる観光資源ではない。昭和四十六年に無形文化財として指定されたとき、まだ全国には名が知られていなかったことからみて、寺崎のはねこ踊りの根源には地域の人たちによって担われている芸能として評価されたことを示している。それゆえ芸能を保存し、活用していく活動ということが、寺崎のはねこ踊りには求められることになる。指定文化財となっている民俗芸能を伝える多くの地域では、どのようにして指定文化財である芸能を「適切」に残していくかを考え、日々伝習に取り組んでいる。ここでいう「適切」というのは、文化財の保存の観点から、より指定時の姿、そしてそれ以前の本来の姿をそのままに伝えようとする考え方である。

一方で、過疎化の進む地方を中心に、芸能を保持しきれない地域も多数あり、消滅の危機にある文化遺産も多数にのぼる。その対応として、なんとか新たな方法を模索し、指定文化財を残そうと取り組んでいる保存会もある。これに対して指定を行った行政側も何らかの支援が求められる。その実例のひとつとして、文化庁が二〇〇一年度から実施したふるさと文化再興事業があげられる。この事業は二〇一一年度に終了したが、その後も「文化遺産を活かした地域活性化事業」にかたちを変えて現在まで続いている。この事業の特徴は、国指定以外の文化財に対して国が初めて補助を行った点である。この事業が生まれた背景については、岩本通弥の論考（岩本 二〇〇七）に詳しい。一九九〇年代からはじまる「ふるさと」をキーワードとした一連の文化行政の施策には、本来移ろいやすい民俗を「伝統」的なものとして固定化させる効果をもつため、観光と結びついただけのテーマパーク的な民俗が残されるおそれがある（岩本 二〇〇七）。その一方で、現場では「文化財の指定はしていても、これまでほとんど手当（保護措置）のできていなかった無形民俗文化財、祭礼や行事などの道具の修繕や記録映画の製作に充当されていった」という肯定的な効果もあったという（岩本 二〇〇七：五五）その背景について岩本は、施策の意図が国から下達されていく過程で、「本来の文化財保護法の基本理念に立ち返った修正が、各自の良識的判断で加えられ」たためだと考察し、「「有機的知識人」と位置付けた人々の中央の支配的ヘゲモニーに対する防波堤的な役割を発揮した実例」と評している。岩本が述べたように、「これまで手当（保護措置）のできていなかった」（岩本 二〇〇七：五三）文化財に目を向けた意味は大きい。文化財として指定されていない文化遺産と指定されている文化遺産がある場合、行政措置はまず後者に対してのみほどこされるのが慣例であるから、全ての文化遺産を対象としたふるさと文化再興事業は破格の施策といえる。もちろん国レベルの政策決定においては、岩本が分析した「ふるさと」と「伝統」を同一視することで出発した側面があろうが、岩本がこの施策に対してもつ「困惑」は、「ふるさと」や「伝統」に関わる政策そのものに対する困惑だけではなく、文化財保護行政のヒエラルキー構造に対する「困惑」もあるように思われる。

では、困惑を招くような国の施策に対して、地方ではどのような動きがあったのであろうか。ふるさと文化再興事業という施策は、それまで一部の民間財団が行っていた楽器や装束の補修新調をはじめとして、様々な事業の実施を可能にした。問題は、こうした事業がどのように募集されるのかという点である。文化庁の事業は、同庁のホームページ等で一般にも公表されるが、その募集は都道府県から市町村の文化財保護部局へ、という通常の行政通達ルートを介して行われる。ふるさと文化再興事業の場合、都道府県を拠点地域として設定し、都道府県が策定したマスタープランに基づいて支援対象が決まる仕組みになっている。この仕組みは岩本が推定するように、それまでの保護行政において担当者が蓄積してきた経験を尊重し、無形民俗文化財の状況等に応じて柔軟な事業運営をおこなえるよう策定されたものと見られる。したがって、ホームページを見て関心をいだいても、応募することはできない仕組みになっていた。それゆえ、事業対象となるためには、当該の民俗芸能等の抱えている問題を把握し、それを市町村教育委員会を経て県教育委員会に伝える媒介者が必要であった。こうした媒介者は、文化財の関係者ということになる。

文化財の関係者とは、国および地方公共団体の文化財保護行政に関わる人たちであり、行政職員のほか、文化財の指定等に関わる文化財保護審議会の委員など、研究者や郷土史家も含まれる。事業の内容は、彼らに集まる文化財についての情報をもとに策定されていった。一方で行政職員の関係者は、地方議会の議員や地方公共団体の職員など、行政の情報を入手して民俗芸能の担い手に紹介できる人たちである。地方公共団体には、民俗芸能の担い手も職員として勤務しているし、文化財保護行政の一般職職員が異動後にそうした施策の存在を広めることも少なくない。こうした人たちにより、文化財そして文化遺産に関する情報が共有され、観光振興等で活用されるきっかけを作ることは珍しくなく、ある意味で重要な媒介者となっている。

　文化財の関係者は、それまで文化財として意識されていなかった行事や芸能を文化財として捉え直し、その保護策に載せるきっかけを作る。これらあらたな文化財は、一般に、研究者が調査をしていく過程で見出され、アカデミックな基盤の上に審議会委員を通して文化財化していく。しかし、それとは別に、行政の関係者によって見出される文化財もある。地域社会に暮らす行政職員や行政関連団体など公共的なセクターにいる人たちが、自分たちの地域にある文化遺産を他の指定文化財と比較し、「これも文化財ではないか」と発見し、地域社会の仲間と保護に関わっていく場合である。ここで注意が必要なのは、文化財関係者にしても行政職員にしても、公務とは別のボランタリーな活動として文化遺産に関わっていることである。文化財関係の行政職員は、直接的に文化遺産の保護に携わることが業務ではなく、文化遺産の保護体制を作ることが本務である。また、審議委員は文化財を見いだすことが本来の業務ではなく、事務局から推薦される案件について価値を判断することが業務である。いずれの場合も、文化財化は本務ではなくボランタリーな活動となる。そこで、こうしたボランタリーに文化遺産を保護していこうとする人たち、特定の地域の文化遺産に関わって保存継承や展開に関わる人たちの総体を、文化財コミュニティと呼びたい。そこには、地域社会の中で直接民俗芸能を保持する人たち以外にも、個人的な動機によって周辺的に上演の場の運営に関わる研究者ほか外部の関心のある人たち、さらには、行政の現場やその周辺といった文化財行政を支えるシステムに関わる人たちも含まれる。こうした広がりをもったコミュニティが、日本に独特な文化財保護制度に基づき、行政とともに多様なかたちで文化遺産の発見、保存、活用に関わっているのである。

六　寺崎のはねこ踊りの文化財コミュニティ

寺崎のはねこ踊りは、すでにみたとおり、民俗芸能としては早い時期の一九七一（昭和四十六）年に文化財指定された。指定の経緯ははっきりしないが、一九六九（昭和四十四）年に全国青年大会に出場し優秀賞を獲得していることから（千葉 二〇〇四）、それを契機に指定がなされたものとみられる。その後、二〇〇九（平成二十一）年に県の文化財に指定されたが、それまでの期間にも全国青年大会での活動はめざましく、二〇〇三（平成十五）年に最優秀賞を受賞し、このことで翌二〇〇四年の全国民俗芸能大会への出場を得ることとなったのである。つまり、全国青年大会での活躍が県の文化財の「発掘」に結びついたのだが、全国青年大会への出場当初には、こうした文化財指定まで意識されていたわけではなかった。寺崎青年団の青年大会出場は、あくまで近隣集落の青年団による全国大会出場に刺激を受けたものであり、その後も、自分たちが踊りたいという要望を実現する形ではねこ踊りは発展していった。はねこ踊りフェスティバルを開催したり、外部からの要望を受けて踊りを教えたりというように、地域名を冠した文化財にみられる閉鎖性とは無関係に事態は進展していった。

熱意があり、地域おこしにも繋げる意思を明確に示す寺崎のはねこ踊りは、知名度を高めた結果、次々と外部公演の依頼を受けるようになる。宮城県の民俗芸能研究の第一人者である千葉雄市によれば、一九四〇（昭和十五）年以降のはねこ踊り公演記録は一五〇回ほどにのぼるが、圧倒的に公演回数が増えるのは一九八三（昭和五十八）年以降であり、年間十回以上の外部公演を行うようになったという（千葉 二〇〇四）。そこで彼らははねこ踊りを通した交流を広げ、公演の観客から習いたいという要望を受け入れていくようになる。外部公演は、踊り手にとって栄誉であるとともに、人的なネットワークの拡大や次の活動の準備に結びつく機会でもある。

文化財コミュニティには、こうした内外の担い手のほかに、文化財保護という行政組織が積極的に関わっている。この点について、文化庁の文化財調査官である石垣悟は次のように述べる。「（文化財保護の）基礎部分として担い手（保護団体）が民俗を担っている。民俗はあくまでも一義的には担い手のものであり、彼らが担わなくなると関係自体が成り立たない。そして担い手が民俗を担うからこそ、文化財保護行政はそれを重要無形民俗文化財に指定して保護対象とすることができ、さらに重要無形民俗文化財という付加価値がつくゆえに観光振興が観光資源として積極的に利用できることになろう」（石垣 二〇一四：三三）。このように整理した上で、「文化財指定する文化財保護行政や観光資源として利用する観光振興の適度な関与も不可避というのが、現代社会での重要無形民俗文化財の伝承をめぐる状況であり、したがって焦点となるのは、その関与の仕方ということになる」（石垣 二〇一四：三三）とまとめている。石垣が述べる民俗文化財保護の在り方は、寺崎のはねこ踊りでも同様といえる。しかし、石垣の言う「観光振興の適度な関与」は、はねこ踊りにおいて、本質的と言ってもよいくらい深く、はねこ踊りをはねこ踊りたらしめるのは地域振興に他ならない。文化庁の調査官である石垣の観点を離れて、寺崎の住民の観点からみれば、文化財指定ははねこ踊りを構成する要素の一つにすぎない。

この文化財コミュニティは、行政担当者と保護団体を中心としていた時代や、さらには外部から愛好者が参入した時代に較べると、二〇〇〇年代以降さらに大きく拡大してきている。その変化は、世界遺産条約や無形文化遺産条約から文化財保護行政が影響を受けるようになった変化とも密接に関わる。

ふるさと文化再興事業は一つの典型であるが、この事業はその後、「文化遺産を生かした観光振興・地域活性化事業」「文化遺産を活かした地域活性化事業」へと発展した。そこでは、文化遺産を保持する地域や、世界遺産条約のグローバル・ストラテジーや無形文化遺産条約において明記されるコミュニティが意識されており、さらにシリアルノミネーション（離れた場所の資産を関連づけてひとつの遺産とする考え方）等ストーリーを持った文化遺産活用の展開の中で拡大発展してきている。こうしたなか、自分たちの手でコミュニティを拡大してきた寺崎はねこ踊りの担い手たちは、全国向けの伝習用教材を製作する目的で事業を利用している。それはまさに、文化遺産がふるさとから離れるのを許容するもくろみであるが、同時に、寺崎のはねこ踊りのコミュニティを拡充するもくろみにもなっている。

この動きが意味するのは、ユネスコ行政が想定する固定したコミュニティとは別に、文化遺産を同世代人や次世代人に伝えるために生みだされるコミュニティがあるということである（本書門田論文も参照）。それは、寺崎に住んではねこ踊りに第一次的に関わる人たちに始まり、同じくはねこ踊りを踊る旧桃生町の人たちや、はねこ踊りフェスティバルに関わる商工会を中心とした人たち、さらに、はねこ踊りフェスティバルに参加する全国の人たちにまで連なっていく。そしてこのように踊りで結びつく人たちの連鎖とは別に、文化財保護行政の関係者や文化財保護審議委員会の委員、研究者、行政現場の担当者、さらにこれらの研究者を支える人たちに連なる連鎖が広がっていく。一方で、観光行政部局や地域振興部局を介して観光客に連なる連鎖もある。この三つのベクトル――地域住民を中心に、愛好者、文化財関係者、観光客という方向で広がる関係――により、文化財コミュニティが形成されているのである。そして重要な点は、それぞれが決まった役割を持って文化遺産に関わるわけではないということである。文化財コミュニティの構成員が、それぞれの利害や関心にもとづいてそれぞれの立場を交替しながら文化遺産に関わり、情報を持ち寄り、それを利用して次の活動をはじめていく中で、文化遺産の保存と継承、展開が動的に実現されているのである。

文化財コミュニティは、多様な人が、多様な形でボランタリーに関わることによって形作られている。そのことは文化財保護法第4条「一般国民は、政府及び地方公共団体がこの法律の目的を達するために行う措置に誠実に協力しなければならない」とある国民の心構に示される理念に結びつくものである。一方で、実践のレベルでは、活用の方向性を巡り齟齬が生じることもある。そうした齟齬を、保存会という文化財保護行政の枠内にある組織が中心となって調整することにより、文化遺産が維持、継承されている面がある。そして、本章で示した緩やかな文化財コミュニティが形成されることで、多面的な展開をし、継承の安定化が図れている。文化遺産の保護を考える場合、それを直接担う人と制度に目が行きがちであるが、本章で見てきたような文化遺産を取り巻くコミュニティの在り方にも目を向ける必要があろう。

おわりに――ユネスコ無形文化遺産条約と日本的な芸能の保護

民俗芸能を取り巻く状況の変化は、一九九〇年代から大きく動いている。それは、バブル経済の崩壊後の地域づくりにおいて生み出され、岩本の危惧するように「ふるさと」概念と結びついて展開してきている。一方で、この時期はユネスコによる無形文化遺産条約の設計が進んだ時期であり、無形の文化の保護をどのように考えるかが揺れ動いていた（菅 二〇一七）。同時に、文化庁を中心とした文化財の保護現場において、保存よりも活用に力点をおく流れが生じていた。それは戦略的な動きであったが、本章で紹介した寺崎のはねこ踊りのように、大局の中で自然と人を集めた文化遺産も少なくない。そうした文化遺産においては文化財保護審議委員などのボランタリーな活動や、踊ることが好きなファン層の参与によって支えられてきた。こうした文化財コミュニティを構成する人たちが、制度の内外で関わることにより、文化遺産の継承に大きな力となっている。

文化遺産の保護策といった場合、制度的な面や政策の立案過程と実践に目が行きがちである。しかしながら、本章で示したようなコミュニティによる文化遺産の保護実践は、文化遺産をめぐる多様な視点と、多様な方向の保存、活用を包括した動きとしてみることができる。その中には、文化財の保護という観点から問題をはらむ動きが含まれる可能性もあるが、それも含めた文化遺産の在り方が現在問われている。そして、そうした文化財保護行政からみた不適切な動きと実践の在り方を見ていくことにより、コミュニティの自律的な文化遺産の保護が実現できるように思われる。もちろん、その考察の対象には、我々のような研究者も当然組み込まれている。文化遺産の研究を進めるにあたっては、文化財コミュニティの構成員の相互行為を通して文化遺産が保護されていく過程に配慮する必要があろう。

参考文献

石垣悟（二〇一四）「文化財保護の視点から〈無形の〉民俗文化財を考える」北広島町（編）『ユネスコ無形文化遺産壬生の花田植——歴史・民俗・未来』二一—四一頁、吉川弘文館。

岩本通弥（二〇〇七）「「ふるさと文化再興事業」政策立案過程とその後」岩本通弥（編）『ふるさと資源化と民俗学』三七—六一頁、吉川弘文館。

大島暁雄（二〇〇七）『無形民俗文化財の保護——無形文化遺産保護条約にむけて』岩田書院。

川森博司（二〇〇七）「中央と地方の入り組んだ関係」岩本通弥（編）『ふるさと資源化と民俗学』二八一—二九八頁、吉川弘文館。

小谷竜介（二〇一〇a）「寺崎のはねこ踊の群舞化に見る民俗と芸能」『東北民俗』四四：四五—五三。

——（二〇一〇b）「寺崎のはねこ踊」『第五一回北海道・東北ブロック民俗芸能大会記録』四二—四七頁、岩手県教育委員会。

——（二〇一四）「雄勝法印神楽の再開過程と民俗性」高倉浩樹・滝澤克彦（編）『無形民俗文化財が被災するということ——東日本大震災と宮城県沿岸部地域社会の民俗誌』六八—七八頁、新泉社。

菅豊（二〇一七）「幻影化する無形文化遺産」飯田卓（編）『文化遺産と生きる』六九—九六頁、臨川書店。

千葉雄市（二〇〇四）「寺崎のはねこ踊」日本青年館事業部（編）『民俗芸能』八五：六—一二。

俵木悟（二〇一二）「あのとき君は〈無形文化財〉だった」岩本通弥（編）『世界遺産時代の民俗学——グローバル・スタンダードの受容をめぐる日韓比較』二一五—二三八頁、風響社。

文化庁長官官房政策課（二〇一五）『平成二七年度我が国の文化政策』文化庁。

星野紘（二〇〇九）『村の伝統芸能が危ない』岩田書院。

遺跡をめぐるコミュニティの生成

——南米ペルー北高地の事例から

関　雄二

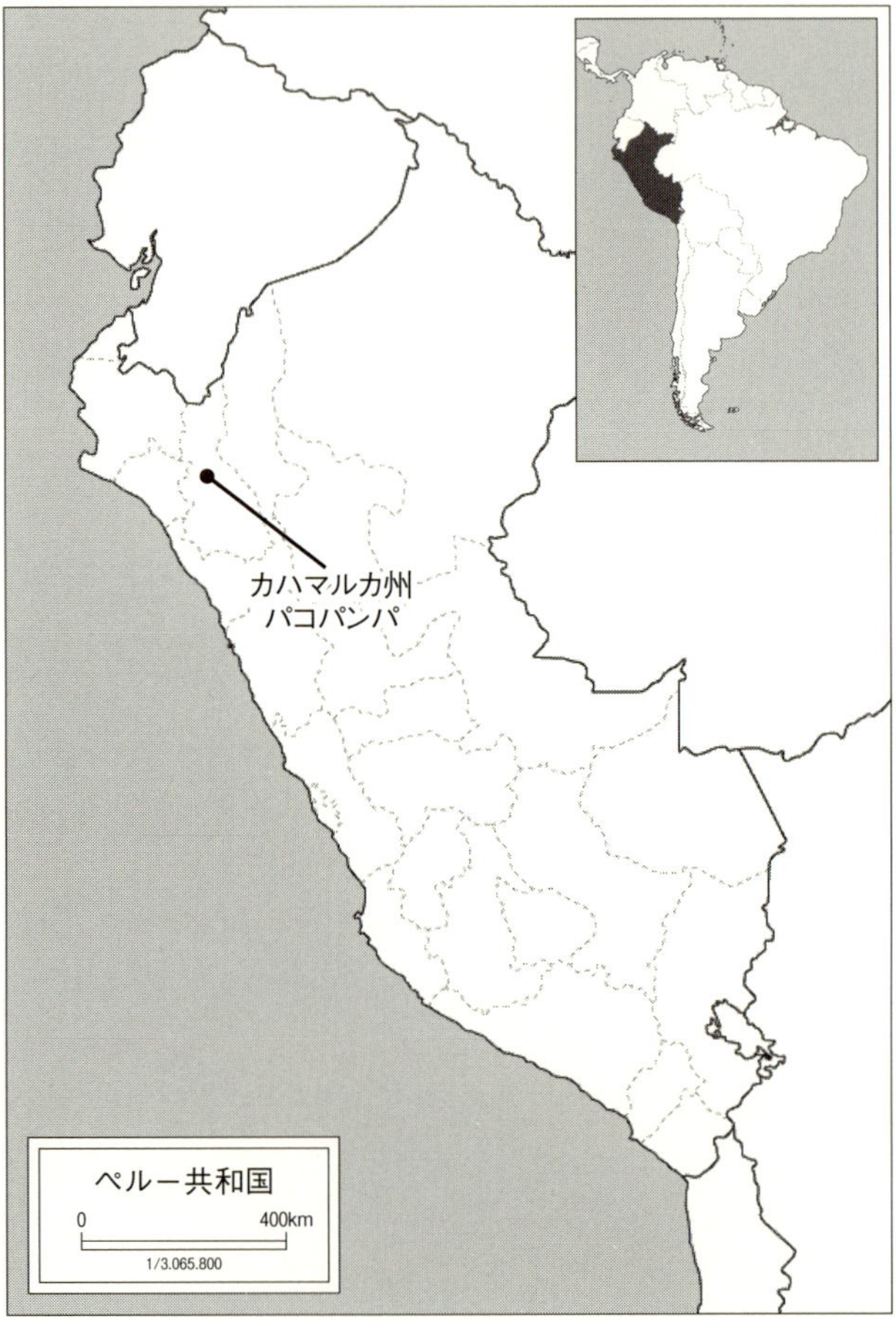
カハマルカ州
パコパンパ
ペルー共和国
0
400km
1/3.065.800

はじめに

本章では、南米ペルーにおける文化遺産、とくに遺跡などの歴史遺産を対象に、現在進められている文化行政の特徴を押さえたうえで、文化遺産の活用に地域コミュニティがどのように参加することができ、かつそれがコミュニティの創造や再生とどのように結びつくのかを分析する。このテーマを設定するにあたり、文化遺産にまつわる世界全体の動向とペルー固有の問題点とが、どのようにこのテーマに絡んでいるのかに触れておきたい。

一　文化遺産の開発をめぐる世界の動き

文化遺産の保存とその活用の国際動向については、河野（一九九五）がユネスコの動きを中心に的確にまとめている。それによれば、二十世紀の末に、それまで破壊の元凶として対立を見せてきた観光セクターとの調和を図ることで文化遺産を守ろうという立場に転換したことが明らかである。と同時に、ユネスコは新たな肉付け作業を行った。それは観光開発と文化遺産の保存に地域コミュニティの参加の仕組みを組み込むことの提唱であった。

この動きが端的に表れたのは、ユネスコが推進する世界遺産委員会や文化遺産観光を含む関連集会においてである。世界遺産制度が一九七二年に発足した当初に、加盟国が申請してきた遺産は、言ってみれば誰が見ても世界遺産といえるような有名観光地ばかりであり、そのため遺産周辺では無秩序な観光開発が進んだ。その結果、保存や活用に関しては、周辺のコミュニティとの協調が余儀なくされ、近年では世界遺産認定の条件の一つともなっているのである。

さらにこうした文化遺産と周辺のコミュニティという二項対立を超える新たな文化遺産概念がユネスコで編み

出された点も指摘しておきたい。これはもともと世界文化遺産と世界自然遺産の登録件数のアンバランスに関わる問題であった。世界遺産は、その制度の発足直後から、堅牢な建築物を保有する欧米加盟国に文化遺産が偏るという南北問題を抱えていた。これを解消すべく、一九九四年の世界遺産委員会で採択されたのが、グローバル・ストラテジーと言われる方針であった（田中 二〇〇九、UNESCO 1994）。これにより、文化遺産の対象は、人間と土地との共存関係（移住、生活様式、技術革新との関連）や、社会における人間のありかた（交流、文化の共存、精神性や創造的表現）にまで拡大された。具体的には、産業遺産や二十世紀の遺産、そして文化的景観がこれに含まれるようになった（飯田 二〇一七）。

なかでもグローバル・ストラテジー採択に先立ち、一九九二年に認められた文化的景観は、コミュニティの中でもとくに民族の位置を際立たせるのに重要であった。人間の働きかけによって成立した庭園や棚田、あるいは精神的、宗教的な介入としての聖山などが対象となったことにより、民族・先住民が持つ伝統的な自然観や自然利用を組み込んだ申請が増えたのである（UNESCO 2012、阿部 二〇一七、本書門田論文も参照）。対象物とコミュニティとが表裏一体となって文化遺産を象ったといえよう。先住民マオリの聖地であるニュージーランドの「トンガリロ国立公園」や、山岳民族イフガオによって技術が継承されてきた「フィリピンのコルディリェラ山脈の棚田」がこれに含まれる。

このように、開発におけるコミュニティの包摂や文化遺産概念の拡大は、新たな文化遺産の管理計画において、対象となる遺産を支えてきたコミュニティの参加を促したのである。

先住民の権利主張

ユネスコの文化遺産や観光に対する質的な転換や発展の背景は、先住民の権利主張が地球規模で展開されるようになった状況とも連動している。もちろんユネスコの唱えるコミュニティとは先住民だけを指すわけではないが、先住民運動の隆盛は関係していよう。二〇〇一年の「文化の多様性に関するユネスコ世界宣言」や、二〇〇七年の「先住民族の権利に関する国際連合宣言」、さらに二〇一〇年、カナダのモントリオールで開催された「発展のための文化多様性と生物多様性に関する国際会議」において採択された「生物と文化の多様性に関する二〇一〇年宣言」などは、民族や先住民の国際社会への進出を促すものだった（UNESCO 2012）。

もちろんこうした一般的な先住民の権利主張以外にも、文化遺産の開発に先住民が反発する事例は枚挙にいとまがない。観光開発などで、生活域が開発で脅かされるといった即物的な問題もあるが、彼らの聖地がしばしば遺跡として指定され、非先住民系の専門家によって、発掘、分析、展示、そして観光開発という「冒瀆行為」が強行され、さらに先住民の世界観とは全く異なる近代的な枠組みで管理されるようになったことを想起すれば、先住民の権利主張は、背景や雰囲気という以上に、コミュニティ参加問題と直結していることがわかる。

ポストコロニアル転回と文化の所有

筆者自身は、この事態とともに、学問そのものの変貌が大いに関わっていると考えている。いわゆる人文系学問の世界でいわれる「ポストコロニアル転回」であり、人類学で言えば、人類学者による人類学批判である（杉島 二〇〇一、太田 二〇〇三）。ことにアメリカのように考古学が人類学の影響下にある地域では無視できない流れである。人類学者が反省すべきは、伝統文化と言われているものの生成の過程を無視し、近代にけがされていない無垢の文化として封じ込める作業を独占的に手掛けてきた点にある（本書序章を参照）。近代化の中で伝統的な文化の消滅を憂慮してきたことは、裏返せば、その変化をよしとしてきたフィールドの人々の権利を侵害している。変化する文化を偽物だと決めつける語りは、本物だと信じているフィールドの人々を貶めることになる。こうして本物かどうかを決定する権利は、その伝統なり文化を支えている人々の意思を一義的に尊重すべきであるという主張にたどり着く。いずれにせよ、文化を語るのが、もはや研究者に限定されるものではないことは明らかである（本書野林論文を参照）。もちろんこのような学術界の変貌は、先にあげた先住民の権利主張の動きと相関関係にあることはいうまでもない。では、こうしたコミュニティの参加を問う意味がないほどの大きな国際的うねりは、実際のフィールドで果たして検出できるのであろうか。筆者が長年考古学的調査を実施してきた南米ペルーに注目をしてみたい。

二　ペルーにおける文化遺産保護政策の変貌

まず押さえておきたいのは、ペルーという国の文化遺産の事情である。ペルーはいわゆる南北問題で言うならば南に属し、開発問題で言えば援助を享受する側に立つ国である（図1）。一方で、ペルーは世界の古代文明の一つであるアンデス文明が成立した場所として、数多くの巨大な考古遺跡を抱える。そのため、グローバル・ストラテジーなど、近年のユネスコが打ち出した、世界遺産級のモニュメントを抱えない「南」の国やコミュニティへの配慮などとは無縁であり、文化遺産の保護政策は、おもに巨大な遺跡を中心に展開してきた。

ペルーにおける考古遺跡や出土遺物を対象とした文化遺産保護法や条例は、一八二二年の独立以来、数多く公布されてきたが、盗掘や遺物の不法輸出の取り締まりを目的とするものが多かった。遺跡などの文化遺産の保護と活用については、とくに大きな予算が割かれるわけでもなく、マチュ・ピチュやナスカの地上絵の世界遺産登録は話題にのぼっても、不法占拠によって破壊される遺跡を前にして有

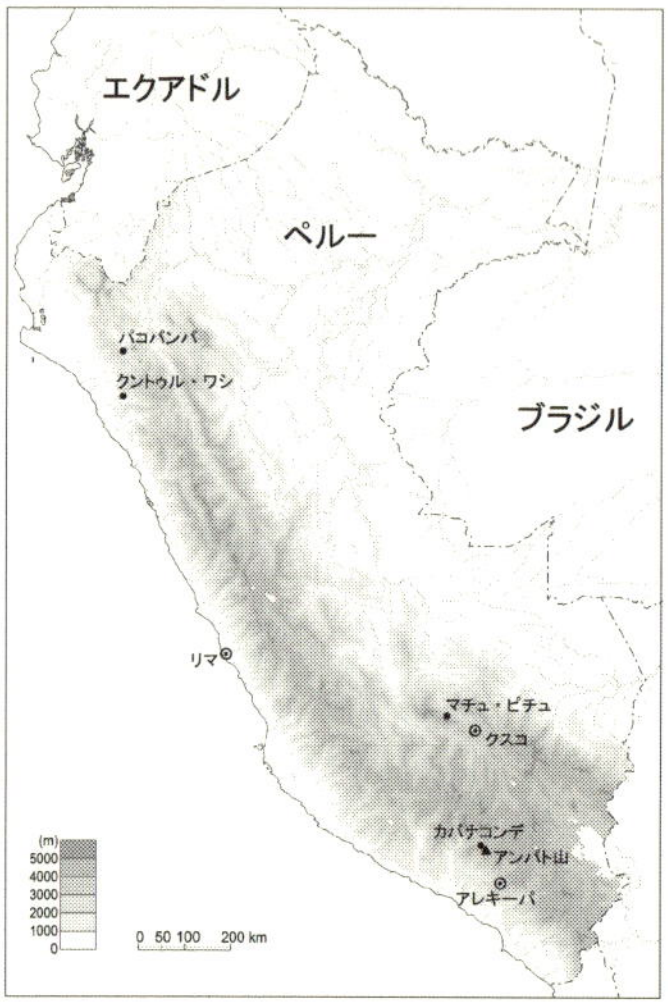

図1　本文で言及するペルーの遺跡

効な政策はとられず、社会問題としての関心も低かった。

新自由主義政策と文化遺産保護との対立

この状況が一変するのは、一九九〇年に就任した日系のアルベルト・フジモリ大統領の政権下であった。フジモリの就任前、対外債務の支払い不履行を宣言していたペルーに対し国際金融機関は融資を停止し、ペルー経済は極度の停滞に陥り、政権も機能不全状態にあった（細野・遅野井 一九九二）。また一九八二年に始まったテロリズムも拡大を遂げ、国民は難しいかじ取りをフジモリに託したことになる。その中でフジモリが実施したのは、社会主義的政策下で増殖し続けた国有企業の民営化であり、その売却で得た資金をもとに実施した貧困改善を目指した社会政策であった。やがて国際金融機関も協調路線に転じ、多額の資金が再び流入することになった。我が国を含め、当時の世界的な流れであった新自由主義政策を実行したともいえる。

じつはこれが文化行政にも深刻な影響を与えた。フジモリ第二期政権時代（一九九五～二〇〇〇）では、ある二つの法令が施行された（関 二〇〇三）。一つが大統領令008-98-AGである。農業振興を目的として民間セクターに譲渡される対象地に遺跡が含まれる場合、担当省庁である文化庁（現文化省）が、遺跡の登録を記した書類、遺跡範囲図などを提出しない限り、開発は可能であると読める（El Peruano 1998/6/7）。妥当とも思える内容だが、当時ペルーの遺跡はほとんど登録されておらず、文化庁の予算規模を考慮しても、登録作業を急遽進めることはほぼ不可能であった。結果として、遺跡の農地転用は野放し状態となることは目に見えていた。

もう一つは、「観光活動を推進させるための法」と名付けられた26961号法である（El Peruano 1998/6/3）。フジモリ第二期政権は、外貨獲得ならびに参加型開発を通じた貧困是正を図るべく、観光開発に力を注いだ。26961号法では、文化遺産だけが対象ではないが、観光資源の開発推進は、産業・観光・統合・貿易省（現貿易観光省）と民間の観光セクター代表が中心となって優先的に実施するものとし、こうした開発プログラムに文化庁が介入

DEBATE

MACHU PICCHU

Un atentado llamado teleférico

図２　マチュ・ピチュのロープウェイ建設を批判する新聞記事（1998/５/17 El Comercio 紙）

する場合、三十日以内に法に則って行われるべき点を定めている。農業振興令と同様に、非力な文化行政の前では、遺跡すらも市場経済原理に則った開発が可能であると解釈できよう。以上のように、新自由主義経済を推進するフジモリ政権では、文化行政よりも他分野の産業振興、埋蔵文化財保護よりもそれら文化財の商業的利用を優先する姿勢を明示したのである。マクロ経済の進展こそ、貧困撲滅につながるというフジモリ政権の強い意思表示であった。

　この動きを象徴する事件は、マチュ・ピチュのロープウェイ建設事件である（関　二〇〇三ｂ）。産業・観光・統合・貿易省は、先述の法律が施行される一年も前から、ユネスコの世界自然文化複合遺産であるマチュ・ピチュ遺跡にロープウェイを建設し、観光客の迅速な輸送を図る計画を進め、一九九八年当時、民間業者による入札まで済ませていた。しかも文化庁、ユネスコとの協議もとくになかったと言われている。これに対して文化遺産関係者がさまざまなメディアを駆使して批判キャンペーンを繰り広げたことはいうまでもない（図２）。その論拠は、遺跡本体への負荷が増大すること、ロープウェイ建設による自然環境の破壊、遺跡までの移動手段であるシャトルバスを運営する地元企業への打撃などであった。最終的に責任者であった副大臣は更迭され、プロジェクトは頓挫した。この頃より文化遺産関係者の発言が次第に活発化し、文化遺産は社会問題としてマスコミでも大きく取り上げられるようになる。

　こうした新自由主義政策と文化遺産保護との対立構造は、何もペルーに限ったことではない。新自由主義といっても、もちろん国によってその適用はさまざまではあるが、この思想に重きを置いた国々では、小さな政府を実現するために、多くを市場経済におもねる政策が展開された。ペルーでも適用されていることはすでに見てきた。文化遺産も守るためには稼げと号令がかけられ、もっとも身近な資金獲得手段として観光に光があてられたのである。

フジモリ政権下のペルーにおける文化遺産をめぐる葛藤は、こうした政策に対する文化遺産関係者からの反発と受け取れる。では彼らにとって、何が問題であったのだろうか。その点に触れるためにここで別の事件を紹介したい（関　二〇〇三b）。

文化遺産をめぐるナショナリズムの勃興

一九九五年九月八日、ペルー南部アレキーパ州に位置するアンパト山（海抜六三八〇メートル）に登ったアメリカの人類学者ヨハン・ラインハルトらは、隣接するサバンカヤ山の噴火によって融解した氷河の中から、インカ時代に遡る少女のミイラを発見した（Reinhard 1996）。ミイラは、ヨハン（スペイン語でフワン）にちなみ、フワニータ（フワナちゃん）と名付けられた。

インカ帝国時代、火山の噴火活動、あるいはエル・ニーニョ現象による干ばつなどの脅威にさらされた場合、山にすむ霊的存在（アプ）に対して、人身供儀が行われた（チャベス　一九九九）。この解釈は、スペインによるインカ征服後に記された文書に基づいており、汚れのない少女と少年が供儀（カパコチャ）のために選ばれたとされる（Molina del Cuzco 1959［1575］）。

フワニータは、地下式の墓に納められ、金・銀製、ウミギク貝でできた人形、土器などが副葬品として添えられていた。とくにウミギク貝は、水を喚起する儀礼用具として有名であり、噴火の終息を祈る役割を担ったとされる。また自然人類学的分析によれば、年齢は十三から十四歳、供儀の際には、星形の棍棒頭によって、右頭頂部に打撃が加えられ、死に至ったようだ（Reinhard 1997）。このようにフワニータがカパコチャの一例と考える

図3　フワニータ展を批判する雑誌記事　（1999/3/1 Caretas 誌）

ことに問題はなかろう。

ここでいう事件とは、一九九九年に日本で開催された「悠久の大インカ展」に対する批判キャンペーンのことを指す。展覧会は、ペルーに日本人が移住して百年という節目の年を記念した企画であり、東京を始め日本各地を巡回した。展覧会の副題には「哀しみの美少女フワニータ」の文言が添えられており、冷凍乾燥ミイラを展示の柱に据えていたことがわかる。

じつは、フワニータの国外輸出は日本が初めてではなかった。独占的報道を行った米国ナショナル・ジオグラフィック協会の後援で、同協会の博物館があるワシントン市で一九九六年に展覧会が開催され、十万人もの人々が見学に訪れている（El Comercio 1998/9/6）。しかし、この場合は、先述した科学分析が含まれており、これが日本展との大きな違いであった。

批判キャンペーンは、いよいよ日本展が開始される一ヶ月ほど前に熱を帯びる。今までほとんど国民の目に触れる機会のなかったフワニータを、わずか十日間ほどの間、首都リマ市の国立国民博物館で展示したことが文化遺産関係者を強く刺激したと考えられる。

ペルーの大手日刊紙や週刊誌は、リマ展を訪れた研究者の否定的コメントを掲載し続けた（図3）。その内容は、長距離移動に伴う破損への危惧といった技術的なものから、学術性の乏しい政治的イベントに利用され、フワニータの尊厳が損なわれることへの憤り、ペルーの文化遺産を他国で先に披露することへの疑問などであった。最終的に展覧会は実現するが、文化庁長官は更迭され、フワニータを含む文化遺産の国外輸出を禁止する法令が国会で承認されるにいたった。

文化遺産関係者やマスコミが展開した批判キャンペーンは、フワニータを含めた文化遺産を国家のアイデンティティの拠り所として敬意を払うことを求める動きとしてとらえることができよう。そのため批判者の憤りは、興行を優先するかに見えた文化行政へと向けられたのである。しかしこれを単純な内なるナショナリズムの噴出と捉えることには躊躇せざるをえない。

埋蔵文化財を国民統合に利用していくことは、近代の国民国家建設の際に世界的規模で見られた現象であり、その点はペルーでも同じである（関　一九九九）。これをロバートソンは、過去を追想する行為という意味で「郷愁のパラダイム」ととらえ、現代の郷愁がグローバリゼーション、そして消費中心主義と深く結びついていると指摘している（ロバートソン　一九九七）。そして消費中心主義と深く結びつく代表例が、文化遺産観光や展覧会などの文化遺産関連イベントであることは言うまでもない。したがってフワニータ展批判は、この脈絡で捉える必要があろう。先進国の人々が、観光や国外展覧会という消費的活動や興業を通して発展途上国へ向ける「自らの社会が失ってしまった過去、故郷への希求」という眼差し、すなわち一方的な郷愁観に対する反発ととらえるべきなのである。しかしそれ以上にフワニータの事件は、本章の主題であるコミュニティとの関係を語るうえで興味深い事例でもある。

住民参加の拒絶

じつは日本展の最中に、フワニータの発見場所近くに位置するアレキーパ州のカバナコンデ村の住民によってフワニータの返還要求運動が起きている。日本でも小さく報じられた。その後、筆者が実施した現地調査によれば、発見されたアンパト山の土地はカバナコンデ村全体が持つ共有の土地、すなわち入会地であること、そこは山の神信仰の対象地であることがわかった。村人はそれを根拠にフワニータを村に返還せよと訴え、観光開発の目玉にしたい、と主張したのである。こうした村人の動きの背景には、フワニータの発見からその展示にいたるまでカバナコンデ村が完全に疎外されていたことも調査で明らかになった（関　二〇一四）。

村人の返還要求に対して、日本展の開催に反対していた首都リマの文化遺産関係者の反応は実に冷たかった。村には冷凍乾燥ミイラを保存するような施設もないし、また観光に供するとは文化遺産に対する冒涜であると一蹴したのである。フワニータ発見にもかかわったペルー人考古学者でさえ、山の神の信仰は確かに存在するが、カバナコンデ村の人々は元来別の山の神を信仰していたはずで、アンパト山への信仰はミイラ発見後のことであるから主張は怪しいと筆者に語った。またその考古学者は、フワニータが村人と系譜関係にはないことを確認するためDNA分析も実施したという（関　二〇〇三b）。

じつは、アンデスの伝統的な信仰では、信仰対象としての山の神を状況に応じて取り替えることがしばしばある。この点は人類学や歴史学の研究から明らかにされている（齋藤　一九九三）。その意味で、恩恵を享受できそうな魅力的なフワニータを前に、信仰対象の山を取り替えたとしても文化的脈絡では不遜とはいいがたい。むしろ強引なナショナルな考え方の前に、住民の伝統的宗教観は否定されてしまったことになる。

本来、フジモリ政権が新自由主義、すなわち市場経済への依存とともに掲げたのは、国家の庇護から緩やかな形で解放された市民による自律性であった。国に多くを望めないのだから、国民、市民が自主的、自律的に行動することが強く求められた。したがって、先にあげたように、コミュニティの参加を求めるユネスコの動きも、当然の成り行きといえる。考古学者の目にとっては不純な動機を抱えると映るカバナコンデ村住民の行動も、活動資金を観光開発で補うものだと考えれば、ユネスコの主張にも合致し、単純には否定できないはずである。いずれにせよ、ここにも新自由主義と観光開発のグローバル化が、考古学者や文化遺産関係者の頑なな態度を増殖させ、その余波が参加を求める住民にまで押し寄せていることになる。

コミュニティ参加を阻害する法令

では、フジモリ政権から十年以上経った現在のペルーでは、文化遺産をめぐる行政や住民との関係に変化が生じているのであろうか。一言で言えば、新自由主義からナショナリズム的な行政へと転換が図られている。発掘調査に関して言えば、以前のように外国人が単独で申請することはかなわず、ペルー人考古学者を共同代表者として名を連ねることが義務付けられている。また書類の手続きにせよ、その内容にせよ、非常に細かい規則が定められ、通常の考古学発掘では全く必要のない情報まで要求されるようになった。こうした形式主義の導入は、ペルー自体が経済発展の結果、発展途上国から新興国へと移行しつつあることに加え、フワニータやマチュ・ピチュのような事件を防止すべく国家主導の文化行政を推進していこうとする態度表明とも受け止められる。いわばフワニータ展批判キャンペーンを推進した文化遺産関係者らの主張をまるまる飲み込むような形の行政が展開されているといえる。

このことは、文化遺産を担当する行政機関の政治的位置づけからも判断できる。二〇一〇年には、かつて教育省の一部局にすぎなかった文化庁が文化省として格上げされた。文化省内部は、文化遺産とインターカルチャーとに二分され、それぞれに副大臣のポストが用意されている。これにより、文化遺産に名目ともに明確な位置づけが与えられ、国として文化遺産関連行政に力を注ぐ体制が整備されたことになる。ところが、組織改革自体は、新自由主義と連動する地方分権の流れと相いれない状況を生み出している。近年のペルーでは、地方分権化が推進され、州政府に多くの権限が委譲される傾向が強い。かつて存在した中央省庁の地方事務所は、州政府の一部門に組み替えられている。しかし、こと文化遺産になると、名前こそ州分権文化局という新名称が与えられているが、実際には中央の文化省に帰属しており、権限は限定的である。国家主導の文化行政を推進する上で中央集権方式は手放せないのであろう。

では中央集権的な体制は、本章の主題である文化遺産管理に対するコミュニティの参加にどのような影響を及ぼしているのであろうか。現在、文化省には文化遺産の社会的利用を推進する課が設けていることからも明らかなように、住民に対する教育や文化遺産関連の情報提供に積極的であり、コミュニティ参加が重要であるという認識も高い。しかし、このこととは別に、文化遺産に関して、従来から存在している法規制が足かせとなっていることも事実である。

ペルーの場合、我が国同様に、地下に埋もれた文化遺産は基本的に国に属する。ところが、我が国とは異なり土地の表面や表層を利用する所有者の権利はほとんど認められず、遺構が検出されると、文化省による境界画定と登録を経て、土地は国の管理下に置かれる。その際、土地所有者の権利は一切問われない。すなわち文化遺産の名を借りた土地の接収ともいえる。地下埋蔵遺構が多い我が国と、地表に露出した遺構が多いペルーとの違いもあろうが、これでは土地所有者の不満は募るばかりであり、遺跡の発見を申告しない者がいても不思議ではない。実際、この法規制が火種となる対立は数知れない。

筆者が以前経験した事例でも、文化庁がやみくもに遺跡の境界画定をしたがゆえに、遺跡周辺で暮らす住民との衝突が起きている（関 二〇一四）。この点が、ナショナリズムを前面に打ち出し、中央集権化を進め、かつ官僚主義的に関係諸法の遵守を課する現在の文化行政の中で、以前にもまして大きな問題となっていることは間違いない。確かに、ペルーでは盗掘や土地の不法占拠が多い（関 一九九六）。これら文化遺産を守る側からすれば確固たる法律的根拠とそれに基づく厳格な法執行が必要であることは認める。しかしながら、法体制が盗掘のような文化遺産に対する負の行動に対してではなく、文化遺産を守るといういわば正の行為にコミュニティが関わることを阻害するように働くとすれば残念としかいえない。

たとえば、現在、ペルーでは外貨獲得のみならず、貧困削減の点からも、観光産業が注目されている。インカ帝国のかつての都クスコやマチュ・ピチュを対象とするマスツーリズムはもちろんだが、地方に散在する自然、文化などさまざまな観光資源を利用した小規模な開発も推進されている。中には、州や村落が主体となって遺跡を整備し、博物館を建設し、観光に供することを謳ったプロジェクトも少なくない。しかし博物館の場合、我が国では考えにくいが、どのような行政レベルの博物館にせよ、博物館の名が冠せられただけで、文化省は介入する。建設資金が州であっても、民間であっても、建設計画内容に対する詳細な点検ばかりでなく、完成後は文化省が管理に関与することを法令に基づいて強要する。自らの省には建設資金がないために、他の行政機関や民間資本に博物館を建設させるしかないが、完成後は自分たちに管理責任があると主張していることになる。

遺跡の整備ならばなおさらで、プロジェクト終了後の管理主体は基本的に文化省と定められている。これでは、州や村落は自前の博物館や遺跡公園を持てず、もちろんコミュニティの参加も困難が予想される。しかも、この法的運用が実行され、国立の施設が次々に生まれているならば一定の評価もできようが、実際には、完成後の遺跡公園などに配置する考古学者や管理人に対する人件費を文化省が捻出できず、多くのプロジェクトが計画段階で頓挫しているのが実情である。ナショナリズムに裏打ちされた中央集権体制が、地方分権体制下での観光開発などと齟齬をきたし、その結果コミュニティの参加までも阻害していると読める。

この点に関するインタビューを文化省トップに対して何度か試みたが、基本的に、地方自治体やコミュニティの自立的な発想に基づく開発はありえないとの答ばかりが返ってきた。また文化省が考えるコミュニティの参加とは、文化省側が敷いたレールの上を走るプロジェクトにコミュニティが参加することのみを指していることも伺われた。ここには、遺跡などの文化遺産を破壊してきた盗掘や不法占拠の主体が、市民や地域コミュニティであったことに対する不信感が見え隠れする。だからこそ中央主権的に管理し、ナショナリズムを煽ることでしか、文化行政は推進できないと考えているのであろう。こうした行政と国民との間の生じる齟齬は、対象とする文化遺産の基本的性格が関与している。次にこの点に触れておきたい。

知識の保有をめぐる非対称性

同じ文化遺産であっても、無形遺産の場合、文化遺産の担い手としてのコミュニティ側が保持する知識が、研究者のそれを凌駕しても不思議ではない。もちろん無形遺産保持者や団体が意識しない、いわゆる暗黙知を研究者が明らかにし、また行政が無形遺産の保持を支援することはあるにしても、あくまで文化遺産に関与する主体は、個人やコミュニティ側にある。

ところが有形の歴史遺産、たとえば考古学者が発掘する遺跡のような場合、保存すべきは現在の人間の文化ではなく、過去の遺物、遺構であり、その調査と分析には特殊なスキルが求められる。それが故に、解釈を巡る話題に非研究者が参加できる余地は少ないのである。もちろん在野の古代史家や考古学ファンの多い日本では状況が異なるが、少なくともペルーのような新興国においては、歴史遺産に関する研究者の優位性は歴然としている。いずれにせよこの種の知識を有するのは一般に考古学者であり、法律を根拠に責任と権利を主張する行政側の文化遺産関係者である。極端に言えば、研究者や文化遺産関係者と無知な一般人という非対称性が存在し、当然のことながら、これを前提に文化政策が立案されるのである。こうして遺跡の管理は、一部の考古学者や文化遺産関係者が担うという構造ができあがる。ペルーにおける文化行政の方針もまさにその通りである。

この構造において、たとえば遺跡の周辺で暮らす住民は、「遺跡の真の価値を知らない無知な人々」というレッテルを貼られ、無視されるか、仮にコミュニティ参加が謳われたとしても、考古学的知識を有する文化遺産関係者が立案するプログラムに参加し、学ぶことが強要されるだけである。教える側と、教えを享受する側とが上下関係にあり、知識は垂直方向に流れていく。いわば、遺跡周辺の住民が主体性を発揮する余地はないのである。

このように、歴史遺産がその誕生から抱えてきた構造的性格に加え、中央集権的、ナショナリズム的文化行政というペルー独自の状況を踏まえれば、文化遺産に対するコミュニティ参加の実現には困難が予想される。にもかかわらず、文化遺産関係者のプログラムとは無関係に、文化遺産に関わる世界観をコミュニティが創出する事例が存在する。

三　社会的記憶の構築――ペルー北高地における遺跡の発掘と地域コミュニティ

ペルー北高地の海抜二五〇〇メートルに位置するパコパンパは、筆者が、ここ十一年にわたって考古学調査を実施している遺跡である。アンデス考古学上、形成期（前三〇〇〇年〜前五〇年頃）と呼ばれる文明初期に築かれた巨大な祭祀遺跡である。形成期のアンデスでは、神殿などの祭祀遺構が盛んに建設され、そこでの活動を通じて社会が統合されていたことがこれまでの研究から明らかにされてきている。なかでもパコパンパは、前一二〇〇年から前五〇〇年の長期にわたって利用された、ペルー山岳地帯で最も巨大な祭祀遺跡である。遺跡は、緩やかに傾斜した尾根を利用した三段の基壇よりなり、最上段の基壇には、中心的な役割を担ったと考えられる様々な祭祀建造物が築かれた。大規模な発掘調査は、筆者が率いるペルー・日本合同調査団が初めてであり、考古学的に貴重な発見にも何度か遭遇した。とくに二〇〇九年には、中心的な遺構である中央基壇の床下より、金製の耳飾りや耳輪を伴う立派な埋葬が検出された。形成期後期、すなわち前八〇〇年頃には、社会の中で格差が生じ、宗教的権威を背景にした権力者が誕生したことを示す重要な発見であった（図4）。ペルーではこうした墓に対して通称を冠することが習慣となっていたため、調査団は「パコパンパの貴婦人」と名付けることを決めた。その後も、金製品を副葬した墓や、ジャガーと人間を合体させた図像が描かれた石彫が相次いで発見されるなど、ペルー考古学界でも注目されるプロジェクトになっている。

パコパンパ遺跡の位置する山上から麓を見下ろすと、戸数五百ほどの小さな村が視界に入る。遺跡と同名の村であり、その創設は一五〇年ほど前といわれている（写真1）。アンデスでは歴史の浅い村の部類に入る。行政上は、州、郡、地区の下にあたるセントロ・ポブラード（集落）という範疇に属し、村長は存在するが、名誉職に

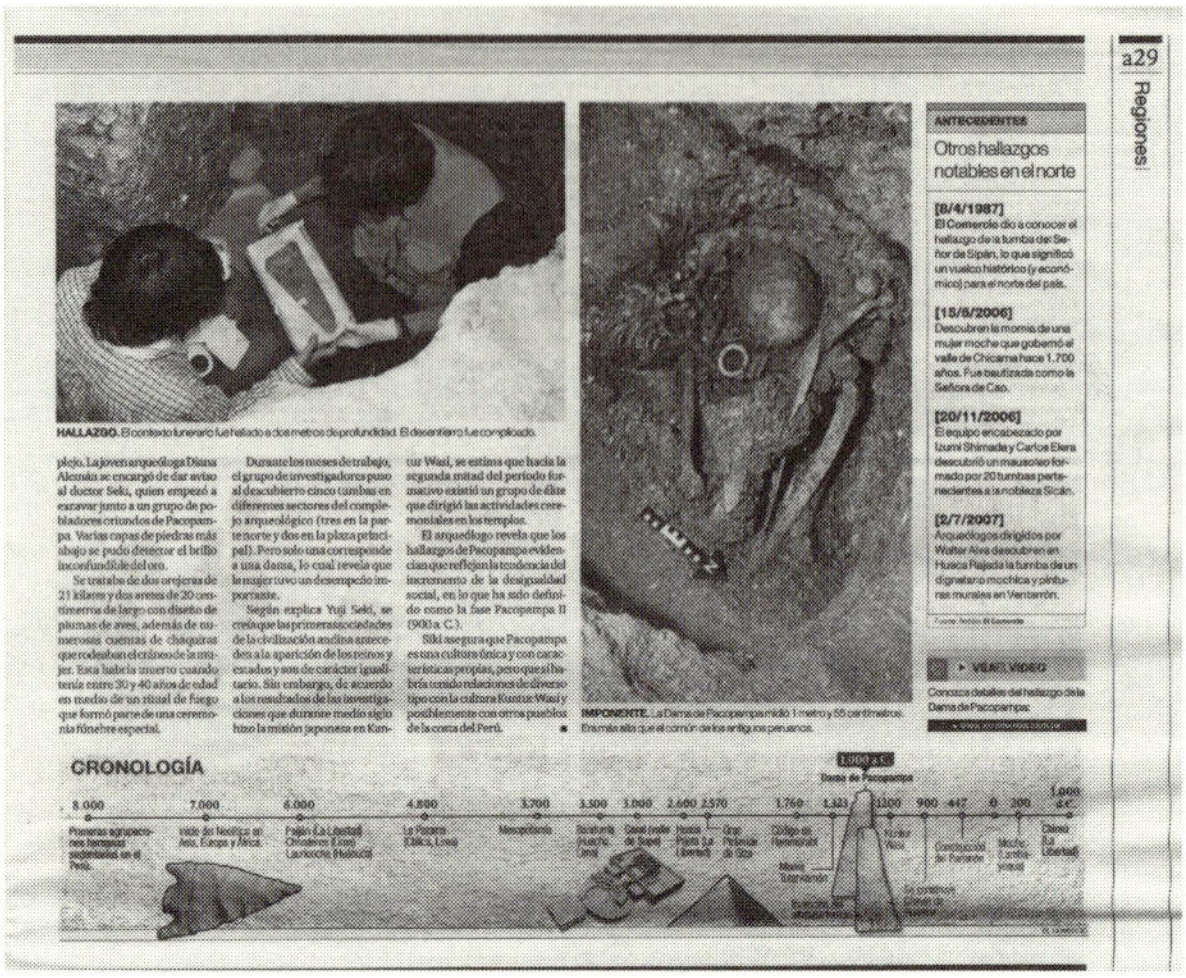

a29 Regiones

ANTECEDENTES

Otros hallazgos notables en el norte

[6/4/1987]
El Comercio dio a conocer el hallazgo de la tumba del Señor de Sipán, lo que significó un vuelco histórico (y económico) para el norte del país.

[15/6/2006]
Descubren la momia de una mujer moche que gobernó el valle de Chicama hace 1.700 años. Fue bautizada como la Señora de Cao.

[20/11/2006]
El equipo encabezado por Izumi Shimada y Carlos Elera descubrió un mausoleo formado por 20 tumbas pertenecientes a la nobleza Sicán.

[2/7/2007]
Arqueólogos dirigidos por Walter Alva descubren en Huaca Rajada la tumba de un dignatario mochica y pinturas murales en Ventarrón.

HALLAZGO. El contexto funerario fue hallado a dos metros de profundidad. El desentierro fue complicado.

plejo. La joven arqueóloga Diana Alemán se encargó de dar aviso al doctor Seki, quien empezó a excavar junto a un grupo de pobladores oriundos de Pacopampa. Varias capas de piedras más abajo se pudo detectar el brillo inconfundible del oro.

Se trataba de dos orejeras de 21 kilates y dos aretes de 20 centímetros de largo con diseño de plumas de aves, además de numerosas cuentas de chaquiras que rodeaban el cráneo de la mujer. Esta habría muerto cuando tenía entre 30 y 40 años de edad en medio de un ritual de fuego que formó parte de una ceremonia fúnebre especial.

Durante los meses de trabajo, el grupo de investigadores puso al descubierto cinco tumbas en diferentes sectores del complejo arqueológico (tres en la parte norte y dos en la plaza principal). Pero solo una corresponde a una dama, lo cual revela que la mujer tuvo un desempeño importante.

Según explica Yuji Seki, se creía que las primeras sociedades de la civilización andina antecedían a la aparición de los reinos y estados y son de carácter igualitario. Sin embargo, de acuerdo a los resultados de las investigaciones que durante medio siglo hizo la misión japonesa en Kuntur Wasi, se estima que hacia la segunda mitad del período formativo existió un grupo de élite que dirigió las actividades ceremoniales en los templos.

El arqueólogo revela que los hallazgos de Pacopampa evidencian que reflejan la tendencia del incremento de la desigualdad social, en lo que ha sido definido como la fase Pacopampa II (900 a. C.).

Seki asegura que Pacopampa es una cultura única y con características propias, pero que sí habría tenido relaciones de diverso tipo con la cultura Kuntur Wasi y posiblemente con otros pueblos de la costa del Perú.

IMPONENTE. La Dama de Pacopampa midió 1 metro y 55 centímetros. Era más alta que el común de los antiguos peruanos.

▸ VER VIDEO
Conozca detalles del hallazgo de la Dama de Pacopampa.

CRONOLOGÍA

Dama de Pacopampa

図４　「パコパンパの貴婦人の墓」の発見を報じる新聞記事
（2009/ 9 /13 El Comercio 紙）

写真１　パコパンパ村（2014年撮影）

すぎない。パコパンパ村から車で十五分ほど行ったところにあるケロコト市がこの地区の拠点都市であり、パコパンパ村は行政上、ケロコト市に属する。村には、アンデスならばどこにでも見られるように、教会に面した中央広場があるが、それとは別にもう一つ大きな広場が存在する。そこには、遺跡から出土したジャガーの石彫が鎮座し、村人らの中心的交流の場となっている。ここを人々は石彫広場と呼んでいる。

通常、発掘調査は、現地の乾季にあたる六月から九月にかけて実施され、発掘と出土遺物の洗浄にあたる作業員として、最大四十人ほどの男性と十人前後の女性を雇用する。乾季の貴重な現金収入源として、調査を心待ちにしている村人たちが多い。調査団員は、日本、ペルー両国の考古学者や関連諸分野の研究者に加え、筆者の所属機関と協定を結ぶペルー国立サン・マルコス大学考古学教室の学部学生より構成され、多いときで総勢二十名を超える。小さな村社会では無視できない規模の村外出身者の集団といえる。雇用謝金に加え、調査団が委託する食事や洗濯、村の商店での買い物など、村に対する経済効果は計り知れない。さらに、毎年八月三十日に行われる守護聖人祭においても、高額寄付者としてパンフレットにその名が印刷される。とくに「パコパンパの貴婦人」の墓の発見後は、祭りのパンフレットに、筆者を含めた調査団の写真と謝辞が大きく載ることが恒例となっている。

また規模の大きな調査になると、水道や電気の消費量も必然的に多くなる。このため、村の上下水道委員会、電気委員会への出席も必要になる。さらに農民自警団の会議にも顔を出す。この組織は、一九七〇年代に北高地のチョタ郡で牛などの家畜泥棒対策として発足し、その後全国に広まった自警組織である。村には警察官は常駐しておらず、ケロコト市に数名いる警察官も広域を担当しているため治安面では全く頼りにならない。パコパンパ村はチョタ郡に属するだけあって、この農民自警団の活動は活発である。村長が呼びかける村の全体集会は不定期的にしか開催されないため、農民自警団の月例会議で、治安関係以外の話題もよく取り上げられる。村の生活にとって最も身近かつ重要な社会組織であるといってもよい。

村人と考古学調査との関係は、雇用関係にとどまらない。遺跡には、パコパンパ村や近隣の村の小、中学校の生徒が調査期間中にひっきりなしに見学に訪れるため、できうる限り、これに対応してきた。そのほか、ここ六年ほどは、毎年の守護聖人祭において、メイン会場となる石彫広場にブースを出し、出土遺物の展示と、パネルによる調査活動の概要を説明してきた。この企画自体は調査団からの発案であったが、最近では祭りの実行委員会が当初からプログラムに組み込むほど慣例化しつつある（写真2）。また、毎年、調査終了時点で、村人を対象

写真２　村の守護聖人祭での考古学プロジェクト説明会（2014年撮影）

とした調査報告会を開催している。平均して二百名ほどの参加があり、近年では説明後の質疑応答でも専門的内容にまで踏み込んだ鋭い質問が出るようになってきた。さらに、「貴婦人の墓」のように、重要な発見があった場合には、一時的に発掘調査を中断し、現場見学会を開催する。調査団が宝物を見つけて持ち去るというような噂を打ち消すためであり、と同時に研究の意味を説明する重要な機会にもなる。現場見学会に加え、出土遺物の臨時展示会を開催することもある。このように、調査団側はパコパンパという文化遺産に関する教育普及活動を積極的に行ってきた。

村を対象とした啓蒙活動に加え、近年では、州政府と連携してパコパンパ遺跡を核とした観光開発にも力を注いでいる。遺跡の保存は調査以上に莫大な資金が必要とされるため、州政府に協力を求めたのである。しかし、遺跡の保存だけでは、資金調達は困難である。ペルーのような新興国でも、近年ではあらゆる公共投資案件において経済効果が求められ、遺跡保存の場合でも、保存後の利用と経済効果が要求される。したがって遺跡保存だけを目的にしたプロジェクトは成立せず、観光開発案件として起案しない限り資金調達は望めないのである。もちろん、この観光開発案件も、調査団と州政府が勝手に推し進めているものではない。事前に村の全体集会で、プロジェクトの趣旨や案を提示し、推進してよいかどうかの判断を仰いでいる。また案件の進捗状況についても随時説明を行ってきた。

この観光開発案件は、遺跡の保存、遺跡や村の生活を展示するビジター・センターの建設、民芸品開発などの研修プログラムという三要素より構成されており、村人は積極的に賛成の意思表示を示している。実際には、州政府の予算削減などの影響もあり、三年経過した現在でも、いまだに書類作成段階にある。そのため調査団は、さまざまなペルーの民間資金を利用し、遺跡の保存を先行させている。これまでに二つの遺構の保存を完了し、説明パネルを設置してきた。通常、遺跡は保存のため発掘調査後に埋め戻すことが義務付けられている。しかしこれでは、調査後は野原が残るだけで、文化遺産としての価値は一向に伝わらない。保存を行うことで、立派な石組みの建物が可視化され、遺跡が持つ歴史的意味を認識することが可能になる。その意味で保存の意義は大きい。

このような調査団と村人との文化遺産をめぐる関係は、筆者らが想定してきた以上の興味深い現象を引き起こすことになった。二〇一五年の守護聖人祭での出来事を紹介してみたい。

守護聖人祭における文化遺産の位置づけ

守護聖人祭は、八月三十日の当日を挟んでほぼ一週間続く。教会で行われるカトリックの祭礼に加え、サッカーやバレーボール、闘牛、そして楽団を雇って開催される夜の踊りなどが主な出し物であるが、前日の二十九日には、前日祭として毎年様々なプログラムが実行される。これまでの十年間をみると、学校など村の所属組織ごとの行進、ミスコン、農作物や畜産の合評会などが多かったが、二〇一五年には、一風変わった企画が村のメインストリートで展開された。それは村にある幼稚園と中高校の生徒による仮装行列ともいえるパフォーマンスであった。

幼稚園児の行進では、園児らがはにかみがちなので、保護者がプラカードで何に扮しているのかを示していた。ミス・パコパンパ、村で信仰の篤い聖女カルメン、アフリカ系ペルー人として列聖された聖マルティン・デ・

写真３　「パコパンパの貴婦人」の行列（2015年撮影）

ポーレス、村の守護聖人である聖女ロサ（秘跡を行って列聖されたペルー生まれのシスター）、イエス・キリスト、現在の司祭、というようにある意味で守護聖人祭では欠かせない人物の仮装が続く。

次のプラカードには驚いた。「文化遺産の都パコパンパ」と記されている。インカ風の衣装の子供たちに続いてパナマ帽を被った一人の子供が登場した。肩からかけた白いタスキには「考古学者　関雄二」（綴りが間違っていたが）とある。さらには、調査団に加わっている日本人の女性考古学者二名の姿をした子どもが続く。最後には「国の文化遺産」というプラカードに先導されて、ウシと闘牛士の姿をして闘牛の真似をする男児らや、ポエラ（スカート）をはいた伝統的衣装を纏った園児、アマゾンの先住民をイメージした半裸の男児、そして闘鶏をする男児、マリネラと呼ばれる踊りをする男女の園児が行進し、幼稚園児の仮装パフォーマンスは終わった。

中高校生の仮装行列は、さらに手が込んでいた。過去から現代に至るまでの歴史と村の習慣をテーマとしていた。最初は狩猟採集時代であり、毛皮のように見える服を身に着け、木製の槍を手にして、動物を追い立てるようなしぐさで聴衆の笑いをかっていた。次に現れたのは、「パコパンパの貴婦人」の一行である（写真３）。黄金色の頭帯で留められた長髪を垂らし、白色のブラウスを身にまとった少女が、六名の少年が担ぐ輿に乗っていた。その少年らも、黄金色の飾りで彩られた白地の貫頭衣を身に着け、頭にはやはり黄金色の頭帯を巻いている。頭帯の正面部分からは黄金色の羽飾りのようなものが飛び出ている。こうした中心的な役割を担った少年や少女の脇、もしくは後方には、洋服を身に着けた学生たちがやはり頭帯を巻き、木の棒を手に持ち、杖のように地面をつきながら沿い従っていた。会場は割れんばかりの拍手である。ここでいったん歴史的テーマは中断し、村の習慣にテーマは移る。まずパナマ帽を被り、赤褐色のポンチョを被り、短めのズボンをはいた典型的な農民の姿で少年が登場する。手には鉄製の鍬をもつ。次に村の大人二名の男女が伝統的衣装で登場する。男性の衣装はポンチョこそ身に纏っていなかったが、アルフォルファと呼ばれるこの地方特有の振り分け袋を肩に担いでいる。女性は、もはや目にすることが少なくなったポエラにブラウスを纏い、手には今では使われなくなった灯油ランプと、食用にする巨大なウリを抱えていた。これに続くのは子供連れの若い女性である。伝統的な白のブラウスとポエラを身につけ、その上にマントで包んだ荷物を肩から斜にかけ、さらにアルフォルファを担ぐ。子供も小さなポンチョを羽織っている。続いては、生業がテーマとなる。片手で原糸から糸を紡ぎ、他方の手で巻き取る女子学生の後から、腰機で布を織る成人女性が織機ごと登場する。

ここで少しテーマが変わる。村の守護聖人である聖女ロサ、貧困者を救済したとされる聖マルティン・デ・ポーレスの仮装となる。守護聖人祭のメインは聖女ロサであるが、祭りの期間中、他の聖人に対してもミサが捧げられる。宗教関連としては、この後、一九六五年に村に初めてやってきたアウグスティン派宣教師、その後に教区担当として赴任した数名の司祭の仮装が続く。筆者が親しくしていた司祭の仮装には笑いがこぼれた。そして現在の村を代表し、教会の維持管理を担当する聖書派の成人男女一組が続く。

ここからは再び村の習慣へとテーマが変わる。ユンサと呼ばれる儀礼が披露される。コルタ・モンテ（倒木儀礼）ともいわれ、枝の広がった木に食べ物から日用品までぶら下げ、木の周囲での集団舞踊の後に、木を倒してぶら下げた品を奪い合う。カーニバルに組み込まれることが多く、アンデスではよく見受けられる祭事である。続いては、闘鶏、さらには農民自警団が登場する。捕えた泥棒を小突き回し、腕立て伏せや蛙飛びなどを強要し、自白もしくは処罰を与えるパフォーマンスを展開した。現役、もしくは引退した自警団のメンバーによる迫真の

写真４　筆者に仮装した高校生（2015年撮影）

演技で会場は大いに盛り上がった。

　最後に村の有力者をテーマにした仮装が始まる。手に天秤を持つ判事（国が任命し、村のもめ事、公証などを扱う）、手に書類封筒を抱える村長が登場し、本物の判事や村長を前に笑顔を振りまく。仮装行列の最後は、再び筆者を模した仮装であった（写真４）。発掘現場でいつも身に着ける茶褐色のベストにパナマ帽、それにここ十五年ほど使用している登山用ステッキを持っている。祭りに使うから貸してくれと祭りの実行委員に頼まれ、ろくに目的も知らずに貸したものだ。どうも先述の幼稚園児の行進同様に、筆者の村におけるイメージは、この姿のようである。

　いったんここで仮装パフォーマンスは終了し、続いて再び「パコパンパの貴婦人」一行による踊りが始まった。音楽は「コンドルは飛んでいく」というペルーを代表するフォルクローレである。いったん輿から降りた「貴婦人」を囲むように、行進中に手にしていた木の杖を巧みに振り回しながら創作舞踊を展開した。終了後は、「貴婦人」を再び輿に載せ、退出した。

　なおこうした幼稚園児や中高生のパフォーマンスには、企画内容を含め調査団は一切関与していない。後の聞き取りで教師が指導したことを知ったが、いずれにせよ筆者らの調査が、いかに村人の歴史観、世界観に影響を与えているかがわかる。この点を次に分析してみたい。

社会的記憶の生成

中高校生による文化遺産を題材にしたパフォーマンスのうち、「貴婦人」一行の仮装については、学術的にはいろいろと誤りが指摘できる。発掘調査では輿などは発見されておらず、おそらく海岸地帯の遺跡で発見された事例を模したと考えられる。しかしそれは千年近くも後の時代である。また輿を担ぐ人物の姿は、従者というよりもインカ王の姿に近く、植民地時代の有名な絵文書を参考にした可能性も高い。白地の衣装は、筆者らが遺跡に建てたパネルの絵から想像したのかもしれない。このように専門家の監修がなかったことは明らかだが、村人の自主的な発想によって実現した点が興味深い。「貴婦人の墓」の発見は六年前にさかのぼるが、その間、徐々にではあるが、村自体が自らの誇りとアイデンティティのよりどころとしてパコパンパ遺跡を認識し始めていることがわかる。考古学者らが先導して啓蒙してきた点は否定しないが、村人らが自らの世界観に文化遺産を組み込み始め、社会的記憶を形成し始めたともいえる。

社会的記憶とは、過去の事象について、個人ではなく、集合的に形成される概念を指す（Dyke and Alcock 2003）。イスラエルの文化人類学者エアル・ベン - アリも個人の心理レベルを超えながらも、いわゆる歴史と呼ばれるようなマクロ社会的レベルに至らぬ中間層に位置する記憶を社会的記憶としている。一方で、記憶を歴史に至る前段階として発展論的にとらえるのではなく、むしろ現代の記憶はすべて歴史性に絡め取られているという見方もある。フランスの著名な歴史学者であるピエール・ノラは、元来記憶は民族集団の生活や儀礼に認められるように、社会の中に無自覚に組み込まれ、その社会編成を促す原理であったが、現代では失われたという立場をとる（ノラ 二〇〇二）。ノラはその喪失感の過程で、現代の社会が過去から作り出すものとして歴史があり、この歴史性の枠組みの中でのみ、断片的な記憶が扱われると指摘した。そこでノラが注目するのは、そうした歴史性の中で扱われる「記憶の場」である。記憶が共同体原理として機能しているならば、あえて場を設けずともよい。しかし喪失したのならば、記憶を歴史に位置づけるためにも、場所の設定が必然となるからだ。

ベン - アリとノラでは立場の違いがあるものの、記憶が多様かつ集合的、集団的で、語りやモノ、あるいは空間、図像などを介した実践によって形成され、変化していくことを認めている点では共通している（ノラ 二〇〇二、ベン - アリ 二〇一〇）。この場合のモノとは、書物、歌や詩、写真や絵画などのグラフィック媒体のほか、記念碑や聖堂、通りなどの命名慣行などが想定される。筆者自身は、それらに加え、遺跡などの文化遺産もこれに含まれると考えている。

たしかにパコパンパ村における遺跡は、村が創設されるよりも遙か昔からそこにあった。ただし、存在しただけで、神殿としての機能が失われてからは、その宗教的世界観は喪失していた。考古学者である筆者らが、調査を通じてその歴史を掘り起こし、現在の村人たちにとっての社会的記憶を形成する場と機会を提供してきたと解釈することができる。

とはいえ、誕生しつつある社会的記憶は、考古学者ら専門家が論じ、描こうとしている歴史像とは異なる部分が目立つ。仮装行列における時代考証は不十分であり、さまざまな時代が混然一体となっている点はすでに指摘した。村人は、考古学者が最も関心を払う時代や文化の相違には関心を抱いていないようにも見える。この点は、遺跡のような歴史遺産を地域コミュニティが守り、活用することで、アイデンティティが形成され、コミュニティが象られるというような単純な議論の危うさを指摘するものである。コミュニティが守ろう、あるいは活用しようと考えている文化遺産と、考古学者や行政担当者らが認識する文化遺産とは必ずしも一致しない可能性があるからである。

もう一つ注目すべきは、村における調査団の位置づけであろう。仮装行列の一部に団員が組み込まれ、村社会を代表する存在になりつつある。これも一つの社会的記憶の一部である。墓をはじめさまざまな発見の主体はたしかに調査団かもしれないが、正確には村人との共同作業という側面も無視できないからである。発見に立ち会った作業員、見学に訪れた村人らの間で、次々に具体的なエピソードが形成され、村人の社会的記憶としてとどまっていく。それにより、本来研究者の独占的な対象であり理解が困難だった文化遺産が、村人にとって身近な存在へと置き換わり、ひいては村の行事に円滑に組み込まれていったと考えられる。

遺跡は歴史を語る大切なものであると専門家が声高に主張したとしても、先述した考古学的知識の格差が存在している状況下では、地域の人々が学術的意義を咀嚼することは容易ではないし、直ちに文化遺産保護に向かうとも思えない。むしろ、研究者との交流を通じて生まれる社会的記憶が媒介となり、地域コミュニティの文化遺産に対する意識が高まることをパコパンパの事例は示している。繰り返すが、歴史遺産があってそれを守るからコミュニティが象られるのではなく、その歴史遺産にまつわる社会的記憶が生成され、それが繰り返し可視的に再生されることでコミュニティの輪郭が次第に明らかになっていくのである。

四　文化遺産の保存とコミュニティ形成の両立

最後に、このコミュニティの社会的記憶とペルーにおける文化行政とがどのように関連するのかを考察してみたい。現在のペルーでは、歴史遺産の保護と活用が先に述べたナショナリズムに裏打ちされた政策のもとで推進されているがゆえに、その分野にコミュニティが参加するのには困難が予想される。一方で、文化行政の介入のあるなしに関わらず、歴史遺産の周辺で暮らす人々の社会的記憶は、調査などを媒介に生成されていく。

この状況を前に、ペルーの文化遺産関係者ならば、仮装行列における歴史的解釈の誤りを修正し、正しい歴史を村人に教えることを使命と感じるにちがいない。先述したフワニータ返還を要求したカバナコンデ村の主張を一掃した論理である。そこには、コミュニティが生成する社会的記憶に対する関心はほぼないといってもよい。断っておくが、文化遺産関係者あるいは考古学者が、遺跡の価値を説明し、管理のプログラムを立案し、実行していくことに反対しているわけではない。むしろ積極的に推進していくべきとさえ考え、筆者自身パコパンパ村において研究成果を披露する場をたびたび設けてきた。文化遺産のなかでもとくに遺跡の保存には確かにある種のスキル、そしてかなりの資金が必要であり、それを専門家が社会還元し、行政側が観光開発などの工夫をこらしながら解決しようという道筋は当然であると考えるからである。

しかし一方で、こうした考古学的知識だけが遺跡の価値を認定するという立場には危惧を持つ。冒頭で述べたように、過去の文化を語る担い手が研究者や文化遺産関係者だけでないという事態を受け入れるならば、地域住民やコミュニティが保有する遺跡に対する社会的記憶を無視することはできないからである。ならば、文化遺産関係者が抱える歴史観と社会的記憶とをどのように両立させることができるのであろうか。最後に実践面における展望を示しておきたい。

じつはパコパンパ村での行事は、一つの可能性を私たちに示唆している。たしかに仮装行列では歴史的考証に不十分さは認められた。しかしそれでも村人は、文化遺産関係者が扱うような歴史を全く無視したのではなく、むしろそれを尊重しながら自らの社会的記憶を接合させようとしていた。中高生の仮装では、狩猟採集民の時代から、古代文明、植民地時代、そして現代へという、教科書にも登場するような、いわゆる正史が意識され、その上で、司祭「パコパンパの貴婦人」の発見、調査団との関わりなど、いわゆる村独自の記憶を組込もうとしていたのである。

この一連の行為が、文化遺産関係者による発案ではなく、村人の主導で実現した点は注目に値する。新自由主義であろうが、ナショナリズムであろうが、地域コミュニティの開発プログラムへの参加が叫ばれている中にあっては、パコパンパのような自律的行動は、単に興味深い事例というレベルを超え、開発プロジェクトなど実践面における重要な視点を提供しているからである（本書吉田憲司論文も参照）。コミュニティ成員が保有する社会的記憶を、専門家が主張する考古学的な歴史観、いわゆる歴史と接合させることの有効性といってもよい。

たとえば村祭りのレベルを超えて、村外の人々を巻き込む観光開発の場面を想定してみよう。パコパンパの事例を含め、一般に遺跡など歴史遺産の保存は、観光客などコミュニティ外からの訪問者、とくに観光客を前提に実施されることが多い。自ずと考古学者や文化遺産関係者の側に立つ説明が主体となり、この分野の知識に疎い地域コミュニティは、単に学習する立場に置かれることが多い。こうした垂直的な関係の中で、コミュニティ側からの自発的な参加を求めることは難しいのである。そのようなとき、コミュニティ側が構築する社会的記憶を取り込み、多様な歴史観との共生を図ることができれば、地域コミュニティの関心を文化遺産の保存や活用へと導くことが可能になる（関 二〇〇七）。

もちろん社会的記憶ばかりを前面に出すことには問題があろう。観光客や訪問者はコミュニティ成員とは異なる世界観、歴史観を持つことが多いからである。コミュニティの論理だけを重視したのでは、逆にこうした異なる文化的背景を持つ人々を排除し、閉鎖的な世界が造られてしまう。それを回避するためには考古学情報を確保することも必要なのである。

いずれにしても考古学的歴史観と社会的記憶との接合は、多様な歴史観を保有する人々の接触を促すことにつながる。文化遺産保存に参加するコミュニティの成員は、他者の視線を浴びることで自らのアイデンティティを強化し、自らが保有する社会的記憶の構築や再生産を実現することが可能になるはずである。文化行政が望む考古学的歴史観の追及が可能になると同時に、社会的記憶を通したコミュニティの自律性が高まることにも通じる。

このように異なる歴史観や世界観を共存させている事例ならば数多くあげられる。南米ペルー北高地のクントゥル・ワシ遺跡の発掘には筆者も参加したが、出土品を展示した地元の博物館は、地域住民が運営している。そこでは、ガイドが、しばしば出土品の由来について発掘作業の体験談を交えて語る。公的な歴史とは異なる、彼ら自身の記憶の語りである（関 二〇一四）。また中米のマヤ文化では、観光客が訪れる巨大なピラミッド型神殿の脇に、現在のマヤ系住民が利用する祭壇が設けられ、伝統的祭礼に利用されているし、日本の博物館とて、歴史的脈絡の中で展示されているはずの仏像の前に、浄財として賽銭が置かれることもよく目にする。

こうして多様な歴史観や社会的記憶を取り込むことで、文化遺産は単に国からの授かりものではなく、コミュニティ自身が自律的に関与する存在へと変化し、文化遺産をめぐる対立も軽減すると考えられる。そのためにも、文化遺産関係者がなすべきこととは、社会的記憶の構築に自ら参加していることを認識した上で、その社会的記憶が考古学的歴史観と結びついていく過程に身を置き、具体的な実践に臨むことであろう。こうした事例を地道に積み重ねることで、ナショナリズムに裏打ちされた文化遺産関係者の姿勢にいずれ変化の兆しが現れると確信している。

付記
本論は、国立民族学博物館機関研究「文化遺産の人類学」およびＪＳＰＳ科研費（JP16H02729, JP23222003）による研究成果の一部である。

参考文献

阿部朋恒（二〇一七）「生活のなかに見出された世界遺産――紅河ハニ棚田群の文化的景観」飯田卓（編）『文化遺産と生きる』二六三―二八六頁、臨川書店。

飯田卓（二〇一七）「「人間不在の文化遺産」という逆接を超えて」飯田卓（編）『文化遺産と生きる』一二―三五頁、臨川書店。

太田好信（二〇〇三）『人類学と脱植民地化』岩波書店。

河野靖（一九九五）『文化遺産の保存と国際協力』風響社。

齋藤晃（一九九三）『魂の征服――アンデスにおける改宗の政治学』平凡社。

杉島敬志（二〇〇一）『人類学的実践の再構築――ポストコロニアル転回以降』世界思想社。

関雄二（一九九六）「盗掘者の論理と発掘者の論理――北部ペルーの遺跡保護をめぐる諸問題」『天理大学学報』一八三：一九七―二一四。

――（一九九九）「近代ペルーにおける考古学の消費――国立博物館の誕生と民族の隠蔽」『民博通信』八五：七一―八五。

――（二〇〇三ａ）「インカのミイラ「フワニータ」の保存と展示――文化財の帰属をめぐる関係者間の対立」『民族藝術』一九：九〇―九九。

――（二〇〇三b）『科学研究費補助金基盤研究（C）（2）「ペルーにおける世界文化遺産概念と国家・地域の文化遺産概念との相互作用に関する研究」（課題番号12610322）成果報告書』

――（二〇〇七）「文化遺産の開発と住民参加」『季刊民族学』一二一：四二―四五。

――（二〇一四）『アンデスの文化遺産を活かす――考古学者と盗掘者の対話』臨川書店。

田中俊徳（二〇〇九）「世界遺産条約におけるグローバル・ストラテジーの運用と課題」『人間と環境』三五（一）：三―一三。

チャベス・チャベス、ホセ・アントニオ（一九九九）「聖なる眠りから目覚めた少女フワニータ」カタログ『悠久の大インカ展――哀しみの美少女フワニータ』八二―八七頁、悠久の大インカ展実行委員会。

ノラ、ピエール（二〇〇二）［一九八四］「序論　記憶と歴史のはざまに」長井伸仁（訳）、ピエール・ノラ（編）『記憶の場』第1巻、二九―五六頁、岩波書店。

ベン・アリ、エヤル（二〇一〇）「戦争体験の社会的記憶と語り」関沢まゆみ（訳）、関沢まゆみ（編）『戦争記憶論――忘却、変容そして継承』一―二一頁、昭和堂。

細野昭雄・遅野井茂雄（一九九二）『現代ペルー危機をどう捉えるか　試練のフジモリ大統領』日本放送出版協会。

ロバートソン、ローランド（一九九七）『グローバリゼーション――地球文化の社会理論』東京大学出版会。

Molina de Cuzco, Cristóbal 1959 [1575] *Ritos y fabulas de los Incas*, Buenos Aires: Editorial Futaro.

Reinhard, Johan 1996 Peru's Ice Maidens: Unwrapping the Secrets. *National Geographic* 189 (6): 62–81.

――1997 Sharp Eyes of Science Probe the Mummies of Peru. *National Geographic* 191 (1): 36–43.

UNESCO 1994 *Report of the Expert Meeting on the "Global Strategy" and Thematic Studies for a Representative World Heritage List*, Paris: UNESCO Headquarters, 20–22 June.

――2012 *World Heritage* 62, UNESCO.

Van Dyke, Ruth M. and Susan E. Alcock 2003 Archaeology of Memory: An Introduction. In R. M.Van Dyke and S. E. Alcock (eds.), *Archaeologies of Memory*, pp.1–13, Malden: Blackwell Publishers Ltd.

第二部　生きている遺産

隠された文化遺産
――タンザニア南部キルワ島の世界遺産をめぐる観光と信仰

中村　亮

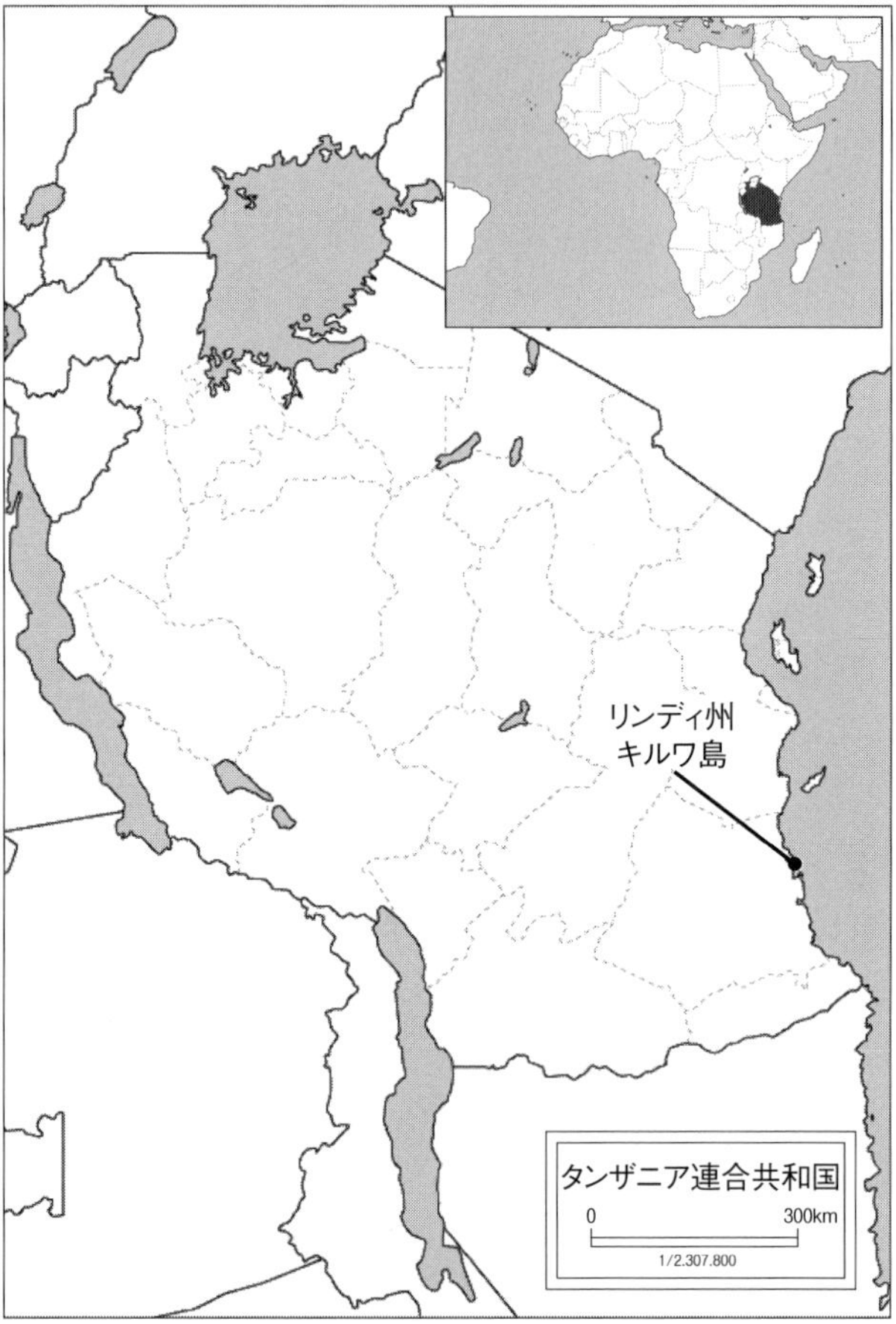
リンディ州
キルワ島
タンザニア連合共和国
0
300km
1/2.307.800

はじめに

筆者が初めてタンザニア南部のキルワ島を訪れたのは二〇〇一年であった。キルワ島には、一九八一年に世界遺産のリストに記載された宮殿、要塞、砦、墓地などの遺跡群がある。これらの遺跡は、アラブ・ペルシャ地域とのインド洋交易や大航海時代によって影響を受けたスワヒリ海岸（東アフリカ沿岸部）の民族・文化の交流史を今に伝える貴重な文化遺産である。

当時はタンザニアでただ一つのユネスコの世界遺産（文化遺産）であったが、遺跡群はいずれも管理状態が悪く、森に埋もれかけた廃墟であった。島を訪れる観光客も年間三百人足らずであった。このような事実から、当初は遺跡と島民との関わりは薄いと考えていたが、現地調査がすすむにつれ、いくつかの遺跡がキルワ島の信仰に関わる大切な場所であることが分かってきた。外部の目には触れない「隠された文化遺産」において、秘密の信仰が生きていたのである。

本章では、ユネスコ世界遺産をめぐる観光開発と信仰実践の共存について、キルワ島の事例より考えてみたい。

一　過去の遺産と生きた遺産

世界遺産条約の目的は、人類にとって顕著な普遍的価値を備えるとされる文化、自然、あるいはその複合遺産を保護し、保存することである。キルワ島の人びとは、世界遺産の構成資産の敷地内に暮らしているが、「顕著な普遍的価値」と共に生きるとはどのようなことであろうか。

キルワ島での調査の早い段階では、自分たちの歴史や文化が世界的に認められていることは島民の誇りであろうし、世界遺産を観光資源として地域振興に活用できるのではと考えていた。しかし筆者が観察する限り、観光開発を含む世界遺産運営が住民に受け入れられ、人びとの誇りや地域振興に貢献しているとは言いがたい。むしろ、政治的立場の弱い住民は、世界遺産をめぐる様々な活動によって不利益をこうむっている。

その根本的な原因は、世界遺産を運営する文化行政担当者や国際団体と住民とで「遺跡」に対する認識が違うことである。簡潔に言うと、運営側は、遺跡を考古学的に普遍的価値のある「過去の遺産」として認識している。(1) 一方、住民は、いくつかの遺跡を信仰と結びついた神聖な場としてとらえている。住民にとって遺跡は今なお「生きた遺産」なのである。

世界遺産を保護し保存する立場からすると、遺跡内で勝手に儀式をおこなったり家畜の侵入を黙認したりする住民は、世界遺産の価値を知らぬ無知で教育すべき存在ということになる（本書関論文を参照）。住民の生活実践は世界遺産の保護にとって障害であると考えられる。したがって、世界遺産周辺での住民の活動は規制され、住民の遺跡に関する知識や技術は無視されてきた。(2) 地域固有の価値は評価対象ではなかったのである。

しかし、ユネスコの文化遺産に対する考え方は、当初の文化の有形的側面や普遍的価値を強調したものから、地域固有の価値にもとづく幅広い無形要素を含んだものに発展している。その代表的なものが、二〇〇三年のユネスコ総会において採択された無形文化遺産条約である。この条約で、口承伝統、伎芸、社会的慣習、儀礼、祭祀的行事、自然と宇宙に関する知識と実践、伝統的職能などが文化遺産として位置づけられた。ユネスコの文化活動が、「モノ」から、文化の担い手や多様性を重視するようになったのである（岩崎　二〇一七、本書序章も参照）。

無形文化遺産の理念に照らせば、世界遺産保護のために障害となってきたかのような住民の生活実践も、「生きた遺産」として評価することができる。しかし、無形文化遺産条約と世界遺産条約は別の条約であり、既存の世界遺産をめぐる活動において、無形文化遺産の理念が充分に浸透しているとは言えない。キルワ島の例をとっても、世界遺産の現場においては、遺跡での信仰実践は「生きた遺産」として認識されていない。

このような、住民と世界遺産運営側との遺跡に対する認識の違いに起因する、世界遺産と共に生きることの困難と課題について本章では考えてゆく。以下に、キルワ島の歴史と遺跡について概観したうえで、住民不在の「過去の遺産」としての観光開発がすすむなか、人びとがどのようにして信仰をつうじた遺跡と自分たちとのつながりを守っているのかについて紹介する。

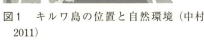

二　キルワ島の生活と海洋イスラーム王国の歴史

イスラームの小海村

キルワ島は、タンザニア南部リンディ州の沿岸に、大陸とわずかな距離を隔てて浮かぶ、マングローブとサンゴ礁に囲まれた小さな島である（位置――南緯八度五十八分・東経三十九度三十分、面積――約十二平方キロメートル、図1）。そこに、千人ほどの人びとが、世界遺産にほど近く暮らしている。住民は、礼拝や喜捨、断食などのイスラームの善行をおもんじる敬虔なムスリムである[3]。

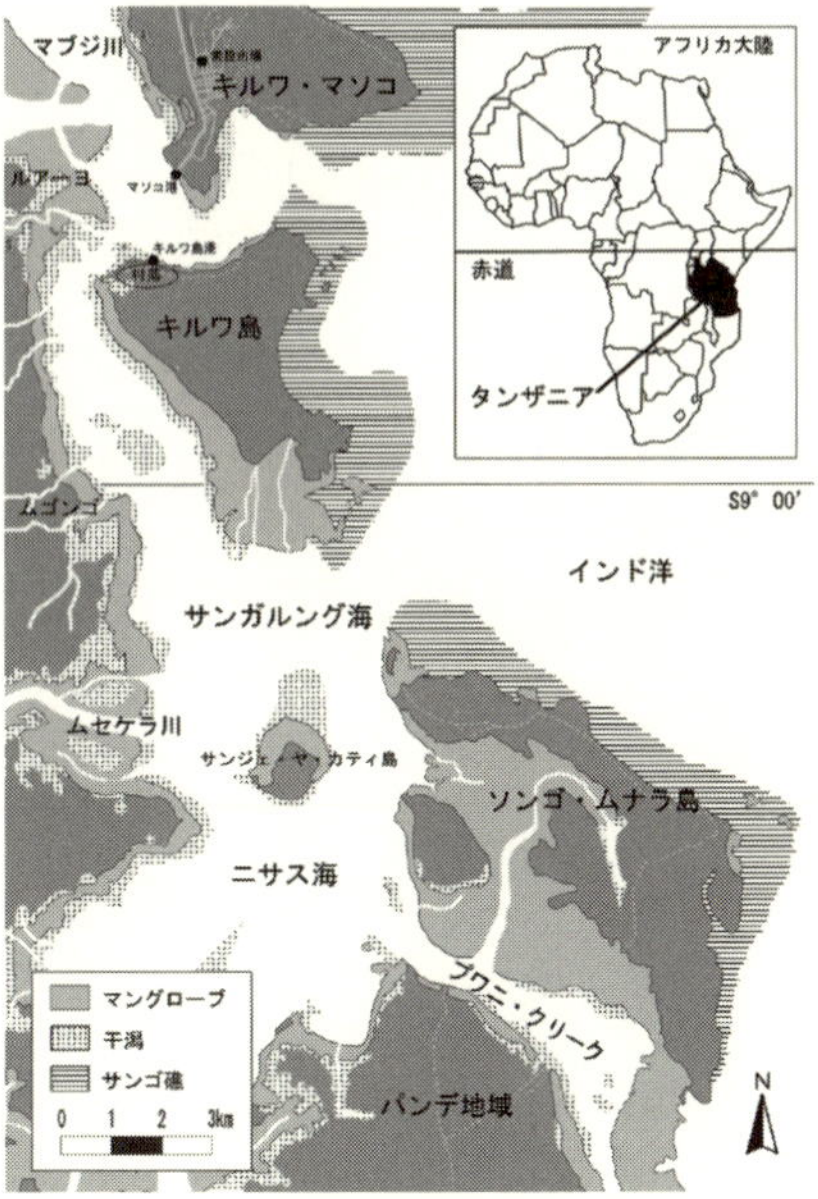

図1　キルワ島の位置と自然環境（中村 2011）

キルワ島の主な生業形態は、農業によって主食を確保し、漁撈によって副食と現金を得るという半漁半農である。島には、土産物屋や宿泊・食事などの観光施設がないので、観光業からの収益はほとんどない。世界遺産を有する島であるが、住民は世界遺産から経済的な恩恵をこうむってはいない。

キルワ島が属するリンディ州は、国内における最も経済発展が遅れた地域とみなされてきた（Maghimbi 1997）。過去には、大雨季の期間に交通網が麻痺し流通が遮断されて、陸の孤島と化すこともたびたびであった。キルワ島は、いまだ電気供給や上下水道設備のない田舎の小海村である。しかし、アラブ・ペルシャ地域との中世インド洋交易時代には、金交易で栄えた海洋イスラーム王国としての輝かしい歴史をもつ。

キルワ王国の盛衰の歴史

キルワ王国の歴史は、季節風（モンスーン）に乗じたダウ船（木造帆船）による、アラブ・ペルシャ地域とスワヒリ海岸のインド洋交易と密接に関係している。航海に女性を伴うことをはばかる男の船乗りたちは、北東モンスーン時に単身でスワヒリ海岸に南下してき、風が南西モンスーンに変わるまでの間、スワヒリ交易都市にとどまった。その際、現地のバントゥ系の女性と結婚してもうけた混血児が、後にスワヒリ文化の担い手となった。スワヒリ文化がアフロ・アジア混血文化であるといわれる所以でもある。

キルワ王国の起源から十六世紀までを伝える『キルワ王国年代記』によると、シーラーズ（今のイラン）のスルタン（君主）、フセイン・ビン・アリ（Husain bin Ali）が十世紀半ばに六人の息子を連れてスワヒリ海岸へ移住した。航海の途中、それぞれの七隻の船がはぐれ、そのうちの一隻、スルタンの息子アリ・ビン・フセイン（Ali bin Husain）の船がキルワ島にたどり着いたとされる(4)。この人物がキルワ王国の初代スルタンである。

十二世紀半ばからキルワ王国は、現モザンビークの沿岸に位置するソファーラから輸出されるグレート・ジンバブエ産の金のインド洋交易における中継港として発展した。

十四世紀前半、二十一代スルタン、アルハサン・ビン・スレイマン（Al-Hasan bin Sulaiman）の時代は、キルワ王国の最盛期であった。一三三二年頃にキルワ王国を訪問したイスラーム世界の大旅行家イブン・バットゥータは、「（キルワ王国は）諸都市のなかでも最も華麗な町の一つであり、最も完璧な造りである」と伝えている

（Davidson 1991、バットゥータ　一九九八）。

しかし、二十二代スルタン、ダウディ・ビン・スレイマン（Daud bin Sulaiman）の時代になると、ヨーロッパの金市場が飽和状態となり、金の価格が下がったため、王国は衰退の兆しをみせる。これに追い打ちをかけたのが、ポルトガル勢力のインド洋海域世界への侵出であった。キルワ王国は、一五〇五年にポルトガル軍人のフランシスコ・デ・アルメイダによって占領された。その一年前にソファーラも支配下においていたポルトガルは、キルワ王国から金交易の利権を奪った。

ポルトガル勢力は、その後もモンバサやマリンディ（現ケニア沿岸部）などの主要なスワヒリ交易都市を次々に侵略していった。しかし、一六九八年に諸スワヒリ交易都市とオマーン王国の連合軍に敗れ、スワヒリ海岸から撤退した。

その後、オマーン王国がスワヒリ海岸部で勢力を拡大していった。十九世紀初頭にオマーン王国のサイイド・サイード王が、象牙、奴隷、クローブ（丁香）などの熱帯産品からの商業利潤を狙って、ザンジバル島（現タンザニア）へ遷都した。これにより、オマーン王国によるインド洋交易の独占が、一八九〇年にザンジバルがイギリスの保護領となり大陸部がドイツ領植民地となるまで続いた（富永　一九九二）。

キルワ王国は、十八世紀末にフランス（モーリシャスとレユニオン）とザンジバルとの奴隷貿易によって一時的な復活をとげる。しかし、奴隷の積出港となったのはキルワ島に位置した王国ではなく、大陸本土のキルワ・キヴィンジェという港町であった（キルワ島の二十六キロメートルほど北に位置）。この当時すでに、島の王国は交易都市としての機能を失っていた。一八四三年頃に最後のスルタンがオマーンに追放されて、およそ九百年間続いたキルワ王国の歴史は幕を閉じた。

一枚岩でない「住民」

交易ネットワークをつうじて多くの人びとが集う国際的な交易港であったことは、現在のキルワ島の民族構成に影響を与えている。人口千人弱の小さな島に、アフリカ在来のバントゥ系部族だけでなく、アラブ・ペルシャ地域やスワヒリ海岸北部、コモロ島などを出自とする人びとがいる。キルワ島は二十八もの民族が共存する超多民族社会である（Nakamura 2011）。一口にキルワ島の「住民」と言っても一枚岩ではない。このことが、行政やユネスコ、ＷＷＦ（世界自然保護基金）、世界銀行などの国際的な団体がキルワ島で活動するときに問題となる。

住民は大きく、在来のバントゥ系住民と外来のアラブ・ペルシャ民族の子孫（以下にアラブ系住民とする、コモロ島を出自とする四人もここに含める）に分かれる。そのうち、漁業や近距離交易、製塩業、運搬サービスなどの複合的な生業を営むアラブ系住民は島の裕福層である。

国際団体や行政がキルワ島でプロジェクトを開始するさいに、最初にコンタクトをとるのがアラブ系住民である。プロジェクト運営には、バントゥ系住民ではなく、アラブ系住民の意見が反映されやすいのである。また、キルワ島では老人の社会的地位が高く、村の決定事項は、男性のバントゥ系老人とアラブ系老人が参加する長老会議によって決められる(5)。若者や女性の意見は村の決定にほとんど反映されない。

王国の歴史をもつキルワ島が超多民族社会であり、かつ、民族や世代間に格差があることを充分に認識しないと、プログラムへの住民の参加や協調がバランスを欠いたものになってしまう（本書門田論文と塩路論文も参照）。

三　世界遺産と共に生きる困難

キルワ島の文化遺産

キルワ王国が盛衰を経ていくなかで、数々の石造建築物がつくられた(6)。王国終焉後、なかば土に埋もれるように残されていたこれらの建築物を発掘したのは、イギリスの考古学者N・チティックの発掘チームであった。一九五〇年代から六〇年代にかけておこなわれたキルワ島における発掘調査の成果は、『キルワ』という二巻の大著にまとめられた（Chittick 1974a, 1974b）。この歴史考古学的研究によって、キルワ島の遺跡群の普遍的価値が認められ、キルワ島およびソンゴ・ムナラ島の遺跡群は、一九八一年にタンザニアで初めてユネスコの文化遺産として世界遺産一覧表に記載された[7]。しかし、この記載は、地域住民からではなく、外部からの要請によってなされたものである。住民は、ある日突然「人類にとって顕著な普遍的価値」と共に生活することを強いられたことになる。

キルワ島の遺跡群は、モスク、宮殿や住居、砦、墓地の四つに分かれる（表1）。モスクや宮殿、砦は、現在の村落に近く立地している。墓地は村の周辺または外部に位置する（図2）。ここでは、ユネスコが主要記念物（principal monument）としているいくつかの遺跡を紹介する。

キルワ島には多くのモスク跡が残されている。なかでも、東アフリカ最大級といわれた大モスクのアーチ構造とドーム屋根は見事である（写真1）。縦四十二メートル、横二十四メートル、ドームの最高点六メートルのこのモスクは、十一世紀に建造された北側の礼拝堂と、十四世紀に建造された南側の礼拝堂が複合してできたものである。

十四世紀頃につくられた小モスクは、スルタン専用のモスクであったとされる。八角形の柱がアーチ状に天井を支え、屋根に九個のドームをもつ構造である。中央のドームの頂上から一本の柱が伸びている点が特徴的である（写真2）。

大フスニは、キルワ王国最盛期の十四世紀頃につくられた宮殿である。フスニ *husuni* はアラビア語の「husn」が語源になっており、「要塞化した屋敷や都市」の意味である（Freeman-Grenville 1962b）。その規模や建築技術の水準において、当時の東アフリカでは群を抜いていた。演芸場や裁判所、八角形のプールまでも兼ね備えており

表1　キルワ島の石造建築物の種類、名前、建築時期、場所

種類	遺跡名	建造時期	場所*
モスク	大モスク *Msikiti mkubwa*	11C	①
	小フスニ *Husuni ndogo*	14-17C	⑬
	小モスク *Msikiti mdogo*	15C	④
	ジャングワニ・モスク *Msikiti wa Jangwani*	15C	⑧
	マリンディ・モスク *Msikiti wa Malindi*	15C	⑤
	ムビンジェ・モスク *Msikiti wa Mvinje*	15C	⑭
	大フスニ *Husuni kubwa*	14-17C	⑫
宮殿、住居	大ハウス *Great House*	14-15C	⑦
	マクタニ宮殿 *Makutani Palace*	15C	②
砦	ゲレザ *Gereza*	16C	③
	シラジ墓地 *Makaburi ya Shizazi*	16C	⑨
墓地	マリンディ墓地 *Makaburi ya Malindi*	18C	⑥
	40人のシェヘ墓地 *Mashehe arubaini*	18C	⑩
	サケ墓地 *Sake*	不明	⑪

*場所の数字は図2に対応、墓地の場所はぼかしてある（中村 2006に加筆修正）

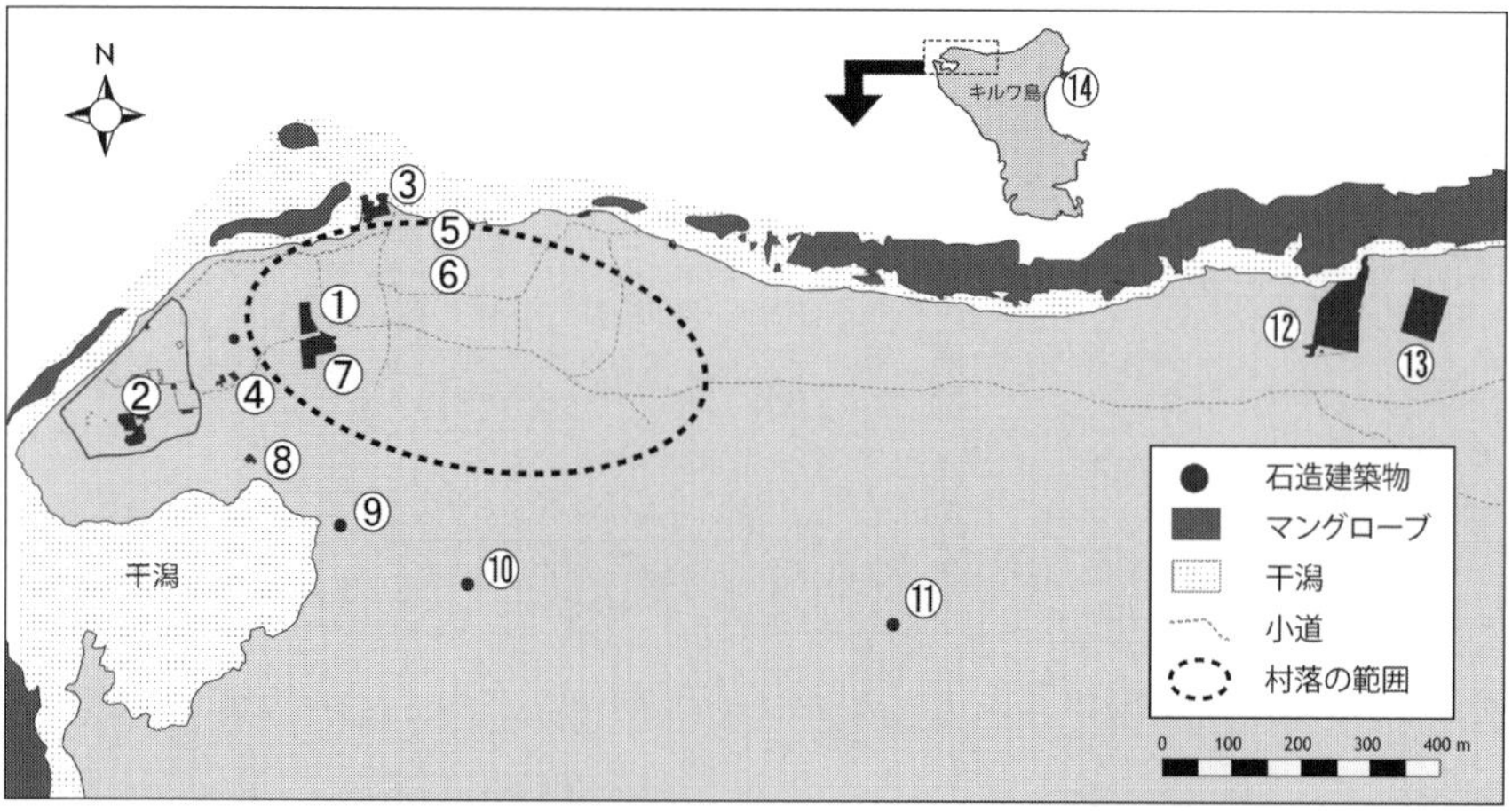

図2　キルワ島の主要は石造遺跡の分布（中村 2006に加筆修正）

①大モスク、②マクタニ宮殿、③ゲレザ砦、④小モスク、⑤マリンディ・モスク、⑥マリンディ墓地、⑦大ハウス、⑧ジャングワニ・モスク、⑨シラジ墓地、⑩40人のシェヘ墓地、⑪サケ墓地、⑫大フスニ、⑬小フスニ、⑭ムビンジェ・モスク

*図中の数字は表1に対応

（図3）、当時のスルタンの勢力の大きさを物語っている。

マクタニ *makutani* はスワヒリ語で「長壁・大壁」を意味する。十五世紀頃につくられたマクタニ宮殿は、長壁で囲まれた二ヘクタールほどの敷地面積をもつスルタンの住居である。キルワ島の一番外洋から奥まった場所に立地しており、見張り塔をもつ長壁で囲まれていることから、外敵の侵入防御を強く意識した宮殿であることが分かる。

写真1　見事なドーム屋根をもつ大モスク（2010年9月撮影）

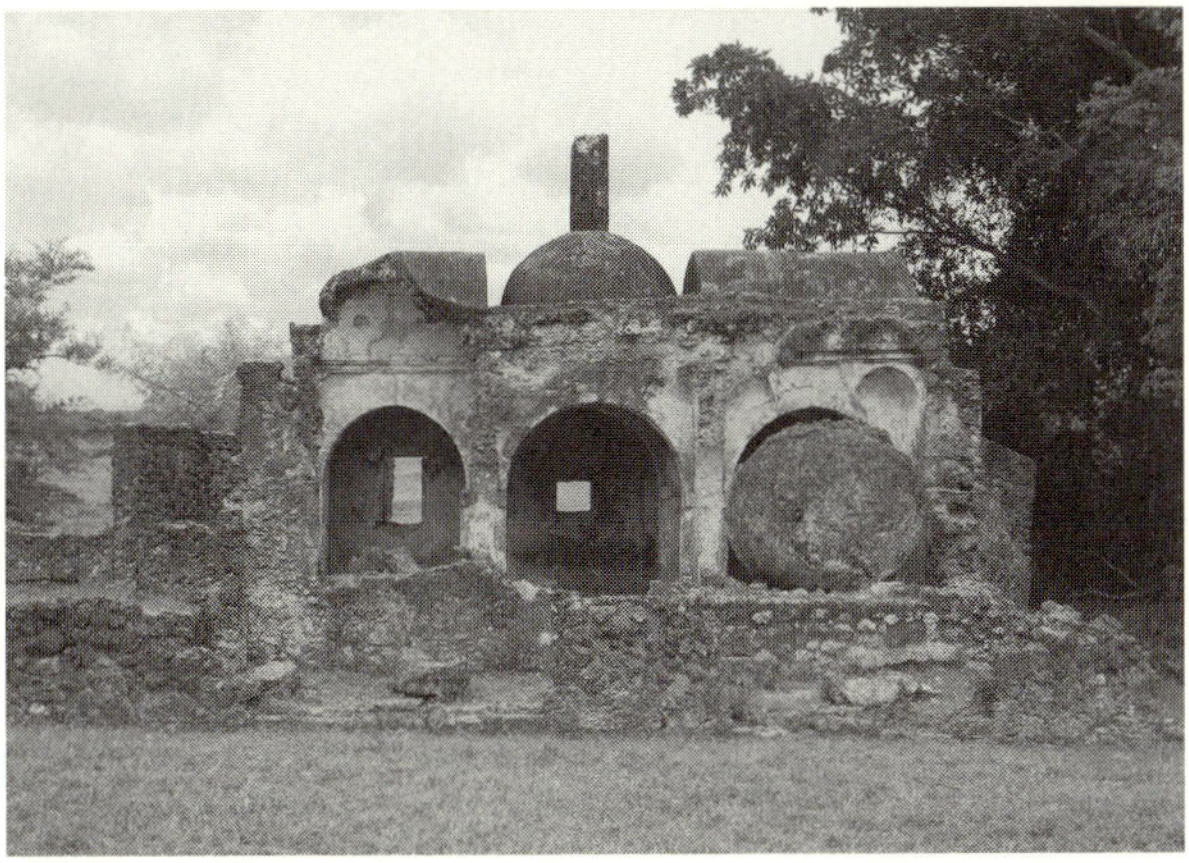

写真2　ドーム屋根から伸びた柱が特徴的な小モスク（2011年3月撮影）

マリンディ墓地と「秘密の祈願所」の墓は小モスクの姿とよく似ている。

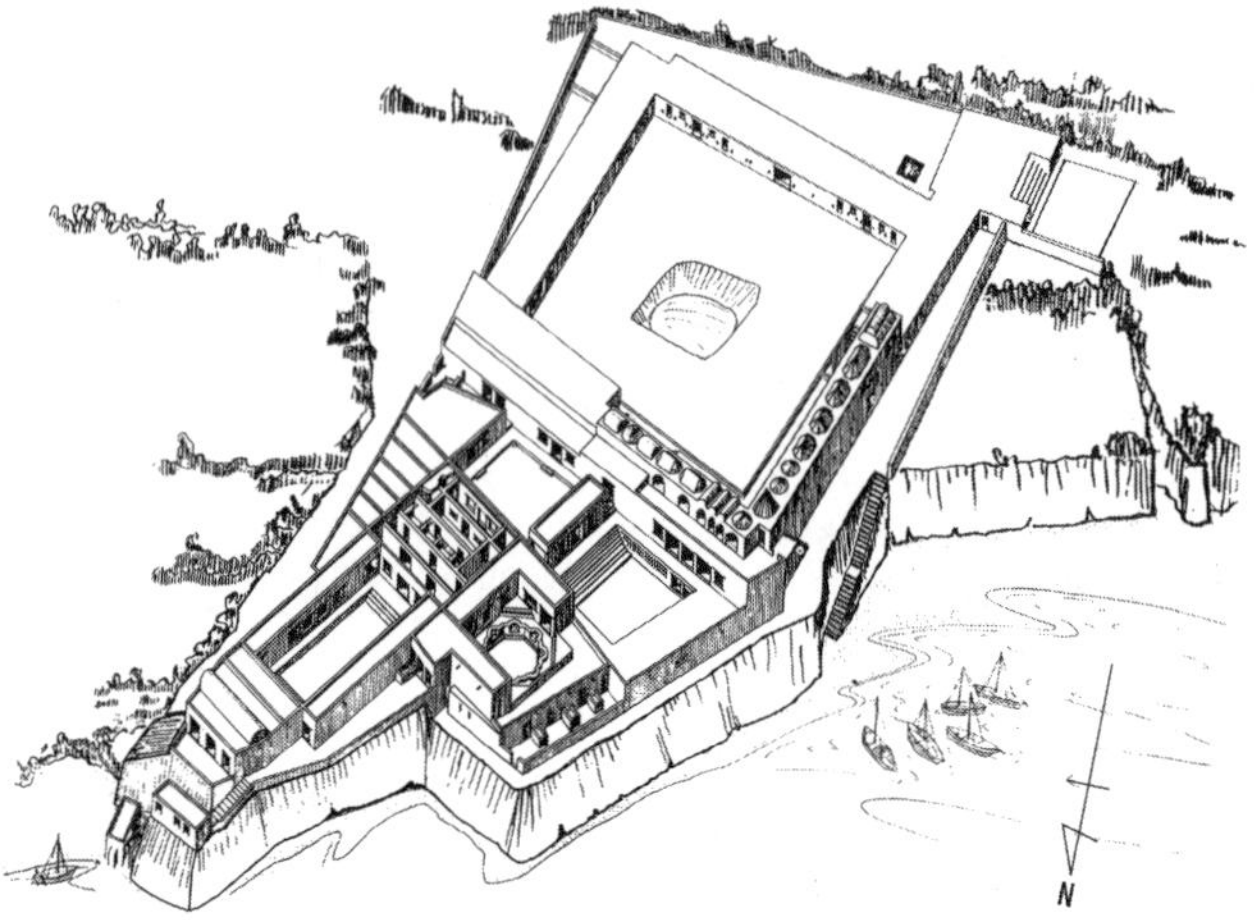

図3　大フスニの復元図（Garlake 1966, Sutton 2000）

ゲレザは、十六世紀にポルトガル勢力がキルワ王国を占領したときに建てられた砦である（写真3）。ポルトガルがスワヒリ海岸から撤退した後、キルワ王国がザンジバルのオマーン王国の支配下にあった十九世紀に増築された。キルワ島の遺跡群のなかで、イスラーム起源ではなく、唯一ポルトガル起源の建築物である。船着場に位置しており、対岸のキルワ・マソコから船でやってくる観光客が真っ先に目にするのがこのゲレザである。

墓地には、シラジ墓地、四十人のシェヘ墓地（以下にシェヘ墓地と略す）、マリンディ墓地、サケ墓地などがある。通常のムスリムの墓は、遺体の顔がメッカの方向に向くように埋葬され、頭頂部と足先にそれぞれ薄い板状の墓石が立てられるだけである。しかし、王族や高名なイスラーム教師、聖者の墓は、板状墓石の他に、石造の構造物をもっている。例えば、マリンディ墓地には小モスクを模した墓がある（写真4）。サケ墓地やシェヘ墓地の墓は長方形の囲いをもっている。シラジ墓地には長方形の囲いから柱が伸びた墓がある。柱をもつ墓は男性のものであるとされる。

制限される住民生活

以上にあげた遺跡群は、ユネスコによって「主要」とされているものである。しかし、王国時代の建築物は、「遺跡群」として世界遺産一覧表に記載されており、いまだ地中に埋もれている遺跡も世界遺産の範疇に含まれている。このような潜在的な世界遺産を保護するために、タンザニア自然資源観光省は、遺跡の一帯を「世界遺産地域」に指定し、域内での住民活動に規制をかけている。しかし、図2から分かるように、村落と石造遺跡は隣接しているので、村落全体が世界遺産地域に含まれることとなる。世界遺産地域の設定により、住民は多くの不便をこうむっている。

例えば、地下に埋もれている遺跡を傷つけない目的で、自分の敷地内であっても許可なく地面を掘ることが禁

写真3　キルワ島の船着場に位置するゲレザ砦（2008年9月撮影）

写真4　小モスクの姿を模しているとされるマリンディ墓地の墓（2013年8月撮影）

止されている。住民は、自由にトイレ穴を掘ることもできず、建築用の岩は遠く離れた場所で入手しなければならないのである。これに怒った一部の住民が、森に埋もれていた遺跡を壊して建築材としたという話もある。

また、キルワ島の玄関口であるゲレザ砦の近くに、住民が共同出資で観光レストランを建てていた。しかし、完成直前にキルワ役所遺跡部から建設禁止命令を受けたため、完成をみないまま放棄された。さらに、島には観光客用の宿泊施設をつくることも禁止されている。観光客が宿泊し食事をするのが島の対岸の町であることに不満をもらす住民もいる。イスラームの島を女性観光客が水着で歩いたり、勝手に住民の写真を撮るなど、観光客のマナーの悪さも問題である。

住民の日常生活は制限され、地域振興のためのアイデアは実現されず放置されている。行政は、世界遺産を軸とした観光開発を重視するあまり、世界遺産と共に生きる人びとの生活や地域振興に対する配慮に欠けている。トップダウン型の観光開発は、住民に何の利益ももたらさないばかりか、次にみるように、島の信仰を阻害する深刻な問題となりつつある。

四　信仰をつうじた文化遺産と住民とのつながり――祈願所としての墓地

キルワ役所遺跡部の記録によると、一九九三～二〇〇一年に島を訪れた観光客は、年平均でわずか二一九人であった。しかし、都市部との交通インフラが整備され、キルワ島対岸のキルワ・マソコのビーチにリゾートホテルが建設されるなど、開発が進むにつれて観光客が増えてきた。二〇〇五年には八二九人、二〇〇六年には一三三四人の観光客を記録しており（Ministry of Natural Resources and Tourism 2007）、二〇〇七年以降はさらに増加し、二〇一四年には二一一二人、二〇一五年には三三三三人を記録している（タンザニア自然資源観光省の私信より）。それ以前にくらべて観光客の数が大幅に増えたことにより、世界遺産をめぐるあらたな問題が浮上してきた。それは、祖霊信仰に関わる墓地が観光地図に記載され、それをもとに観光客が無断で墓地に立ち入るようになったことである。観光客を案内する公認ガイドもキルワ島出身ではなく、島の信仰について理解していないので、平気で観光客を墓地に案内する。墓地は祖霊信仰に関わる場所であることを、公認ガイドや文化行政担当者は理解し、住民の信仰実践を尊重する必要がある。(8)

墓地は通常「マカブリ *makaburi*」と呼ばれるが、祈願がおこなわれる墓地は特別に「マテンベ *matembe*」と呼ばれる。祈願がおこなわれる墓地を、以下では「祈願所」と呼び、他の墓地と区別することにしたい。キルワ島では、シラジ墓地、シェヘ墓地、サケ墓地、シェヘ・シデンボ墓地、チャーニ墓地（島南部）などが祈願所として用いられている。各祈願所を使用するには、作法に従う必要がある。定められた曜日（例えばサケ墓地なら水曜日）に訪問すること、定められた服装や供物、呪文を用いることなどである。祈願所の管理者がいる場合は、使用許可を得る必要もある。

住民の信仰と関わる場所は墓地だけではない。スルタンの宮殿や大モスクなどの遺跡は、精霊信仰との関わりをもつ(9)。とはいえこれらの遺跡では、昼間に観光客が訪問しても、それほど大きな問題は生じない。住民もまた、観光客の行動に対して寛容な態度をとっている。これに対して墓地は、祖霊をつうじてアッラーに願い事をするための祈願所であり、観光客による無断訪問が許されない。

キルワ島民は、造船や大掛かりな漁などの大きな仕事をはじめる前に、その成功を、祖霊をつうじてアッラーに願う祈願儀式 *dua* をおこなう。通常イスラーム教師の主導のもと、特に場所にはこだわらず、主催者の家などでおこなわれる。しかし、大きな願い事を抱えている場合、特別に祈願所である墓地で祈願をする。大きな願い事とは、例えば、経済的な大成功や憎い人間を呪い殺す、などの人智を超えた願いである。強い欲望を満たそうとし、時に邪術（意図的に他人に危害を加えようとする悪い術）に関わる場合もあるので、願をかけようとするものは人目を避けて祈願所におもむく。

祈願所ではまず、周辺を掃き清める。そして、その場所で三日間断食しながら寝泊りする。この間はコーランが読誦され、乳香や線香が焚かれる。ニワトリやヤギ、ヒツジを捧げものとして供犠儀礼 *kafara* がおこなわれることもある。祈願所にはそれぞれ別の管理者がおり、異なる方針のもとに管理されている。たとえば、キルワ島に移住してきたシーラーズ王族の墓であるとされるシラジ墓地を管理し、祈願所として使用しているのは、キルワ島もしくは島外に住む王族の子孫と自称する人びとである。

シェヘ墓地は、十八世紀末の同じ日に死んだ四十人のシェヘ(10)が眠る墓地である。この墓地を管理しているのは、ムハンマドの子孫「シャリフ」の称号で呼ばれるアラブ系住民である。この墓地を祈願所として使用する者は、事前にシャリフに伺いを立てなければならない。シラジ墓地とは異なり、シャリフの許可が得られれば、シェヘ墓地は出自に関係なく誰でも祈願所として使用することができる。四十人ものシェヘが眠る場所であるからか、強い力をもつ祈願所として認識されており、島外からここを訪れる人も多い。

サケ墓地を管理しているのはキルワ島の村長 *ubalozi* である。村長とは、行政の仕事をする村議長 *mwenikiti wa kijiji* とは別で、民事訴訟などに助言を与え村の秩序を守る、伝統的な長のことである。かつては、村の十戸長を統べる地位にあったが、今では夫婦喧嘩や住民間のいざこざなどの民事に関わるのみである。一見その地位はさがったかのようにみえるが、サケ墓地を管理するという重要な役割を担っている。サケ墓地を祈願所として使用したいものは、村長に伺いを立てなければならない。その際には、現金または鶏などが村長に贈られる。

シェヘ・ンデンボ墓地の管理者は不明である。筆者が初めて訪れたとき、あたりは藪がうっそうと茂っていたが、墓地の周りだけはきれいに掃き清められていた。香を焚いた皿もあり、誰かが祈願した形跡が残されていた。これまでの考古学研究において、この墓地についての言及はなく、キルワ役所遺跡部も把握していない。しかし島内では、タンザニア初代大統領のＪ・ニエレレが大統領就任以前にここを訪れ、祈願をおこなったことが知られている。

これらの祈願所が住民にとっていかに大切であるかについて、筆者は以下の体験をつうじて知ることとなった。現地調査のある日、友人Mと一緒に祈願所の作法（訪問して良い曜日と服装、村長からの許可）を守らないままにサケ墓地を訪問した。その夜、Mの家には「ワンガ *wanga*」がやってきたという。ワンガとは霊的な存在ではなく、その正体は島の住民、主として老人であるとされる。ワンガは夜中に裸で村落を徘徊し、ときおり集団で人家の前で笛や太鼓で騒ぎたてて、家人を眠らせずに疲れさせたりする。Mは、自分の家にワンガがやってきた理由を、サケ墓地を訪れたときの不作法に対するワンガからの警告であろうと解釈して筆者に告げた。

二回目のサケ墓地訪問ではきちんと作法をまもった。しかし、サケ墓地からの帰り道に、筆者とMはうかつにもシェヘ・ンデンボ墓地に立ち寄ってしまった。その日はシェヘ・ンデンボ墓地を訪問して良い日ではなかった。その夜、筆者は、夜通しやかましく鳴く何匹もの猫の声に睡眠を妨げられた。朝になって、居候先の主人に「昨晩は猫の鳴き声がうるさくて眠れなかった」と話すと、猫の鳴き声なんて聞こえなかったと主人は言う。そして、猫の鳴き声は、作法を守らずにシェヘ・ンデンボ墓地を訪問した筆者にたいするワンガからの警告にちがいないと言った。

村人でも祈願所のルールを守らないと警告を受けるのであるから、異教徒の外国人である筆者や観光客が無許可で祈願所を訪問することは、とうてい許されない。ワンガは、警告というかたちで祈願所の秩序を守ろうとしていると考えられる。少なくとも、友人Mと居候先の主人はそう解釈していた。ちなみに、筆者が猫の鳴き声に悩まされたのは、後にも先にもあの夜限りである。

五　隠された文化遺産における信仰実践——世界遺産と祈願所の共存

管理状態が悪く、一部には崩壊の危険もあったキルワ島の世界遺産は、二〇〇四年に危機遺産リストに入った。

遺跡の修復は、二〇〇一年からタンザニア政府主導のもと、日本とフランスの協力で始まっていた。隣接するソンゴ・ムナラ島に存在する遺跡も含めて、修復工事は二〇一三年まで続いた。この間、二〇〇八年の五〜十月に、ユネスコの委託研究者が島の無形文化遺産についての調査を実施した（無形文化遺産の詳細については岩崎 二〇一七を参照）。二〇一三年に主要遺跡の修復工事が完了したことなどが評価され、二〇一四年には危機遺産リストから脱した。

二〇〇八年にキルワ島の無形文化について六ヵ月間の現地調査をおこなったのは、フランス人のP・バキュエズであった。バキュエズは、筆者よりも早く一九九八年にキルワ島で調査を開始した社会言語学者で、キルワ島の前にザンジバル島で長期の現地調査を終えていた。スワヒリ語で小説を著すほど言語に堪能で（Bacuez 2015）、キルワ島の生活文化についても造詣が深い。筆者はバキュエズと二〇〇三年にキルワ島で出会い、その後何度も現地調査を共にする機会をえた。祖霊信仰や精霊信仰の調査に筆者を導いてくれたのは彼である。

キルワ島の無形文化についての報告書のなかでバキュエズは、キルワ島の世界遺産を、信仰と結びついているものとそうでないものとに分ける。信仰に関係する世界遺産とは、祈願所として使用される墓地である。そして、地域の信仰に強く結びついている墓地に観光客が許可なく立ち入ると、地域の秩序が壊されると指摘する。さらに、祈願所をめぐる信仰や実践は、地域社会の結束に関わる重要な文化なので、祈願所を観光地図から削除して「聖地（holy place）」とみなし、観光客の立ち入りを禁止するべきであると提案している（Bacuez 2009）。

聖地への立ち入りは禁止するが、その他の遺跡はこれまでどおり訪問可能とすることで、信仰という地域固有の価値と世界遺産という普遍的な価値を両立させようとする提案である。キルワ島におけるこれまでの世界遺産運営の状況を考慮すると、筆者も、すみ分けることで両者の共存を図る立場に賛成である。観光客がキルワ島の歴史を学ぶのであれば、モスクや宮殿、砦などを訪問するだけで充分であり、わざわざ祈願所である墓地に足を運ぶ必要はない。

これまで墓地は、世界遺産運営とは別に、地域住民によって管理されてきたからこそ、祖霊信仰と結びついた「生きた遺産」として存続してきたのである。観光客が訪問しやすいように、墓地周辺の木々を切り払うことや、案内プレートを設置することは、地域の信仰の存続には関係ない。むしろ、観光客の訪問をうながすというかたちで、島の生活実践を阻害してきたといえる。

地域固有の価値と普遍的価値が共存するためには、「すみ分ける」ことが現時点での最善策であると考える。「生きた遺産」への配慮が世界遺産条約の運用の要になりつつあることを考慮すると、両者を明確に区別することで、今後キルワ島の世界遺産が、生活実践とも結びついた「生きた遺産」となる可能性が残されることになる。バキュエズが言う、観光地図から削除してまで祈願所を秘密にしなければならないという提案は、決して極端なものではない。なぜならば、「秘密」であることが、祈願所の重要な条件だからである。祈願所の中には、キルワ島の住民に対してさえ、その場所と作法が秘密にされている場所もある。たとえば筆者は、キルワ島に数ある祈願所の中で最も力が強い祈願所のことを何年か前から聞いていたにもかかわらず、詳しいことを知らされなかった。老人たちに尋ねても、その場所を知らないし、そもそもそんな話は聞いたことがないという返事ばかりであった。筆者と同世代の友人たちもまた、そうした場所のことを聞かされていないようだった。

二〇一二年にキルワ島で現地調査をしたとき、かつて墓地巡りを一緒にした友人Mが、「秘密になっていた祈願所の場所をついに発見した」と言う。Mは父親に尋ねても場所を教えてもらえなかったが、呪術師（精霊の力で病気治療などをおこなう精霊呪医）であるMの兄が、秘密の祈願所で儀礼をおこなう後をつけてその場所を知ったのだという。そこで水曜日の早朝（Mの兄が訪問した曜日にならい）、Mとその場所にむかった。

キルワ島で調査を始めて十二年目にしてやっと目にした祈願所は、驚いたことに、筆者の居候先からわずか徒歩十分ほどの近い場所にあった。これまで何度もこの付近を歩き回ったが、まったく祈願所の存在に気づかなかった。森の中の小道を外れて藪をぬけると、開けた場所に出る。そこに秘密の祈願所はあった。それはモスクをかたどった墓であった。天井部は崩壊していたが、かつては二つのドームを備えていたことが伺える。小モスクを模してつくられたとされるマリンディ墓地の墓に姿が似ていた。早くこの場を離れたい様子のMにせかされて、写真を何点か撮ってから、足早に秘密の祈願所を後にした。後日この祈願所の名前や作法について知ることができたが、ここでは「秘密の祈願所」であることに配慮して、写真や場所、名前などは伏せることとする。

筆者は、キルワ島の信仰世界について調査する過程で、友人の助けを借りて運よく秘密の祈願所を目にすることができた。十二年間毎年のようにキルワ島で調査をおこない、小さな島のことであるから島内で知らない場所はないと自負していた筆者にとって、この祈願所の存在はショッキングな事実であった。しかしそれも当然で、本当に大切なことはそう簡単には教えてもらえないのである。それが秘儀をともなう信仰実践であれば、なおさらである。

後日バキュエズに、秘密の祈願所について尋ねると、やはり彼は知っていた。二〇〇八年に呪術師であるMの兄に連れて行ってもらったという。バキュエズはこの祈願所の存在を隠すために、彼が書いたユネスコの報告書には載せなかったという。本来ならば筆者も、島の老人たちがこうまでして秘密にする祈願所について、ここに書くべきではなかったのかもしれない。しかし、あえて記述したのは、キルワ島には、自分の子供にさえ秘密にして守ろうとする聖地と信仰実践があるということを示したかったからである。

キルワ島では、世界遺産をめぐる観光開発によって、祖霊信仰の実践の場である祈願所の秩序が乱されつつある。祈願所の場所を観光地図から削除し、かつ、聖地として観光客の立ち入りを禁ずるという提案も出ているが、実行される気配はない。しかしこのような心配をよそに、キルワ島の住民は、世界遺産や観光開発という外部から押し付けられた価値観に完全に補足されることなく、ユネスコや行政、観光客に知られない「隠された文化遺産」において、自分たちの信仰を守っている。文化人類学による文化遺産研究が、担い手の実践に目を向け尊重するものであれば、この「隠された文化遺産」における信仰を、住民が自律的に守ってきた「生きた遺産」の代表として評価し、住民の意思にしたがい秘密のままにしておくべきであろう。

謝辞

本研究は科研費（JP22720336, JP25770311）の助成を受けたものである。

（1）国際記念物遺跡会議（イコモス）の一九八一年の報告書では、キルワ島およびソンゴ・ムナラ島の遺跡は、スワヒリ文化、東アフリカ沿岸部のイスラーム化、および、中近世の広域交易のきわめて重要な考古学的遺跡とされ、世界遺産評価基準の3――現存するか消滅しているかにかかわらず、ある文化的伝統又は文明の存在を伝承する物証として無二の存在（少なくとも希有な存在）である――に該当するとされる。

（2）例えば、サンゴ岩を積んで建物の基礎や壁をつくる場合、岩と岩の間には、サンゴ岩の焼成石灰 *chokaa* を砂と混ぜたものが固定剤としてつめられる。焼成石灰は一年以上地中に埋めて寝かせることにより、通常のものよりは強く固まる「昔の石灰 *chokaa ya zamani*」となる。遺跡には「昔の石灰」が使用されているので、修復にも同じものを使用する必要があるとの住民の助言は参考にされなかった。

（3）キルワ島のイスラームは、初期のハワーリジュ派から十三世紀頃にスンニ派のシャーフィイーに代わった。そして二十世紀にシャゼリア教団（Shadhili）とカデリア教団（Qadiri）が導入されて今日に至っている（Ilife 1979）。

（4）アリ・ビン・フセインがキルワ島に移住してきたとき、すでにムリンバという人物がキルワ地域を治める領主として住んでいた（Freeman-Grenville 1962a）。また、アリ・ビン・フセインは、島の周囲（約二十三キロメートル）と同じ長さの布を領主に贈ることによって、キルワ島を手に入れたとされる（Clarke 1960）。

（5）例えば、ワールド・モニュメント財団によって二〇一三年にゲレザ砦の扉が新しいものに交換されたが、住民、特に若者は扉交換に反対であった。しかし長老会議によって新しい扉への交換が強引に決定された。若者は「長老が我々の財産（扉）を売ってしまった *Wazee kauza mali etu*」と批判する。

（6）建築物の主な材料はサンゴ岩とマングローブである。インド洋に面したキルワ島東部の裾礁から採集されたサンゴ岩を積んで建物の基礎や壁がつくられている。岩と岩との間には、サンゴ岩の焼成石灰を砂と混ぜ合わせたものが固定剤としてつめられている。水で溶かした石灰は石灰モルタルとして壁の表面に塗られた。島の大陸側の内海沿岸に自生しているマングローブが、天井や門、窓を支える梁として使用されている。梁となるマングローブ材の長さ（約二・七メートル）によって建築物の部屋のサイズが決まるので、建築物の多くは長方形の部屋の集合構造となる。

（7）ソンゴ・ムナラ島は、キルワ島の南約四キロメートルに位置する。この二つの島に存在する遺跡群が「Ruins of Kilwa Kisiwani and Ruins of Songo Mnara」として世界遺産の一覧表に記載されている。

（8）スワヒリ海村社会にはひろくイスラームが浸透しているが、人びとは唯一神であるアッラーの他に、「ジニ（精霊）」と「ムズィム（祖霊）」を信仰している（Middleton 1992）。それらの霊的存在に加え、キルワ島では、「預言者ムハンマド」、「イスラームの天使」、「スーフィー教団の聖者」、「呪術」などへの信仰があり、複雑な信仰世界を形成している（中村 二〇一一）。

（9）キルワ島の遺跡の多くは村落周辺に位置しているが、大フスニは、村落より離れたインド洋を望む小丘の上にたっている。この大フスニの修復工事を始めるさいに、修復機材を見張る夜警を大フスニにおくことになった。しかし夜警希望者がいない。なぜならば、キルワ島の住民は「夜中になると大フスニには精霊が集まってくる」と考えており、精霊を恐れるあまり夜警を希望する者がでなかったのである。結局、倉庫に頑丈な鍵をかけることにし、夜警小屋は大フスニから少し離れた場所に建てられた。仮に住民の中に泥棒がいるとしても、泥棒も精霊を恐れるので夜警は必要ないのではと筆者が考えるほど、住民は夜中に大フスニに近づくことを恐れていた。

（10）スワヒリ語の「シェヘ *shehe*」とはアラビア語の「シャイフ shaykh」のことであり、「長老、老人」または「イスラームにおける重要人物、聖者」を意味する。

参考文献

イブン・バットゥータ（一九九八）『大旅行記』第三巻、家島彦一（訳注）、イブン・ジュザイイ（編）、東洋文庫。

岩崎まさみ（二〇一七）「無形文化遺産を語る人たち」飯田卓編『文化遺産と生きる』三九―六七頁、臨川書店。

富永智津子（一九九二）「ザンジバルと広域ネットワーク」板垣雄三・後藤明（編）『辞典イスラームの都市性』二一五―二一六頁、亜紀書房。

中村亮（二〇〇六）「滅亡したキルワ王国の石造遺跡と遺跡をめぐる信仰」嶋田義仁（編）『アフリカ伝統王国研究』第三巻、三一三―三三八頁、名古屋大学比較人文学講座。

――――（二〇一一）「スワヒリ海村社会のジニ信仰――キルワ島の場合」嶋田義仁（編）『シャーマニズムの諸相（アジア遊学一四一）』、一六八―一九二頁、勉誠出版。

家島彦一（一九九三）『海が創る文明――インド洋海域世界の歴史』朝日新聞社。

Bacuez, P. J. 2009 *Intangible Heritage, Tourism and Raising Awareness on Kilwa Kisiwani and Songo Mnara: Findings and Recommendations*, Paris: UNESCO.

―――― 2015 *Raha ya Maovu*, Tanzania: Nipetano Publishers.

Chittick, N. 1974a　*Kilwa: An Islamic Trading City on the East African Coast, Volume 1: History and Archaeology*, Nairobi: Memoir No.5 of the British Institute in Eastern Africa.

————1974b　*Kilwa an Islamic Trading City on the East African Coast, Volume 2: The Finds*, Nairobi: Memoir No.5 of the British Institute in Eastern Africa.

Clark, P. H. C. 1960　*A Short History of Tanganyika*, Dar es Salaam: Longman of Tanzania Limited.

Davidson, B. 1991　*African Civilization Revisited: From Antiquity to Modern Times*, New Tersey: Africa World Press, Inc.

Freeman-Grenville, G. S. P. 1962a　*The Medieval History of the Coast of Tanganyika*, London: Oxford University Press.

————1962b　Husuni, *Tanganyika Notes and Records* 59: 227-230.

Garlake, P. 1966　*The Early Islamic Architecture of the East African Coast*, Nairobi, London: Oxford University Press.

Iliffe, J 1979　*A Modern History of Tanganyika*, Cambridge: Cambridge University Press.

Maghimbi, S. 1997　Demographic Change in the Coastal Zone of Tanzania: Focus on Artisanal（small-scale）Fishers, *University of Dar es Salaam Faculty of Arts and Social Sciences Demographic Training Unit* 2: 1-18.

Middleton, J. 1992　*The World of the Swahili*, New Haven and London: Yale University.

Ministry of Natural Resources and Tourism, 2007 *Report on the State of Conservation of the Ruins of Kilwa Kisiwani and Ruins of Songo Mnara Endangered World Heritage Site, Tanzania*, Dar es Salaam: United Republic of Tanzania.

Nakamura, R. 2011　Multi-Ethnic Coexistence in Kilwa Island, Tanzania: The Basic Ecology and Fishing Cultures of a Swahili Maritime Society, *SHIMA: The International Journal of Research into Island Cultures* 5（1）: 44-68.

Sutton, J. E. G. 2000　*Kilwa: A History of the Ancient Swahili Town with a Guide to the Monuments of Kilwa Kisiwani and Adjacent Islands*, Nairobi: British Institute of Eastern Africa.

聖地を担う

──「生きた信仰」をめぐる斎場御嶽のコミュニティ管理

門田岳久

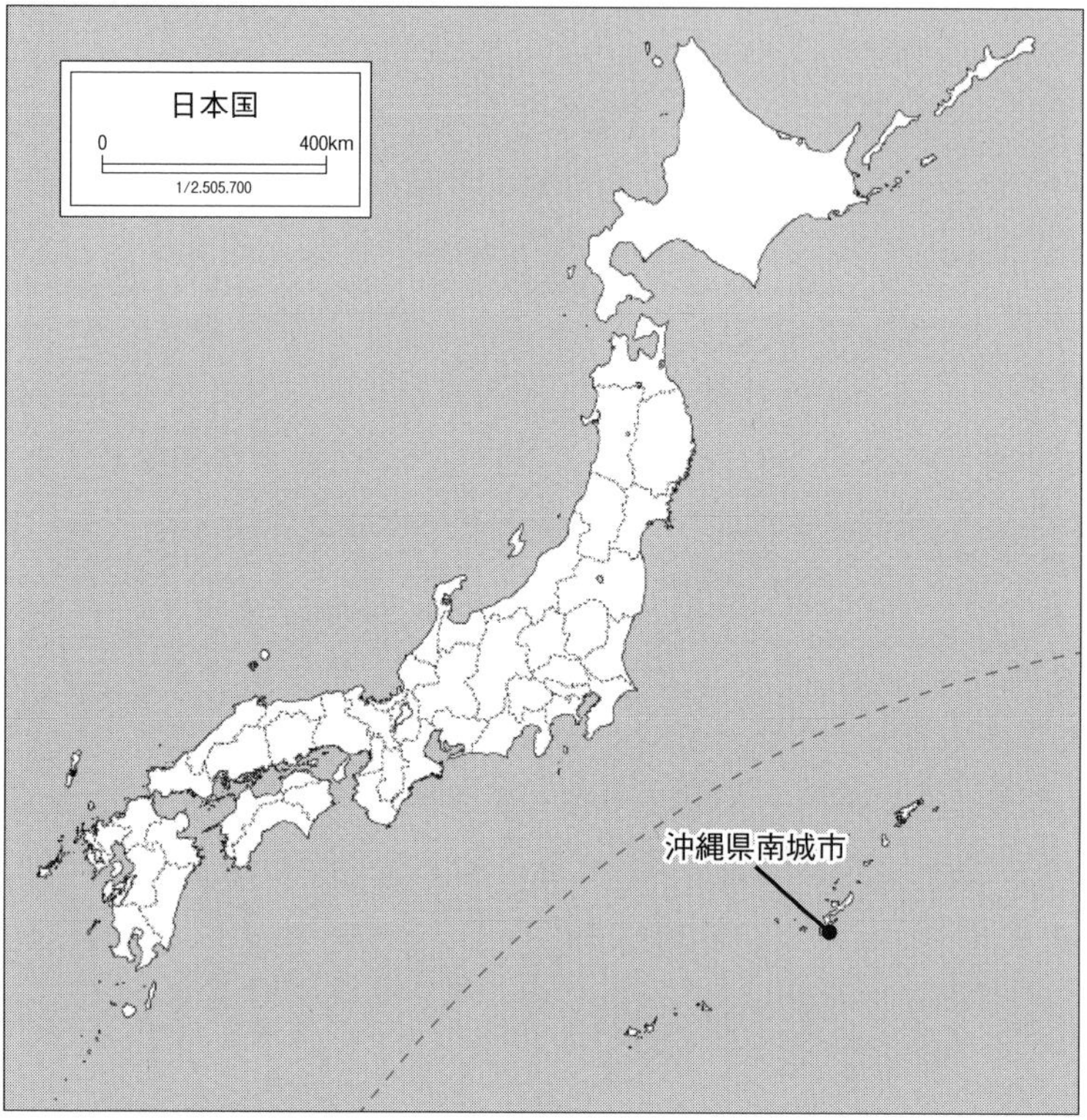
日本国
0
400km
1/2.505.700
沖縄県南城市

一 「生きた信仰」の宿る遺産

本章で取り上げる斎場御嶽《セーファウタキ》は、沖縄を代表する御嶽とされてきた。御嶽とは沖縄諸島・先島諸島における聖地の総称であり、歴史上つねに人々の信仰の中心となってきた。琉球王国の時代には、国王や聞得大君《きこえのおおきみ》と呼ばれる高位の女性祭祀者が、定期的にこの御嶽を巡拝したという記録がある。それは早くに途絶えたが、現在でも、バスをチャーターした門中《もんちゅう》（父系出自集団）の人々が王のたどった順路を巡る「東御廻り《あがりうまーい》」という巡礼を行っている。

一般に御嶽の形状の特色は、画家・岡本太郎の言葉を借りるならば「何もない」（岡本 一九九六）。森、川、泉、木々が覆う空間や、岩が建て込んだ空間など、主として自然の造形物によって構成されることが多く、中には小さな祠や石碑が建てられたり、参道や儀礼のための香炉が設置されたりと、人工物が付された御嶽もあるが、信仰上の意味を持つのは多くの場合自然の側に属する空間である。

広さ四・五ヘクタール(1)の斎場御嶽には三つの主要な拝所《はいしょ》があり、人々の拝みが行われてきた。岩石で形成されたこれらの拝所も、もちろん人工的に作られたものではない。とりわけ切り立った一枚岩がいくつか交差する三《さん》庫理《ぐーい》（写真1）は、沖縄の信仰における圧倒的な自然の存在感を見る者すべてに強く訴えかける。

二〇〇〇年十一月、首里城跡などとともに「琉球王国のグスクおよび関連遺産群」としてユネスコの世界遺産一覧表に記載された斎場御嶽だが、近年になって急激に訪問者が増加している。記載後の初集計時である二〇〇七年に年間七万人台だった訪問者は、二〇一三年には四十三万人に達し（沖縄県 二〇一四）、「ひめゆりの塔」と並んで沖縄南部を代表する「観光地」になろうとしている。その反面、訪問者増加は現場に負荷を与えており、世界遺産として管轄に当たる文化庁も「観光客増により石畳表面が摩耗している」ことや、「祈りの場としての神聖な雰囲気が阻害されている」ことを指摘している（文化庁 二〇一三）。文化庁が石畳という物質的なことだけでなく雰囲気という非物質的な要素に言及していることに着目したい。なぜならば、グローバルな価値基準に

写真1　斎場御嶽の拝所の一つ、三庫理（2012年8月撮影）

もとづいて斎場御嶽が文化遺産として評価されたのは、「神聖さ」やそこに根付いた信仰とを備えた「生きた遺産」だったからだということを示しているからである（本書中村論文も参照）。

実際に斎場御嶽は、圧倒的な自然の存在感にもかかわらず、世界遺産の枠組みにおいては「文化的景観」として記載されている（「文化的景観」については巻頭の略号など一覧を参照）。つまり自然の空間に人々が継続的に関わり、琉球王国由来の儀礼や信仰が持続していると捉えられることで、遺産として保護すべき価値が認識されているのである。そうした人々の認識や働きかけがないとしたら、斎場御嶽は単なる巨大な自然岩であり、鬱蒼と茂った森でしかない。つまり人間やその営みありきの遺産であり、担い手を抜きに捉えることは不可能なのである。

しかし世界遺産という国際的な法的枠組みに組み込まれ、メディアに大々的に表象され、国内外から多くの訪問者が訪れる一大観光資源となれば、こうした前提もまた揺らいでくる。そのときに問題となるのは、一言でいうと「担い手」とは誰なのかということだ。現在の御嶽では、参拝に訪れる人だけではなく、文化財担当者や観光客、観光関連産業など多様な立場の人々が関わっている（本書小谷論文も参照）。関係主体の増加はまた、沖縄の伝統的な信仰という文脈を共有しない訪問者の増加を意味している。むしろ現在御嶽に訪れる四十万人の中で、旧来の信仰を持って訪れる人が果たしてどれだけいるのだろうか。筆者が調査をする中で明らかに言えるのは、旧来の意味で拝みを行う人はごく少数ということであり、残りの圧倒的多数は、そうした儀礼や信仰を共有しない人々である。通常私たちが「観光客」と呼ぶのは、そのような人々に他ならない。ではこの状況において、斎場御嶽に今も「信仰が生きている」といいうるのだろうか。もっといえば、斎場御嶽を「生きた遺産」と表現することはまだ可能なのだろうか。「神聖な雰囲気の阻害」を指摘した文化庁の文言は、この問いのリアリティーを示唆している。

宗教的実践が埋め込まれた場所、すなわち聖地が文化遺産化するときには、このように、世俗的な建造物や空間の場合とは異なる角度での議論が必要になる。本章では、斎場御嶽の文化遺産化・観光地化にともなって関係主体が拡大していく過程を描きつつ、遺産となった聖地を「担う」ことの意味変化を読み解く。それを通して「生きた遺産」の証であったはずの「信仰」のかたちも、抜本的な変化を被っていることについて論じていきたい。

二　グローバルな文化政策のなかの斎場御嶽

世界遺産になるまでの過程

斎場御嶽は沖縄本島南東部、太平洋に突き出た半島の南城市久手堅《くでけん》という集落に位置する。その東の海上には、十二年に一度イザイホーという島の女性が巫女になるための儀礼が行われていたことで知られる久高島《くだかじま》があり、御嶽からはこれを遙拝する習俗があったと伝えられている。首里（現那覇市）の王府から見れば東＝日の出の方角にあたるこのエリアは、太陽を神聖視する琉球の文化観において、古くから聖域となってきたのである。

一般に御嶽は、集落や親族といった日常生活レベルでの集団が祭祀の単位となってきた。しかし斎場御嶽は、久手堅集落の御嶽であると同時に、王家や国の安寧を支える国家直系の御嶽でもあった。王国時代には男子禁制の聖域であったために、近隣の久手堅と安座真《あざま》の二集落の住民が日常の管理にあたる場合も、男性は着物の袖を

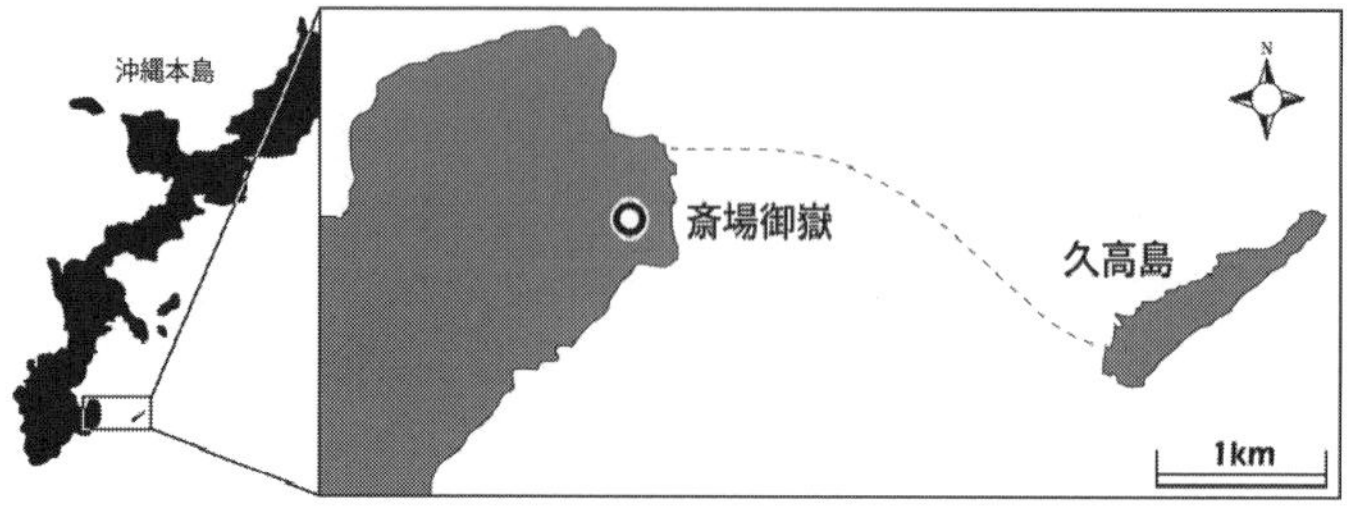

図１　斎場御嶽の所在地（南城市久手堅）

右上にして入域していたとされている。「御新下り《おあらう》」という聞得大君の巡礼がいわゆる琉球処分前の一八七五年を最後に途絶えたのち、こうした地元集落による管理体制がいつまで持続していたのか定かではないが、近代以降は荒廃していたと伝えられている。地元の郷土雑誌に目を通すと、鬱蒼としていた森は精糖の燃料や日常用の薪炭材として伐採されたり、太平洋戦争末期の砲火にさられたりしたことで荒れ果て、参拝も下火になっていたという。

忘却の流れにあった斎場御嶽は、二〇〇〇年代になり徐々にメディアで取り上げられ、スピリチュアルなイメージを有したツーリズムスポットへと大きく変貌を遂げていく。宗教学者の吉野航一によると、それまでの斎場御嶽は日本神話に結びつけられ、近づきがたい深遠な場所として表象されていたが、二〇〇〇年代以降の地域開発を通じて、アクセスが容易で近づきやすい「聖地」として語られるようになったという（吉野 二〇一二）。そのように転換していったきっかけはやはり世界遺産一覧表への記載である。

斎場御嶽は、本土復帰前の一九五五年から琉球政府の法律で史跡・名勝に指定され、復帰後も日本政府の定める文化財保護法で史跡として保護されてきたが、本格的な調査や保護措置は、一九九〇年代に地元自治体が行った発掘・整備事業に始まる。三庫理の発掘作業では、聞得大君が用いていたと思われる勾玉が出土し、首里の王府とのつながりが学術的にも証明された。ただ二〇〇〇年の世界遺産記載では、こうした考古学的な見地のみが評価されたわけではなかった。むしろ評価点は、御嶽という独特の聖域で持続する信仰や儀礼が、琉球王国由来の文化的・宗教的独自性を今に伝えているということであり、その点が「生きた遺産」の証だったのである。この点はユネスコの新しいグローバル・ストラテジーに関わるので、以下で少し詳しく確認しておきたい。

琉球王国由来の宗教伝統

ユネスコの考える新しい遺産の考え方の背景には、西欧の石造建造物に偏重した評価基準を乗り越えるため、アジア・アフリカにおける「生きた遺産」を位置づけていこうという戦略があった（本書関論文を参照）。文化的景観とは、現実に地域住民が担い、人の認識や営みが媒介することで文化的意味が刻まれる空間である。「顕著な普遍的価値」を充たすための基準として、ユネスコは六つの基準を設けているが、その六番目に「生きた伝統、思想、信仰」等との関連が見られることを明記しており[2]、これがまさしく「生きた遺産」の条件を示している。

斎場御嶽は、この基準に合致するものであったらしい。それは言うまでもなく、御嶽で持続する人々の信仰を想定したものである。例えば、ユネスコの諮問機関であるイコモスが出した評価書において、斎場御嶽は次のように記されている。「琉球的自然崇拝に特徴的な宗教的信念と深く関連しており、その生きた宗教伝統（living religious tradition）は今も、この地域の行事や儀礼に花開いている[3]」。文化庁の本中眞によると、この評価書に大きな影響を与えたイコモス審査官が沖縄に訪れた際、実際に御嶽で「琉球独特の宗教的な儀礼や慣習」に接し、「信仰の場として、一種の霊気が漂う名状しがたい雰囲気に深い感動を覚えた」という（本中　二〇〇一：六四）。この表現はあくまで事後的なものかもしれないが、その直感が実際に評価書に引き継がれ、ユネスコによる斎場御嶽の「公的」な表象を支える価値観の一つになっていることは確かである。

イコモスの評価した「信仰」が少なからずオリエンタリズムの視点に基づくものであることは否めない（本書序章を参照）。そもそもユネスコは、非キリスト教的な信仰のあり方に着目することで脱西洋中心主義を図ろうとしたのだから、善し悪しを抜きにして、斎場御嶽の世界遺産化は文化遺産の「トレンド」に沿ったものであった。「生きた宗教伝統」が具体的に地域の儀礼として展開していることにイコモスは注目しているが、近隣の安座真や久手堅の集落では実際に、重要な年中行事の儀礼を斎場御嶽で行ってきた（知念村文化協会学術部 二〇〇六）。岩石と森ばかりでこれといった建造物がないにも関わらず、人々の儀礼の展開する斎場御嶽には、グローバルな文化政策から見ればまさに人間の文化的営為が刻み込まれているのである。

ただし地元の行政や開発主体において、近隣集落の年中行事より重要な価値があると認識されている儀礼は、冒頭でも触れた東御廻りである[4]。それは「琉球王国のグスク及び関連遺産群」の全体枠組に沿うと当然の流れである。なぜなら東御廻りは、王国時代に国王が行幸として行った巡礼を人々が模して行ったものと理解されており、琉球王国の歴史性を核とした遺産群においては、かつての王国文化の残存形態として位置づけられているからである。当事者によると、東御回りはあくまで親族の年中行事の一環であり、必ずしも王国を偲んで行うようなものではないという。しかし文化遺産を管理・表象する立場にとっては、この儀礼こそが王国と直結する聖地の正統性の証であり、遺産としての価値を象徴するものなのである。

歴史学者の櫻澤誠によると、「琉球王国」が現在のように沖縄社会の象徴として理解されるようになったのは、第二次世界大戦後の沖縄社会における一種の文化的アイデンティティー回復運動の一環であるという。一九七〇年前後の「本土復帰」運動や、乱開発、基地問題などの問題が起こるたび、「琉球王国」は、沖縄の独自性・自立性を求める運動の核として「発見」された（櫻澤 二〇一五）。斎場御嶽と王国との直結性を実証した一九九〇年代の考古学調査やイコモスの評価、さらにその外部評価に基づいて形成された「価値ある儀礼や行事」といった再帰的なまなざしは、このような地政学的な力学のもとで理解されうる。こうして斎場御嶽には、琉球王国の有した歴史性や非西洋的な信仰の形態といった、従来とは若干異なる意味付けが交錯しつつ投影されるようになった。遺産概念を拡大させ，非西欧に世界遺産政策を広めようとしていたユネスコにとって斎場御嶽は、日本における実験場だったと言える。

三　聖地のマネージメント

管理の仕組みの構築

当初から信仰を持つ担い手の存在を前提として進んできた斎場御嶽の文化遺産化であるが、保護を旨とした世界遺産に登録されることで、逆説的にその環境は大きく変化することになった。なぜなら、遺産の所在地の人々（とりわけ行政）にとって、世界遺産一覧表への記載は外部からの「お墨付き」を得る機会となり、事実上文化遺産を開発の資源とする性質を含み込んでいるからである（長谷川 二〇一七、飯田 二〇一七）。文化遺産の「保護と活用」という言葉がしばしば聞かれるが、「保護」と「活用」は本来同時に達成されるとは限らない。異なるベクトルを持つ実践の同時並行が現場にもたらした変化を、本節では、担い手の変化という観点から見ていきたい。

文化遺産化の過程で斎場御嶽のマネージメントの仕組みが確立されると、従来よりも多くの立場の人々や機関が管理に携わるようになった。例えば市（南城市）は以前から御嶽の管轄を担当してはいたのだが、実際に埋蔵文化財担当の部署がより直接的に関わるようになるのは、先述の発掘調査以降だと言ってよい。それ以後、自治体は、斎場御嶽の文化財・文化遺産として具体的な保護のあり方を決定していく実質的な決定機関となり、世界遺産登録後もその役割は変わっていない。とはいえ自治体の役割は、あくまで長期的に文化財を保護・活用していくことであり、日常的な管理業務には観光協会とボランティア組織があたっている。

南城市観光協会は、合併後の新市になって発足した新しい組織で、観光面や商業面での管理に携わっている。「保護と活用」の両輪のうちでは、「活用」側の車輪である。具体的には、斎場御嶽に併設された資料館や物産館（土産物販売所）の運営や、入場チケット販売などを市から受託し、駐車場の管理も併せて行っている。協会は市と商工会によって設立されたが、あくまで民間セクターであり、上記の委託料や商品販売によって独立採算を企図している。

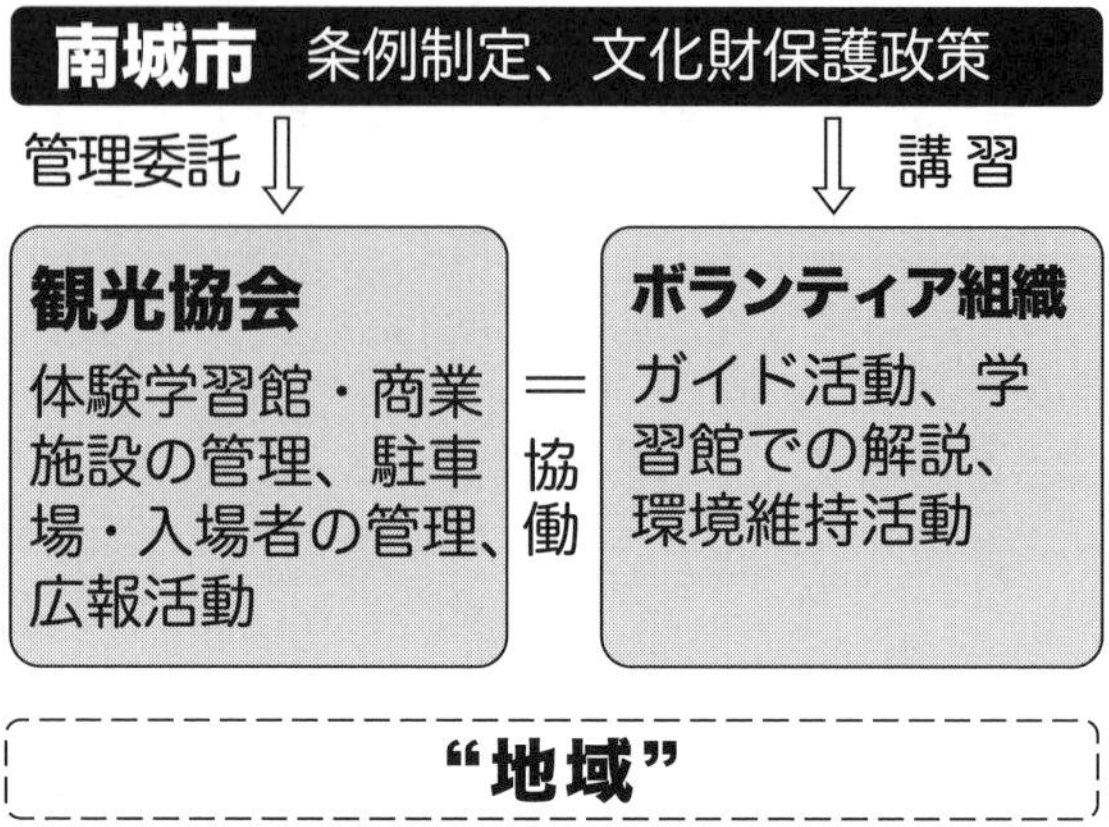

図2　斎場御嶽の管理主体相関図

ボランティアガイド組織「アマミキヨ浪漫の会」は、教育委員会から斎場御嶽の歴史について講義を受けた講師認定者五十名程度からなる非営利の任意団体である。その第一の業務は、御嶽の由来や歴史を訪問者（希望者）に有料で解説・案内することであるが、第二には市の文化財担当者の指導のもと御嶽の清掃や聖域の管理を行うことが役割となっている。この仕事は「守《も》り人」と呼ばれる。彼らの役割は単なるガイド活動や清掃に留まるものではなく、後述するようにその活動を通じて、斎場御嶽の「聖性」を形作ることも含む。その意味で、彼らのマネージメントは、世俗的な側面と宗教的な側面の双方にまたがっている。

文化遺産としての御嶽を管理するのは、主として上記の立場の人々であり、まとめると図2のように表現できる。市・ボランティア・観光協会が三位一体となって機能する仕組みが確立されており、それ以外の地域住民はボランティアとして勉強して登録をうけるなど、この仕組みに入らなければ御嶽のマネジメントに関わることは難しい。このことは、ある面では体系的な管理体制の確立と言える一方、別の見方をすれば、御嶽の存在が地域から徐々に切り離されているとも言いうる状況であり、御嶽の文化遺産化がもたらした重要な変化である。

コミュニティによる遺産管理

ユネスコは、文化的景観のカテゴリーを新設したのとほぼ同時に、世界遺産行政の指針となる「グローバル・

ストラテジー」を発表し、その中で世界遺産活動が目指す「五つの到達点」を示した。その一つに「公衆の意識啓蒙や住民参加、援助を育成する」という項目がある（本中　一九九五：二二）。自然遺産や物的な文化遺産のみで構成されていた従前の世界遺産では、遺産の保護を優先させるあまり、周辺住民と管理側とのあいだにしばしば葛藤が生じてきた。しかし、その場所へ歴史的に関わってきた人々の意味付けや実践なくして文化的景観は価値を持たず、また文化的景観には地元住民の生活領域が含まれるために、人と遺産は不可分となる。従って住民は、管理への参画という形で積極的に遺産へ関わるよう期待されることになった。

遺産管理をオープンかつ多元化しようとするユネスコの眼目は、遺産に対する住民の認知を高めることで、遺産の長期的保護と住民の経済的・文化的水準の向上を同時に達成することだった。実際、山口しのぶ（二〇〇六）が述べるように、近年では現地コミュニティの住民が行政や商業セクターの活動に参与しながら文化遺産マネージメントと関わる動きが世界各地でみられるという[5]。ユネスコの意図は要するに、単に建造物や空間を保護するだけでなく、その管理に参加した人たちがコミュニティを形成したり文化保護への意識を高めたりするという、公共性を持った効果である。

最近では、文化遺産を中心とした公共圏の構築を議論する流れが強くなり、公共遺産論と呼ばれるようになっている。公共遺産論とは、文化遺産を公共的な「資源」として捉えていこうとするもので、文化遺産を社会やコミュニティの持続・発展に資するものとして位置づける（藤木・神吉　二〇一〇、奈良文化財研究所　二〇一三）。ここでいう公共とは、①私有および国有に対する公有や共有（コモンズ）、②秘匿（シークレット）に対する公開・公然の双方を指す。つまり、特定の個人や団体による文化遺産の独占を放置するのではなく、社会に開いていこうという思想に支えられているのであり、文化遺産管理の手法として住民参加が取り入れられるのはまさにこの文脈においてである。

公共遺産論の考えが出てきた背景には、二十世紀後半における世界レベルでの環境研究の進展もある。経済学者・オストロムが提唱したコモンズ論は、資源管理の手法において近代に発達した設計主義的秩序に代え、自生的な秩序を再評価したことで知られている（Ostrom 1990、福島 二〇一四）。文化遺産保護においては従来、国家・行政の仕組みに従った厳格な管理が望ましいとされてきた。しかし行政と地域住民が対立するなど機能不全が露呈していたが、コモンズ論の影響で、ローカルな生活世界で培われてきた柔軟な遺産の管理手法を見直そうという意識が高まった。文化遺産は「閉じる」ことで保護するのではなく、コミュニティに「開く」「関わる」ことによって保護していこうという方向に進んでいるのである。

この点から考えると、「担い手」の立場が多様化していった斎場御嶽は、まさにユネスコの期待に沿うような、開かれた公共性の高い遺産だと表現できそうだ。しかし実際に現場でフィールドワークをしていると、こうした理想図が必ずしも全てではないことも分かってくる。筆者は、斎場御嶽周辺において調査を進めるなかで観光協会やボランティアの人々から協力を得ることができ、このテーマに接近する機会を得た。そして、彼らの実践に携わったり話を聞いたりする一方、最近では、ボランティア組織に入っていない地域住民や東御廻りの門中でない参拝者からも話を聞いてきた。公共性の理想からのズレを感じるのは、主として、後者の人々から話を聞いているときである。

一般論として人類学者は、フィールドで出会う人々の立場や見方に中立的であるよう努める一方、意識せず人間関係に左右される結果、特定の人々の立場を肯定的に描いたり意識的に擁護したりすることもある。筆者の調査の場合、観光協会やボランティア組織などいわば「本流」の人々との関係がベースとなっており、彼らの立場や見方を標準として事例を語ることに慣れていた。ただ、そうした人付き合いとは別のレベルの話として、つまりフィールドにおける「事実」のレベルの話として、公共空間化される斎場御嶽の保存活用策の「本流」から取り残される立場にある人々について、ここで少し触れておく必要がある。

周辺化される人々

マネージメントにおける「本流」という言い方をしたが、斎場御嶽への関わり方や意味づけの仕方において厳格な制度やルールが条例化されたり、公式／非公式といった線引きが明文化されたりしているわけではない。しかし、世界遺産の看板を背負った市やそのお墨付きを得たボランティア組織および観光協会が管理の全面に携わるようになると、結果として、正統性や権威性を備えた人々とそうでない人々とが徐々に区分されていく。このプロセスは、ドミナント（支配的）なものの見方にリアリティーを与えていくプロセスでもある。

市や観光協会、ボランティア組織の人々は、前述のように、琉球王国の信仰や儀礼が現在の人々のあいだでも息づいているとする立場を公式見解としている。王国時代において、王権の神聖性は御嶽信仰に支えられており、そうした歴史的事実は、拝所に残された香炉や壷などのモノ、また東御廻りなどの儀礼を通じて、現代の人々にも受け継がれている。そのような理解や認識は、市や観光協会の印刷物に記されたり、ボランティアの人々が訪問者を案内するときに口頭で伝えられたりする。最近では、旅行ガイドや雑誌が斎場御嶽を「パワースポット」と表現することに対して、観光協会やボランティアの人々はしばしば苦言を呈するようになった。斎場御嶽はあくまで「琉球最高位の御嶽」であり、メディアにおける流行り物と同等に位置づけるべきではない、という強い自負がある。

市や協会、ボランティアの人々が琉球王国に直結した意味付けを行うと、それが事実上、正統な解釈して広まっていく。あるボランティアの人が斎場御嶽と琉球王国との関わりを述べるとき、その言葉は単に一個人の見方ではなく、市の文化政策に裏付けられたものであり、さらにその先には文化庁やユネスコが控えている。文化遺産というグローバルな文化政策にはこうした階層性があり、「上」の権威に裏付けられた意味付けが「本流」のようになっていくのである。

このように、斎場御嶽の意味付けは文化遺産化を背景に一元化している。裏返すと、琉球王国との繋がりが薄い庶民の信仰や儀礼の重要性は、相対的に低いということになる。それが、公共化していく聖地から地域住民と民間宗教者が取り残されるゆえんとなっている。

民間宗教者については以前論じたことがあるので（門田 二〇一三）、ここでは簡潔にまとめたい。まだ訪問者数が現在のように多くはなかった二〇〇〇年代に、市やボランティア団体による保護やガイド活動が形作られようとしていた。当時は、御嶽に入るための入場券や有人ゲートもなく、いくらかの観光客を除けば、近隣集落や門中の参拝者、あるいはユタ等と呼ばれる民間宗教者とそのクライアント（拝みを依頼した人）がぽつぽつと参拝に訪れる程度であった。

この中で、ユネスコや管理者側が望ましいものと位置付ける「生きた信仰」が現れる。先に述べた「東御廻り」等である。一方、民間宗教者やそのクライアントたちの拝みは、琉球王国の祭祀と無関係な「個人的」なものであるとされ、聖域内で火を使ったり食事をしたりすることで、有り体に言えば遺産としての価値を損なう「望ましくない信仰」と位置づけられつつあった。しばしば沖縄の祭祀ではウチカビと呼ばれる模造紙幣を燃やして祈祷を行うが、それを御嶽で行うことは、火気の危険を減じて環境を美化していくために禁止されてきた。

他方、地域住民の信仰は決して疎外されてきたわけではない。それどころか管理者の側では、地域住民の年中行事や儀礼こそ御嶽の信仰が「生きている」ことを示す証だとして、尊重している。にもかかわらず、地元の人の声を拾っていくと、御嶽から足が遠のきつつあるという意見に出会うことは少なくない。

先述のように、久手堅や安座真の人々にとって斎場御嶽は集落の拝所であり、年中行事の際にここで儀礼を行うだけでなく、毎月決められた日には共同で草刈りを行ってきた。そうした活動によって、御嶽は信仰生活の中心を占めてきたのだが、最近は市や観光協会の管理体制が整ってきたため、かつてのような関わりができなくなっているという。二〇一五年の夏、筆者が学生とともに久手堅を歩いていると「もう何年もサイハ[6]（斎場）には行ってない」「昔は草刈りで行っていたけど、もう行かなくなった」という年配者のぼやきのような意見を聞いた。この男性に後日改めて話を聞きに行くと、次のような意見を話してくれた。

世界遺産になる前は自分たちで管理していた。ヤギの（ための）草を刈ったり、泥棒が入ってくるのを防いだり、「宗教の人」が香炉を勝手に増やしたりしないように見たり。[7] 拝みの際には浜の青年が珊瑚を運んでいた。戦後は村有地になっていた。サイハにはもう十年ぐらい行っていない。

世界遺産になる前は観光の人はいなかった。人間は不思議。（すでに御嶽を司る）ノロもいないのに、世界遺産になったからと拝みに来ている。今はお金も取るようになったのに、人を歩かせている。[8] お金を取らなければもっと拝みやすい。[9]（九十代男性）

「お金」というのは先述の入場チケットの料金のことである。これに関しては他にも様々な意見がある。例えば、「地元の人、拝む人からもお金をとっているのはおかしい。拝みの基準立てはできないと思う。そこまで人の心に言及するべきじゃない」（六十代女性）という意見のように、地元の立場から反対意見を述べる人は少なくない。いずれも価格設定に不満を持っているというよりは、参拝という宗教的な行為を人為的に管理するようになった事実に対して不満を持っていることが分かる。地元の人の中には集落の存在だった御嶽がボランティア組織や観光協会の管理下に置かれ、自分たちの生活の範疇から離れていったことに、釈然としない思いを抱いている人もいる。斎場御嶽では、多様なセクターが関わってマネージメントを進める仕組みができたことで、多くの訪問者を的確に誘うノウハウが蓄積されつつある。ボランティア組織を介して市民が関わる回路も作られ、公共性を持った文化遺産としてコミュニティの参加が実現しつつある。そのことのプラスの意味を踏まえた上でもなお、「担い手」が変化する陰で、旧来からの信仰や聖域管理を実践してきた一部の立場の人々がその枠組みから徐々にこぼれ落ちつつある事実を踏まえておく必要がある。後述のように地域住民は決して拝みをできなくなったり斎場御嶽で行事をできなくなったりするわけではない。しかし掃除や環境維持を含めた管理の役割は地域住民から離れ、観光協会やボランティア組織などのパブリックセクターに移行している。

こうした機能分化と選別を、自治体やマネージメント側の瑕疵とまでは言えないだろう。むしろこうした変化は、文化遺産という仕組みの根本的性質に由来するのではないかと思われる。つまり、生活や文化の全体性のうち、ある部分を「財」や「遺産」として評価・価値化し、そこのみを公共的な価値のある領域としてコモンズへと転化させる、文化遺産制度の本質的問題である。何かを評価すること、言い換えるとある部分を選別するということは、必然的にそうでない残余領域を産み落とすことになる。右記はまさにそのような領域に取り残されつつある人々の声である。

四　揺れ動く「聖」の境界

「神聖な雰囲気」の模索

ここまで本章では斎場御嶽の文化遺産化に伴い、マネージメントの仕組みが整い、関係主体が増加していったことを描いてきた。そこで分かるように現在の聖域管理の中心にあるのは世俗的な組織であり、御嶽にまつわる信仰や伝統的知識を有する地域の住民が必ずしも従前通りに関わっているわけではない。しかしその一方で、現在でも御嶽は「観光地」ではなく「聖地」であると自己表象されている。つまり世俗的な場所ではなく、宗教的な場所だというのである。このように世俗的な部分と宗教的な部分とが交錯する中で、実際の宗教的な部分、場所にまつわる「聖性」もまた揺れ動いている。本節では斎場御嶽が他の多くの文化遺産と最も異なる点、すなわち場所をめぐる宗教性の変化と現状について、主に対応する側、つまりボランティアの人々の現場対応に視点を置いて二つの事例を見ていきたい。

はじめに取り上げるのはボランティアの人々の日常的実践である。ボランティア組織に属する人々の仕事は、御嶽で行う徒歩でのツアーガイドと、「守り人」としての環境維持活動にあると述べた。ここでは後者の仕事をさらに詳しくみておきたい。というのも、彼らの仕事は突き詰めていうと御嶽の「聖性」を維持することにあるからだ。

文化遺産としての斎場御嶽の特殊性は、守るべき対象が単に建造物や空間だけではなく、そこに根付く人々の信仰をも含むという点である。形のないものの保護は、儀礼・芸能の技を無形文化遺産として継承したり担い手を育成したりするというかたちでとり組みを続ける必要に迫られているが、御嶽においては信仰というとらえどころのない人の内面的な部分が核心にあるため、その保護と言っても簡単ではない。冒頭で述べたように、世界遺産の保護状態をチェックする文化庁の文書では「神聖な雰囲気」の危機が指摘されていたが、ここでは御嶽における信仰や神聖な雰囲気を現場のボランティアがいかに具体化しようとしているかがきわめて重要になってくる。

筆者の研究室では、二〇一二年以来、斎場御嶽の管理や観光化に関する合同調査を学部学生とともに実施してきた。以下は、そこで観察した、斎場御嶽の日常的整備に関してボランティアと市職員が現場巡検と打ちあわせをおこなう場面の様子である(10)。議題となったのは、御嶽の石畳の枯れ葉を全て取り除くべきかどうかという細かな話で、清掃方法に関して、市の文化財担当者とボランティアの人の考えの相違が見られた。

担当者：掃きすぎず、掃かなさすぎない丁度良い塩梅で清掃を行いましょう。
ボランティア男性：石畳に枯葉がつもるから、それを一つ残らず掃いているんだ。そうしたら（石が）削れてしまっても仕方がないだろう。
担当者：枯葉が少しくらいつもっているのが、自然の状態なんです。軽く掃いて、あとは自然のままにしておきましょう。
（だが男性は納得せずどうしても枯葉を一つ残らず掃除したいと食い下がる。）
担当者：全部取り除きたかったら、最後は手で枯葉を除けてください。全部箒で取り除く必要はないはずです。

同じように、壺の水はミネラルウォーターが良いか雨水が良いかという議論もあった。三庫理にはつらら状に垂れ下がった二本の鍾乳石と、その下で水を貯めるための二つの壺がある。この壺の水に無許可で触れてしまう訪問者がいる。それぞれの壺には「聖なる樹木を潤す聖水」という説明パネルが市によって設置されている。

担当者：壺の水は、時期によっては鍾乳石から垂れる水とか雨で自然と溜まりますが、溜まらない時期もあります。時間がたった水はあまり清潔ではないので、水で洗ってミネラルウォーターを入れておいてください。
ボランティア男性：神聖な水なのだから、雨などで溜まるのを待つべきでは？
担当者：それではなかなか溜まらないし、ミネラルウォーターが一番きれいな水なので、きれいな水で壺を満たしてあげましょう。
（男性は納得には至らず、時間が迫っていたので話は結論に至らなかった。）

ここで議論されているのは環境維持の方法というよりも、宗教的にいずれが正しいのか、何が「聖」の保全に資するのかという点である。細かな議論であるが、双方の理想がうかがえる。その手がかりは、何度となくキーワードとして出てくる「自然」あるいは「自然な状態」である。市の担当者もボランティアの人も「自然な状態」を目指している。しかし、具体的にいかなるプロセスで「自然」が達成されるのかについて、必ずしも合意があるわけではなく、また当人たちも一貫した意見をもつわけではない。訪問者が増え、御嶽での行動が多様化する中で、現場の人々もいかなる状態を「聖」と捉えれば良いのか常に議論しながら模索しているのである。

競合する聖地

次に挙げる事例は「参拝者」とは誰かをめぐる疑問である。「神聖な雰囲気」を保ち、生きた信仰の場であることを持続させるには、なにより信仰目的で訪れる人を絶やさないことが必要となる。観光地になってから拝みに行く機会が減ったと地元の人が口にする中、いかにして「拝みの人」を呼び戻すことができるか。先述の通り、二〇〇七年に入場ゲートが設置されて、入場（館）料（三百円＝二〇一七年現在）の徴収と入場時間の制限が始まったが、地元の「拝みの人」からの苦情によって例外規定が設定され、現在では参拝者が申請すると半額になり、苦情も減りつつあるという（塩月 二〇一二）。

申請はあくまで自己申告にもとづき、半額減免にふさわしい参拝者かどうかの客観的な指標はない。では「観光客」と「拝みの人」はいかにして識別が可能なのだろうか。「信仰の有無」といった内面を問うことが不可能な状況において、ともかく峻別しなければならない事態に直面したときに、現場はいかなる方法でそれを行っているのか。入場ゲートに常駐するボランティアの人は以下のように答える（門田 二〇一五）。

ビンシー[11]を持っている人は祈り認定。パスをつけてもらうよ。（略）内地の人でも、拝み方を聞いてきたり、この拝み方で神様に失礼じゃないかと聞いてきたり、夢に出てきていてもたってもいられず来たと言ってきたり。実際にそう言って青森から来た人も。ただの観光、パワースポットで来た人は「拝み」という言葉自体ださない。人づてに聞いてしまって言ってくる人も少しはいるが、「嘘ですよね？」と頭ごなしに疑えな

いから、見逃している。（ボランティアガイド・Yさん 二〇一四年七月五日）

この短い語りの中では訪問者のカテゴリーがいくつか分けられている。「ビンシーを持っている人」はガイドから見て明らかに地元の「拝みの人」と言える人である。「ただの観光（で来た人）」と「パワースポットで来た人」は微妙に重なっている。後者は斎場御嶽を「パワースポット」だと認識してやってくる人々のことである。近年の雑誌やガイドブックの記事では、斎場御嶽がそのように描かれることが多くなっており、メディアで得たイメージを追体験しに来る。「聖地らしさ」に興味を持った観光客だと言って良い。他方前者は「聖地らしさ」に惹かれたと言うよりも、他の観光地と同じような指標（例えばルート上にあったので立ち寄った、など）で訪れた人である。問題は、自ら「拝み」という言葉を出すような人、「夢に出てきた」などと述べたりする人たちである。ボランティアガイドの中にはこういう人たちのことを「スピリチュアルな人」と表現する人もいる。彼らは聖域内で大勢で騒いだり香炉や祭壇の上に乗ったりするという「マナー違反」をするわけではない。そもそも「夢に出てきていてもたってもいられず来た」というような人にとって、斎場御嶽は既に特別な場所であり、その点では「普通の」観光客よりはよほど場所の宗教性を重視している。他方で彼らは地元沖縄の人々と御嶽信仰の規範や実践を共有しているわけではないため、往々にして御嶽の宗教性を独自解釈し、自身の信仰や宗教性との連続性のもとに理解しようとする傾向がある。そのためボランティアの人にとっては一見戸惑うような拝み方や体験をしていることもある。

例えばよくみかけるようになった独自の拝み方として、岩や石に手を当てるという仕草がある。メディアの記事を通じて「パワー」が宿ると認識されている御嶽において、視覚的に最も印象的なのは切り立った自然岩であり、そこに手を当て直接「パワー」を摂取しようという仕草だと思われる。またボランティアに携わるTさんによると、ガイドをしていると「不思議な出来事」を体験する訪問者に出会うことが増えたという。あるとき東京から三十代前半の「ものすごく痩せた女性」が拝みにやってきたのでガイドをした。会社で人間関係に悩み、心を患っているという。あまり痩せているので参拝を止めたのだが、御嶽の入り口であるウジョウグチで岩に触れて拝んだところ「体が軽くなった」ということで、すたすたと上って参拝していったという（二〇一六年三月）。「スピリチュアルな人」においてこの種の「不思議」な出来事は決して珍しくないというが、Tさんはそのたびごとに、「わかるんだけど、なんか違う」という感覚をぬぐいきれないという。

このような経験を求める人たちを「観光客」とカテゴライズするのは慎重にならざるを得ない。「パワー」や「スピリチュアル」なことに興味のある訪問者はほとんどの場合「観光客」を自称することはない。そのように言ってしまうと、聖地への敬意を欠いているかのような印象を与えることになるからである。「観光」から距離を取り、観光的でないもの＝宗教的なものの経験を主目的とする。他方で彼らを既存の「拝みの人」と同じカテゴリーに位置づけるのも難しい。彼らの考える宗教性はローカルなところに足場がないので、地元の人も「なんか違う」と思いつつも、現場の管理主体ではコントロールできない。現場の「正統」な実践から外れた聖のあり方を実践する人々の位置付けは容易ではなく、むろんルールを遵守する以上は排除できない。

このように訪問者のカテゴリーが複雑化し、どのタイプなのかわかりにくい人が増えているのは、聖地を取り巻く近年の特色である。筆者が斎場御嶽の調査を始めた二〇〇七年頃はこうした状況はなく、現場においても訪問者は「拝みの人」と「観光客」とに大まかに分けることができた。しかし現在では二分法で捉えることは困難になりつつあり、まちまちの基準から「聖性」が判断されている。その背景として、宗教研究が指摘するように二〇〇〇年代におけるテレビ番組や雑誌を発端とした「スピリチュアルブーム」の影響や（島薗 二〇〇七）、「聖地巡礼」の商品化の影響（岡本 二〇一五）があったことは否定できない。こうしたメディアの影響は、斎場御嶽を固有性のある御嶽としてではなく、他の宗教的な意味を有する場所と並ぶ、「聖地」一般と同じ土俵に乗せることになった。それはすなわち、御嶽信仰や祖先祭祀、東御廻りなどのローカルな宗教的実践を抜きにした、新たな文脈で訪れる人を増やすことにつながったのである。

聖地を巡る複数の主体のコンフリクト（対立）や正統性の競合については、近年の宗教研究でも論点となっている。スタウスバーグによると、現在欧米各地の聖地におけるこのような競合やコンフリクトは、欧米諸国の世俗化に伴う宗教観の多様化や私事化によってもたらされているという。彼はマチュ・ピチュやネイティブアメリカンの聖地、オーストラリアのエアーズロックなど世界的に著名な観光地／聖地を取り上げつつ、現在これらの場所では伝統的な信仰を持った地元民・先住民と、それらを荒らす世俗的な観光客、という今となっては古典的な対立軸があるのではなく、むしろ、新しい宗教観を持った多様な観光客／巡礼者が訪れることで、それぞれが聖地の所有・占有を主張し合うという、競合状態が課題となっていると述べている（Stausberg 2011）。彼は新しい宗教観を持った人々をネオペイガニズム、ニューエイジャー、スピリチュアルな巡礼者（spiritual pilgrims）などと呼んでいる。従来のキリスト教会やコミュニティが司る伝統的な宗教と異なる、こうした新たな宗教性を有する人々が自らとは文脈を異にする伝統的な聖地に参詣する事例は、ニューエイジ運動などが盛んになった一九七〇年代以降に世界各地で見られるようになったという。

スタウスバーグが述べる「競合する聖地」像とは、相異なる宗教観が一つの場所で先鋭に衝突する状況である。斎場御嶽の近辺を考えると、儀礼や聖地の多い久高島では団体で参詣にやってくる新宗教団体と地元の人々が、信仰形態と異なることや、立ち入り禁止箇所に許可なく入ったなどのことで、トラブルになることもあったという。斎場御嶽のケースは競合や対立が顕在化しているわけではないが、潜在的な競合状況にあるといえる。しかしこうした状況にどう対応するか、現場の了解が取れているわけではない。「斎場御嶽や久高島は〝パワースポット〟ではない」という意識が現場管理者にはあるが、「パワー」「スピリチュアル」の内実を具体的に言語化できる人は多くないからである。ただそれは当の、「スピリチュアルな人」においてもある程度同様で、皆が「神聖な雰囲気」というぼんやりとしたイメージと格闘しているのである。

五 「担う」ことの変容

以上述べてきたように、現在の斎場御嶽には様々なかたちで「聖」を経験する人があふれ、かつてのように地元の人々の拝みだけが「信仰」であるとは言いがたい状況となった。人が増えること、動くこと、関係する人間が増えることは、場所に対する表象、イメージ、知識の重層化をもたらす。それは、観光現象や文化遺産という新たな文脈のもとで作り替えられる聖地像であり、そこに関わる信仰体系の流動化を露呈する。「聖の多元化」と言いうる現代的状況は、既存のローカルな信仰の足場を相対化し、揺るがすような消費文化由来の新たな宗教性を生み出していることが分かった。世界遺産登録直後に管理上の論点となっていた、民間宗教者の位置づけの問題は決して解決されたわけではないが（それは「解決」すべき課題かという点も含め）、「信仰」の正統性をめぐる議論のような単純な軸で測ることのできる状況ではなくなっていることは確かだ。

地元とは異なる文脈で、しかし確かに当人たちは自らの宗教観をもって、御嶽の「聖性」を認識する人々。これをどう位置づけるかというのは、現場の課題であるとともに、宗教研究の課題でもある。人類学を含めこれまで文化遺産研究においても、宗教や信仰の関わる事例が取り上げられることは決して少なくなかった。しかしこうした新たな宗教性という観点を取り入れた分析は、先のスタウスバーグなどを除いてあまり試みられておらず、とりわけ民族誌的研究となると多くはない。

例えば人類学者の慶田勝彦は、ケニアに居住するミジケンダの人々の聖地「カヤ」が世界遺産一覧表に記載された事例を取り上げ、遺産になることでカヤが無人になっても、ミジケンダの人々の宗教的実践を通じてカヤが「スピリチュアルな空間」として再想像されていることを描いている（慶田 二〇一〇）。ここでいうスピリチュアルとは、ミジケンダの人々が考える祖霊や憑依霊など、精霊信仰が根付くという意味である。こうした場所が世界遺産になればどのような変化が生じるか、斎場御嶽の遺産化・観光地化を概観してきた我々には、容易に想像がつく。すなわち、スピリチュアリティに興味を抱く新しいタイプの観光客の増加である。そうした、ミジケンダの人々が考える精霊信仰ともヨーロッパ的なキリスト教信仰とも異なる、アジア・アフリカの「自然崇拝」への憧憬に基づく新たな宗教性は、民族誌研究において重要なテーマである。しかし慶田の興味深い民族誌には、筆者の推察の成否を判断できるような記述はない。そこに登場する関係主体は、あくまで、ミジケンダの人々とユネスコだけなのである。

現代イギリスにおける女神信仰を「オルタナティブ・スピリチュアリティ」という観点で論じた河西瑛里子によると、人類学では、欧米社会の世俗化を前提とした非制度的・非伝統的な「スピリチュアリティ」に傾倒する人々の研究が軽視されてきたという（河西 二〇一五）。ゆえに、伝統的でも完全に世俗的でもない個々人ベースの新たな宗教性というのは、研究上のエアポケットに入っている。また観光人類学においても、典型的な観光客が観光地にどういう影響を及ぼすかという問題に比べると、スピリチュアルな関心を持つツーリストにはやはり強い関心が示されてこなかったように思われる。

さらに言えば、文化遺産の研究では、「力」を有する制度の側とそうでない地域社会の側の二者関係に目が行きすぎ、第三者である訪問者の分析にまで同等の注意が払われていない傾向も窺える。聖地や宗教的な儀礼を舞台とした文化遺産の研究が、仮に文化遺産の制度側と地元側（グローバルな立場とローカルな立場）の単純な二項だけで成り立つとすれば、文化遺産をめぐる「保護と活用」の前者のみに力配分が偏っているからだろう。

文化遺産という文化や場所を巡る制度設計から言えば、第一義的な関心は保護にあり、活用とは制度の外縁で他のセクター（例えば観光産業や地域開発セクター）が携わる第二義的な現象にすぎないかもしれない。しかし、文化遺産だとされている場所や実践が広く社会でどのように受容され経験されているかという社会的位置づけを考える際に、「活用」という側面、すなわち開発や観光をめぐる側面は重要である。というのもそれは、文化遺産・観光地となった御嶽を「担う」とはどういうことなのかという冒頭の問いに立ち返るための手がかりとなるからだ。

急拡大する斎場御嶽の関係主体のどこまでを「担い手」と表現するか、注意深い議論を必要とする中で、少なくとも言えるのは、地元集落に住む「参拝者」だけが担い手だと単純に括ることはできなくなっていることである。「生きた遺産」においては日常的に関わりを持つ地域住民が担い手と認識されてきたが、地域住民と一言で言い表すほど立場が一枚岩ではなくなりつつある（高倉 二〇一七、才津 二〇一七、本書小谷論文と塩路論文も参照）。前述したように、観光協会やボランティア組織などのパブリックセクターは、管理という面で斎場御嶽を担う中心的な存在となっており、その面では地域の人々はむしろ周辺化されつつあることが窺えた。他方「生きた遺産」としての聖地を担う重要な側面であった信仰や儀礼に関しても多元化していることが見いだされた。現場の管理主体が聖地の意味づけを「正統」化させればさせるほど、新たな宗教性を有する訪問者やメディアによって、その意味づけが逆に拡散しているのである。

脱中心化しつつある斎場御嶽において、そこを「担う」のが誰かということを考える際に、管理側に立つのかそうでないのかという旧来の軸は、かつてほど揺るぎないものではなくなりつつある。(12) 例えば、「拝み」のために訪れる地域住民でボランティア組織に入っていない人、「スピリチュアルな人」、そして観光客。こういった立場の人々は現時点の斎場御嶽では「担い手」であるとは考えられていないが、斎場御嶽には様々なかたちで「聖」を経験する人があふれ、そうした人々が結果として、斎場御嶽の「神聖な雰囲気」を構成する要素となっているのも事実である。多様な立場にある一人一人の存在が集合化することで現在の斎場御嶽を構成している、と言えるならば、文化遺産の管理や「担う」仕組みにおいて「スピリチュアルな人」や観光客など、場所の聖性に興味のある全ての訪問者をいかに取り込んでいくかという点は重要になってくる。

確かに訪問者の中には、御嶽の歴史や聖性に明らかに興味がなさそうな観光客も決していないわけではない。またメンバーとして継続的に環境維持に携わるボランティアの人と、聖地の雰囲気を構成する主体になっているとはいえ一時的な滞在者である訪問者を、「担い手」として同じカテゴリーに並置することはできない。従って一時的な訪問者を管理の主軸に据えることは難しいだろう。しかし、最初は観光客然としていながらボランティアの説明などを受けて「マナー」を身につけ、丁寧な参拝を心がける人も増えており、そうした人々は自らの立ち居振る舞いを通じて、そこが敬意を払うべき聖なる場所であることを他の観光客にも認識させる存在となっている。開かれた文化遺産において、増加する観光客を放置すれば環境悪化を招く可能性が高いが、環境維持に資する主体として位置づけ、積極的に関与しうる仕組みを作れば、多様な「担い方」を持った新たな多元的管理が可能となる。そのことは山岳や湖沼などの自然空間における、清掃や植生維持に関与する意識の高い訪問者を育てていこうとする取り組みに類似している。

「ホスト」と「ゲスト」という人類学の観光研究でよく知られた二分法では、「ゲスト」は提供された観光資源や景観を消費する受動的な存在としてみなされてきた。しかし単なる消費者ではなく、場所の環境を維持したり「雰囲気」の再生産に携わったりするようになれば、本来「ホスト」の側に属していた領分の一端を担うことにもなりうるのである。人類学者・考古学者の関雄二は、アンデス・インカ帝国の遺産をめぐって地元行政・国・考古学者・地域の農民・盗掘者など複数の主体が参加する文化遺産管理のあり方を論じる、興味深い民族誌を描いている。その中で、「文化遺産にかかわる、あるいはかかわりたいと願う人々は、じつにさまざまな文化遺産観、遺跡観をもっていた」と述べ、考古学者の持つ普遍的遺産観・歴史観の相対化を試みることで、多様な立場の人の関わりを記述している点は重要である（関 二〇一四）。現在の斎場御嶽ではこうした多様な価値観を取り込んだ多元的管理の仕組みが生成されているわけではない。しかし文化遺産として全人類に開かれた聖地は、もはや閉じていくことは不可能である。常に変化する人々の関わり方や訪問者の多様性を一種のリソースとして位置づけることは、新たな「公共遺産」として生まれ変わることを可能にするだろう。

（1）ユネスコに登録された「構成資産」の面積。これを取り囲む「緩衝地帯」として十二・一ヘクタールの面積を持つ（http://bunka.nii.ac.jp/suisensyo/okinawa/start-j.html　二〇一四年九月二十三日確認）。

（2）ユネスコ世界遺産委員会による「世界遺産条約履行のための作業指針」より（http://www.bunka.go.jp/seisaku/bunkashingikai/bunkazai/sekaitokubetsu/shingi_kekka/betten.html　二〇一五年十二月一日確認）。

（3）イコモスが二〇〇〇年九月に提出した評価書より（http://whc.unesco.org/archive/advisory_body_evaluation/972.pdf　二〇一五年十二月一日確認）。

（4）実際に南城市や観光協会は東御廻りのイメージを冠した巡礼ルート（観光ルート）の整備やスポーツイベントを実施している。この点については塩月（二〇一二）に詳しい。

（5）その効果とは山口によると、「文化遺産開発から影響を受ける住民はそれへの参加を促したところ努力を惜しまなくなり、専門家よりも日常的な観点で幅広い活動が持続可能になり、さらに住民は現地の環境・歴史を自ら経験しているため、開発計画への厳密さを高めることが可能になる」ことだという（山口　二〇〇六：一五八）。

（6）高齢者の中には「斎場」を日本語読みに近い発音で呼ぶ人が多い。

（7）ここでの「宗教の人」とはいわゆるユタを示している。ユタの中にはかつて斎場御嶽の香炉を持ち帰ったり、独自のものを置いたりする人がいたという。

（8）斎場御嶽の入り口まで、駐車場・入場券販売所から数百メートル歩く必要があり、そのことを述べている。

（9）二〇一五年七月に筆者と学生とが南城市にて聞き取り。

（10）二〇一三年八月二十七日夕刻、斎場御嶽にて徒歩で移動しながら実施。事例の記録は石嶋理沙さん（神戸大学大学院＝二〇一七年現在）による。

（11）沖縄地方に特有の祭祀の道具。通常は家庭の祖先祭祀などで利用するが、御嶽や拝所に持ち出すことも多い。

（12）近年人類学でも開発学の影響を受け、住民参加型開発の研究や実践が盛んになっている（山越ほか　二〇一六）。そこでの中心的な主題は開発主体であるパブリックセクターに対して、いかに住民が主体的な関わり方をできるかという二者関係である。

参考文献

飯田卓（二〇一七）「「人間不在の文化遺産」という逆説を超えて」飯田卓（編）『文化遺産と生きる』一一―三五頁、臨川書店。

沖縄県（二〇一四）「第五六回沖縄県統計年鑑」（http://www.pref.okinawa.jp/toukeika/yearbook/yearbook56.html　二〇一四年九月十一日確認）。

岡本太郎（一九九六）『沖縄文化論――忘れられた日本』中央公論新社。

岡本亮輔（二〇一五）『聖地巡礼――世界遺産からアニメの舞台まで』中央公論新社。

門田岳久（二〇一三）『巡礼ツーリズムの民族誌――消費される宗教経験』森話社。

門田岳久（編）（二〇一五）『越境する地域／観光――沖縄県南城市のエスノグラフィー』立教大学観光学部門田ゼミ（社会調査実習報告書）。

河西瑛里子（二〇一五）『グラストンベリーの女神たち――イギリスのオルタナティヴ・スピリチュアリティの民族誌』法藏館。

慶田勝彦（二〇一〇）「スピリチュアルな空間としての世界遺産――ケニア海岸地方・ミジケンダの聖なるカヤの森林」吉田匡興・石井美保・花渕馨也（編）『宗教の人類学』二三九―二七一頁、春風社。

才津祐美子（二〇一七）「世界遺産のまもり方――民家の移築保存と現地保存をめぐって」飯田卓（編）『文化遺産と生きる』二三三―二六一頁、臨川書店。

櫻澤誠（二〇一五）『沖縄現代史――米国統治、本土復帰から「オール沖縄」まで』中央公論新社。

塩月亮子（二〇一二）『沖縄シャーマニズムの近代――聖なる狂気のゆくえ』森話社。

島薗進（二〇〇七）『スピリチュアリティの興隆――新霊性文化とその周辺』岩波書店。

関雄二（二〇一四）『アンデスの文化遺産を活かす――考古学者と盗掘者の対話』臨川書店。

高倉健一（二〇一七）「住民不在の世界遺産――文化の担い手への配慮なき遺産保護の限界」飯田卓（編）『文化遺産と生きる』二一一―二三二頁、臨川書店。

知念村文化協会学術部（編）（二〇〇六）『知念村の御嶽と殿と御願行事』南城市知念文化協会。

奈良文化財研究所（編）（二〇一三）『パブリックな存在としての遺跡・遺産――平成二四年度　遺跡等マネジメント研究集会（第二回）報告書』独立行政法人国立文化財機構奈良文化財研究所文化遺産部遺跡整備研究室。

長谷川清（二〇一七）「遺産観光の光と影――中国雲南省・シーサンパンナ、タイ族園の事例より」飯田卓（編）『文化遺産と生きる』二八九―三一四頁、臨川書店。

福島真人（二〇一四）「公共の生成と設計」山下晋司（編）『公共人類学』一四一―一五四頁、東京大学出版会。

藤木庸介・神吉紀世子（二〇一〇）『生きている文化遺産と観光――住民によるリビングヘリテージの継承』学芸出版社。

文化庁（二〇一三）「世界遺産一覧表記載資産保全状況報告書（文化審議会世界文化遺産・無形文化遺産部会世界文化遺産特別委員会）」(http://www.bunka.go.jp/bunkashingikai/isanbukai/sekaiisanbukai/2/01/gijishidai.html　二〇一四年九月十一日確認)。

本中真（一九九五）「世界遺産の『文化的景観』に関する諸問題」『月刊文化財』三八一：二一―三八。

本中眞（二〇〇一）「『琉球王国のグスク及び関連遺産群』の顕著な普遍的価値について」『世界遺産琉球王国のグスク及び関連遺産群』六二―六五頁、沖縄県教育委員会。

山越言・目黒紀夫・佐藤哲（編）（二〇一六）『自然は誰のものか――住民参加型保全の逆説を乗り越える』京都大学学術出版会。

山中弘（編）（二〇一二）『宗教とツーリズム――聖なるものの変容と持続』世界思想社。

山口しのぶ（二〇〇六）「世界文化遺産地域における持続可能な開発に関する研究」『国立民族学博物館調査報告』六一：一五三―一六五。

吉野航一（二〇一二）『沖縄社会とその宗教世界――外来宗教・スピリチュアリティ・地域振興』榕樹書林。

Ostrom, E. 1990 *Governing the Commons: The Evolution of Institutions for Collective Action*, Cambridge: Cambridge University Press.

Stausberg, M. 2011 *Religion and Tourism: Crossroads, Destinations, and Encounters*, London and New York: Routledge.

創造される文化的景観

——客家地域の集合住宅をめぐる文化遺産実践

河合洋尚

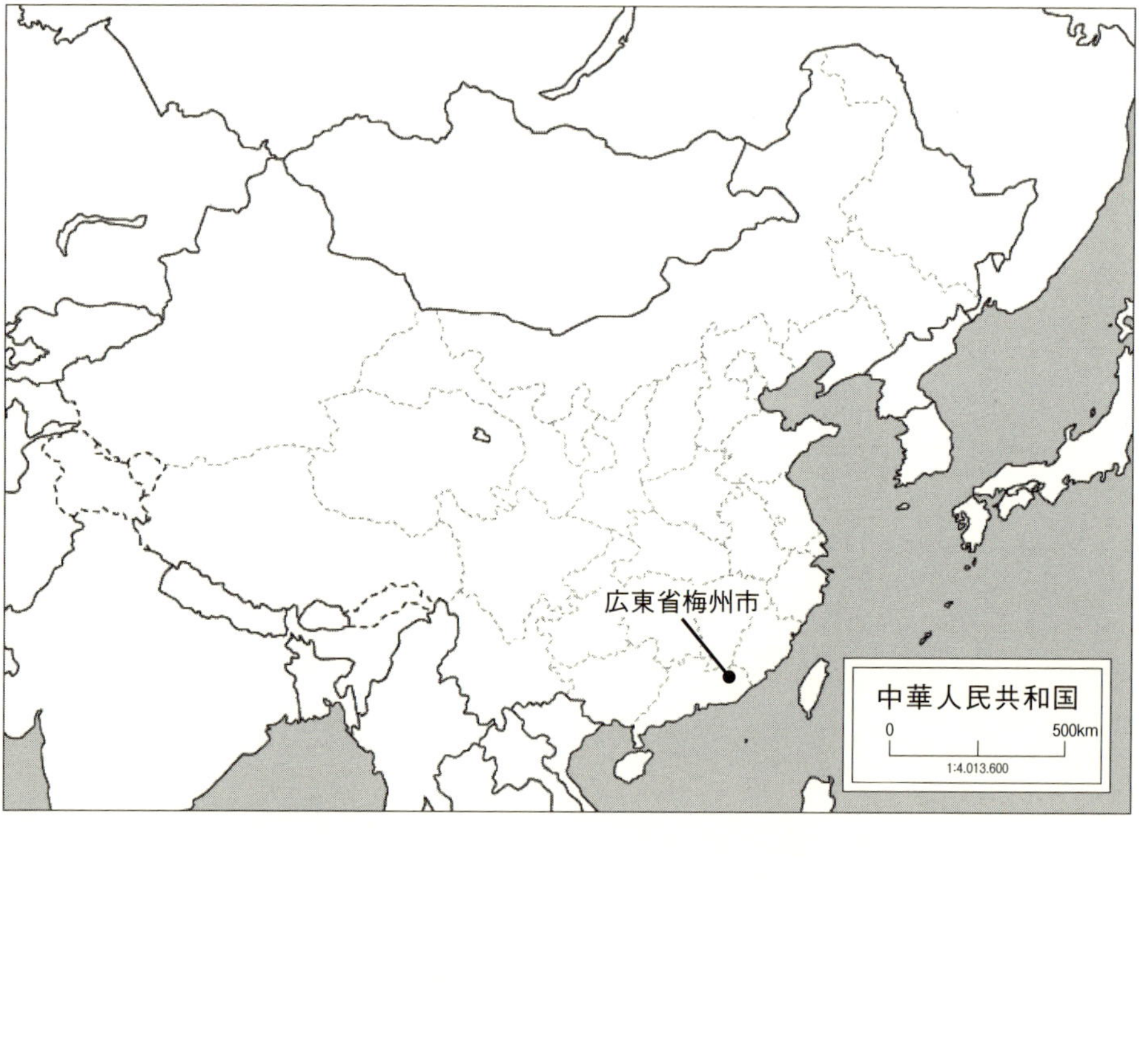
広東省梅州市
中華人民共和国
0
500km
1:4.013.600

はじめに

近年、中国では文化遺産ブームとも呼べる動きが起こっている（飯田・河合 二〇一六）。中国の世界文化遺産は三十三件と非ヨーロッパ諸国のなかでは最も多く、しかも、そのうち二十八件が一九九四年以降に一覧表記載されている。[1] また、二十一世紀に入ると、中国では全国で無形文化遺産が注目されるようになり、今や代表的一覧表に記載されている無形文化遺産の数は世界最多である。また、中国では、ユネスコだけでなく、国家、省、市、区、県と各行政レベルが個別に無形文化遺産を登録する制度がある（兼重 二〇一七）。

こうした文化遺産行政は、近年、中央政府の主導により全国レベルで展開されており、地方政府の役人は文化遺産を探すことに大きな関心を寄せている。また、政府の主導による文化遺産の保護や継承は、人々の日常生活にも影響を与えるようになっている。中国の文化遺産行政は、政府の主導により展開されるため、それが地域コミュニティに混乱をもたらすことが少なくない。中国では、基本的にはトップダウンの形式で文化遺産が認定されるシステムとなっているといえる。

しかし他方で、中国の文化遺産登録を制度の側面からのみ捉えてしまうと、文化遺産の継承や登録をめぐる豊かな経緯を見落としてしまうことになる。文化遺産を保護し担っていくのは他でもないコミュニティの人々であり、彼らの参与が得られないと文化遺産は形骸化してしまうからである。実際のところ中国では、コミュニティの人々が重視してきた「ありふれた」モノや民俗が、結果的に文化遺産として公認されていく逆のパターンも珍しくはない（阿部 二〇一七）。

このようなボトムアップ型の事例は、筆者の調査地である東南部の梅州市でも顕著にみられる。梅州市は、客家《ハッカ》という集団が住む地として知られているが、政府は、客家のシンボルとして円形土楼型の建築を重視し、数多くの伝統家屋を壊していった。そうした動きのなか、梅州市の人々は、地元の伝統家屋の一つである囲龍屋《いりゅうおく》の保護を主張し、それを「客家遺産」として保護する運動を展開した。その結果、政府は、囲龍屋をローカルな特色をもつ景観として、ユネスコの世界遺産に申請する準備を始めるに至ったのである。

それでは、なぜ現地の人々は、円形土楼よりも囲龍屋を重視してきたのだろうか。この疑問は、制度だけ見ていては答えることが難しい。というのも、人々が囲龍屋を文化遺産として主張するようになった背景には、彼らの歴史記憶や世界観が密接に関係しているからである。換言すると、梅州市においてボトムアップ型の文化遺産登録がなされた過程を知るためには、コミュニティにおける文化遺産実践を調査するという、人類学的な手法が必要になってくる。本章は、梅州市の民間で囲龍屋が文化遺産保護の対象とみなされるようになった経緯をフィールドワークから考察することで、中国の文化遺産登録の多様性について理解することを目的としている。

一　客家のシンボルとしての円形土楼

地域概況

まずは本章の研究対象である梅州市の概況説明から始めよう。

梅州市は、広東省の東北部に位置しており、東は福建省、北は江西省と接している（図1）。現在、梅州市は二つの区（梅江区、梅県区）と五つの県（蕉嶺県、平遠県、五華県、大埔県、豊順県）、一つの県級市（興寧市）を管轄しており、そのうち都市中心部となるのが梅江区である。また、近年は、梅江区の郊外である梅県区でも都市開発が進んでいる。本章では、梅江区と梅県区を合わせて便宜的に梅県と呼び、その範囲を主要な研究対象とする。(2)

現在、梅州市全体の人口は五百万人余りであり、その九十九パーセント以上が客家というエスニック集団に属する。梅県の住民も一部の移民(3)を除くと基本的には全員が客家である。客家は漢族の一系統であるが、客家語という言語を話し、独特の文化をもつといわれている。客家語は、標準中国語や広東語と意思疎通を図ることができない。また、客家は、円形土楼のような囲い込み式の集合住宅に住み、団結心や愛国心が強く、女性は纏足をせず重労働をこなしてきたなど、漢族のなかの「特異」な集団として一般的にイメージされている（高木 一九九一）。

梅州市は、交通が不便な山岳地帯に位置するため、広東省のなかでは最も貧しい地区の一つであった。それゆえ、特に十八世紀になると梅州市から海外に移民する人々が増加し、世界各地に梅州市をルーツとする客家が居住するようになった。統計によると、梅州市は、香港、マカオ、台湾、および世界六十三ヵ国に華僑を送り出しており、そのうち、インドネシアには約六十五万人、タイには約六十三万人、マレーシアには約三十八万人の梅州籍客家がいる（梅州市華僑志編輯委員会 二〇〇一）。また、香港・マカオ・台湾にも少なからずの客家がいる。海外に移住した客家のなかには、胡文虎（タイガーバーム社創始者）や曽憲梓（金利来グループ創始者）のように、経済的に成功した人々も少なくない。

図１　中国東南部の地図

それゆえ、一九七八年十二月に中国で改革・開放政策が採択され、市場経済原理が一部導入されると、梅州市の政府は、客家華僑のもつ外資に注目するようになった。改革・開放政策以降、香港や東南アジア諸国を中心とする華僑は、祖先のルーツを求めて梅州市を訪れ、多額の寄付や投資をした。梅州市の橋、道路、ビルなどのインフラ施設は、主に華僑の寄付によって整備され、貧困であったこの地区の生活水準が飛躍的に向上した。梅州市にとって、華僑は地域経済を促進する重要なパートナーであり、華僑をはじめとする国内外の投資者や観光客を呼び寄せることが、梅州市の政策の根幹となったのである。

そのなかで一九九〇年代後半より梅州市の政府が着手した政策の一つは、華僑や国内外の観光客が思い描く「故郷」の景観をつくりだすということであった。梅州市は、世界の華僑により「客家の故郷」としてイメージされている。それゆえ、市政府は、そのイメージを利用して、梅州市を「客家の故郷」として視覚的に創出するプロジェクトを開始した。特に都市部とその近郊に位置する梅県では、「客家の故郷」を表すランドマークが次々と建てられるようになった。そして、こうした「客家らしい」特色をもつ景観の目玉として使われたのが、円形土楼を模した建築物であった。

世界遺産・福建土楼と客家

円形土楼は、一九九〇年代後半以降のリゾート村開発や都市開発で多用されるようになったが、この建築物は、もともと梅県には存在していなかった。円形土楼は、福建省龍岩市永定県を中心とし、福建省南靖県や広東省潮州市の一部地域に分布する伝統集合住宅である。

図1にみるように、円形土楼が集中する永定県は福建省の西南部に位置する。永定県の土楼建築には四角い形状と丸い形状のものがあるが、そのうち前者が方形土楼、後者が円形土楼と呼ばれる（写真1）。永定県の円形土楼は、ドーナツ型の形状をしており、その中央は公共のスペースとなっている。周縁部分は、一般的に四階建てであり、一階は台所、二階は倉庫、三階と四階は住居として使われる。原則的に、一つの土楼に居住できるのは一族の者、もしくは同じ姓をもつ者だけである。土楼の規模に応じて、数十世帯もしくは数百世帯の家族が住むことができる。

永定県は、客家の居住地であり、円形土楼の住民は基本的には客家で占められている。それゆえ、この集合住宅は現在、客家のシンボルとして世界の華僑のなかで知られている。筆者が調査した限りでも、ベトナム、マレーシア、シンガポール、アメリカ、日本の客家は、円形土楼を客家のシンボルとみなしており、なかには会館に円形土楼の写真を飾ることもある。彼らによると、客家は中原（古代王朝の所在地）から中国に南下した歴史をもつが、移住するなかで外敵から身を守るために建設したのが、円形土楼なのだという。つまり、円形土楼は、客家が団結してきた歴史を視覚的に表す、エスニック・シンボルである。

ただし、円形土楼は、改革・開放政策が実施されるまでは今ほど広く知られる存在ではなかった。客家研究の古典書と呼ばれる羅香林の『客家研究導論』（一九三三年）と陳運棟の『客家人』（一九七八年）には、今から見れば不思議なほど円形土楼への言及がない。円形土楼でフィールドワークをおこなってきた小林によると、円形土楼が中国、台湾、日本で大きくとりあげられるようになるのは、一九八〇年代以降のことである（小林 二〇一三）。特に台湾や日本など海外の観光客、研究者、マス・メディアが、この「特異な」シルエットをもつ建築物に注目することにより、円形土楼の知名度が飛躍的に高まった。それを受けて、永定県政府は、文化資源としての円形土楼の価値に気づかされるようになった。

写真１　永定県の土楼建築。そのうち丸い形状の建築が円形土楼である（2006年撮影）

一九九八年五月、永定県政府は、土楼建築をユネスコの世界遺産として申請した。続いて、二〇〇一年六月には振成楼、承啓楼、福裕楼など保存のいい円形土楼が国務院の「全国重点文物保護単位」となり、国の文化遺産として保護を受けることとなった。そして、二〇〇八年七月、永定県を中心とする福建省の一部の土楼が、「福建土楼」の名称で、ユネスコの世界文化遺産として一覧表に記載された。

前述の通り、円形土楼はしばしば客家のシンボルとして語られる。しかし、ユネスコの遺産としての名称は「福建土楼」であり「円形土楼」ではない。というのも、実際のところ円形土楼には客家ばかりが住んでいるわけではないからである。例えば、福建省南靖県の円形土楼には、客家ではなく福佬系の閩南人（福建省南部に在住する漢族）が居住している。また、広東省潮州市の潮安区や饒平県にも円形土楼があるのだが、ここでも客家だけでなく、福佬系の潮汕人（福建省南部から移住し広東省東部に住む漢族）も居住している（横田 二〇一二）。つまり、生活文化の視点から見るならば、円形土楼は、決して客家だけに特有な建築物ではなく、他のエスニック集団も住む伝統集合住宅であるといえる。また、円形土楼は福建省西南部を中心に限られた地域でしか分布していない局地的な建築物であり、梅県をはじめ、世界の大多数の客家地域には円形土楼が存在していなかった。ところが、近年、円形土楼は代表的な客家建築として、概説書に書かれたり博物館で展示されたりしている。

円形土楼型建築の拡張

このようにして見ると、純粋に客家だけが居住している円形土楼は、福建省永定県を中心とする限られた地域でしかみられないということになる。しかし、円形土楼は今や、数ある他の客家の伝統家屋をさしおいて、客家の代表的な建築物として世界的に知られるようになっている。特に、円形土楼がユネスコの世界遺産に申請される前後になると、まずは中国東南部の客家地域で、円形土楼を資源とした開発が試みられるようになった。

まず、円形土楼が集中する永定県では、県政府の主導で円形土楼を用いた観光開発が進められた。筆者が二〇〇四年十一月に最初に永定県を訪問した時、いくつかの円形土楼がすでに整備されており、円形土楼を模った土産物も売られていた。円形土楼にはまだ人が住んでいるが、多くの住民は近くにコンクリート造りの住宅を建てて移り住んだり、永定県の外に出稼ぎに行ったりしている。円形土楼に残っている人々の多くは、新たな住宅を建てる十分な金をもちあわせていない貧しい層である。彼らは、必ずしも円形土楼を文化遺産として希望しているわけではなく、その保護を訴えて運動をおこしているわけでもない。

ところが、円形土楼は、ユネスコおよび国家の文化遺産に登録されており、県政府の主導で管理されている。また、円形土楼の管理と保護は、トップダウン型であるため、現地のコミュニティに混乱とトラブルをもたらすことがある。例えば、アモイ大学の鄧暁華によると、永定県のW村では、国家と提携した旅行会社が円形土楼を管理することになり、この集合住宅に入るためには入場券が必要となった。だが、入場券による収益が村落に還元されることが少なく、祝祭日に親戚や友人が訪ねてくる時すら入場券が必要となってくる。そのため、住民たちは、円形土楼が一体誰のものであるのかと憤慨するようになった。さらに、中国の村落には、村民の意思で選ばれる村長と共産党の役員である書記がいるが、村長が円形土楼の住民の肩を持ち、書記が政府や旅行会社を支持したため、両者の間で葛藤が生じるようになったのだという(4)。

にもかかわらず、円形土楼は、奇特で神秘的な建築として、また、客家のシンボルとして、保護しなければならない遺産であると位置づけられる。さらに、この建築物は、ある特定の土地が客家の居住区であることを示すランドマークとして保護されるだけでなく、新たに建築され始めていることも特筆に値する（夏・河合 二〇一五）。中国大陸の例をいくつか挙げると、二十一世紀以後、広東省河源市、江西省贛州市、四川省成都市で円形土楼を模した建築物が建てられている。そのうち、河源市と贛州市ではテーマパーク内に円形土楼を模した建築物がつくられ、成都市では、円形土楼を模した博物館が建設された。他方で、円形土楼を模した建築物は、海を越えて、台湾、マレーシア、インドネシアでもつくられ、学校やレストランとして利用されるようになっている（河合 二〇一六）。

このように円形土楼のシルエットは、客家のシンボルとして世界中で模倣されるようになっているが、なかでも最も早くそれを開発に利用し、また、最も多くそれを建設してきたのは、梅県である。梅県では、前述のように「客家の故郷」としてのイメージをつくるため、景観の建設プロジェクトに着手してきたが、そのなかで次のように円形土楼を模した建築物を新たにつくってきた。まず、一九九七年十月、広東宝麗華集団公司が梅県の茶畑を開発し、雁南飛リゾート村を建設した。ここのホテルは円形土楼を模して建設されており、さらにホテル内のレストランでは客家料理や客家歌劇を提供している。また、二〇〇五年三月より梅県の中心部で客家公園の建設が進められたが、その公園の入り口と園内の中国客家博物館は、円形土楼のデザインに基づき建設された。さらに、二〇〇六年三月にオープンした客天下リゾート地のレストランも円形土楼の形をしており、そこでは客家料理が提供されている。その他、梅県では、円形土楼を参考に建設したマンションや体育館もある。梅県の政府や開発業者は、円形土楼を用いて、華僑や観光客などの他者が思い描く「故郷」の景観をつくりだしている。

しかしながら、円形土楼は梅県では伝統的に存在してこなかった建築物であったため、実際にそこに住む客家の人々は、この見知らぬ建築物がつくられた当初、さまざまな反応をみせていた。ある人はほとんど関心をもつことなく受け入れたが、別の人は戸惑いを隠せず、さらに不満や憤慨の声を漏らす人々もいた。なかでも、筆者が調査をしてきたX宗族の高齢者は、円形土楼は客家の建築物ではないと否定し、彼らが幼少期から住んできた囲龍屋の重要性を主張し始めた。X宗族では、もともと囲龍屋の修築と保護をおこなってきたが、ユネスコの世界遺産である円形土楼の存在を目の当たりにし、囲龍屋こそが本当の文化遺産であると再認識するようになったのである。

二　宗族による囲龍屋の重視と保護

囲龍屋をめぐる宗族の保護運動

囲龍屋は、北京の合院式、陝西省の窑洞《ヤオトン》式、広西チワン族自治区の杆欄《ガンラン》式、雲南省の一顆印《イークーイン》式と並ぶ、中国五大民居の一つである（葉 二〇〇〇）。囲龍屋は、その絶対的多数が梅州市の管轄内に分布しており、特に梅州市内の梅県、興寧、五華に集中している。梅州市内の囲龍屋は数千件あると見積もられており、また、隣接する河源市や龍岩市にも類似の建築物が存在する（河合 二〇一二）。

図2を見れば分かるように、囲龍屋の内部には複数の部屋があり、全体的に馬蹄形である。囲龍屋のなかの居住スペースは、中堂間《ゾントンギャン》、横屋間《ワンウーギャン》、囲龍間《ウィロンギャン》であり、規模によって数十名から数百名の者が住める構造となっている。円形土楼と同じく、原則的に囲龍屋には一族の者以外は住むことが許されていなかった。伝統的に囲龍屋に住むことができるのは、同じ宗族（祖先を同じくする父系親族集団）の成員だけであった。

写真2　囲龍屋の概観（2008年5月撮影）

囲龍屋の中央にある上庁《ソンタン》、中庁《ゾンタン》、下庁《ハータン》は、公共のスペースである。上庁には祖先の位牌が供えられているため、別名を祖堂《ズートン》という。また、上庁と中庁、中庁と下庁の間には「天井」（上方に屋根がなく下方に長方形の浅い堀がある）があり、採光と水はけに優れた箇所となっている。さらに、多くの囲龍屋の前には半月型の池があり、防火などに利用される。この池は、風水上重要であるという理由から風水池《フォンスイチー》とも呼ばれる。

囲龍屋が中国五大民居の一つに数えられるほど特色をもっているのは、その後方部の形状である。この半月型の高台のような部分は化胎《ファートイ》と呼ばれる。化胎は通常、コンクリートではなく鵞卵石《オーロンサッ》という楕円形の石が敷き詰められており、それゆえ化胎は亀の甲羅の形にも見える。また、化胎の前側面には五つの異なる図案が刻まれている。これは五方五土龍神と呼ばれる神である。一説では、現地では化胎のことを「龍」と呼び、それを囲むようにして部屋が並ぶこと

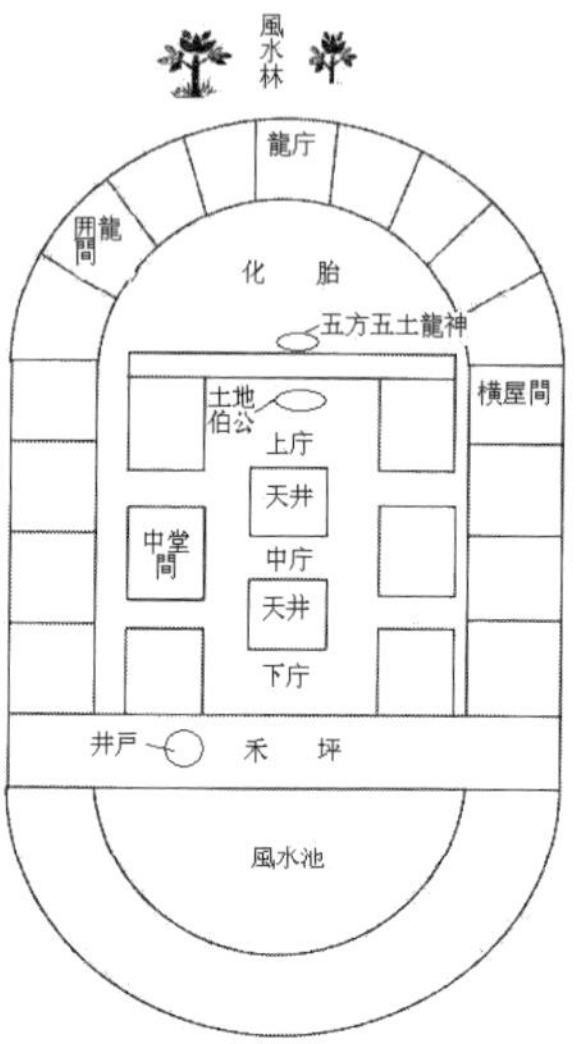

図2　囲龍屋の図面図

から、囲龍屋と呼ぶとも言われている。ただし、現地では、たとえ化胎を囲む囲龍間がなくても囲龍屋と呼ばれることがある。

現存の囲龍屋のなかで最も古いのが蔡蒙吉（元朝に抗し殉死した英雄）の住宅であり、南宋の紹興年間（一一三一〜六二年）に建てられたといわれる。古い囲龍屋は数百年の歴史をもっており、遅くとも民国期（一九一一〜四九年）には建てられている。しかし、一九四九年に共産党政府が成立し、土地改革、さらには文化大革命が起きると、囲龍屋は破壊されたり、物置として使われたりするようになった。先述したX宗族の場合、この時期、成員は囲龍屋にこそ住むことが許されたものの、生産隊が家畜を公共のスペースで放し飼いしたため、衛生が悪く、貧しい生活を強いられていたという。

一九七八年に改革・開放政策が始まると、宗族の成員は、基金会を組織し、共同の資金を集めることで、囲龍屋の修築をおこなう動きが強まった。また、彼らは、祖先の位牌を作り直し、それを囲龍屋の祖堂に置くことにより、祖堂による祖先崇拝を復活させた。一九八〇年代以降、多くの宗族では、基金会の幹部を務める高齢者の指示のもと、囲龍屋での年中行事を執り行うことになった。

しかし他方で、改革・開放政策以降、中青年層が沿海の大都市に出稼ぎに行くようになったことにより、囲龍屋離れが進んだ。また、生活水準が向上したため、宗族の成員は、囲龍屋の近くにコンクリート造りの二〜三階建ての住居を建て、そちらに移り住んだ。彼らは、囲龍屋での暮らしが近代的な生活スタイルに合わないというので、資金さえあれば囲龍屋を出ていくことをためらいもしなかった。円形土楼と同様に、一般的に囲龍屋に残って住んでいる成員は、外に近代的な住宅を建てることができない、金銭的な余裕がない人々である。また、囲龍屋には人がほとんど住まなくなるか、住民の大半が出稼ぎ労働者で占められることも珍しくなくなった。改革・開放政策により経済自由化が進んだことにより、囲龍屋には一族の者しか住めないという原則が崩壊していったのである。

このような状況であるから、地元政府や開発業者にとってみれば、囲龍屋は、宗族の成員により破棄され、無駄に広い敷地を占拠する伝統的な屋敷地であるように見える。それゆえ、特に都市部では、囲龍屋を壊して、その跡地にビルやマンションを建てれば、より多くの収益を見込めることになる。こうした理由から、梅県の都市開発が進むにつれて、囲龍屋は取り壊しや撤去の対象となってきた。梅州市に数千件あると見積もられる囲龍屋のうち、県や区のレベルで「重点保護単位」（中国国内の文化遺産）に指定された囲龍屋は、先述した蔡蒙吉故居を含めて一握りであり、その絶対的多数は法的な保護を受けてこなかった。

しかしながら、実際の囲龍屋は、宗族の成員が住まなくなったといっても、彼らの歴史記憶、社会関係、及びアイデンティティが埋め込まれた場所である。したがって、梅県のいくつかの宗族は、都市開発に伴い囲龍屋が壊されていくことに反対し、時には囲龍屋の保護運動を展開するようになった。

このことについて、中国の人類学者である周建新は、梅県の鐘氏宗族で住み込みの調査をおこない、彼らが開発の魔の手から囲龍屋を守る運動を展開してきた過程について詳細に記述している。周によると、鐘氏宗族の囲龍屋は都市に位置するため、政府により撤去することが決定したが、宗族の成員は、囲龍屋には祖先の功績や足跡が残された遺産であるとしてこれに反対した。鐘氏宗族の成員は、二十一世紀初頭に囲龍屋の開発反対運動を展開し、とりわけ香港など外に住む親戚を味方につけ、鐘氏の囲龍屋が歴史ある文化遺産であり、撤去してはならないことを主張し続けてきたのである。それにより、結局は政府側が撤去の方針をとりやめ、鐘氏は囲龍屋を破壊から守ることができた（周 二〇〇六）。囲龍屋をめぐる宗族の保護運動は、鐘氏だけでなく、梅県ではいたるところで展開されており、時として市政府や県政府と衝突している。ただし、梅県における囲龍屋保護の運動は、鐘氏宗族のように露骨な反対運動の形式をとるとは限らず、ソフトな形式をとることも少なくない。X宗族の事例がまさにそうである。

　では、なぜ宗族は囲龍屋から離れて暮らしているにもかかわらず、それを保護しなければならないと考えているのであろうか。X宗族におけるフィールドワークを通して明らかになったのは、彼らの歴史記憶や生命観など文化的意味がかかわっているということである。次に、X宗族に焦点を絞り、囲龍屋をめぐる文化遺産実践をみていくことにしよう。

囲龍屋をめぐる文化遺産実践

　X宗族は、梅県に居住する規模の大きい宗族である。X宗族の本家は、下市《ハース》と呼ばれる都市の下町に住んでおり、そこの囲龍屋（以下、A堂と称する）は四百年近い歴史をもっている。また、X宗族には多くの分家があり、いくつかの分家の囲龍屋も梅県に点在している。特に、X宗族の分家の一つであるB房（房とは分家を指す）は、多くの科挙合格者や学者、作家を生み出しており、X宗族のなかでも一定の影響力をもっている。この分家の囲龍屋（以下、B堂と称する）は二百年近く前に建てられ、それ以降、一族の者が居住してきた。ただし、A堂の成員もB堂の成員も改革・開放以降は囲龍屋の近くにコンクリート造りの住宅を構え移り住んでいる。

　先述の通り、X宗族の囲龍屋は、文化大革命の時期に生産隊によっても利用されていたが、改革・開放後は生産隊を追い出した。また、一族の寄付を募り、とりわけ香港や東南アジアに移住した親戚の援助を得て、囲龍屋を何度も修築してきた。また、彼らは一九八五年に基金会を設け、族譜を整備し、位牌を作り直し、囲龍屋における祖先崇拝や年中行事を復活させた。X宗族は、祖先から代々伝わる遺産として囲龍屋を重視し、普段住まなくても、春節（旧正月）をはじめとする祝祭日には祖先崇拝や獅子舞を囲龍屋で催してきた。結婚式こそホテルやレストランを利用する機会が増えたが、葬式は変わらず囲龍屋で執り行う。

後述するように、X宗族では、二十一世紀に入っても囲龍屋を修築したり拡張したりしている。とりわけ政府の主導で客家文化を特色とする都市景観の建設が進むと、彼らは、円形土楼を模した建築が客家のシンボルとして建設されていることに違和感を覚え、囲龍屋こそが真の文化遺産であると主張するようになった。先述の鐘宗族と同様、X宗族の高齢者は、囲龍屋には祖先の功績や一族の記憶が残されているから、撤去や取り壊しから守らねばならないと考えている。また、X宗族の成員は、祖先から伝えられた囲龍屋の意味やしきたりに基づき、囲龍屋を彼らの生命の根源としてみなしているのである。X宗族の高齢者による囲龍屋の語りを整理すると以下の通りである。(5)

第一に、囲龍屋のなかで最も重要であるのは祖堂である。祖堂では、祖先の位牌が置かれており、位牌を置く神龕（神棚）の下には、土地の神様である土地伯公《トゥーディーバッゴン》が据えられている。また、祖先の位牌の前には、供え物を置く龍卓《リョンゾッ》というテーブルが置かれている。土地伯公の上方に祖先の位牌を置くことは土地が祖先を養うことを意味しており、祖先の位牌の前に龍卓があることは、祖先が子孫を育ててきたことを意味する。祖堂の前にある天井、祖先の位牌、土地伯公は、それぞれ「天」「地」「人」の世界観を表しており、囲龍屋の中心であると考えられている。

第二に、祖堂の後方にある化胎も宗族により神聖視されている。X宗族では、化胎は女性の子宮を表しているため、一族の生命力の根源であると信じられている。化胎の上には鵞卵石《オーロンサッ》という卵型の石が敷き詰められているが、石は子孫を表すため、沢山の石を敷き詰めることで子孫繁栄を祈願している。また、化胎は生きていると考えられているため、コンクリートで覆ってはならない。鵞卵石を敷き詰めることではじめて化胎は呼吸できる。他方で、化胎の前側面には五つの異なる図案が刻まれている。ここには五方五土龍神が祀られており、異なる五つの図案は、五行（火・水・木・金・土）を表している。ただし、X宗族にはもう一つの解釈があり、中央の四角形の図案は、子宮の入り口を意味するという。ここから化胎の生命エネルギーが囲龍屋に注がれるというのである。

第三に、囲龍屋の下庁と風水池の間には、禾坪《ホーピン》という玄関口にあたるスペースがある。ここには宗族が使う井戸がある。この井戸の水は、水道水とは異なり神聖であると考えられており、娘酒《ニョンジウ》という糯米でつくる地酒をつくる時は、この井戸の水が使われてきた。梅県では、女性が出産した後の一ヶ月は体力を回復させるため、娘酒を飲む習慣がある。近年、市販の娘酒も多く売られているが、出産後の女性が飲む娘酒は、この井戸から汲み上げた水で造らねばならないと考えられている。

このように、X宗族の世界観における囲龍屋は、彼らの生命エネルギーの根源であると考えられている。宗族の成員は、普段こそ囲龍屋に住んでいなくても、囲龍屋を精神的な中心とし、何かあると囲龍屋を活用するのである。例えば、X宗族の女性の間には、不妊であったり病気になったりすると、線香を捧げて五方五土龍神をお参りする習慣がある。五方五土龍神は生命エネルギーの排出口であるとみなされているからである。また、春節の時には、祖堂では子孫が祖先の位牌を参拝するだけでなく、獅子舞の行事もある。獅子は、まず祖先と土地伯公を拝んでから化胎を一周し、五方五土龍神を拝んだ後に、各世帯を訪問する。この儀式は、化胎の生命エネルギーを宗族の成員に分ける、祖先から代々伝えられた習わしである。

X宗族が囲龍屋を重視する理由は、こうした生命観だけによるものではない。鐘氏の主張と同様、囲龍屋には祖先が歩んできた歴史と功績が沈殿していると、X宗族の成員も考えている。特に、B堂では、社会的に成功した祖先を輩出してきたため、彼らの功績を表す「物的証拠」が飾られている。後述のように、B堂では、二〇〇八年に大がかりな修築工事をするが、それまでは、中庁において、官僚や学者として成功した祖先たちの写真が飾られていた。また、下庁には、科挙の合格などを表す「進士」や「文魁」と刻んだ扁額を飾っており、それらは一族の格の高さを示す証ともなっている。

したがって、X宗族は、囲龍屋を重要視し、たとえ宗族の成員が住まなくなっても、これを壊してはならないと考えている。ところが、政府や開発業者は、囲龍屋を「価値の低い」過去の建築物と位置づけ、そこの住民によりすでに「破棄」された無用の長物であるとみなしてきた。それゆえ、都市開発における経済効率を優先し、梅県の数多くの囲龍屋を取り壊してきたのである。しかし、X宗族の事例にみるように、宗族によって囲龍屋は決して過去の建築物ではない。彼らにとって、囲龍屋は、生活とかかわり、祖先とのつながりを示す「生きた遺産」なのである。

宗族が昔から住んできた囲龍屋を伝統建築、彼らが移り住んだコンクリート造りの住宅を近代建築、というように伝統／近代の二元論で分けること自体、そもそも適切ではない。X宗族は、囲龍屋の周囲にコンクリート造りの住宅を建築する際、囲龍屋の風水を新たな住宅に移そうとしてきた。彼らは、もともと住んでいた囲龍屋の部屋の間取りを測り、それを基にコンクリート造りの住宅を建ててきたのである。そうすることで、宗族の成員は、囲龍屋の生命エネルギー（人によっては「風水」と呼ぶ）をコンクリート造りの住宅に移行させる努力をなしてきた。こうした視点から捉え直すと、コンクリート造りの住宅は囲龍屋と精神的につながっているのであり、囲龍屋の最新の囲いの一つであると言えるかもしれない。それを伝統／近代の枠組みから区分してきたのは、研究者や政府関係者など「外」の人間である。囲龍屋は、普段使われていないため無用な伝統建築として判断されがちであるが、実際のところ宗族の精神的な中心として機能しているのである。

「客家遺産」としての囲龍屋

しかしながら、宗族にとっての囲龍屋の価値は、政府関係者や開発業者と少なくとも表向きには共有されてこなかった。前述の通り、梅県には数千件の囲龍屋が点在すると見積もられているが、二十一世紀初頭の時点で、その絶対的多数は、「重点保護単位」に登録されてこなかった。それゆえ、X宗族のA堂やB堂のように、都市部に位置する囲龍屋は常に取り壊しの危機と隣り合わせであった。

その反面、政府は、梅県の伝統建築ではない円形土楼を重視し、囲龍屋を解体する一方で、円形土楼を模した施設を次々と建設していった。それにより、一部の宗族は、政府の都市開発の方針に不満を募らせ、囲龍屋への保護意識をますます高めていった。こうした状況はX宗族でもみられた。B堂の基金会の理事であるM氏は、一九九〇年代後半から梅県で円形土楼型の施設が次々と建設されていく状況を目の当たりにし、「なぜ我々の生活とかかわる本当の客家文化である囲龍屋を壊して、あのような見知らぬ建物をつくるのか」と常々口にしていた。

M氏は、囲龍屋を本物の客家文化であると主張する一方で、円形土楼をまがい物の客家文化であるとみなしている。こうした語りは、M氏にとどまらず、X宗族、さらには梅県の他の宗族の間でも飛び交っている。彼らが円形土楼を偽物とみなすのは、それが梅県にもともとなく、客家である彼らの生活に縁もゆかりもなかったからである。また、梅県の客家は、同じ客家語でも意志疎通のとれない方言を使う福建省の西南部の人々を、純粋な客家として認めないことがある。また、隣接する潮州市にも円形土楼があることを知っている人もいるので、彼らは、福建省の西南部に点在する円形土楼を本物の客家建築であると必ずしも考えていないのである。

上述の通り、X宗族の成員は、円形土楼型の建築物が梅県に登場する前から、祖先との接点である、生命力の根源である場所として、囲龍屋の修築と保護をおこなってきた。しかし、彼らは、円形土楼型の建物を目の当たりにするにつれ、次第に囲龍屋を文化遺産という文脈で捉えていくようになった。X宗族の成員は、円形土楼がユネスコの世界遺産に申請されていることを知ると、囲龍屋こそが本当に保護すべき文化遺産であると考えるようになったのである。彼らは、囲龍屋を本物の客家文化が内包されている文化遺産、すなわち「客家遺産」として主張するようになった。

梅県では囲龍屋への保護意識が高まり、時として開発反対運動まで展開するようになったのは、すでに述べた通りである。X宗族は、表立った反対運動こそ展開してこなかったが、円形土楼型の施設が次々と建てられていくなか、囲龍屋の改修と保護をより一層進めていくようになった。とりわけB堂では、高齢者を中心とする宗族の基金会が囲龍屋の大がかりな改造に着手し、北京オリンピックが開催された二〇〇八年八月に完工の式典を開催した。

景観のうえでB堂が最も変化したのは、禾坪とその周囲である。B堂では、風水池を清掃しただけでなく、禾坪に七本の眉杆夾《ミーガンギャッ》を立てた。眉杆夾とは、科挙合格者などの成功者を記念して立てる石柱のことである。B堂の改修を主導したM氏によると、B堂にはもともと眉杆夾があったが、文化大革命が始まると生産隊に持っていかれた。彼は、囲龍屋を単に保護するだけでなく、昔の景観を再生するため、B堂の成員で寄付を募って眉杆夾を立てたのだという。他方で、祖堂や化胎は、赤いランプをつけるなど若干きれいにしただけで、もともとの意味が失われないよう大きくは手を加えられなかった。

B堂の成員は、彼らの囲龍屋を改修しただけでなく、本やネットを通して「理論武装」することで、囲龍屋が失われてはならない文化遺産であることを主張するようにもなった。特に、彼らが頻繁に用いるようになったのは「中原文化の遺産」という言説である。客家は、中原から南下した王侯諸族の末裔であり、彼らが中原の文化を残しているという言説は、もともとX宗族の間で共有されてきた。ただし、筆者が二〇〇四年九月に初めてX宗族を訪れた時、中原文化との関係で聞いた囲龍屋の語りといえば、彼らの囲龍屋が風水の論理でつくられており、五方五土龍神が五行からなっているということくらいであった。祖先とのつながりや生命観による説明は今でも聞くことができるが、X宗族の成員は、学者や記者による「中原文化の遺産」をめぐる言説を領有して囲龍屋を語るようにもなったのである。

学者や記者は、一方では政府の見解を代表することもあるが、他方で異なる価値判断から本や記事を書くこともある。一部の学者や記者、特に自身が梅県の宗族の一員でもある人々は、囲龍屋に内在する豊富な文化的意味を記述するとともに、時として囲龍屋の保護を訴えてきた。ただし、学者や記者が書く内容の大多数は、囲龍屋と中原文化との関係性についてである。そのうち比較的早い時期に書かれた一九九〇年八月三十一日発刊の『梅江報』（第三面）では、囲龍屋のなかに陰陽五行や伝統中軸線といった中原文化の要素が残されていることが述べられている。同様の見解は、一九九〇年代後半より学術論文でも増加している。いくつか具体例を挙げると、①囲龍屋の中軸線には龍脈（風水の「気」の流れ）が通っている、②化胎（陰）と風水池（陽）は陰陽を構成している、③五方五土龍神の五つの刻みが五行を表している、といったものである（河合 二〇〇七：七三―七四）。また、扁額や眉杆夾が朝廷（中原の都）から与えられた称号に基づいていることから、これらが中原とのかかわりで論じられることもある。しかし他方で、中国の学者や記者は、生命観という観点から囲龍屋を論じることはほとんどない。この思想は中国で「迷信」として政治的に否定されているアニミズムとも関連するからである(6)。

X宗族の有識者は、学者や記者が書いた文章を読み、こうした「中原文化の遺産」にまつわる言説を利用することがある。M氏は、二〇〇四年十一月の時点で「囲龍屋には龍脈は存在しない」と述べていたのに、後に本を読んで囲龍屋の中軸性には龍脈が通ることを誇らしげに語るなど、「中原文化の遺産」としての囲龍屋の説明が付け加えられる現象もおきている（河合 二〇〇七：八六）。

X宗族は、祖先から伝えられた囲龍屋の生命観についての語りが、政府により「迷信」とみなされるであろうということを知っている。それゆえ、彼らは、文化遺産として囲龍屋の保護を主張する際に、生命観の論理から語ることはほとんどない。外向けには「中原文化の遺産」であり「客家文化に溢れている」ことを重点的に説明している。二〇〇八年八月にB堂の完工式典が催された後、当時の梅州市長がここを訪れたことがある。その際にB堂の紹介を市長にしたのはM氏であったが、彼がその時に強調したのは、祖先から伝えられた生命観ではなく、「中原文化の遺産」としての言説であったという。また、記者や学者が訪問した時も、X宗族の成員は、B堂が二百年近い歴史をもつ囲龍屋であり、その遺産である扁額や眉杆夾を強調する。それにより、記者は、囲龍屋における中原文化や祖先の功績といった遺産をクローズアップする記事を書き、そうした側面が世間に知られていった。

これまで見てきたように、二十一世紀に入ると、囲龍屋の開発に反対する市民運動がおき、また学者や記者が囲龍屋の文化的価値を再評価する動きが高まった。政府は、こうした世論を無視できなくなり、囲龍屋に対する姿勢を変えるようになった。こうしたなか、二〇〇九年四月十日、梅州市政府は八年の年月をかけて囲龍屋をユネスコの世界遺産として申請する準備をおこなうと発表した。政府は、囲龍屋を地域の特色を表す文化資源として利用する政策を表明したのである。

囲龍屋は梅県に数千件あると見積もられているため、その全てを保護するわけにはいかないものの、二〇〇九年以降、政府はいくつかの囲龍屋を区や県の文化遺産（公的な名称はそれぞれ「区級文物保護単位」「県級文物保護単位」）として記載するようになった。なかでも、歴史が古く、保存状況が良かったり、著名な人物を輩出したりしているいくつかの囲龍屋は、新たに文化遺産として保護の対象となった。

こうしたなか、二〇一一年十二月、B堂が「区級文物保護単位」に登録された。前述のように、B堂には著名な人物が数名輩出されているが、その一人である作家の生家として指定を受けたのである。その後、B堂の基金会は、共産党革命に参加した祖先（将軍）の遺物を展示したミニ記念館をB堂の一角に設けた。これは、愛国精神が強い客家としてのイメージを表し、また共産党のイデオロギーを迎合することで、囲龍屋を保護しようとするものであった(7)。

他方で、二〇一三年になると、梅江区政府の文化局は、客家文化を利用した景観建設の一環としてA堂で眉杆夾を立てることを推奨し、X宗族に一万二〇〇〇元（約十万円相当）を手渡した。X宗族の成員によると、一対の眉杆夾を立てるには五千元必要になってくる。しかし、X宗族はこれをいい機会であると判断し、自ら資金を集めて二十二対の眉杆夾を立てた。二十二対の眉杆夾は、X宗族全体で二十二名の著名な祖先が輩出されたことを意味する。そのうち七対は、B堂の著名な祖先を表しており、B堂の成員が出資して立てた。また、この機に乗じて、A堂では「進士」「文魁」などの文字を刻んだ扁額も修理し、下庁に飾った。A堂の眉杆夾と扁額は二〇一四年冬に完成し、この囲龍屋はより見栄えの良いものとなった。

A堂の眉杆夾と扁額は、梅県だけにとどまらず、より広範なネットワークを通じて設置された。例えば、B堂が立てた七対の眉杆夾は、特にA堂と関係の良いM氏が中心となり、梅県だけでなく、広東省中部の東莞市にいる子や孫に出資を依頼した。また、M氏は、自身がインドネシアで出生し幼少期に帰国したため、インドネシアの甥にも声をかけ、出資してもらった。また、日本で官僚をしていたことがある祖先の眉杆夾については、その子孫から出資すべきだとし、武漢市やアメリカにいる子孫に連絡をして出資を呼びかけた。こうして、梅県を超えた広範なコミュニティのつながりにより、A堂は「客家遺産」として再生産されたのである。

二〇一五年三月五日、筆者は、梅県で最も盛大な年中行事の一つである元宵節に参加した。[8] A堂の元宵節は、清代の地方誌にも残されているほど盛大な儀式である。X宗族の元宵節は、午後にA堂の付近で獅子舞などのイベントを楽しみ、夜に一族の者が集まって一緒に食事をとるという習慣がある。筆者は、二〇〇四年に初めてX宗族の調査を始めてから三度、元宵節の行事に参加していたが、その時は、梅県に住む一族が数百名集まる程度であった。しかし、二〇一五年の元宵節は、A堂が立派に改修されたことを聞きつけた一族が中国国内外から駆けつけ、約一四〇〇名が集まる盛大な会となった。

A堂はまだ正式に市や区の文化遺産として認定されていない。しかし、X宗族の成員は、A堂は地元の始祖が祀られる建築物であり、保護されねばならない遺産であると考えている。X宗族の高齢者は、幼少期に見た一九四〇年代の景観が甦ったことを喜ぶとともに、この囲龍屋こそが本当の客家文化が内在する遺産であると主張している。M氏は、元宵節の夜、多くの子供が集まって食事をとり花火を楽しむ姿を見て、「この文化的景観を残していくことこそが我々高齢者の責務である」と語っていた。

おわりに――誰にとっての文化遺産か

本章は、中国東南部の客家地域における、文化遺産をめぐる一連の動きを述べてきた。特に広東省梅県の事例から明らかなのは、世界遺産に記載されている円形土楼型の建築物が、「客家の故郷」として知られる梅県では必ずしも受け入れられず、むしろ一部の宗族は囲龍屋を本物の「客家遺産」とみなしてきたことである。囲龍屋は、改革・開放政策以降の都市開発では保護の対象となることが少なかった。しかし、宗族にとって囲龍屋は、祖先の記憶と功績が残され、生命エネルギーの根源でもある精神的な中心であったため、次第に保護すべき文化遺産としてみられるようになった。この動きは、結果的に囲龍屋を次なる「世界遺産」として遺産申請するという、政治的行為を後押しすることとなった。つまり、世界遺産が次なる「世界遺産」を生み出そうとする過程を見てとることができるのである。

本章の事例は、中国の文化遺産がボトムアップ式に認定される過程を追認できるだけでなく、誰にとっての文化遺産かという問題を提起するものである。このことは、円形土楼の事例と比較するとさらに明らかとなる。第二節で論じたように、円形土楼は、県政府の主導の下でユネスコの世界遺産一覧表に記載されたが、その結果、現地のコミュニティに葛藤をもたらすこともあった。

円形土楼は今や、県政府だけでなく他者にその建築美を評価され、さまざまな層から保護すべき建築であるとみなされるようになっている。例えば、円形土楼が世界遺産一覧表に記載される前後、あるカナダの建築会社が円形土楼を近代建築として再生するプロジェクトを立ち上げたことがある。彼らは、しばしば円形土楼を神秘的な建築と表現し、最近の建築技術を導入してホテルのように改築することで、円形土楼を保護する使命感に燃えていた。だが、前述の通り、そこに住む人々は必ずしも円形土楼を文化遺産として保護する必要を認めているわけではない。むしろ、時代の流れに応じてコンクリート造りの建築に住むことが自然であると考えている。筆者は、そうした関心からなぜ円形土楼を改築する必要があるのか会社の代表者に聞いたことがあるが、彼は、円形土楼の建築学的な素晴らしさとその保護の必要性を話すだけであった。すなわち、この会社は、文化遺産保護の必要性を考えるにあたり、建築ばかりに目がいき、それを使う人間を考慮に入れていなかったのである。

それに対して、囲龍屋は、客家建築としての認知度は円形土楼より低いが、今そこに住む宗族の世界観においては欠かすことのできない存在である。確かに囲龍屋は、円形土楼より見た目のインパクトがないし、その複雑な世界観を誰にでも分かるように伝えることは難しいかもしれない。しかし、建築物ではなく人間を主体に考えると、囲龍屋は文化遺産として大きな価値をもっている。また、宗族の人々が自ら資金を集めて囲龍屋を再生していたように、地域住民にとって本当に重要な文化遺産は、時間と労力を惜しまず保護するものである。政府側にとっても、地域住民が大切にする文化遺産を保護すると、それに関与する人々の協力を得られるため、人材確保や経費節減につながる可能性がある。地域住民にとっても、彼らの重視する建築物が文化遺産として解体を免れることで、祖先から受け継がれてきた記憶やしきたりの継承につながる（河合 二〇一三）。

しかし、地域住民にとって本当に必要な文化遺産を突きとめることは容易ではない。現地には多様性があるだけでなく、その価値は時間とともに変化していくからである。また、何が彼らにとって重要な文化遺産であるのかは、往々にして感覚的なものであり、言語化することの難しいものである。それゆえ、短期の観察で済ませるのではなく、長期的に現地に住み込み文化遺産実践を観察するという、人類学の手法が不可欠になってくる。これまで人類学者は文化遺産保護の問題に関与することが少なかった。しかし、囲龍屋のようなリビングヘリテージ（生きている文化遺産）を発見し保護するためには、人類学的な視野や手法が今後ますます重要になってくると筆者は考えている。

付記

本章は、二〇一四年八月十六日に開催した第四三五回みんぱくゼミナールの講演内容（題目：「世界遺産に住む——中国・客家の伝統家屋」）、及び、二〇一五年一月二十四日に開催した国立民族学博物館機関研究フォーラム「中国地域の文化遺産——人類学の視点から」での発表内容（河合 二〇一六）に基づき、加筆・修正したものである。

（1）中国は一九九一年にユネスコの世界文化遺産委員会に加わった。その後、中国の世界文化遺産の記載件数が増えていくことになる。

（2）梅州市は一九八八年まで梅県という行政名であったため、梅州市と梅県は同義語として混同されることも少なくない。また、現在の梅江区と梅県区を梅県と総称する場合もある。本章は、後者の呼称に倣っている。

（3）梅州市には、結婚や仕事などで移入した人々の他、数百年前に潮州市から移民してきた潮汕人も居住している。潮汕人は、市内の楽善堂を中心としてコミュニティを形成している。

（4）アモイ大学の鄧暁華の講演「地域から読み解く『世界遺産』がもたらした影響——福建省永定県の初渓土楼群を事例として」（二〇一二年、五月十九日、国立民族学博物館／小林宏至・兼城糸絵訳）に基づく（韓 二〇一二：九）。

（5）詳しくは拙著（二〇〇七、二〇〇八）を参照のこと。

（6）房学嘉（二〇〇二）や周建新（二〇〇六）のように囲龍屋で長期の住み込み調査をしてきた民族学者・人類学者は、宗族が生命観の論理より囲龍屋を説明することについて部分的に説明している。

（7）梅県におけるボトムアップ型の文化遺産保護は、X宗族の囲龍屋だけでなく、別の宗族の間でもみられる。例えば、Y宗族は、宋代に建てられた始祖の墓を守るため、その周囲の環境を整備し、一族から資金を集めて記念公園を建設しはじめた。この記念公園も後に市の文化遺産として登録されるようになったが、やはり一族の将軍を記念する建築物をつくっている。

（8）元宵節とは、旧暦一月十五日の祭日であり、春節の最終日とみなされることもある。元宵節にどのようなイベントを催すかは地域によって異なるが、一般的に広東省東部ではこの日の前後に最大な祭りが催される。

参考文献

阿部朋恒（二〇一七）「生活のなかに見出された世界遺産——紅河ハニ棚田群の文化的景観」飯田卓（編）『文化遺産と生きる』二六三—二八六頁、臨川書店。

飯田卓・河合洋尚（二〇一六）「序」河合洋尚・飯田卓（編）『中国地域の文化遺産——人類学の視点から』一—一七頁、国立民族学博物館。

オジェ、M（二〇〇二）『同時代世界の人類学』森山工（訳）、藤原書店。

兼重努（二〇一七）「遺産登録をめぐるせめぎあい――トン族大歌の事例から」飯田卓（編）『文化遺産と生きる』九七―一二九頁、臨川書店。

河合洋尚（二〇〇七）「客家風水の表象と実践知――広東省梅州市における囲龍屋の事例から」『社会人類学年報』三三：六五―九四。

――（二〇一六）「「世界遺産」と景観再生――円形土楼と囲龍屋の比較研究」河合洋尚・飯田卓（編）『中国地域の文化遺産――人類学の視点から』一二三―一三九頁、国立民族学博物館。

韓敏（二〇一二）「家族・民族・国家のディスコース――社会の連続性と非連続性を作り出す仕組み」『民博通信』一三七：八―九。

高木桂蔵（一九九一）『客家――中国の内なる異邦人』講談社新書。

横田浩一（二〇一二）「潮汕の視点から見る客家文化の表象」瀬川昌久・飯島典子（編）『客家の創生と再創生――歴史と空間からの総合的再検討』二〇三―二二〇頁、風響社。

陳運棟（一九八三）『客家人』聯亜出版社（原本一九七八年）。

房学嘉（二〇〇二）『囲不住的囲龍屋――粤東古鎮松口的社会的変遷』花城出版社。

河合洋尚（二〇〇八）「梅州地区的風水与環境観――以囲龍屋、現代住宅、墳墓為例」『客家研究輯刊』（中国嘉応大学客家研究所）三二：一七一―一八一。

――（二〇一二）「走向囲龍屋的多元分析――河源伝統民居初探」房学嘉他（編）『客家河源』三四四―三五二頁、華南理工大学出版社。

――（二〇一三）「客家建築与文化遺産保護――景観人類学視野」『学術研究』（広東省社会科学界聯合会）三四一：五五―六〇。

羅香林（一九九二）『客家研究導論』上海文芸出版社（原版一九三三年）。

梅州市華僑志編輯委員会（二〇〇一）『梅州市華僑志』星光印刷有限公司。

夏遠鳴・河合洋尚（編）（二〇一五）『全球背景下客家文化景観的創造――環南中国海的個案』暨南大学出版社。

小林宏至（二〇一三）「客家建築研究与現代人類学視角」河合洋尚（編）『日本客家研究的視角与方法――百年的軌跡』一三〇―一四四頁、社会科学文献出版社。

葉春生（二〇〇〇）『嶺南民俗文化』広東高等教育出版社。

周建新（二〇〇六）『動蕩的囲龍屋――一個客家宗族的城市化遭遇与文化抗争』中国社会科学出版社。

伝統の創成と開かれたアイデンティティ

——中南部アフリカ・ザンビアにおける民族集団の動きから

吉田憲司

東部州チパタ
東部州ペタウケ
東部州ムカイカ
ザンビア共和国
0
300km
1/2.191,900

はじめに

一九八四年の八月末、私は群衆に押し潰されそうになりながら、祭りの広場をかけまわっていた。祭りの名はクランバ。ザンビア共和国東部州にすむ民族チェワ全体を巻き込んだ祭りである。チェワの王ガワ・ウンディの前で、各首長領からやってきた仮面の踊り手や女性の踊り手たちが次々と踊りを披露していく。毎年、乾季のさなかの八月末に開催され、いまでは「クランバ・伝統の祭り」として定着しているこの祭りは、じつは、私がはじめてその祭りを目にした一九八四年、「伝統を始めよう（Ti yambile mwambo）」を合い言葉に、まさにその年から始められた祭りであった。「あと、数十年もたてば、この祭りを見る人びとは、これが、太古の昔から連綿と続いてきた、文字通りの『伝統的』な祭りだと思いこむに違いない」。チェワの村人たちと、そのころ、そう語り合ったことを覚えている。

とはいえ、チェワの指導者たちは、当時も、その祭りをまったくの創作としては見なしていなかった。クランバとは「年貢」の意であり、もともとチェワの王ガワ・ウンディ――英語では、政府はパラマウント・チーフと称するが、人びと自身はキングとよぶ――のもとへ、その支配下にある首長らが毎年の収穫の一部を納める行為をさしていた。ただ、それは、各首長が個別におこなう慣行であり、首長たちが一堂に会し、踊りを奉納するといった行事ではなかった。「年貢」の慣行は、一九三四年、当時の北ローデシア植民地政府の手で禁止される。一九八四年に開始されたクランバは、王のもとに各首長が順にその年の収穫物を届けるとともに、地域の踊りを奉納する祭りとして整備されたが、それは植民地政府に禁止された旧来の「年貢」の慣行を五十年ぶりに「再興」するものとして人びとのまえに提示されたのである。

この、クランバの「再興」には、ひとつのモデルがあった。チェワの隣に居住する民族ンゴニの祭り、ンチュワラである。ンチュワラは、ンゴニ人の王ムペゼニに、その年の新たな実りを報告し、その作物をともに食するという、初穂の儀礼である。一九七九年、ンゴニの首長ムペゼニが、スワジ王国のインチュワラに招かれたのを機に、ザンビアでもンチュワラを「再興」しようという機運が広がり、一九八〇年からその祭りが始められたのであった。チェワの人びとのあいだでのクランバの祭りの「再興」は、それに刺激されたものであった。ンゴニ人のンチュワラ、チェワ人のクランバと、祭りの「再興」が進むと、そのさらに西隣に住むンセンガの人びとのあいだでも、祭りの「再興」の動きがおこった。一九八八年、雨乞いの祭りトゥインバが創始される。

このように、ザンビア共和国東部州では、一九八〇年代に、民族単位の祭りがつぎつぎと「再興」＝「創設」されていった。文字どおり、「伝統」が創造されていったのである。その動きは、その後、ザンビア全体に拡大していく。

本章では、東部州の三つの祭り、すなわち、ンゴニ人のンチュワラ、チェワ人のクランバ、ンセンガ人のトゥインバに端を発する、ザンビアにおける祭りの創成の動きと、それに続く博物館建設競争の様相を検討していくことで、王国ないし民族としてのアイデンティティ形成のメカニズムを探ってみたい。

一　ンゴニ人の祭りンチュワラ

ンゴニの歴史・抄

ンゴニ人は、もともと現在の南アフリカ共和国ナタール州に居住していたバントゥ系——人間のことをバントゥ、アントゥ、ワントゥなどとよび、文法的にも同一の構造をもつ言語の総称で、南部アフリカ一帯にひろく分布する——のングニ語群に属する言語を話す集団で、ズールーの一枝族であった。したがって、原ンゴニ語はズールー語と同じものであったといってよい。ンゴニも、またズールーも、父系出自をたどり、農耕とともに牛の牧畜を主たる生業とする民族であった。

十九世紀、シャカ王の登場とともに、ズールーは周辺の民族を次々と併合し、強大な王国を築き上げる。このズールーの支配から逃れるため、ンゴニはズウェンゲンダバという首長に率いられてナタール州を離れ、北に向かって移動を開始する。彼らが、ショナ人の地（現在のジンバブウェ）を経て、はじめてザンベジ川を渡ったのは、一八三五年十一月十九日のことと考えられる。渡河の際、日食が起こったとされることから、その時期が特定されたのである（Poole 1929–30）。渡河後、チェワ人の西に住むンセンガ人の土地（現在のザンビア東部州ペタウケ周辺）に留まっていた彼らは、数年経ってから再び北へ向けて移動を始める。そして、三十年後、ズウェンゲンダバのあとを継いだムペゼニに率いられてタンザニアから再度現在のザンビア東部に帰来し、チェワの王国のひとつムカンダの領域内、現在のチパタ近郊のムテングレニ村に定着する。一八七〇年ごろのことである（図１）。

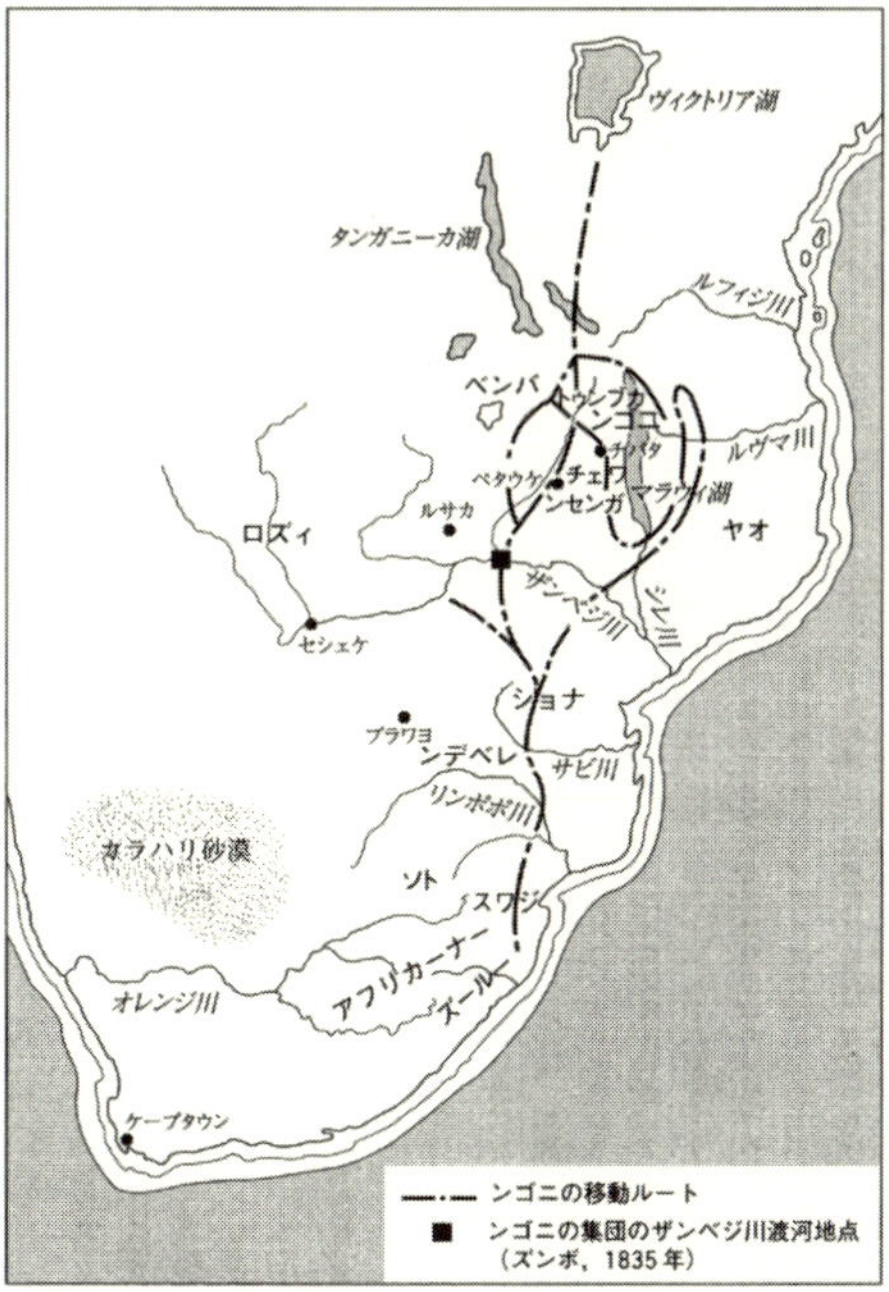

図１　南部アフリカにおける民族移動

アフリカ大陸の南半分をカヴァーするこの遠大な移動を敢行したのは、ンゴニの戦士集団であり、主として男性からなるグループであった。彼らは、移動の経路に住む民族を征服しては、その地で妻をめとり、そこで生まれた子供を妻のもとに残しては、さらに移動を続けていった。チパタ近辺に定着してからも、男たちはチェワの諸王国を襲撃し、自らの支配下におくとともに、多数の女性を略奪した。この時期を通じて、チェワの女性が大量にンゴニ社会に吸収され、子供たちの養育もそのチェワの女性にゆだねられたため、ンゴニの言語（＝ズールー語）は最終的に大部分チェワ語におきかわってしまうことになる

（吉田　一九九二）。

しかし、ンゴニによるチェワの支配は長くは続かなかった。一八九八年、ンゴニはイギリス中央アフリカ保護領の部隊に制圧され、この地域一帯でイギリスの植民地支配が確立する。イギリス軍に抵抗したムペゼニの息子ンスィンゴは処刑されたが、すでに年老いていたムペゼニは、一時地方へ配流されたものの、一九〇〇年にはイギリス南アフリカ会社からチーフ（首長）として復権を許されている。この段階で、チェワはンゴニの占領下から脱し、ンゴニとチェワにはそれぞれ別の土地が与えられて、その用益権が保障された。その区分はザンビア独立後も継承され、今日に至っている。

ンチュワラの記憶

ンゴニの故地、ズールー・ランドでは、初穂の儀礼をさすンチュワラという語は知られていない。しかし、同地では、かつて、各地の王（インコスィ）がそれぞれ独自にウクニャテラ「新年入り」とよばれる初穂の儀礼をおこなっていたという。ある伝承はその様子をつぎのように伝えている。

毎年、十一月の末に海岸部にウセルワとよばれる野生のヒョウタンが実る。そのヒョウタンを採集することから「新年入り」の儀礼の準備が始まる。儀礼は四日間続いたという。一日目、広場に黒い雄牛が引き入れられ、選ばれた屈強の戦士の一隊の手で屠ふられて、その肉を王と戦士が共食する。二日目、ふたたび広場に戦士らが集られ、王がくだんのヒョウタンに祝福をあたえてから、それを戦士らにめがけて投げつける。すべての戦士が、たとえわずかでも、砕け散った果肉の分け前にあずからなければならないという（Lukhero 1985: 1–2）。

ズールー王国は、シャカ王の死後衰退し、一八七九年にイギリスの植民地統治下に組み入れられる。それにともない軍事的な部隊も解散され、「新年入り」の儀礼もまたおこなわれなくなった。ズールー・ランドでは、いまもって、その儀礼は人びとの記憶のなかにのみにある。

一方、ズールーの地を離れ、北に移動した集団のあいだでは、その種の儀礼が継承されていった。ズールー・ランドから移動したンゴニを含むさまざまな集団が集まって形成されたスワジ王国では、初穂の儀礼はインチュワラという名で呼ばれる。ズウェンゲンダバに率いられてナタール州を離れたンゴニの集団も、しばらくこのスワジの地に留まっていた。ンゴニ語のンチュワラという儀礼の名が、このスワジのインチュワラと繋がりをもつものであることはまちがいない。

植民地支配を脱したあと、王国のまま独立国家となったスワジランドでは、インチュワラの祭りも延べ三週間におよぶ盛大なものに変化を遂げている。とはいえ、儀礼のクライマックスはやはり、戦士が素手で牛を屠殺し、その肉の一部を王ンコスィが薬として摂取する場面と、その翌日、王が新たに実った緑のヒョウタンを投げ捨てる場面である。こうして、王はだれにも負けぬ強さを今一度身につけ、ヒョウタンの実りのなかに凝縮された旧い一年の更新をはかるのだという（Kuper 1963: 7–0–71）。

遠大な移動の末にザンビア東部にたどりついたンゴニ人のあいだでも、こうした初穂の儀礼ンチュワラは伝承されていた。しかし、一八九八年、イギリス軍による征服とともに、ンチェワラの儀礼もまた廃絶を余儀なくされる。戦士集団が王ムペゼニのもとに一堂に会し、その力の結束を確認する場でもあるンチュワラが、植民地政府から危険視されたことが第一の理由であるが、同時にイギリス軍の手で、ンゴニの所有する牛が大部分接収されてしまい——記録によればその数は一万二〇〇〇頭に及ぶ——、儀礼に不可欠な牛が確保できなくなったことも一因だという（Lukhero 1985: 21）。

ンチュワラの「再興」

ンチュワラが「再興」されるには、その後八十年の時を要した。「再興」の直接のきっかけは、冒頭で述べたとおり、一九七九年、ムペゼニ三世が、スワジ王国のインチュワラに招かれ、その儀礼を間近に見たことだったという。

儀礼の「再興」を主導したのは、ンゴニの首長の一人ンザマネ・ジェレである。彼は、ザンビア共和国政府の助言機関ハウス・オブ・チーフス（首長院）のメンバーでもあった。もともとンゴニにはインコスィとよばれるムペゼニだけしか首長はいなかったが、植民地時代、イギリス南アフリカ会社の手で当時のムペゼニ二世の息子たちがチーフ（首長）として任命され、ンゴニの土地の分割統治を委ねられた。この段階で、ムペゼニには、パラマウント・チーフの称号が与えられ、また、ンゴニの人びと自身は英語でキングと訳す――という呼称が定着する。ンザマネは、パラマウント・チーフの下に設けられたチーフのなかでももっとも広大な土地を預かり、以後、代々シニア・チーフの地位を与えられてきた家系に属する。

「再興」の頼りは、かつてのンチュワラを知る数少ない老人のひとりサングワ・ンゴマであった。彼の祖父は、ンチュワラの際、初穂の報告を王ムペゼニに捧げる使者「イズィバンゴ」という任にあった。祖父は目が不自由であったため、自身がムペゼニのもとに赴く際にはサングワをつねに同行させた。このため、サングワは報告の手順とともに唱えごとも暗唱できるようになり、祖父の跡を次いでムペゼニ一世のもとですでにイズィバンゴ（使者）に任ぜられた。初穂の報告の際の唱えごとは、原ンゴニ語、つまりズールー語でなされる。彼は、この希有の経験の結果、すでに現在ではンゴニの人びとのあいだでほとんど忘れ去られてしまった原ンゴニ語の唱えごとを伝承していたのである。

ンチュワラは、ムペゼニ一世がザンビアに到来したとき、はじめに居を定めた村であるムテングレニ村を舞台におこなわれる。ムテングレニに住むムペゼニの侍従（インドゥナ）、カサンバムロパ・テンボの畑にその年の最初の実りが得られると、使者イズィバンゴは、テンボとともに、その畑から、新鮮なモロコシ、ヒョウタン、トウモロコシをとり、戦士のいでたちでムペゼニのもとへ向かう。

われわれがムテングレニ村へたどりついたとき、そこには新たな天地が待っていました。そこにあるあらゆるものは、あなたのためにありました。人びともまた、あなたの手中にあり、あなたにとっては、この槍でしとめる動物のようなものでした。あなたは、あのマスィンゴやサラズィ、すなわち偉大なる父（ズウェンゲンダバ）の祖父たちにも勝るとも劣らないお方です。……

サングワ・ンゴマが伝承していた、使者イズィバンゴによるムペゼニへのズールー語での報告の唱えごと「ヴィトコゾ」の冒頭の一節である。報告を受けたムペゼニは、翌日、王宮を離れ、ムテングレニ村の行在所（エラウェニ）へ向かう。ムテングレニ村では、あちこちで、各首長領からやってきた男たちの部隊（インピ）ごとに、戦士の踊りンゴマを繰り広げる。そして、そののち、広場に人々が一堂に会し、その前でムニケロ、すなわち雄牛の屠殺がおこなわれる。これが、ンチュワラの手順であるという。ンチュワラの「再興」は、こうした伝統的な手順をもとにしながら、ザンビア共和国中央政府の支持をうけうる形態を模索するかたちで進められていった。一方で、「伝統の衣装」をそろえる作業も始まった。とくに、王が身にまとうヒョウ皮やライオンの敷物は、特別の許可をえて、首都のルサカや、隣国ジンバブェで揃えられたという。

「再興」されたンチュワラ

ンチュワラは、ムペゼニ三世の死の前年、一九八〇年に「再興」される。私が、ンチュワラを実際に目にしたのは、それからかなり年を経た一九九九年のことである。この間の一九八二年には、ムペゼニ三世の跡を襲って次男がムペゼニ四世として即位し、使者イズィバンゴの任も、サングワ・ンゴマからその子マリロ・ンゴマへ、さらにマリロ・ンゴマの死によってその弟子ラサム・ズィンバへと移っている。以下は、私が目撃した、一九九九年のンチュワラの様子である。

その年の雨季のさなかの二月二十三日（水）、ンゴニのすべての首長がムテングレニ村に集まった。ザンビアに住むンゴニの首長ばかりでなく、隣国マラウィに居住するンゴニの首長たちも召集された。翌二月二十四日（木）、首長らは打ち揃ってムペゼニ四世の王宮へ赴き、ムペゼニを迎えてともにムテングレニに戻ってくる。ンゴニのあいだでは、パラマウント・チーフは、その即位とともに、別の場所に新たな宮殿を設けるのが慣わしである。このため、王宮は、ムペゼニ二世以来ムテングレニを離れ、現在では十数キロメートル離れたフェニ村へ移っている。ムペゼニ四世は、そのフェニの宮殿からこの日ムテングレニの行在所に移ったのである。

三日目の二月二十五日（木）には、とくに定まった行事はない。ムペゼニを迎えたムテングレニでは、村のあちこちで、各首長領からやってきた男たちが、インピとよばれるかつての戦闘部隊ごとに、それぞれ戦士の踊りンゴマを繰り広げる。

四日目、二月二十六日（金）が祭りの本番である。ムテングレニの村はずれに設けられた広場が、祭りの会場となる。草葺きの簡単な屋根をかけた観覧席に、あらかじめ来賓が着席する。この年には、当時のザンビア大統領フレデリック・チルバの名代として大統領夫人が参列した。そのほか、副大統領、東部州担当大臣など、政府要人をはじめ、チェワのパラマウント・チーフ、ガワ・ウンディや、北部州ルンダ王国の王ムワタ・カゼンベら、ザンビアの他の王たちも列席していた。それら来賓の居並ぶなかをムセベニ四世が入場し、その日の「儀礼」ははじまった。

まず、全員起立のうえザンビア国歌が斉唱され、それに続いてカトリックの司祭による神への祈りが捧げられた。ザンビアは、独立後一貫して、キリスト教精神に基づく立国を掲げている。そのあと、使者イズィバンゴをつとめるラサム・ズィンバから原ンゴニ語による王への唱えごと「ヴィトコゾ」がおこなわれた。本来、宮殿でおこなわれる初穂の報告が、この部分に挿入されたのである。

来賓の挨拶のあと、戦士たちがいっせいにムペゼニのまえに集り、集団のまま踊りを始める。それにつられ、王ムペゼニも踊りの輪のなかにしばし加わる。王が席にもどると、来賓一人一人から王に贈り物が贈られる。初穂、つまり初の収穫を王に送り届けるというこの儀礼の性格をいわば翻訳しなおしたパフォーマンスである。

そののち、踊り手たちのグループごとに、王の前で踊りが演じられる。多くは、戦士たちの強さを誇示するンゴマの踊りであるが、わずかに女性の踊りのグループや、学校の子供たちによる踊りの一団も混じっている。すべての踊りが終わると、祭りはクライマックスを迎える。儀礼の開始からいえばおよそ二時間後、一頭の黒い雄牛が広場に引き入れられ、中央にあらかじめ立てられた木に結びつけられる。選ばれた戦士が槍でその牛を突き刺し、その血をヒョウタンの容器にうけて、すばやくムペゼニに届ける。ムペゼニは人びとのまえでその血を一気に飲み干して見せた。場内には、「これで王と王国は、新たな生命力を身につけた」というアナウンスが流れる。一方、屠られた牛は、そのままトラックに乗せて運び出された。この段階で、公の儀礼は終了する。牛は解体されて、火にかけられ、のちほど、王や戦士、参列者のあいだで分けられることになる。その宴では大量の酒がふるまわれる。翌日、ムペゼニがムテングレニの村を離れ、フェニの王宮に戻ると、ンチュワラの祭りも最終的に幕を閉じる。

二　チェワ人の祭りクランバ

ンチュワラからクランバへ

ンゴニ人のあいだで、長く途絶えていたンチュワラの祭りが「再興」されると、隣りあうチェワ人の社会でも、祭りの創生が真剣に検討されるようになった。しかし、チェワの社会では、重要人物の葬儀に際して大規模な仮面舞踊がもよおされ、女性の成人儀礼において女性たちの踊りが披露されることはあっても、民族全体が一堂に集り、舞踊を王に奉納するという機会は、そもそも存在していなかった。チェワの指導者たちが着目したのは、各首長が植民地化以前に個別におこなっていたという、王ガワ・ウンディに対する「年貢」（クランバ）の奉納であった。その行事を一体化し、そこに伝統的な仮面舞踊や女性の成人儀礼の踊りを組み合わせて、新たな祭りを創成することが考え出された。

仮面舞踊ニャウと女性の成人儀礼チナムワリ

チェワの人びとは母系出自をたどり、トウモロコシを主作物とする農耕を主たる生業としている。

このチェワの社会では、男子が十二、三才の年齢に達すると、原則として全員が仮面舞踊の秘密結社に加入する。この結社はニャウとよばれるが、仮面をつけた踊り手もまたニャウと称される。ニャウの仮面には、顔のまえにつける木製の文字通りの仮面や羽根製の覆面とともに、野生動物をかたどった大きなかぶりもの型の仮面が存在する。前者の仮面をつけた踊り手は墓場から甦ってきた死者の化身とされ、一方、野生動物をかたどったかぶりもの——旋回を中心とした踊りを演じることからとくにニャウ・ヨレンバ（円を描くニャウ）とよばれる——は森の奥からやってきた野生動物そのものだと教えられる。もとより、仮面は男たちが被っているのであり、ニャウ・ヨレンバの中には男たちが入って踊っているのであるが、その事実は女性や子供たちには秘密にされる。

ニャウが「秘密結社」といわれる所以である。ちなみに、私は、一九八五年五月二十五日に加入儀礼を受け、この結社のメンバーとなっている。

ニャウの主たる役割は、葬送儀礼、とくに死の翌年の収穫の時期を待っておこなわれる喪明けの儀礼で舞踊を演じることである。儀礼はトウモロコシの酒づくりとともに進められる。儀礼の期間中、仮面の踊り手は、毎日のように村に現れ、女たちの進める酒作りを手伝うとともに、踊りを演じる。そして、酒が出来上がる日の前夜、村のなかで徹夜の仮面舞踊が繰り広げられる。夜半をすぎたころ、カモシカをかたどったニャウ・ヨレンバが森の奥から登場し、死者の残した家の前で繰り返し踊りを演じたのち、再び森に戻っていく。そうすることで、死後もまだ地上に留まっていた死者の霊を、祖先の世界に送り届けるのだという。

チェワの男たちは、このニャウの結社に加入することによってはじめて一人前の男とみなされる。ニャウへの加入儀礼は、ここで述べた、葬送儀礼にあわせて行われるのが常である。その意味で、葬送儀礼は男たちの成人儀礼も兼ねていることになる。ところで、チェワの社会には、女性のための成人儀礼もまた存在する。チナムワリとよばれる儀礼がそれである。しかも、仮面に関する知識が男たちのあいだでの秘密とされているように、チナムワリで教えられる一切の知識もまた、女たちだけの秘密とされている。

チナムワリは、初潮を迎えた少女を一定期間隔離し、女性としての嗜みや、夫婦の性生活および出産の方法を教え込む儀礼である。教育の多くの部分は、歌と踊りを通じて行われる。隔離の期間は、少女の物覚えの早さや行儀の善し悪しによって左右される。十分な教育がなされたと判断されると、少女は、身体に赤、白、黒で斑点が施されたうえで、両親のもとへ送り届けられる。この斑点は、ニシキヘビの体の模様をまねたものだという。チェワの人びとのあいだでは、ニシキヘビは、雨をもたらし、大地の豊饒を司る神チャウタの使いとされる。少女の体に施されたニシキヘビの模様は、少女が出産の能力を備えたことの証である。両親の家に着くと、少女は儀礼の期間中に覚えたすべての踊りを人びとに披露する。それは、チェワの女性にとって、もっとも晴れがましい瞬間である。

かつて、この少女を親元に送り届ける場面では、ニャウが登場し、ゾウをかたどったニャウ・ヨレンバも踊りを披露したというが、現在では、少なくともザンビアにおいては、その慣行は失われている。

このチナムワリの儀礼の主眼が、生殖にあることは明らかであろう。それは、男性の組織する秘密結社ニャウが、死者の葬送を司るのと明確な対照をなしている。実際、ニャウの男たちは、「女たちが出産を秘密にするから、俺たちは死を秘密にするのだ」と明言する。互いの知識を秘密にすることで、チェワの社会では、男女の区別とともに、生と死をめぐるサイクルもまた明確に構造化されているといってよい。

ニャウの仮面舞踊と、女たちのチナムワリの踊り。両者がチェワの人びとの死生観にとって枢要な位置をしめ、また他の諸民族の文化から区別されるチェワの文化の独自の指標であることは、クランバの祭りの創設が議論される以前から、チェワの人びと自身によっても広く認識されていた。とはいえ、先述のとおり、現在のザンビアのチェワの社会において、ニャウの踊り手たちとチナムワリの儀礼に臨む女たちが、同時に踊りを披露することはない。クランバの祭りを、各首長が王ガワ・ウンディに対して、それぞれの領域のその年の収穫物とともに、ニャウの仮面舞踊とチナムワリの踊りを奉納する機会として再編成するのにあたり、チェワの指導者たちは、「伝統を始めよう」と唱えるとともに、にわかに「ニャウとチナムワリはいつもともにある」という言説をくりかえすようになった。クランバにむけては、老若男女をとわず、すべてのチェワが寄付を求められたが、それを周知させるための集会毎に、各首長は、この言葉をくりかえした。村人たちにとって、首長のその発言がやや唐突に聞こえたことは否めない。一九八四年の初のクランバをひかえた時期、準備のための集会の場でくりかえされるその言葉の意味を私がたずねても、人びとは答えに窮した。時間も場所も別々におこなわれてきたふたつの儀礼、二種類の舞踊を、「いつもともにある」ものとして認識するには、人びとにとってもまた、新たな意味づけの作業が必要とされたのである。

「再興」されたクランバ

初のクランバは、一九八四年八月二十五日（土）と二十六日（日）の二日にわたって、ウンディの王宮のあるムカイカ村で催された。以後、毎年、乾季のさなか、八月最後の土曜と日曜に同地で開かれるのが慣例化している。一連の行事の「再興」の過程で主導的な役割を果たしたのは、王ガワ・ウンディ十三世自身と、首都ルサカで長く暮らした経験をもつ首長チャンジェであったという(1)。

クランバにむけては、すべての村から、老若男女をとわず、一人あたり二十五ングウェの寄付をすることが求められた。この額は、トウモロコシひと穂分から割り出された額で、翌年以降順次引き上げられているが、文字通りの「年貢」にあたる。王ガワ・ウンディのもとに、その年の収穫を集め、同時にすべてのチェワを統合するという、クランバの狙いを具現化する措置であった。これ以外に、各村長は、貢ぎ物を収める樹皮の袋と、ゴザ、ニワトリなどの寄付を求められる。こうして集まった資金と資材を用いて、祭りのさいの食料が確保されるとともに、準備や輸送の手配が進められた。

祭りの本番開始の二日前から、各首長領の村むらから参加者が、会場のムカイカ村に集まった。各村の村長をはじめ、ニャウの踊り手やチナムワリの踊り手たちからなる面々である。参加者の総数は、初年度から数千人におよんだ。

二十五日、祭りの初日、午前十時頃から来賓が観覧席につきはじめる。王母ニャングと王ガワ・ウンディが王宮を出て、それぞれ広場の中央に別々に設けられた草葺きの東屋につくのを合図に、祭りは始まった。ここでもまた、全員起立のうえで、まずザンビア国歌が斉唱され、さらに賛美歌の後、カトリックの司祭によって神への祈りがささげられた。国会議員ら来賓のあいさつが続いたのち、司会からクランバの主旨がチェワ語と英語で述べられる。すなわち、チェワが北からこの地に移住してきたこと。この地で王国が築かれたこと。そして、クランバは、王を通じ、その王に民の安寧と運命を委ねた神に対して毎年おこなう収穫の「感謝」の祭りなのだということ、が説かれる。チェワの北方起源については、この初年度には、チェワはエジプトからやってきたと説明され、人びとの驚きを誘った。翌年からは、チェワは、北のコンゴ盆地のルバ＝ルンダ王国の地からやってきたと修正され、以後、このクランバの場が、チェワの起源譚を人びとの間に浸透させ固定化する役割を担うようになっている。

こうした主旨のアナウンスのあと、いよいよ、各首長による王ガワ・ウンディへの、その年の収穫の奉献がおこなわれる。白一色の貫頭衣をまとい、頭にも白い帽子をつけた王は、東屋のなかで、ヒョウとライオンの敷皮のうえに座り、左右に象牙を横たえて、一人一人の首長の奉献をうける。首長はみな、赤一色の肩掛け衣をまとっている。首長には、トウモロコシを収めた樹皮の包みを肩にかけた従者数人が続く。従者は、黄色の肩掛け布をまとっている。いずれも、各首長領の主だった村長たちである。白、赤、黄色を、王、首長、村長という、チェワのピラミッド型の伝統的政治機構に対応させたシンボリズム。クランバの創生にあわせて新たに編み出されたものである。

東屋に近づくと、首長はひざまずき、神と王を寿いだうえで、その年の自領の作柄や問題を報告する。その言葉は「ヨ・ガワ、ヨ・ガワ」という掛け声で閉じられる。伝統的な、王への礼辞である。それを合図に、従者の携えていた貢ぎ物が、王の側近に手渡される。奉献が終わると、太鼓手たちが進みで、激しくドラムを叩き始める。それにあわせて、ニャウの仮面の踊り手たちが登場し、王の前で激しく舞う。ニャウの踊りがひと段落着くと、裸の上半身に赤、白、黒の斑点を施した女性の踊り手たちが登場し、チナムワリの踊りを披露する。腰を小刻みに動かし、性的魅力を誇示する踊りである。本来は、その年に初潮をむかえた少女たちが披露する踊りであるが、この場では、その地域でもっとも踊りに秀でた女性が選ばれて演じている。こうして、収穫物と、ニャウの踊りと、チナムワリの踊りが、ひと組になって、それぞれの首長ごとに順に奉納されるかたちで、クランバの祭りは進行していく。すべての首長の奉献がおわると、一日目の行事は終わる。来賓たちは、その段階で会場を後にする。翌日は、とくに順にこだわることなく、ニャウやチナムワリの踊りが、広場で一日じゅう繰り広げられる。

チェワ全体の祭りを作り出すという、クランバの主な目的はこうして着実に達成されていった。初年度に参加したのは、ザンビア領内のチェワの首長二十人のうち、十二人の首長であった。古くからウンディの王国から一定の独立性を保っていた、かつてのチュルの王国傘下にある北部地域の首長たちの参加が得られなかったためである。しかし、翌、一九八五年には、それら北部の八人の首長も参加する。さらに、一九九〇年代に入ると、隣国マラウィの首長たちも「特別参加」するようになる。開始から三十年、現在では、クランバは文字通り、チェワ全体の「収穫の感謝の祭り」「チェワ伝統の祭り」として定着するに至っている。

三　ンセンガ人の祭りトゥウィンバ

遺言

クランバの「再興」は、チェワの西隣に住む民族ンセンガのシニア・チーフ、カリンダワロにとっても大きな刺激となった。当時のカリンダワロ七世は、毎年チェワの祭りクランバに参列するなかで、自身の在世中に、ンセンガ自身の祭りを作り出したいという思いを強くし、側近たちに、ンセンガの祭りとしてもっともふさわしい形態をさぐるように指示した。側近たちの結論は、かつて旱魃のあるたびにおこなわれたという雨乞いの祭りトゥインバを再編することであった。カリンダワロ七世は、一九八八年十月にその第一回の祭りを開催することを決定する。しかし、その決定の直後、祭りの内容さえいまだ定まらぬ一九八七年の二月に、彼は突然逝去する。彼の跡を継いでカリンダワロ八世となったリンギリラニ・チャマンダは、七世のいわば「遺言」を実現するため、定められた一九八八年十月に、みずからの即位式と第一回のトゥウィンバをあわせて実施することを決定した。

祭主、書記担当、会計担当の三者からなる準備委員会が作られ、長老たちを対象とした調査が開始された。生来、研究熱心なカリンダワロ八世も、自ら書物にあたり、さらにンセンガの人びとのあいだに伝えられていた歌を採集することで、儀礼の性格と形態をひとつひとつ固めていった。文字どおり、新たな祭りが「創造」されたのである。しかし、ここでも、その祭りは、植民地時代に禁止されたものであるとされ、あらためて「再興」するというかたちが打ち出された。カリンダワロ八世は、その後一九九六年に没するが、私は、一九九三年、生前のカリンダワロ八世から、トゥインバ「再興」に至る動きを親しく聞き取ることができた。また、当時の祭主からも詳細な情報を得た。以下の記述は、それらの資料と、一九九三年のトゥインバに関する私自身の観察に基づいている。

ンセンガ民族の略史

ンセンガの人びとは、チェワと同様に、母系出自をたどり、トウモロコシを主作物とする農耕に多くを依存している。言語のうえでも、現在のチェワ語とンセンガ語は、きわめて近い。

現在ンセンガの人びとのあいだに語られている伝承によれば、チェワと同じく、コンゴ盆地のルバ＝ルンダの地を離れた集団は、ングルウェという氏族集団のムンディクラという首長に率いられていたという。移動の途中で、ムンディクラは、先にルバ＝ルンダの地から移住したチェワの王ウンディに出会い、さらに東にむかうウンディから、その地に留まって、ウンディの国の西の地を自らの領地とするよう告げられたという。その地というのが、現在の王宮の所在地、ザンビア東部州のペタウケを中心とする地域である。

この故事から、その地（ブワロ）で待つ者（カリンダ）の意で、カリンダワロという、ンセンガの首長の呼称ができたという。後に、ムンディクラ＝カリンダワロ一世はウンディの姉妹を娶り、またウンディもカリンダワロ一世の姉妹を棲として、両者は「兄弟」となった。以来、代々のカリンダワロは、チェワの王ウンディを兄とみなしているという。

ンセンガの人びとのあいだに、もともと、自分たちがンセンガというひとつの民族集団あるいは王国に属するという意識はなかったようである。ンセンガという語自体が、外部の者からこの地域一帯をさす語としてもちいられていたものらしい。現在、ンセンガと呼ばれている人たちは、むしろ、ングルウェやテンボなど、それぞれの氏族集団ごとに首長をいただき、たがいに独立したかたちで生活を営んでいた。それらの集団が、そのなかで比較的有力であったカリンダワロをシニア・チーフとして、ンセンガというひとつのまとまりにまとめあげられたのは、あくまでも植民地政府の支配の便宜によるものであった。民族の名としてのンセンガもまた、イギリス植民地政府による創造だったといわなければならない。ただ、その後百年の歴史をへて、こんにち、ンセンガの人びとのあいだにカリンダワロをシニア・チーフとしていただく一つの集団としての意識が醸成されていることは事実である。トゥウィンバという「民族の祭り」の創出も、そうした帰属意識のもとに必要とされた施策のひとつであった。

案出されたトゥウィンバ

一九九三年のトゥウィンバは、乾季の終わり、雨季の始まりをひかえた十月十六日（土）に、ザンビア東部州ペタウケのカリンダワロの王宮近くで開催された。草葺き屋根の観覧席を周りにめぐらした広場が主会場となる。来賓が観覧席に着席した頃をみはからって、号砲が鳴り響き、それを合図にカリンダワロが王宮を離れて、会場に向かう。人びとは歌を歌ってその行列につづく。

「カリンダワロ、すべての土地の主。天から来たり、地に降りた。従え。疑うな。他の地へ移るな。アア　エエ　デ。ングルウェ氏族。」

ングルウェとは、カリンダワロが所属する氏族をさす。この歌にあわせて、白い貫頭衣を身につけ、頭にヒョウ皮の帽子をつけたカリンダワロは、ハエ追いの房を手にして辺りをはらいながらゆっくりと歩む。従者たちが、カリンダワロの前に順にゴザを敷き、カリンダワロはそのゴザの上を進む。彼が通り過ぎた後に残されたゴザは、リズミカルにまた前に運ばれ、カリンダワロは終始ゴザだけを踏みしめて、広場の中央の東屋に入る。見事な演出である。

国家の斉唱、キリスト教の司祭による神への祈りに続いて、司会による開会の宣言がなされる。

カリンダワロからの歓迎の挨拶が英語で代読され、さらに東部州担当副大臣ら来賓の祝辞が終わると、ドラムが轟きわたって、長老の女たちのグループ、ンセングウェの踊りがひとしきり披露される。ンセングウェは、女性の成人儀礼チスング（チェワのチナムワリにあたる）を終えた女性のみが入ることを許され、主としてメンバーの葬儀の際に舞踊を演じる一種の秘密結社である。

踊りのあと、カリンダワロをはじめとするすべての参列者は無言のまま、やや離れた場所に設けられた礼拝所へ向かう。礼拝所は、ムトウェ（*Ficus makefieldi* か）の木とムソロ（*Pseudolachnostylis maprouneifolia*）の木それぞれを円形の柵でとりかこみ、その二つの円を、やはり柵をめぐらした通路が結ぶという構造になっている。柵は草で覆われ、通路にも草が敷き詰められている。参列者は、全員、裸足になって、この礼拝所に入ることになる。雨乞いの際に歌われるものとして伝承されていた歌に、ムトウェの木からムソロの木へゆく、という一節があったことから、二本の木のある場所を捜しだし、この礼拝所を築いたという。礼拝所のムトウェとムソロの木の下には、それぞれ二つの草葺きの東屋「カインバ」が設けられている。祭りの名トゥインバとは、この東屋をさすカインバという語の複数形である。

参列者はまず、ムトウェの木の下の東屋へ入り、そのなかで、首長一人一人が自領におけるその年の作柄や民情を報告し、贈り物を差し出す。カリンダワロは、従者とともに、もうひとつの東屋に座ってその報告をきくことになる。この年は、隣国モザンビークの内戦が終結し、モザンビークの反政府組織RENAMO（モザンビーク民族抵抗運動）による国境を越えた略奪活動がようやくおさまったことを報告する首長が多かった。贈り物とされるのは、壷に入れた酒、タバコ、綿、主食となるトウモロコシの粉などである。すべての首長の奉献が終わると、カリンダワロの言葉が代読される。儀礼を通じて、やはり、カリンダワロが直接言葉を発する機会はない。

私たちは、このムトウェの木の下に集まった。この木は、その木の実のゆえに多くの鳥たちの集う木である。われわれもまた、この木の下に集い、ひとつになろう。心をひとつにし、創造主たる神（チャウタレザ・ニャマレンガ）に感謝しよう。神は来年もまた、われわれを祝福してくださるにちがいない……

次に、人びとはムソロの木の下に向かい、ふたつの東屋を囲むようにして座る。ひとつの東屋はこれまでに亡くなった歴代のカリンダワロのためのもの、もう一方の東屋は歴代のカリンダワロの姉妹たちのためのものだという。ムソロの木は、ウソレラ（引き込む）という語とのつながりから、祖先を引き込み、祖先との交流の回路になると考えられている木である。

ニャタンデという名の老人が、一方の東屋に入り、歴代のカリンダワロの名をあげて酒を供える。それに続いて、カリンダワロが、首長たちからうけとった贈り物をその東屋におさめる。同じ行為は、歴代のカリンダワロの姉妹の名をあげて、もう一方の東屋でも繰り返される。

次に人びとのうたう歌にあわせて、先の老人と、もうひとりの老女が、ムソロの木の根元の地面に振りまいた白いトウモロコシの粉と綿の上を転がってまわる。

最後に、山羊が供犠される。いずれも雨乞いの歌として伝えられていた歌をもとに、考案された儀礼の手順であるという。

供犠が終わると、人びとは礼拝所を離れて、踊りの広場に戻る。昼食ののち、広場では、日が暮れるまで、チスングゥ（女性の成人儀礼の踊り）やンソングウェ（女性の葬儀の踊り）、ビヨトト（男女の踊り）など、ンセンガに伝わるさまざまな踊りが繰り広げられることになる。

四　祭りの創成の背景

以上、ここまで、一九八〇年代に次々と創成されていったザンビア東部州の三つの「王」の祭りを順に見てきた。これらの祭りの発生と展開を、過去約三十年にわたってリアル・タイムに目撃することができたのは、私にとって大きな幸運であった。

この動きは、その後、ザンビア全土に波及し、現在では、ザンビアに七十三あるといわれる民族集団のほとんどすべてが、民族単位の独自の祭りをも持つようになっている。

それにしても、こうした祭りが、この時期に集中して「再興」された背景には、いったい何があったのだろうか。

一九八〇年を控えた七〇年代後半は、じつはザンビアにとっては、独立後の経済的発展が崩壊し、政府もその政策の根本的な転換を迫られた時期である。植民地時代以来、銅の生産で大きな利益を上げ、順調な成長を続けてきたザンビア経済は、一九七三年の石油ショック、七五年の銅価格の暴落をきっかけに深刻な危機に陥る。それまで銅のみに依存し、農業開発を等閑視してきた結果、主食のトウモロコシすら不足する事態を招いた。政府はこの時点を境に農業開発を最優先課題とせざるをえなくなる。当然、その推進には地元の伝統的な「王」たちの協力が不可欠となった。一方、銅鉱山の不振は、出稼ぎ労働者の帰村をうながした。都市生活を経験し、多民族状況のもとで、「どこから来た誰であるか」を問われる日々のなかで、民族としての帰属意識を高めた男たちが、伝統的な村落社会に大量に帰還した。土地との繋がりに基づいた民族意識の高揚が、この時期のザンビアの各地に広がっていったのである。八〇年代における「王」たちの祭の創成は、こうした背景を抜きにしては語れない。

民族の全体を巻き込んだかたちの祭りは、民族のまとまりを視覚的に表現し、民族としてのアイデンティティを再確認し強化するもっとも有効な手段のひとつである。祭りの創成にむけての動きが活発化していく。しかし、その動きは、ザンビアのめざす国民国家のもとでの人びとの統合に逆行するものであってはならなかった。「王国」の指導者たちが選択した方策は、それらの祭を新たな「創出」ではなく、植民地時代に禁止された行為の「再興」と謳うことであった。そうすることで、祭の開催は、植民地支配からの解放によって得た恩恵のひとつ、つまり独立によって築かれた国民国家の大きな成果のひとつとして位置づけることが可能になる。新たな祭りは、「再興」されたものでなければならなかったのである。

八〇年代に開始された「王」たちの祭りには、もうひとつの顕著な特徴が認められる。それは、時期のうえでも、また内容のうえでも、それらの祭りが互いに差異化されていることである。繰り返しになるが、ンゴニの祭りンチュワラは、初穂、つまりはじめての収穫を祝うものとして、雨季のさかりの二月に開かれる。チェワ人の祭りクランバは、収穫を感謝する祭りとして、乾季のさなかの八月の末に開催される。そして、ンセンガ人の祭りトゥインバは、来る年の雨と豊作を祈る雨乞いの祭りとして、乾季から雨季へと移行する十月におこなわれる。こうした差異化が意識的になされたことは、最後に「再興」されたトゥインバが綿密な調査研究のもとにその時期と内容を決定されたことをみても明らかであろう。意識的な調整のもとに民族の祭りを「再興」しようという動きは、先にも述べたとおり、三つの「王国」にとどまらず、さらに広がりをみせている。確かに、参列者の重複を避け、テレビでの注目や観光客の関心の分散を回避してたがいの共存を求めるという、きわめて現実的な理由からしても、そうした措置が要請されることはまちがいない。

ザンビア政府にとっても、こうした動きは歓迎すべきものであった。政府は、多数の民族の祭を短期間のうちに「再興」することを積極的に支援した。それによって、特定の集団が突出することを避けることができるからである。具体的には、個々の祭りへの財政的援助、政府の高官の派遣、また各地の「王」たちが来賓として参加するための交通手段の提供などといった方策がとられていった。

今、あらためて検証してみれば、多くの民族が祭りという装置を使ってたがいの独自性を主張しつつ、しかも共存を求めるには、こうした民族の祭りを一斉に「再興」し、その相互を時期的にも内容的にも差異化・構造化する以外に、それほど多くの選択肢の残されていないことに気づかされる。一九八〇年代のザンビアにおける、「再興」という名の「王」たちの祭りの創生は、個々の民族のアイデンティティをたかめると同時に、異なる民族が共生するために、「王」と「王」をとりまく人びとが編み出したしたたかな戦略だったといわなければならない。

五　博物館建設競争

以上述べたような、祭りの創成は、一九九〇年代に入ってひと段落する。そして、九〇年代後半になると、今度は、各民族がそれぞれの民族の手によるそれぞれの民族の文化の展示を目的とした博物館の建設で競い合うようになる。祭りは一時的なものなので、そこで用いるような自分たちの遺産を、祭りを開く場所の近くで恒久的に展示しようという動きが起こってきたのである。

この種の博物館建設の先駆けとなったのが、ザンビア西部州のモングを中心に、独自の王国、ロジ王国を形成しているロジの人びとがザンベジ河畔の王宮の隣に設けたナユマ博物館である。

もともと、ザンビアには、本章で紹介したような、民族を挙げておこなうような祭はほとんどみられなかった。その種の祭の唯一の例といってよいのが、西部州のロジ王国の王宮の移動の祭クオンボカであった。ロジの王は、ザンベジ川の川岸と、川の中州の二箇所に王宮を構えている。王は、雨季と乾季で上下するザンベジ川の水位に応じて、中州の王宮と川岸の王宮の間を行き来するが、とくに、水位が上がり、中洲の王宮から川岸の王宮に移る際には、王宮の資財や従者ごと、大きなボートに積み、船団を組んで移動する。それがクオンボカの祭典である。一連の民族単位の祭の創成も、このクオンボカの存在を意識したものであったのは確かである。

ナユマ博物館は、クオンボカの祭典の主な舞台となる、川岸の王宮に隣接して建設された。建物の様式も、王宮の建築の様式を踏襲している。とはいえ、この博物館は、王のもつ宝器の収蔵・展示施設というわけではない。王家の支援は受けながらも、第一義的には、この博物館は、ロジ民族の伝統的な生活用具を収集・展示し、ロジの人びとの文化の継承の場とすることを目的とした、コミュニティ・ミュージアムである。

個人のコレクションを引き継いで成立したコミュニティ・ミュージアムもある。北部州ムバラの町に位置するモトモト博物館がそれである。この博物館は、一九五〇年代に、カトリック系のミッション、ホワイト・ファーザーズに属するジャン・ジャック・コベイルという名の神父の手で集められた北部州ベンバ人関係の資料を収蔵している。一九七四年にザンビア政府に移管され、国立の博物館の一つとなったが、その収蔵品の特性から、現在では、ベンバのコミュニティ・ミュージアムとしての性格を強めている。

このほかにも、各地で続々と新たな博物館が建設され始めている。ンチュワラの祭りを再興したンゴニの人びとは、東部州チパタの市営の集会場の払い下げを受けて、ンスィンゴ・ホールという名の博物館への改装を進めている。

チェワでも同じような動きがみられる。先にご紹介したチェワ社会に見られるニャウという仮面結社の舞踊グレ・ワムクルが、同じザンビアのルヴァレの人たちが継承している割礼儀礼にまつわる仮面舞踊マキシとともに、日本の歌舞伎などと同じ二〇〇五年にユネスコの「人類の口承及び無形遺産の傑作」に選ばれ、二〇〇八年に無形文化遺産の代表一覧表に記載された。それをきっかけに、このチェワでも、またルヴァレでも、それぞれ、祭りの場に博物館を作ろうという計画が動き出し、既に設計図も出来上がってきている。五、六年以内に、またすべての民族集団がそれぞれの博物館をもつという状況が生まれそうな勢いである。

ここで紹介したザンビア国内の博物館をめぐる動きで重要な点は、それらの民族単位の博物館が想定している観客は、外部の観光客というよりも、地域の住人であり、そこで住人たちのあいだにそれぞれの民族の文化に対する誇りを醸成し、さらには有形・無形の文化遺産の継承をはかっていこうとしているという点である（本書関論文も参照）。とはいえ、大多数の住民にとって、また博物館の建設計画を進めようとしている当事者たちにとっても、博物館という装置はけっしてなじみ深い存在ではない。文字通り手探りの状態で博物館建設運動が進んでいるというのが実情である。

民族単位で作り出される博物館というものは、個々の民族自身による自らの文化、つまり自文化の管理と表象の装置という意味では、基本的には歓迎すべき存在だと考えられる。ただ、そこで築かれる民族の誇りというのが、排他的で偏狭な民族的アイデンティティの形成につながるのなら、それは逆効果であろう。それだけに、その活動を常により広い世界に開いておくこと、より広い共通のアイデンティティの醸成に繋がる道を確保しておく必要があると思われる。ザンビアの首都ルサカにある国立博物館評議会では、各地で活発化したこうした博物館建設の動きを支援する一方、それら民族単位で作られた博物館と国立博物館群をネットワーク化する活動を進めている。私自身も、そのネットワークを私の所属する国立民族学博物館が実施しているさまざまな事業と接合することで、こうした動きをサポートしている。

具体的にいえば、国立民族学博物館では、ＪＩＣＡ（国際協力機構）の委託を受け、一九九四年以来、毎年世界各国の博物館関係者計十人を受け入れて、約四か月間にわたる「博物館学コース」という研修を実施している。

ザンビアからはこれまでに十二人のキュレイターが研修を終えているが、日本での研修を終えたキュレイターたちが、帰国後自らが講師役になって、日本に来る機会のなかった国内の博物館関係者を対象に、毎年博物館学のワークショップを実施するようになっている。私自身もこうしたワークショップにはファシリテーターとして加わるようにしているが、それらのワークショップにも、国立の博物館だけでなく、ここで紹介したようなコミュニティ単位で作られつつある博物館の関係者も招いて、技術や経験を共有するとともに、コレクションのデータベースの共有化も進めている。

この共有化されたデータベース・システムにおいて、試みに「仮面」という語で横断検索をかけてみよう。すると、たとえば、ザンビアに居住する民族の仮面が、マラウィやジンバブウェの各地で収集されていることが確認できる。出稼ぎや移住によって転出した人びとが、定着した先で自らの伝統的な仮面儀礼を継承し維持している。その結果、遠く離れた土地で、仮面の収集例が確認されたのである。また、「土器」という語で横断検索をかけると、各地で現在製作されている土器の数々を目の当たりにできる。考古学遺物では完全な形をとどめた土器の発掘例は稀であるが、遺物から推測される土器の形式と、現在も製作され続けている土器の形式との間に、一定の連続性が認められる場合も多い。そのような場合、このサイバーミュージアムは、まさに、国境を越えた共通の文化の存在を確認させてくれる。

こうした試みも、偏狭なアイデンティティを超えて、より広い共通のアイデンティティ形成に向けた努力のひとつである。たかがデータベース、たかが博物館といわれるかもしれない。しかし、データベース、あるいは博物館という装置は、開かれたアイデンティティを醸成し、社会の安定にまで貢献できる可能性を宿したものにほかならない。それぞれの地域や民族に根ざし、しかもより開かれたアイデンティティに基づく新たな文化を構築する装置としてのミュージアムの役割は、これからさらに大きなものになるに違いない。

おわりに

本章では、一九八〇年代以降、ザンビアで展開してきた、民族単位の新たな祭りの創成とそれを受けた博物館の建設競争の様相を見てきた。とくに私自身が研究の拠点としてきたチェワの社会について言えば、一九八四年の「伝統を始めよう」を合言葉にしたクランバという新たな祭りの創始、その祭りでの披露されるニャウの仮面結社による舞踊グレ・ワムクルの二〇〇四年のユネスコの無形文化遺産リストへの記載、そしてそれをきっかけにした博物館建設の動きは、私自身の目の前で展開してきた動きであった。

二十数年前、私が調査を始めたときには、チェワという集団の間に仮面舞踊の伝統があること自体、ザンビアの外では、ほとんど知られていなかっただけに、感無量の思いがある。ただ、気がかりなのは、ザンビアの中で仮面を有する社会は、むしろ例外的であり、このチェワとルヴァレのふたつに限られるという点である。その社会の仮面舞踊だけがユネスコの無形文化遺産リストに記載されたということは、今後、他の集団の舞踊にどのような影響を及ぼしていくのか。世界遺産や無形文化遺産という、文化の間に序列を持ち込む権力的な制度の行く末を、今、私は、一抹の危惧の念をももちつつ見守っている。

このチェワに関しては、さらに、二〇〇七年のクランバでは、注目すべき展開がみられた。チェワの人びとは、現在、ザンビア、マラウィ、モザンビークにまたがって居住しているが、ザンビアでおこなわれたその年のクランバの祭りに、これら三か国の元首、大統領がこぞって参列したのである。このような形で、一つの民族がまたがって住んでいる国の元首が、その民族の祭りに集うということは、アフリカの歴史上、初めての出来事であろう。各国の元首は、それぞれ、やはりチェワの踊りのユネスコの無形文化遺産リスト記載を例に出し、チェワだけではなく、すべての民族の伝統文化の重要性の再認識の必要性を訴えるものであった。その祭りでは、それぞれの大統領に引き連れられるかたちで、ザンビア以外のチェワのチーフたちも、自身の地域の仮面の踊り手を帯同し、ザンビアのチェワの王ガワ・ウンディの前で踊りを披露するという形で、式次第が組まれた。チェワの人びとは、自分たちはチェワ語を話し、緩やかに同じチェワだという意識はもっていても、三か国にまたがるチェワが、ザンビアのチェワの王の下に統合されているという意識は、これまでもちあわせてはいなかった。それが、この年のクランバの祭りで、一つの王国としての一体性、アイデンティティが表明されたことになる。

このように、今、有形・無形の文化遺産は、祖先から受け継いだ、あたり前の事物や慣習ではなく、それを活用することで、新たな集団としてのアイデンティティを生み出し、さらには国家を超えた新たな地域共同体を築き上げていく手段としても活用されてきている。祭り、そして博物館は、新たな文化、新たな集団を築き上げる装置として改めてみなおされてきているのである。

（1）首長チャンジェは、初年度のクランバの実行委員長をつとめたが、翌一九八五年以降は、首長ムワンガラがその役職をつとめている。ムワンガラは、筆者の調査村カリザを管轄する首長であり、一九八四年の調査開始以来、筆者の調査の最大の理解者であり、支援者である。

参考文献

吉田憲司（一九九四）『仮面の森——アフリカ、チェワ社会における仮面結社、憑霊、邪術』講談社。
——（二〇一六）『仮面の世界をさぐる——アフリカとミュージアムの往還』臨川書店。
Chipungu, Samuel N. 193　African Leadership under Indirect Rule in Colonial Zambia. Samuel N. Chipungu（ed.）In *Guardians in their Time: Experiences of Zambians under Colonial Rule, 1890–1964*, London: Macmillan.
Kuper, Hilda 1963　*The Swazi: A South African Kingdom*, New York: Holt, Rinehart and Winston.
Lukhero, M.B. 1985 *Ngoni Nc'wala Ceremony*, Lusaka: National Education Company.
Pool, E. H. L 1929–1930　The Date of the Crossing of the Zambezi by the Ngoni. *Journal of the African Society* 29: 290–292.
William-Myers, Albert James 1978　The Nsenga of Central Africa: Political and Economic Aspects of Clan History, 1700 to the Late Nineteenth-Century. Ph.D. Dissertation submitted to University of California, Los Angeles.

第三部　変わりゆく伝承のかたち

民族文化の振興と工芸
——北海道二風谷の木彫盆・イタから考える

齋藤玲子

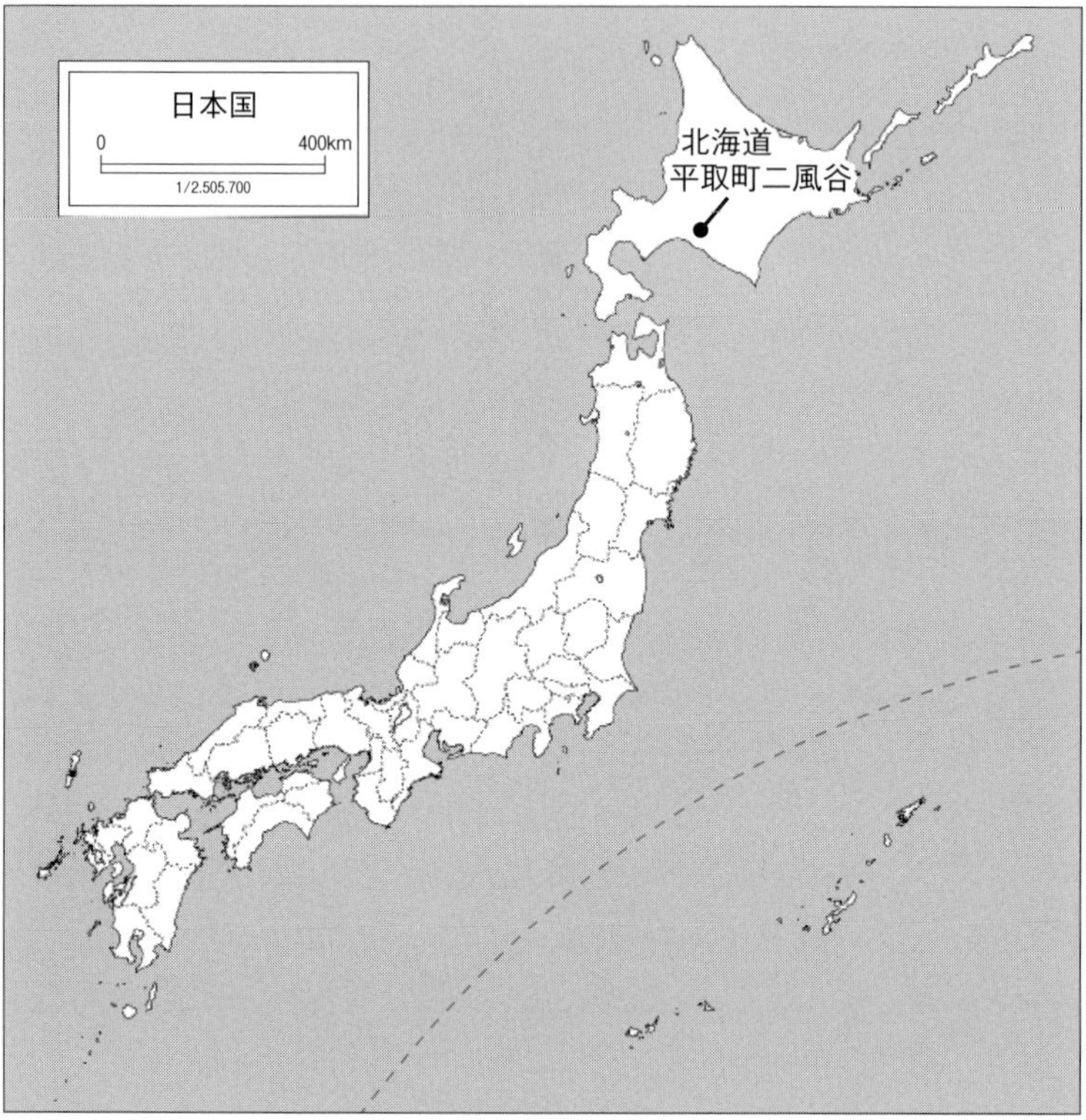

日本国
0
400km
1/2.505.700
北海道
平取町二風谷

一　北海道初の伝統的工芸品指定

経産省の「伝統的工芸品」とは

二〇一三年三月、平取町《びらとりちょう》二風谷《にぶたに》のイタ（*ita*）とアットゥシ（*attus*）が、北海道で初めて経済産業省の「伝統的工芸品」に指定された。いずれもアイヌの伝統的な生活用品で、イタは木彫りの盆、アットゥシはオヒョウ（ニレ科）などの樹皮から作る糸で織られた布（その布で作られた着物も指す）である。イタとアットゥシは、もちろん二風谷のみで利用されてきたわけではないが、他の地域に先駆けて指定を受けたのには理由がある。後で詳しく述べるように、工芸家たちの努力はもちろん、町を挙げてアイヌ文化と関連産業の振興に取り組んでいることと、製作年代と地域の確かな古い実物資料や文献があり、それらが伝統を裏付けるとともに、製作の拠り所となっているからである。指定後は、認知度が高まり、販売額も伸びた。工芸品のみならず、地域の活性化にもつながっている。

二風谷の伝統的工芸品指定に関する一連の動きは、文化振興のうえでも、モデルケースということができる。本章では、二風谷の木彫を例に、その歴史を概観し、どのような人がかかわり、どのように工芸技術を受け継いできたのかを検証する。また、過去の有形の遺産を持つ博物館がそうした動きをどう支援していけるのかについても検討したい。第一節では、伝統的工芸品指定の経緯と背景としてアイヌ文化をとりまく近年の動きを、第二節では二風谷の歴史と工芸家の出自や技術の継承について、第三節では学術資料としてものを研究・保管する博物館が文化振興に貢献する可能性について取り上げる。

この指定は「伝統的工芸品産業の振興に関する法律」（略称：伝産法）にもとづくもので、その目的は第1条に記載されているとおり「一定の地域で主として伝統的な技術又は技法等を用いて製造される伝統的工芸品が、民衆の生活の中ではぐくまれ受け継がれてきたこと及び将来もそれが存在し続ける基盤があることにかんがみ、こ

写真１　イタ　貝澤守　2015年作（国立民族学博物館所蔵　標本番号 H0277697）

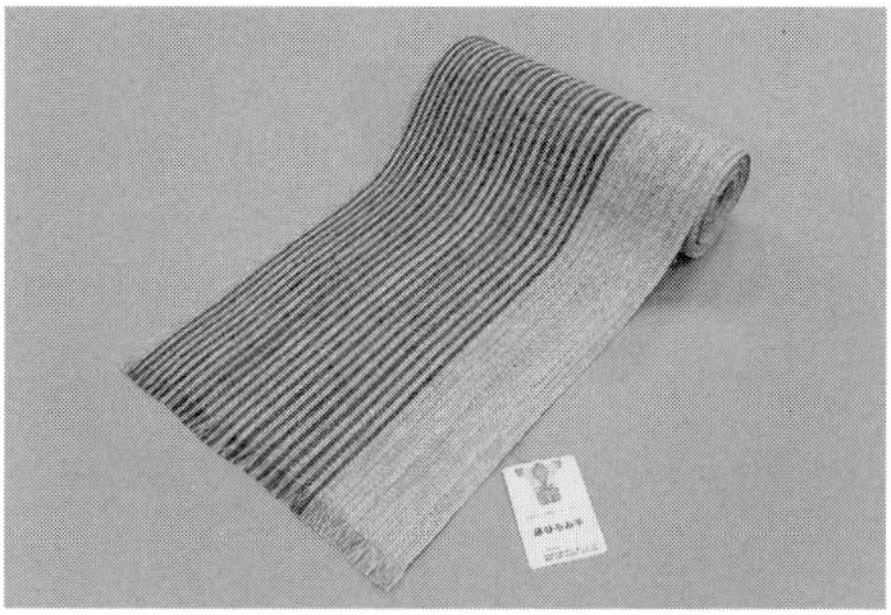

写真２　アットゥシの帯（和装用）　藤谷るみ子　2015年作（国立民族学博物館所蔵　同 H0277696）

のような伝統的工芸品の産業の振興を図り、もつて国民の生活に豊かさと潤いを与えるとともに地域経済の発展に寄与し、国民経済の健全な発展に資すること」である。そして、次の五つの要件を満たすことが必要である。すなわち「一、日用品であること　二、手工業的であること　三、伝統的な（一〇〇年以上）技術・技法であること　四、伝統的に使用された原材料であること　五、一定の地域で産地形成がなされていること」である。

つまり、地域と国の経済発展に資するために伝統的な工芸品の産業を振興するのが目的であり、保護すべき文化財というわけではない。しかし、指定の対象や範囲がやや異なるものの、伝統工芸品には重要無形文化財（工芸技術）や選択無形文化財と重なっているものも少なくない。要件の一つめが「日用品」であるため、美術品が中心の有形文化財には当てはまらないものが多いが、アイヌの場合は、後述するように国の重要有形民俗文化財にイタとアットゥシを含む生活用具のコレクションが指定されている。

本書では文化遺産を担う「コミュニティ」を論点としている。この「伝統的工芸品」指定は、一定の要件に該当する事業協同組合等が、都道府県知事等を経由して、経済産業大臣に申し出を行うことになっている。二風谷のイタとアットゥシの場合は「企業組合二風谷民芸」(任意団体)であり、申請時の事業者は十四件、従事者は二十八人となっている。二風谷のイタとアットゥシの継承を支えているのは、もちろんこのほかに多くの個人や機関、自治体等の関係者がいる。本事例では、その「コミュニティ」のひろがりについても考えたい。

実は、この指定に向けた活動が本格的になってきたころ、平取町が指定を受けたら、他の地域で作ったものはどうなるのか、という疑問・危惧の声があった。具体的には、二風谷出身で札幌在住の貝澤文俊さんから、札幌で織ってもアットゥシ織りはアットゥシ織りだ、との発言があった(貝澤文俊 二〇一二など、兼重 二〇一七も参照)。もっともなコメントである。伝産法では、主要製造地域を市町村単位で申請することになっており、「アイヌ工芸品」というような大きな括りが認められないことから、アイヌ全体としては「合意形成がなされていない」という認識もあった。伝産法をアイヌの工芸品に適用することへの疑問を抱えながらも、北海道アイヌ協会の事務局では、指定されれば、知名度の向上・販路拡大・後継者育成につながるという期待があった(貝澤和明 二〇一二など)。

伝統的工芸品指定までの背景

アイヌ民族とその文化をとりまく社会の状況は、この二十年ほどで大きく変化した。本論に入る前に、簡単にふりかえっておく。国連の「世界の先住民の国際年」だった一九九三年は、国内各地の博物館等でアイヌ文化の特別展が開催されたのをはじめ、さまざまな催しがおこなわれ、アイヌ民族への理解促進が図られる契機となった(本書関論文も参照)。

同じ年、二風谷在住の貝澤正さんと萱野茂さんが土地の強制収用を不服として札幌地裁に二風谷ダム建設差し止めの訴訟を起こした。訴訟中もダム建設は進められ、一九九七年に出た判決で原告の請求は棄却され、土地収用も取り消されなかった。しかし、判決文で、アイヌを先住少数民族であるとし、独自の文化に最大限の配慮をなさなければならないとしたことは、画期的であった。

その間、一九九四年には、繰り上げ当選によって萱野さんがアイヌ民族初の国会議員になった。二風谷ダム裁判の判決が出た同じ一九九七年には「アイヌ文化の振興並びにアイヌの伝統等に関する知識の普及及び啓発に関する法律（通称：アイヌ文化振興法）」が施行され、同時に北海道旧土人保護法が廃止された。十年後の二〇〇七年には「先住民族の権利に関する国際連合宣言」が採択され、日本も賛成票を投じる。二〇〇八年に国会で「アイヌを先住民族とすることを求める決議」が採択され、内閣官房長官によって、総合的な施策の確立に取り組むため「アイヌ政策のあり方に関する有識者懇談会」が設置された。

翌二〇〇九年に内閣官房長官に提出された同有識者懇談会の報告書には、アイヌの工芸品について、「今後のアイヌ政策のあり方」の「具体的政策」として「広義の文化に係る政策」のうち「産業振興」の項で、次のような提言がなされている。

「文化振興や伝承のための活動がアイヌの人々の経済的自立にも結びつくための方策として、伝統的なアイヌの工芸品等に関する工芸技術の向上や販路拡大、アイヌ・ブランドの確立、アイヌ文化の適切な観光資源化や観光ルート化、アイヌ文化をテーマにした観光産業振興に資する国内外へのプロモーション等に取り組むことが必要であり、これらに対する支援の充実強化が求められる。とりわけ工芸品の販路拡大やアイヌ・ブランドの確立に向けたマーケティング調査を早期に実施することが必要である。なお、地域におけるアイヌ文化と経済活動等との連携を更に促進するためには、アイヌの人々と地域住民が主体となった取組等を後押しするような支援が重要である。」（アイヌ政策のあり方に関する有識者懇談会 二〇〇九：三八）

この内容を検討するため、経済産業省（中小企業庁）と北海道がアイヌの工芸品・民芸品について調査を進めることになり、社団法人北海道アイヌ協会が実施主体として、二〇一〇～一一年度にかけて調査と検討をおこなった。そこでは、アイヌ工芸品・民芸品に対するニーズの把握を目的とした市場調査や道内の製作販売の実態と課題の調査とともに、アイヌ民芸品・工芸品のブランド化についても検討した（北海道アイヌ協会 二〇一二）。筆者も同調査の検討委員として加わった。

地元・平取町では二〇一〇年三月に「アイヌ文化振興基本計画」を策定し、「生業に結びつき息づくアイヌ文化の継承」を目標に掲げ、その具体化を進めるために、①平取町アイヌ伝統工芸の振興とアイヌの伝統的食文化の活用、②アイヌ文化の見学や体験を取り入れた交流産業の推進、③精神文化の拠りどころとなる自然環境の保全と継承対策の推進、という三つの先行プロジェクトを定めている。そのなかで、地域の産業振興にもつながる①の伝統工芸の振興に関して、二〇一〇年度より平取町アイヌ伝統工芸の商品開発と地域ブランド化に取り組んでいる。百年以上前から今に伝わる沙流《さる》川流域アイヌ伝統工芸品について、*sarunkur aynu*（サルウンクル アイヌ）という新たなブランドを立ち上げ、これまでの伝統工芸品のさらなる継承とともに現代のニーズに即した商品開発に着手しており、道内外のギャラリーや札幌駅前通地下歩行空間を使ったPR活動も行っている。さらに、伝統工芸を紹介する博物館・資料館と民芸店を結ぶ「匠の道」の命名など、地域住民がプロデュースして集客する「着地型観光」の形成による販売促進の基盤づくりもおこなわれている（平取町 二〇一〇）。

二風谷のイタとアットゥシは、国・北海道・平取町のこうした動きのなかで伝統的工芸品に指定されたのである。

アイヌの文化遺産

アイヌの文化遺産としては、たとえば国の重要無形民俗文化財に指定されている「アイヌ古式舞踊」や、国の重要有形民俗文化財に指定されているアイヌ生活用具（道具）コレクションなどがある。

アイヌ古式舞踊については、一九八四年に指定された保護団体「アイヌ古式舞踊連合保存会」の構成団体が八保存会であったが、一九九四年に九保存会が追加され、現在は十七の保存会が指定されている。平取アイヌ文化保存会も当初の八保存会に入っていた。なお、アイヌ古式舞踊はユネスコの「人類の無形文化遺産の代表的な一覧表」への日本からの第一回提案の一つとして提出され、二〇〇九年に記載された。

国の重要有形民俗文化財は北海道内で四つ指定されており、うち三つがアイヌのもので、一九五七年に指定された北海道大学が保管する「アイヌのまるきぶね」一点、一九五九年指定の函館市北方民族資料館が保管する「アイヌの生活用具コレクション」（馬場脩氏の収集品）七五〇点、そして二〇〇二年に指定された「北海道二風谷および周辺地域のアイヌ生活用具コレクション」である。この三番目は萱野茂さんが収集した約二四〇〇点の資料のうち、製作法や使用法などの記録が明確な資料一一二一点が指定されたもので、平取町立二風谷アイヌ文化博物館と萱野茂二風谷アイヌ資料館に所蔵されている。

さらに二〇〇七年には「アイヌの伝統と近代の開拓による沙流川流域の文化的景観」が全国で三番目の重要文化的景観にも選定されている。

また、民間のNPO北海道遺産協議会によるものではあるが、二〇〇一年に第一回分二十五件、二〇〇四年に第二回として二十七件の「北海道遺産」が選定されていて、うちアイヌ文化に関するのは「アイヌ語地名」「アイヌ文様」「アイヌ口承文芸」である。この三つは、北海道各地に存在するものとして「北海道遺産マップ」上では場所は特定されていないが、ウェブサイトの「見学スポット」として紹介されているのは、平取町立二風谷アイヌ文化博物館、萱野茂二風谷アイヌ資料館の二館と、アイヌ民族博物館（白老町）であり、これも二風谷に代表される遺産となっている（北海道遺産協議会 二〇一四）。

このように二風谷は、公的にも認められた文化遺産の宝庫と言える。二風谷のイタとアットゥシが、伝統的工芸品の指定を受けた背景には、こうした別の文化遺産の存在も無視できないだろう。

二　二風谷の工芸とその担い手たち

二風谷の歴史と工芸

つぎに、二風谷の工芸とその担い手について紹介していきたい。まずは、二風谷の概要について記しておこう。沙流郡平取町二風谷は、太平洋に注ぐ沙流川の河口から二十キロメートルほど上流（北東）に位置し、平取町本町からは約七キロ離れた集落である。二〇一五年の平取町の人口は約五三〇〇人、二風谷地区の人口は約四百人である。アイヌの定義は決まっておらず、アイヌの人口を数えることはできないが、貝澤耕一さんは、二風谷住民のうちアイヌは七割以上で人口密度が一番高いと言っている（貝澤耕一 二〇〇八、二〇一一）。いずれにしても「アイヌの伝統文化を受け継ごうとする人々が多く住んでいる」ということはできる（本田 二〇一五：二四など）。

歴史的には、沙流川とその支流域に沿ってコタン（集落）が点在し、一八〇〇年代の初期の文献によれば、十五のコタンで二三六戸、一〇一三人が住んでいた（東蝦夷地各場所様子大概書）。平取町にあたる地域には古くから十を超えるアイヌの集落があり、今の集落もかつてのコタンと同じ地域である。現在の二風谷地区は、かつてのニブタニ、ピパウシ、カンカンという三つのコタンをふくみ、平取町にあたる地域の一～二割の戸数と人口だったが、大正時代から次第にその割合は減り、人口が集中する本町と、そこから離れた比較的少人数の集落という構成になった。和人は本町を中心に移住し、平取町としての人口は増加した。つまり、平取町で二風谷だけがアイヌの居住地域ではないことを確認しておく。

工芸が、各時代でどのような位置づけにあったかも概観する。江戸時代の場所請負制の下では、主な働き手は春から秋の漁期に沙流川河口や周辺の海辺の漁場労働に駆り出され、冬期には集落に戻り、狩猟などをおこなった。毛皮は主要な交易品であったが、木彫やアットゥシ、ござなどもまた交易のために作られた。たとえば松前藩（幕府直轄時代は函館奉行／松前奉行）への献上品は各場所の産物であったが、安政年間（一八五四―一八六〇）沙流場所からの献上品は「廣盆（五枚）、半月盆（同上）、丸盆（同上）、手拭掛（五本）、苫（二枚）、大豆（八升）、小豆（同上）、稗（同上）、粟（同上）」であった（村尾 一八九二：一七〇）。盆と手拭掛が木彫品、苫はむしろ／ござのことである。幕末には形の異なる盆が作られ、献上品になるほどの出来映えだったことがうかがえる（齋藤 一九九四）。伝統的工芸品の要件である「一〇〇年以上」はゆうに超えている。

明治時代には、外国人の旅行家や研究者が記録したり、実物を収集したりしている。たとえば、『日本奥地紀行』を著したイザベラ・バードは、一八七八年に平取に滞在中、工芸品の売買に関して、次のように書いている。宿泊料を受け取らないため「手工品」を買って援助したいと言ったが、アイヌは提示した額の半分の値打ちしかないと、「弓と三本の毒矢、菱形模様をつけて葦草を赤く染めた二枚の葦草製の蓆、鞘のついた小刀、樹皮製の衣服」を一ドル十セントで売ってもらった。このほか、男たちは狩猟と魚とりが彼らの仕事であり、「室内のレクリエーション」として彼らは煙草入れや小刀の鞘、酒箸や機の梭《ひ（ママ）》を彫って作る。」とも記述し、蓆やアットゥシを売ることにも触れている（バード 二〇〇〇：三九〇―三九二）。

アットゥシは明治十年代までは大量に生産され、本州に移出されていた。しかし、その後は急激に減少するとともに、アイヌ自身も着ることが少なくなり、織りの技術も廃れていったと考えられる（本田 二〇〇二、二〇〇三）。

次第に工業製品が普及するようになると、手作りの生活用具は日本の家庭では使われなくなっていき、アイヌの家庭でも同様であった。その頃の記録としては、明治時代半ばに二人の先駆者がアイヌ文様を彫り込んだ盆や茶托を札幌で販売したとされる（二風谷部落誌編纂委員会 一九八三）。それは一方で限られた人が販売用のものを作っていたということであり、誰もが日常的に作っていたのではないことを示していると考えることもできる。

戦前・戦中は「ござ」ばかりでアットゥシは作らなかったとされ、昭和二十年代の終わりころには、アットゥシを織る人は二風谷でもごくわずかだったという（上田 一九七七）。そして、同じ平取町でも二風谷だけだったとの証言もある（木村　一九八七）。

そうした状況が変わるのは、昭和三十〜四十年代の北海道観光ブーム以降のことである。

二風谷の観光と工芸

アイヌ文化にふれることのできる観光地は、古くは明治時代から白老と旭川が知られており、昭和初期には阿寒や川湯も加わった。先述のように、二風谷には明治時代からアイヌ文化をもとめて研究者や博物館関係者・旅行家らが来訪したが、一般の人たちが観光目当てに来るという場所ではなかった。二風谷の民芸品街が形づくられ始めたのは、一九六五（昭和四十）年ころからである。二風谷部落誌編纂委員会の『二風谷』（一九八三）に詳しいので、以下に関係部分を抜き書きする。一九六五年に札幌から日勝峠をとおって帯広に行く通称「日勝道路」（二七四号線にあたる）が開通すると、それにつながる二三七号線（旭川市起点で富良野市や日高町をとおり、浦河町終点）も往来が増え、二三七号線に面した二風谷も賑やかになった。北海道、そして日本全体が観光ブームに入っていた時代で、貝澤正さんによれば「利にさとい二風谷の人々は、逸早くこの旅行ブームに目をつけ、日勝道路が開通すると、国道沿いにアイヌ民芸品店を作って商売することを考えついた」という（二風谷部落誌編纂委員会　一九八三：二三四）。雑貨店、食堂、そして正さん本人が「バラック建ての民芸品販売用貸店舗を建てたので、ここに最初に二風谷民芸品店ができた」（同）。一九六八年にはドライブインが開店、一九七〇年ころまでに「萱野茂、貝沢末一、貝沢つとむ、貝沢はぎ、貝沢守雄などの貸店舗や民芸品店が軒を並べて、今日の二風谷商店街の基礎を作った」[1]（同）。

一九七二年には、アイヌ文化資料館が開館した。萱野茂さんが土地と収集した民具類などを寄贈、北海道ウタリ協会（当時）の会報には「平取町支部の提唱により、協会事業として各方面の協力によって実現を見た」と書かれている（北海道ウタリ協会　一九七二）。

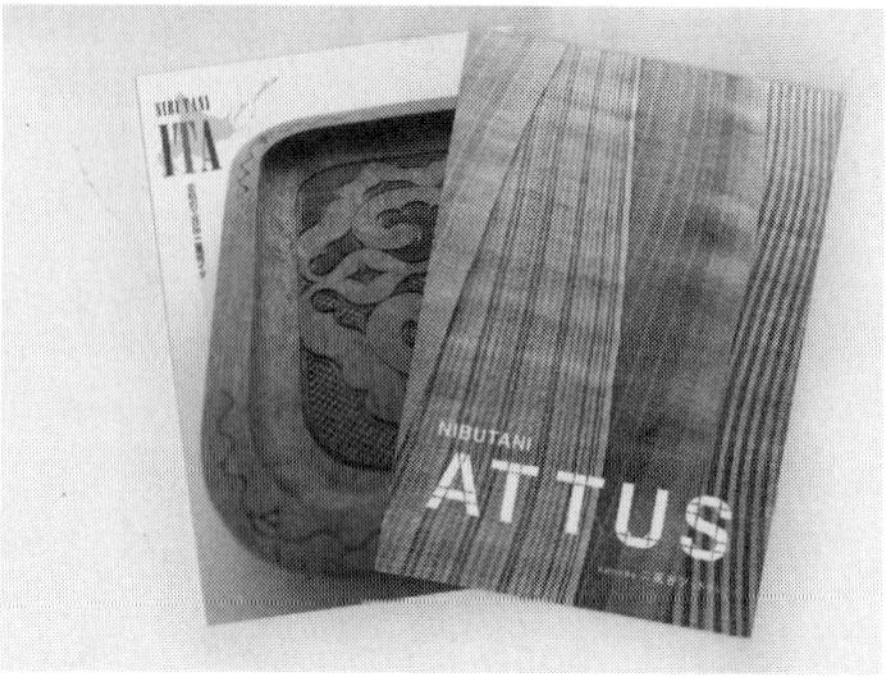

写真3　二風谷のイタとアットゥシのパンフレット（二風谷民芸組合発行）

こうして、北海道が観光ブームにわいた昭和三十〜四十年代にみやげとしての木彫とアットゥシの生産が増加してきたころ、二風谷も観光地として知られるようになるのである。

工芸の現状

企業組合二風谷民芸（現・二風谷民芸組合）の設立は一九六四（昭和三十九）年十二月二十六日である。伝統的工芸品申請時の概要として、二〇一一年度の出荷額・製造事業者数・従事員数が挙げられているが、イタとアットゥシ両者とも製造事業者数十四件、従事者数二十八である。二風谷の二つの「伝統的工芸品」を製造者として担っているのはこの十四件、二十八人という。二〇一一年の出荷額は、イタが六百万円で、付記として「昭和四〇年代の最盛期は八五〇〇万円程度の出荷額がみられた」「直近の五年間の出荷額の推移は、ほぼ横ばいの状況である」とある。同じくアットゥシは五百万円、付記で「昭和四〇年代の最盛期は一五〇〇万円程度の出荷額がみられた」「直近の五年間の出荷額の推移は、ほぼ横ばいの状況である」となっている。一九七〇年に二風谷にあった五十軒近くの民芸店は、観光客の減少やニーズの変化で工芸品の売れ行きが落ちたことで転職する人が増え、一九九〇年代初めにほぼ半減、一九九九年の国道沿線整備を機に、六軒に減少した（平取町地域活性化協議会 二〇一三）。

現在、おもな作家として二風谷民芸組合のパンフレット「伝統的工芸品　二風谷イタ」「伝統的工芸品　二風谷アットゥシ」やウェブサイト「二風谷アイヌ匠の道」で紹介されているのは、イタで八人、アットゥシ八人である。観光ブーム当時に「男性は木彫り、女性はアットゥシ織り」をしたという六十歳代以上の人たちと、子どものころに親や祖父母らのものづくりをする姿を見て育ったという四十〜五十歳代の世代の人たちである。つぎに、最盛期のころから今の作家たちにいたるまで、工芸の担い手がどのように技術を継承してきたのかを見ていく。

工芸品の先駆者

木彫にしても織物にしても、もとは誰もが生活のためにおこなっていたものである。江戸時代の献上や交易のためのものを除けば、商売としてものづくりをするようになったのは、早くて明治二十年代のようである。貝澤正さんは、次のように書いている。

貝沢ウトレントクがクルミやカツラ材でアイヌ文様を彫り込んだ盆や茶托を作り札幌で販売しているが、これが二風谷民芸品の始まりといっていい。……（中略）……　その後は貝沢菊次郎がパイプの製作・販売をするくらいで、自分たちの伝来の技術を生かして金に換えようと考える者はいなかった。その点に着目したのが萱野茂である。昭和二〇年代には、全国の小学校生徒にアイヌの生活や踊りを見せる巡業に村人を引率参加して、北海道以外の人々の生活や観光地を垣間みて歩きアイヌ民具が高く売れることを知って、昭和二八年ころから自らカツラやクルミで茶托やお盆の製作に着手し、その後の二風谷アイヌ民芸、アイヌ観光の先鞭をつけた。」（二風谷部落誌編纂委員会　一九八三：一二三七）

生活館と機動職業訓練

二風谷では、木彫やアットゥシ織りは明治時代の中ごろまでは多くの家庭でおこなわれていたものの、その後は次第に作り手が減り、先述の貝澤ウトレントク（一八六二―一九一四）さんや同時代の貝澤ウエサナシ（一八六〇―一九三九）さんのような一部の人を除いては、あまり作られなくなったと考えられる。数十年の時を経て、昭和三十～四十年代の土産品需要の高まりにより、木彫品やアットゥシが作られるようになった。地域の生産組合で材料を調達して共同作業所で製作する（アットゥシは、作業所ではなく家庭で織られた）といった形であった。そこでは、技術をもっていた家族や親類などの年長者から学ぶだけではなく、木彫については外部講師による講習を受けたり、旭川などの先進地で修行をしたり、先に講習を受けて技能を高めた先輩に弟子入りしたり、と伝承方法が多様化していった。後には、職業訓練としても技術を学べるようになった。

たとえば、北海道のみやげとして最も知られている木彫り熊は、一九六二（昭和三十七）年に旧・生活館に旭川から千里敏美を講師に招き、希望者が講習を受けたのが二風谷での生産の始まりだという。生活館とは、アイヌ住民がさまざまな活動をおこなう拠点で、一九六一（昭和三十六）年以降、アイヌ協会の支部などがある各地に造られた。一九七一（昭和四十六）年に二風谷に新しい生活館ができると、古い生活館は共同作業所として転用され、木彫り熊を含む、さまざまな民芸品が生産され始めた。

一九七三（昭和四十八）年一月には、民芸品店を営んでいた貝澤守幸さんが特別訓練を受けて職業訓練指導員の免許を取得した。翌一九七四年一月、二風谷生活館で浦河職業訓練校、二風谷分校が開校、守幸さんが専任指導員になり、木材工芸科、つまり木彫を教えた。再就職に必要な知識や技術・技能の習得及び資格の取得を短期間で実施し、再就職の支援を目的とした機動職業訓練である。二風谷では、後に織布科も実施されるようになる。その内容は、一九七四年三月二十三日の北海道新聞から抜粋すると、以下のとおりである。「道立浦河専修職訓校が道ウタリ協会平取支部に委託して開設した短期職業訓練木材工芸科二風谷分校、一月一一日～三月二二日に閉校式　一二人の訓練生は延べ七二日間約四五〇時間の日程を無事消化、修了証書を手にした。日高管内のアイヌ系住民の間では、近年、観光用のアイヌ民芸品作りが活発化している。」

しかし、一九七七（昭和五十二）年八月に守幸さんが急逝、翌一九七八年からは萱野茂さんが指導することになったのだが、萱野さんは「技術そして人格的にも守幸さんが教えた後で、私が教えられるものはない」と判断、「此処で何とかアイヌ木彫に新風を吹き込みたい」と思い、知り合いだった武蔵野美術大学の相沢韶男講師(当時)の紹介で同大に行き、木彫を教える講師の派遣を依頼した(萱野　一九七八)。この講習では、「本格的に美とはなにか、木彫とはどういうものかをおそわった」という(萱野　一九八〇)。ちなみに武蔵野美術大学は、萱野さんの著書『アイヌの民具』の図を学生たちが描いた縁がある。

工芸の担い手たち

つぎに、どのような人が二風谷の工芸を継承してきたのか、木彫を例に紹介したい。「二風谷イタの概要」として、伝統的工芸品申請時の資料には、つぎのような「伝統的技法の伝承系図」が掲載されている(平取町地域活性化協議会　二〇一三)。

先述の貝澤ウトレントクさん、貝澤ウエサナシさんを先駆者として、二風谷の木彫はおもにその子孫・縁者にあたる人たちが受け継いでいる。しかし、担い手はもともと二風谷の住人だった人ばかりではない。たとえば、高野繁廣さんは、一九七二年に東京から夫婦で二風谷に来て、彫刻師の貝澤守幸さん(貝沢民芸店主)に住み込みで弟子入りした。それから四十年以上、二風谷で木彫をなりわいとし、妻の啓子さんもアットゥシや刺しゅうなどの作家として伝統工芸を継承している。

一九八七年に発行された聞き書きのなかで、高野さんは来た当時の二風谷について「アイヌ文化資料館ができたばかりで、観光客も、それ程多くはなかったように思います。しかし、木彫りやアツシ織りの名手が大勢いました」と語っている。生活館を共同作業場として、熊・ニマ(木鉢)・壁掛けなどそれぞれが思い思いに製作しており、新入りの高野さんは、先輩たちが彫りあげた鮭に鱗を彫る仕事から始め、三年後には「鮭額」(額状の鮭のレリーフ)の全工程を一人で作れるようになり、五年目には多種多様な民芸品をあるていど何でも彫れるよう

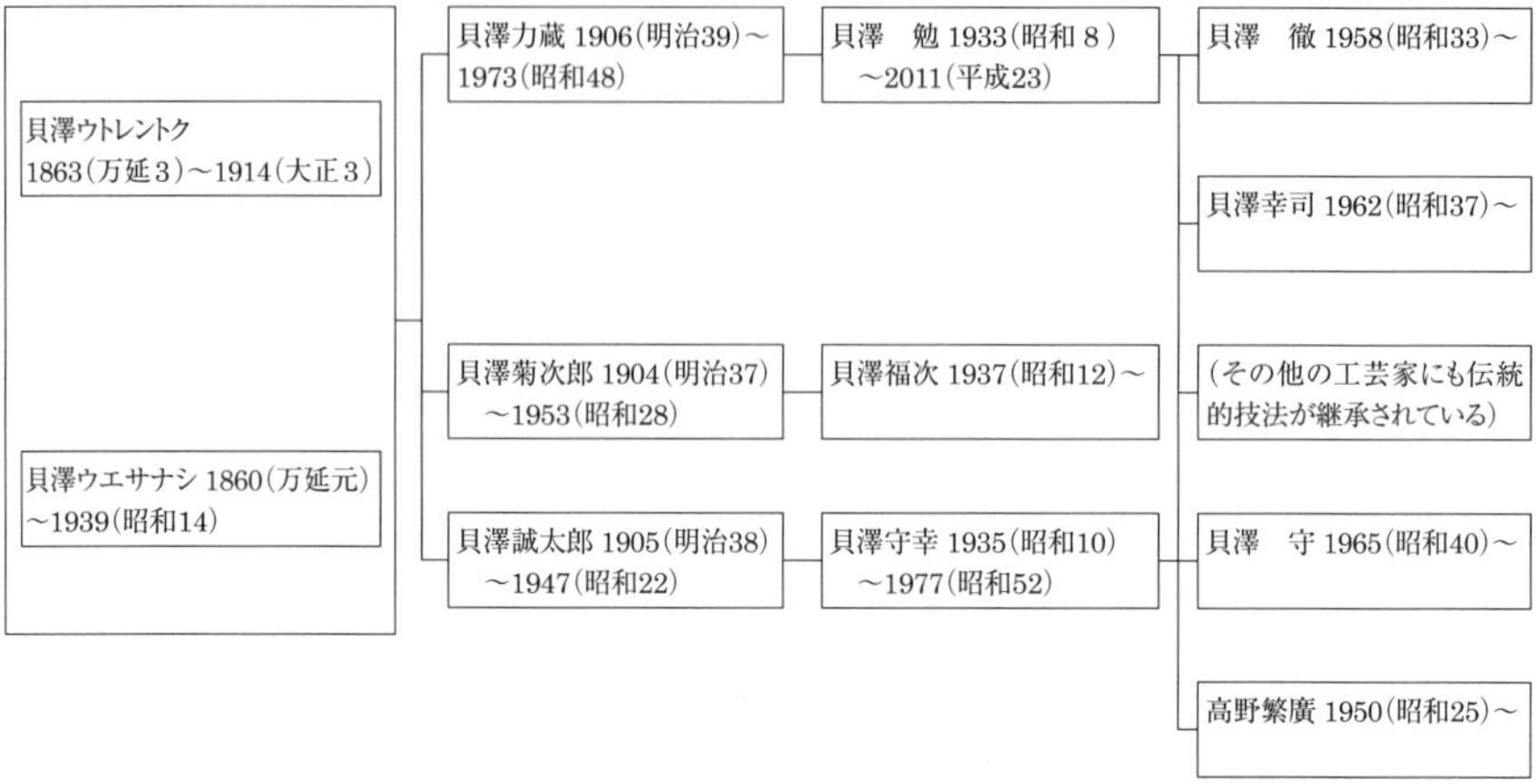

図１　伝承系図（伝統的技法の伝承系図<イタ>平取町地域活性化協議会　2013より）

になった、と言う。しかし、五年の年季が明ける二週間前に師匠の貝澤守幸さんが若くして急逝し、「まだまだお世話になるつもりでいたので、目の前が真っ暗になり」東京に帰ることも考えたと言うが、守幸さんの妻・雪子さんが「店を守り、盛り立ててそれまで以上に、立派な店にしましたので、二年間お礼奉公をした後、独立して店を出しました。」と語っている。高野民芸を開店した一九七九年ころは、「レリーフ（アイヌの女性）や鮭の壁掛け、ニポポ（ここでは、アイヌの民族衣装を着た男女の対の人形）などの一般的なお土産が多くて、伝統的なアイヌ民具はお盆ぐらい」だったという（高野　一九八七、カッコ内は高野さんに確認して筆者が追記）。当時の生産体制や商品のようすがよくわかる記録である。

高野さんは、アイヌの民具・工芸品の作り手として二風谷の同業者たちに認められているのはもちろん、公益財団法人アイヌ文化振興・研究推進機構の工芸品コンテスト等で受賞をしており、その作品の評価は高い。彼の作品を仕入れて販売する（二風谷以外の）アイヌ工芸品の店や、道内外の民芸品店も少なくない。

貝澤守幸さんが亡くなったときに、まだ小学生だった守幸さんの娘・関根真紀さんは、高野さんは「デッサンから文様の名前、ノミ研ぎの果てまで教えてくれました」と書いている（関根　二〇一三）。真紀さんの母の雪子さんはアットゥシ織りの名手であり、兄の守さんも木彫家である。守さんは、二風谷民芸組合の代表理事も務め、一家はいまも二風谷の工芸をになう中心的存在である。

このほか伝承系図には記されていないが、近隣の町出身の尾崎剛さん、関西出身の洲崎春男さんも、十代の終わりに二風谷に来て、木彫を続けている。また、萱野茂さんの資料館のチセ（伝統的家屋）で、工芸品制作の実演・販売を続けてきた藤谷憲幸さん（故人）は旭川出身だが、二風谷出身のるみ子さんと家庭をもった。このように、他地域の出身だが、二風谷の木彫に魅せられ、地元の工芸家のもとで技術を身につけて、担い手となった人も少なからずいる。出自や出身地にかかわらず、アイヌ文化を理解し習熟した人が、地域で認められている例は、二風谷に限らない。アイヌ文化の振興と普及には、そうした人材も重要な役割を果たしている。

三　博物館と工芸

さて最後に、博物館にのこされた古い木彫りなどの資料と、工芸の継承について考えてみたい。博物館の職員は、時代に応じてさまざまなかたちで製作・使用されてきた資料をどう活用し、文化振興にどのように貢献できるのだろうか。

貝澤正さんから、「茶托やお盆の製作に着手し、その後の二風谷アイヌ民芸、アイヌ観光の先鞭をつけた」と言われた萱野茂さんは、つぎのように書いている。「昭和十四、五年まで元気でお盆を彫っていたのが貝澤ウエサナシさん」で、萱野さんが「小学四、五年の頃、学校帰りにウエサナシエカシの工房に遊びに行」って、盆を彫るのを見ていた。エカシとは年配の男性に対する敬称である。貝澤ウトレントクさんは早世したため、作品は残っているが、ご本人は見たことがないとし、「それにしてもこの二人の名人がおられたことで立派な作品が残っており、そのお陰で今われわれがその作品をお手本にして仕事をすることができるのです」と書いている

写真４　二風谷工芸館、外観・内部（2015年９月22日撮影）

（萱野　一九七五：二一〇）。作品は、博物館に所蔵されているほか、貝澤徹さんら子孫の手元にもある。

先述の高野さんは、自分たちの店のものづくりの方針を変えたとある出来事について、次のように語っている。それは、店を出してすぐの夏のことで、山梨から旅行に来た姉妹から、二風谷アイヌ文化資料館（現・萱野茂アイヌ文化資料館）で見たケモヌイトサイエプ（針入れ付きの糸巻）が欲しいのだがどこにも売っていないと言われ、彼女たちに待ってもらい、半日かけて二個を作り、買ってもらった、というのである。高野さん夫妻はそれまで資料館にそんな糸巻があることを知らず、「資料館に、すっ飛んでいき」糸巻を見て、作ったそうだ。そのことがあってから、「自分たちで作った物だけを売る店、アイヌの民具を主にしていこうと決めました」と語り、「資料館には、すばらしいお手本がいっぱいあるし」、館長の萱野茂さんの『アイヌの民具』には「民具の魂が書かれて」いて、「何よりも幸運だったのは、二風谷には伝統を伝えてきた人びとが数多くいたこと、そして現在でも発展させつつある」と続けている（高野　一九八七：七）。

二風谷の二つの博物館・資料館のコレクションは、先に記したとおり重要有形民俗文化財にも指定されており、作家たちが原点として大切にしているものである。だが、作家たちが参考にする古い工芸品の所蔵先は、地元の博物館に限らない。一九九七年に設立された公益社団法人アイヌ文化振興・研究推進機構では、毎年「アイヌ工芸品展」を開催しており、その企画運営委員には、工芸家たちも加わっている。アイヌの工芸品を所蔵する国内外の博物館に出向き、出品する資料の選定のための調査から携わるようになってきている。

また、二風谷民芸組合では、二風谷のイタの文様の特徴について改めて検討するため、博物館等に残された古い資料の調査を始めている。筆者の勤務する国立民族学博物館には、明治時代に沙流地方で収集された資料があり、過日、組合員らが来館してそれらの資料を丹念に調査された。沙流川流域に特徴的といわれるウロコ文様がいつからあるのか、またその彫り方の変遷などを調べているという。このように時代と地域の情報がわかることは、重要であるにもかかわらず、実際にはそうした情報が不明な資料も多い。二風谷に限ったことではなく、工芸の歴史的変遷や地域的な特徴について考えるには、博物館資料の調査・研究・検証の必要があり、博物館はそれに応える義務があるだろう。

国立民族学博物館について言えば、一九九九年から「アイヌ工芸者技術研修」を受け入れている。これは北海道アイヌ協会の「アイヌ中小企業振興対策事業」の一環で、道外研修を国立民族学博物館の「外来研究員」として実施するものである。研修では、各々の調査研究テーマに沿って、スケジュールを作成し、資料の調査、記録、研究を進める。担当教官等から研修テーマに沿った講義や指導も受ける。現在は、研修期間十四日間のうち大部分を国立民族学博物館での資料調査・研究、一日を天理大学附属参考館でも調査をおこない、その後に先進地での二日間の視察をおこなっている。博物館で調査した資料の複製がコンテストで入賞した例もいくつかあり、作品の制作に貢献している。

技術の伝承は人から人へというのが基本であるが、ものの形・色・文様といったデザインは、実物からも学ぶことができる。資料館・博物館に残された資料は、とくにイタのデザインを生み出す際などの参考になっている。

古い資料の複製もおこなわれている。資料をじっくりと観察し、実際に同様のものをつくることで、どのような工程で作られたかを試行錯誤しながら、技術も復元できることがある。これまでに、スコットランド国立博物館所蔵のN・G・マンローが収集した資料の復元や、北海道大学北方生物圏フィールド科学センター・植物園の所蔵資料を複製し、展示をするプロジェクトに二風谷の工芸家らが携わっており、そこで得たことを、彼らは高く評している（アイヌ文化振興・研究推進機構 二〇〇九）。

たとえば、二風谷の貝澤徹さんは、「売るために作る今のものと違い、古い時代の文様は自分の使うために作ったもので、まめに彫っている。今はウロコ彫りを左右対称に彫るが、古い物はいろいろで、昔の人は案外自由に彫っていたかもしれない」と語る（貝澤徹 二〇〇二：一三四）。北大植物園所蔵資料の複製に際しては、「イタに彫られた植物に似た文様の型破りな形状は発見であり、今後の私の作品に与える影響は大きいでしょう」と言っている（北海道大学アイヌ・先住民研究センター 二〇〇九：二七）。

二風谷在住ではないが、木彫で著名な浦川太八さんは、博物館資料の複製を作ることをどう考えるかという質問に対し、「有意義だと思う」と答え、「博物館は、資料を残してくれたということより、そこから技術的なことがわかるという意味合いで、ありがたいと思いますね」と続けている（浦川 二〇〇二：一四〇）。他の多くの参加者も、複製で学んだことを今後の作品に活かしたい、という趣旨のことばを残している。

伝統的工芸品指定の後に

平取町がイタとアットゥシを伝統的工芸品に申請した際の「申出理由と指定の効果」に以下のような記載がある。「一九七〇年に二風谷にあった五〇軒近くの民芸店は……現在の六軒に減少している」ため、課題は「高齢化と高度な技術を要するために生産力が低く生業に結びつきにくいための人材・後継者不足、原材料の持続的な確保が難しいこと、商品開発が進んでいないこと、景気の低迷やニーズの多様化に伴う需要の低迷、等を解決したい」とし、「伝統的工芸品に指定されることで工芸品の認知度が高まるとともに、二風谷イタ（同・アットゥシ）の生産に従事している人々の誇りと自信を喚起し、販路拡大や販売促進に大きく貢献し、これからの伝統工芸品産業の振興に寄与するものと期待される」と結んでいる。

「伝統的工芸品」の指定は、いまのところメリットがあったと評価できる。マスコミ等で取り上げられることも多く、展示や販売の機会が増え、素材の安定的供給、作り手たちの研修・研鑽の機会の増加などが、その理由として挙げられる。需要の低迷などの理由から一旦は木彫の仕事を離れたが、指定にともない、木彫を再開した人もいる。また、木彫を学ぶ若い人も出てきている（田鍋 二〇一三）。

さらに、アットゥシの素材であるオヒョウについて、北海道と北海道森林管理局および道立林業試験場の協力を得て、国有林と道有林からの安定供給のための取り組みが始まったのは、伝産品の指定を受けたからである（北海道・北海道森林管理局 二〇一四）。工芸品をつくるための自然素材の入手は重要課題の一つであり、それが担保されることは、継承のうえで大きな前進であった。

二風谷のイタとアットゥシの伝統的工芸品指定は、それを担う工芸家たちの伝統を大切にして技術を磨きつつ、新たな道を切り開く熱意やアイディアが実を結んだものである。そのうえで、地元自治体である平取町がアイヌ文化の理解促進と工芸及び観光と産業の振興にいち早く取り組んだ。そして、北海道アイヌ協会もアイヌの工芸品の知名度アップやブランド化のために伝産法を活用するという目的で指定に協力をした。アイヌ政策のあり方に関する有識者懇談会報告に基づき、北海道、国も工芸品の振興を後押しした。

また、その「伝統」は、古い民具という文化資源をうまく利用した例ともいえる。萱野茂さんのような先人による収集や記録、博物館・資料館によって整理・保管された資料に支えられていたのである。

二風谷では、文化・政治における先駆者たちがこうした文化資源を集約し、公的に認定されるように働きかけてきた。その積み重ねで、重要有形民俗文化財をはじめ文化遺産といえるものが多くそろった。このモデルは、他の地域でも有用であると考える。それぞれの地域にのこされた文化資源を整理・調査し直し、情報・意味を付加することで、公的な評価を得られる可能性は十分にある。工芸家と、学芸員をはじめとする研究者、自治体職員らの共同作業が期待される（本書小谷論文も参照）。

謝辞

本章の執筆にあたり、話を聞かせていただいた二風谷民芸組合の皆様をはじめ、アイヌの工芸に関わる多くの方々にお世話になった。心より感謝している。

（1）「貝澤」「貝沢」は二風谷に多い姓である。引用で元の文献が「貝沢」の場合はそのままとし、ほかは、現在「貝澤」とする人が多いため、「貝澤」と表記している。

参考文献

アイヌ政策のあり方に関する有識者懇談会（二〇〇九）『アイヌ政策のあり方に関する有識者懇談会 報告書』。

アイヌ文化振興・研究推進機構（二〇〇二）『海を渡ったアイヌの工芸　英国人医師マンローのコレクションから』平成十四年アイヌ工芸品展図録。

上田満男（編）（一九七七）「語る人　児玉マリ」『わたしの北海道――アイヌ・開拓史』一三〇―一四一頁、すずさわ書店。

大塚和義（二〇〇二）「国立民族学博物館におけるアイヌ外来研究員受け入れについて」『民博通信』九六：九九―一〇九。

貝澤和明（二〇一二）「アイヌ工芸品と観光について――アイヌ協会の取り組み」山崎幸治・伊藤敦規（編）『世界のなかのアイヌ・アート――先住民族アート・プロジェクト報告書』二五一―二六〇頁、北海道大学アイヌ・先住民研究センター。

貝澤耕一（二〇〇八）「今こそ先住民族の権利保障を」『国際人権ひろば』八一。（http://www.hurights.or.jp/archives/newsletter/section3/2008/09/post-29.html）

――――（二〇一一）「二風谷に生まれて」貝澤耕一・丸山博・松名隆・奥野恒久（編）『アイヌ民族の復権――先住民族と築く新たな社会――』二一―一一頁　法律文化社。

貝澤徹（二〇一二）「アイヌ伝統工芸と現代作品のバランス」山崎幸治・伊藤敦規（編）『世界のなかのアイヌ・アート――先住民族アート・プロジェクト報告書』七九―九一頁、北海道大学アイヌ・先住民研究センター。

貝澤文俊（二〇一二）「技術の伝承について――二風谷と札幌での経験から」山崎幸治・伊藤敦規（編）『世界のなかのアイヌ・アート――先住民族アート・プロジェクト報告書』一〇九―一二一頁、北海道大学アイヌ・先住民研究センター。

兼重努（二〇一七）「遺産登録をめぐるせめぎあい――トン族大歌の事例から」飯田卓（編）『文化遺産と生きる』九七―一二九頁、臨川書店。

萱野茂（一九七五）『おれの二風谷』二〇―二一頁、すずさわ書店。

――――（一九七八）アイヌの民具刊行運動委員会（編）『アイヌの民具』すずさわ書店。

――――（一九八〇）「木彫基礎講習会　熱心に受講」北海道ウタリ協会機関誌編者のインタビュー、『先駆者の集い』二四：一―二。

木村ヤエ子［述］米田優子［聞き取り］（一九八七）「アツシ織りとともに」日本民話の会（編）『二風谷の手帖：アイヌ民話のふるさと』四―五頁、国土社。

齋藤玲子（一九九四）「北方民族文化における観光人類学的視点（一）――江戸～大正期におけるアイヌの場合」『北海道立北方民族博物館研究紀要』三：一三九―一六〇。

――――（二〇一二）「アイヌ工芸の二〇〇年――その歴史概観」山崎幸治・伊藤敦規（編）『世界のなかのアイヌ・アート――先住民族アート・プロジェクト報告書』四五―六〇頁、北海道大学アイヌ・先住民研究センター。

関根真紀（二〇一三）「二風谷アイヌ　アーティザン　受け継ぐかたち」http://nibutaniaynuartisan.blogspot.jp/2013/07/blog-post_11.html
高野繁廣［述］米田優子［聞き取り］（一九八七）「アイヌ民具を彫る」日本民話の会（編）『二風谷の手帖：アイヌ民話のふるさと』六―七頁、国土社。

田鍋里奈（二〇一三）「一〇〇年の技　未来へ　平取アイヌ工芸職人」上・中・下『北海道新聞』（全道版・朝刊）三月二十六―二十八日。

二風谷部落誌編纂委員（編）（一九八三）『二風谷』二風谷自治会。

バード、イザベラ（二〇〇〇）『日本奥地紀行』高梨健吉（訳）、平凡社。

平取町（二〇一〇）平取町アイヌ文化振興基本計画。http://www.town.biratori.hokkaido.jp/wp-content/uploads/2015/03/ainubunka.pdf

平取町地域活性化協議会（二〇一三）『二風谷イタの概要』『二風谷アットゥシの概要』。http://biratori-kassei.com/wp/wp-content/uploads/2013/03/97ce4eefa6946d81cf445eab20c60789.pdf

北海道・北海道森林管理局（二〇一四）『オヒョウの持続可能な利用方策——二風谷アットゥシ原材料の安定確保に向けて』。http://www.pref.hokkaido.lg.jp/sr/dyr/ohyohousaku.pdf

北海道アイヌ協会（二〇一三）『アイヌ民芸品・工芸品調査事業報告書』（http://www.ainu-assn.or.jp/data/pdfupld/pdffile/1369206781_H24.mingei.cyousahoukoku.pdf）

北海道遺産協議会（二〇一四）『北海道遺産』http://www.hokkaidoisan.org/

北海道ウタリ協会（一九七二）「二風谷にアイヌ文化資料館」『先駆者の集い』（北海道ウタリ協会編）三：一。

北海道大学アイヌ・先住民研究センター（二〇〇九）『テエタシンリッ　テクルコチ　先人の手あと 北大所蔵アイヌ資料——受けつぐ技』北海道大学アイヌ・先住民研究センター

本田優子（二〇〇二）「近世北海道におけるアットゥシの産物化と流通」『北海道立アイヌ民族文化研究センター研究紀要』八：一—四〇。

——（二〇〇三）「近代北海道におけるアットゥシ産出の様相を解明するための予備的考察——開拓使の統計資料の整理と分析を中心に」『北海道立アイヌ民族文化研究センター研究紀要』九：三五—七九。

——（二〇一五）「アイヌ文化の担い手を育てるために　ウレシパプロジェクトの軌跡」『かいはつ広報』六二二：二四—二七。

松前奉行所（編）（一八〇八—一一）「東蝦夷地各場所様子大概書」北海道（一九六九）『新北海道史　第七巻資料編』所収：五一一—六〇一。

村尾元長（一八九二）『あいぬ風俗略誌』北海道同盟著訳館。

テーマ・パークにおける芸能伝承
――「美しいインドネシアミニチュア公園」が投げかける問い

吉田ゆか子

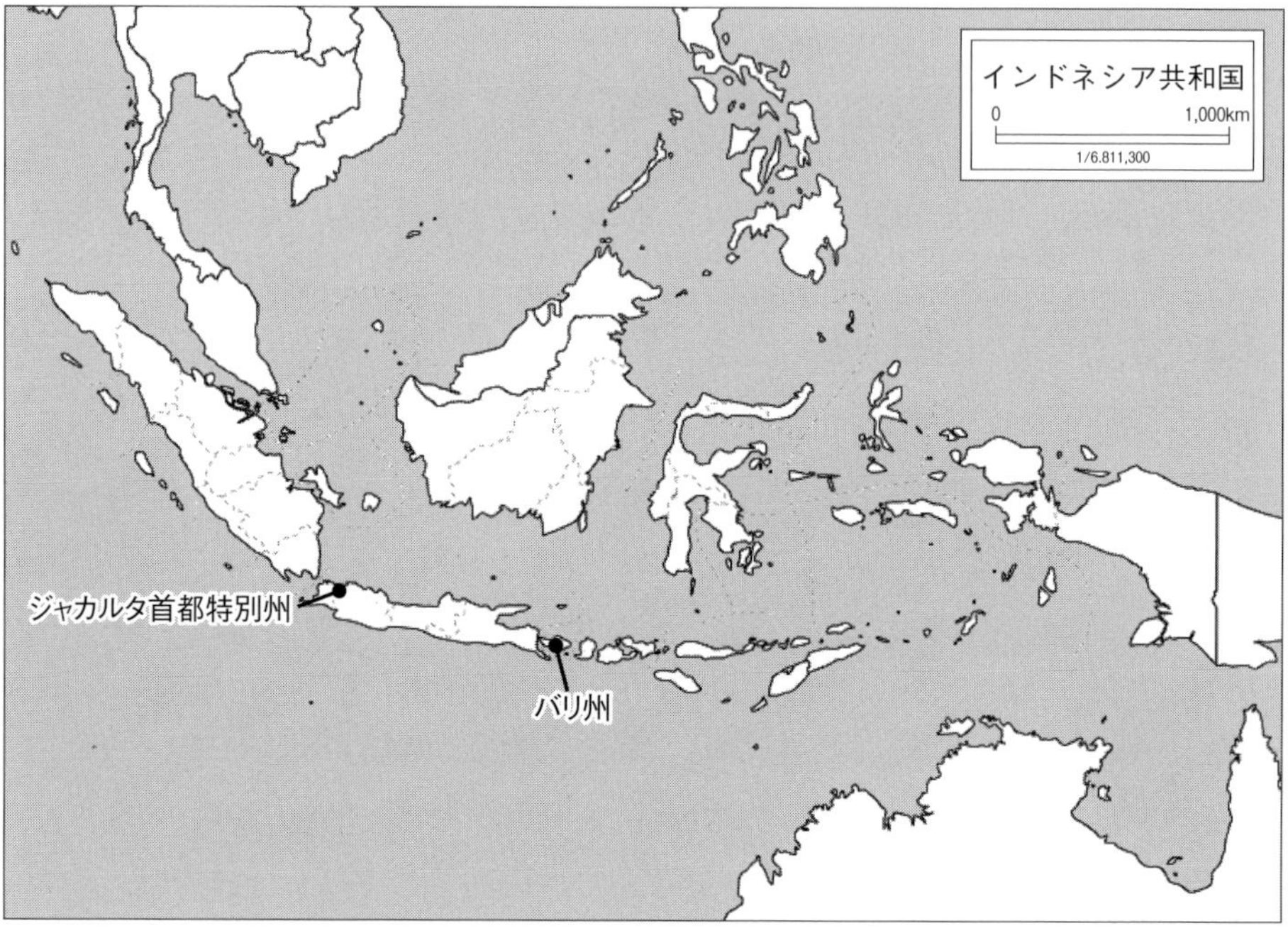
インドネシア共和国
0
1,000km
1/6.811,300
ジャカルタ首都特別州
バリ州

はじめに

「美しいインドネシアミニチュア公園（*Taman Mini Indonesia Indah*、以下ＴＭＩＩと表記）」は、二〇一四年インドネシア共和国によって、ユネスコの無形文化遺産の保護活動のベスト・プラクティス（巻頭の略号など一覧を参照）として、登録簿への記載を提案され、落選した。この登録簿は、無形文化遺産保護に関する「条約の原則および目的を最も反映していると判断」（条約18条1より）される保護活動を選出してゆくもので、無形文化遺産の代表一覧表、危機遺産一覧表に加えて設けられた。ジャカルタ郊外にあるＴＭＩＩは、インドネシア国内の各州の代表的な伝統家屋を一つの公園内に建て、そのなかで工芸や民族衣装を展示したり、民族舞踊パフォーマンスを行ったりするテーマ・パークである。そして鳥類園や植物園など自然環境をテーマとしたアトラクションもある。(1)外国人が訪れることもあるが、基本的に国内の観光客向けに作られた施設であり、広い国土を有するこの国の多様な文化資源が陳列され、来園者がこの公園で自国の文化、宗教、自然環境の多様性や豊かさを学ぶことができる仕掛けとなっている。

インドネシアは、ＴＭＩＩがインドネシアの無形文化遺産を保護し、発展させ、教育する文化的スペースの創造を行っていると謳い、二〇一四年にベスト・プラクティスとしての登録を提案した。しかし、無形文化遺産条約の政府間委員会は、これを観光客向けの商業施設とみなし、また無形文化遺産をコミュニティの文脈、その社会的機能や文化的意味から切り離し、伝承者のコントロールの及ばない場で伝承しているとして、選出しなかった。伝承者コミュニティの参加の重要性を強調する無形文化遺産条約の意図を考慮すれば、ジャカルタという都市に人工的に作られたこのテーマ・パークのベスト・プラクティスとしての登録は、一見突飛な提案のように見える。しかし本章ではあえて、このような提案がなされた背景を、インドネシア側の論理や事情に注目しながら考察してみたい。

やや議論を先取りしてしまえば、この不選出の背景には、伝承コミュニティ、そして無形文化遺産に対する、教育文化省を代表とするインドネシアの提案者側とユネスコの政府間委員会との間の認識のずれがある。インドネシアでは、各地に伝承されるいわゆる「伝統文化」は単に保存される対象ではなく、競わされ、育成され、時には外国の影響さえ取り込みながら磨かれることで、国家の統一や国の発展に活用されるべき存在であるからである。バリ芸能はその典型であり、二十世紀を通じて外国人観光客や外国人愛好家との関わりのなかで活性化し、今やインドネシアの重要な文化資源となっている。今回は、ＴＭＩＩで実践されている無形文化遺産のうち、とくにこのバリ芸能、なかでも舞踊に着目して論じてゆきたい。

無形文化遺産の担い手とは誰か、担い手コミュニティとは何か、そして伝承のあるべき姿とは。これらの問いは、みかけほど単純ではない。無形文化遺産条約では（有形の）世界遺産のケースとは異なり、顕著な普遍的価値を求めておらず、その価値付けは「担い手」に任されているというのが基本的なスタンスである（飯田 二〇一七、岩崎 二〇一七、七海 二〇一二）。バリ島の村落で育まれる舞踊もあれば、ジャカルタのＴＭＩＩで育まれる舞踊もある。条約の精神を尊重し、両者に優劣をつける視点を保留したうえで、本章では両者の差異と連続性について考察する。またそのなかで、無形文化遺産という概念や制度の問題点やある種の限界も指摘してゆく。

なお、本章はＴＭＩＩの登録の提案と審査に関わる書類および、二〇一四年と二〇一五年に行った短期的な現地訪問によって得たデータに基づいているが、ＴＭＩＩで長期的な現地調査を行っていないことを断っておく。次節では、我々にとってあまり馴染みのない、ベスト・プラクティスの登録制度の概要と特徴をまず紹介する。

一　ベスト・プラクティスとは

ベスト・プラクティスについて、無形文化遺産条約第18条1は以下のように述べている。

委員会は、締約国の提案に基づきならびに委員会が定め及び締約国会議が承認する基準に従って、また、発展途上国の特別のニーズを考慮して、無形文化遺産を保護するための国家的、小地域的及び地域的な計画、事業及び活動であって、この条約の原則および目的を最も反映していると判断するものを定期的に選定し並びに促進する。（傍線は引用者）[2]

このベスト・プラクティスの登録制度を設けた目的を、七海は二点指摘している。一つは、無形文化遺産やその保護のありかたを十分認識していない国々の参考になるように、模範例を示すこと、もう一つは、世界遺産のように登録することばかりに関心を集めるのではなく、無形文化遺産では保護活動により重点を置いた制度にするためである（七海 二〇一二：一五二）。

前節でもとりあげたように、無形文化遺産の代表一覧表では、人類の普遍的な価値を問わないという指針のもとに選定される。それに対しベスト・プラクティスの登録簿は、その名の通り、活動の（条約の理想との適合度という意味での）優劣を測り、また認定してゆく側面があることに注意したい。七海が紹介したような問題意識から生まれたベスト・プラクティスの選定と登録という制度は、政府間委員会の考える無形文化遺産の好ましい伝承と保護の形を浮かび上がらせる。また、伝承や保護は、無形文化遺産そのものの在り方と直結しているため、選定によって、特定の無形文化遺産のあるべき姿が示されることにつながる。落選した提案書と審査結果を吟味することで、インドネシアのとらえる文化遺産の好ましいあり方と政府間委員会のそれとのずれを明らかにすることができる。

この登録簿に記載された日本の活動が一つもないため、わが国ではほとんど話題にのぼらないが、初年の二〇〇九年から二〇一四年までに十二の活動が選出されている。国別の内訳は、スペインが最多の三件、ついでベルギーとブラジルが二件ずつ、そしてインドネシア、ボリビア、ハンガリー、メキシコ、中国がそれぞれ一件ずつである。インドネシアは二〇〇九年という早い時期にろうけつ染めバティックの保護活動である「ペカロンガンのバティック博物館との協力の下で行う小・中・高校、職業訓練校、工芸学校の学生のためのバティック無形文化遺産の教育・訓練」[3]が選出されている。ＴＭＩＩのケースは、このバティック保護の活動に続き二つめのベスト・プラクティスとなるべく提案された。次節では、インドネシアが国家として進める文化政策の特徴を整理しながら、そのなかにＴＭＩＩを位置づけ、それが担ってきた役割について考察する。

二　多様性のなかの統一――インドネシア共和国におけるＴＭＩＩ

インドネシアでは、民族の多様性を認めながらその団結を目指す「多様性のなかの統一（*bhinneka tunggal ika*）」をスローガンとした政策が行われてきた。一万七〇〇〇個以上の島からなり、三百とも千以上とも言われる民族が住まい、七百以上の言語が存在するともされるこの新興国の国土は、オランダ植民地時代を経て、政治的に切り取られたものである[4]。一九四五年にオランダ植民地政府からの独立が宣言され、その後の独立戦争を経て、一九四九年に国際的にも独立が承認された。二〇〇二年に東チモールが独立するなど、建国後も分裂の火種を抱えながら現在に至っている。一九九〇年代の人類学で盛んに議論されたように、ベネディクト・アンダーソンのいうところの「想像の共同体《コミュニティ》」（アンダーソン　一九九七）を創ること、そして国民文化を創ることは、この国の指導者にとって切実な課題でありつづけた。多様性を否定することなく、統一された国家、国民、国民文化を想像／創造する。このような国づくりの歴史のなかに、彼らの「文化遺産実践」（本書河合論文を参照）とＴＭＩＩの存在を位置づけて考える必要がある。

インドネシアにおいて、国民文化は、地方に存在する多様な文化のうちの、頂点を極めたものの数々（*puncak-puncak*）、すなわち「精華」として創造／想像されている。一九四五年に制定された憲法32条の注釈文には、以下のように記されている。

民族文化（*kebudayaan bangsa*）とは、インドネシア全土の民の理念と活動の成果として生じる文化のことである。インドネシア全土にわたり、各地方で見られる古い土着の文化の精華もまた、**民族**文化である。文化の営みは、**民族**文化を発展させ豊かにしインドネシア**民族**の人間性を高めてくれるような、外国の文化からの新しい要素を拒むことなく、時代や文化の進歩、また統一の促進に向けたものでなければならない。（訳文は鏡味　二〇〇〇：三より。ただし、太字は筆者）

インドネシア国民は理念上、インドネシア**民族**（*bangsa Indonesia*）という一つの**民族**（*bangsa*）であると謳われる。そのためここでいう**民族**文化とは国民文化のことである（山下　一九九九も参照）。なお、インドネシア**民族**を構成する、それぞれ異なる文化や言語をもつ民族集団はスク（*suku*）あるいはスク・バンサ（*suku bangsa*）と呼ばれる。本章では「民族」の語を基本的にこのスクやスク・バンサの意で用い、インドネシア国民と同義で用いられる個所では太字の「**民族**」をあてている。多様な民族（地方）文化を内包しながら、かつそれが時代に沿って発展してゆくようなものとして、国民文化が育成されたのである。文化が、発展しゆく動的な存在としてとらえられているという点も重要である。

この条文において、本章が注目するバリ芸能も、インドネシアの国民文化を構成する一つの要素として位置づけられたといえる。インドネシアの文化的多様性と統一を舞台上でシンボリックに表象できる芸能は、国家の「想像」においても、非常に有効なメディアである。バリの儀礼や芸能は、スカルノ大統領の時代から国民文化の要素として意識的に保護され、またこの国を訪れた外国からの賓客へのもてなしとしても活用された(5)（ヴィッカーズ　二〇〇〇）。

では地方文化の精華とはどういうことか。この精華のための大きな装置の一つは芸術祭であり、そこで行われるコンテストである。少し長くなるが、ここではバリ州で毎年開催されるバリ芸術祭（Pesta Kesenian Bali）を例にとり、インドネシアの文化政策がどのように芸能を保護育成しているのかを考える。このイベントはバリ州政府が主催するもので、州都デンパサールのアートセンター（Taman Budaya）にて六月から七月にかけ、約一か月開催される。外国人観光客やインドネシア人観光客も訪れるものの、観客の大半は地元のバリ人たちである。芸術祭と銘うっているが、そのイベントの中心となるのは芸能上演である。インドネシア国内の芸能が多様であるのと同様、バリ島のなかにも、多様な芸能がある。島内各地の優れた芸能、地域的特色のある希少な芸能、衰退が進み活性化が必要な演目、全島的に名を馳せる芸能家による上演などが、招待、あるいは応募と審査を経て舞台に上げられる。準備段階で専門家が出演者たちの住む地を訪問し、準備状況を確認して批評するなど、出演にいたるプロセスでも芸能の育成が行われる。そして、各県からの代表が出場し、順位を競うコンテストが様々な芸能ジャンルについて行われる。これらのコンテストで優勝した者たちが、のちに首都ジャカルタなど島外での各種のイベントへ、バリ代表として招聘されるケースもある。バリ州内で競わされ、審査され、選抜され、育成された成果、つまり精華が、インドネシア国民文化の構成要素の一部として取り上げられるのである。

さらにこの芸術祭では、バリ人以外の参加者やバリ芸能以外の要素を取り入れた、多様な試みも行われている。音楽ジャンルでいえば、西洋楽器によるガムラン楽曲演奏や、西洋楽器とバリのガムラン楽器による合奏などを目にする。そして、バリ人による出演のほか、日本人や欧米人など外国人によるバリ芸能上演も頻繁にある。この芸術祭では、バリ内外の芸術家や愛好家を巻き込み、様々な新しい要素を取り込みながら、バリ芸能の可能性が探求されるのである。山下（一九九八：七〇—七一）の「興味深いのは、インドネシア政府は民族文化をけっして固定的なものとしてとらえていない点である。地域文化の精華はそこに存在するというより、むしろ国家によ り育成されるものと考えられている」という指摘にみられるように、インドネシア、そしてバリ州のレベルで進められている芸能の保護育成とは、非常にダイナミックである。そこでは芸能を競わせ、批評し、試し、育てることが重視される。後述するように、このような特徴は、ＴＭＩＩにおける文化遺産保護の活動のなかにも見て取ることができる。

また、バリ芸術祭では、バリ以外のインドネシア諸地域の芸能も、少数ながら紹介されることを付言しておきたい。当該地域から芸能家が招聘されている場合と、バリ在住の当該地域出身者たちが上演している場合の両方がある。これらの上演により、観客たちはインドネシアの芸能の多様性に触れる。こうやって、異なる地域の芸能を鑑賞し合う機会を提供することは、後述するようにＴＭＩＩでは特に重視される。

ＴＭＩＩは、上述したスローガン「多様性と統一」を理念とする国の文化政策を可視化し、実践する一つの拠点として機能しつづけてきた。ＴＭＩＩは、スハルト政権時代の文化政策を色濃く反映している。一九七五年に、スハルト大統領の妻ティエン・スハルト（Tien Soeharto）がリーダーをつとめる「我々の希望財団（Yayasan Harapan Kita）」を母体にして設立された。開園時に編まれた記念本には、開園を祝福するスハルトの以下のような言葉が掲載されている。

近代社会をたちあげ、しかもその近代性がインドネシアらしいものであるような社会を作るうえでの困難を乗り越えるために、我々はインドネシアの個性を反映する文化を、育て、強化し、発展させなければならない。この道によってのみ、我々は進化し、我々が望むパンチャシラ[6]（建国五原則）の社会を安全に達成することができる。

作品その他この「美しいインドネシア」公園のなかにあるすべてのもの、とりわけ様々な地域の家屋類、この「美しいインドネシア」公園のなかにある国家の色とりどりの芸術作品は、実にこの強靭で偉大な民族文化の育成のための具体的な取り組みとなっている。そのため、この公園を訪れることで、我々はますます我々自身を知り、ますます我々自身の**民族**を知り、そして我々の水の大地（*Tanah Air*　国土、祖国）をますます愛するようになる。そしてこのために、「美しいインドネシア」公園もまた、現代と未来において、我々**民族**の開発をますます着実なものにするための具体的な取り組みである。（Yayasan Harapan Kita 1975: 9　丸括弧内の日本語と太字は筆者）

開園後も様々な施設が加えられているが、初期から存在した施設のうち、本論にとって重要な四点を紹介したい。それは、インドネシアの国土のかたちを水に浮かぶ島で表現した池、各州ごとの展示館、博物館、そして、国に公認された各宗教の礼拝所／寺院群である。

ＴＭＩＩの中心部を占める大きな池は、インドネシア国土のまさにミニチュアである。先述の記念本には、「この池こそがプロジェクトのなかで最重要の部分だった」（Yayasan Harapan Kita 1975: 57）と記されている。来園者は、上空を行き来するロープウェイの上から池を見渡すことによって、インドネシアの国土を俯瞰的に想像できるようになる。

その池を取り囲むようにして設置されている州ごとの展示館は、アンジュンガン（*anjungan*）と呼ばれ、各州の文化的特徴を表現する。各州の文化や民族は多様であるが、その展示の構造はどれもよく似ている。まず州の特徴的かつ伝統的な建築で家屋が建てられている。そして、そのなかに、ガラスケースとマネキンが配置され、慣習衣装、儀礼具、日用品、家具、工芸品などが配置されている。その家屋内あるいは外には、舞台となる空間が確保されており、しばしば芸能上演に用いられる。来園者たちは、ものめずらしい建物の前で写真を撮ったり、展示品の数々を眺めてまわったり、手工芸品などの土産物を購入したりする。

このアンジュンガンに加えて、礼拝の家（*rumah ibadah*）と呼ばれる一連の宗教施設がある。国家が公認している宗教には、イスラーム教、プロテスタント、カソリック、ヒンドゥ教、仏教があり、近年では儒教も加わった。礼拝の家とは、これらの各宗教の祈りの場、すなわちモスク、教会、寺院のことであり、ＴＭＩＩには、それらが並ぶエリアがある。このエリアは、宗教の多様性と共存、そして他宗教の尊重や共生の表現となっている。また実際にこれらの礼拝所や寺院は、地元民やＴＭＩＩの従業員たちの祈りの場ともなっている。毎日決まった時間にモスクからアザーン（礼拝への呼びかけ）が流れる。週末には教会で礼拝が開かれてもいる。

州や宗教ごとに展示を行う上述のエリアとはやや異なり、国内の文化的多様性を一気に見渡すことのできる場所が、インドネシア博物館（*Museum Indonesia*）である。バリ建築風の巨大な二階立ての建物のなかに、テーマ別に様々な州からの文化資料が展示される。ここで扱われているのは文化、芸術、歴史に関する資料である。たとえば、影絵、楽器、慣習衣装などのテーマごとに、州ごとの特に物質文化の特徴を概観できる仕掛けとなっている。なお、アンジュンガンと重複している展示物も多い。

こういった主要な施設のほか、園では現在様々なイベントが催されている。それは園全体として用意される大規模なものから、各アンジュンガンで催されるもの、それぞれの宗教の信徒たちが催す儀礼まで様々である。そして芸能はこういったイベントに欠かせない要素として存在している。

一九七五年の時点で、年間の予想来園者は五五〇万人、その内訳は地元観光客六十五パーセント、国内観光客二十五パーセント、外国人観光客十パーセントとされていた。実際の来園者数の内訳を示す統計はないものの、現在も来園者の大半は、外国人ではなく、インドネシア国民である。二〇一三年の統計では、年間入場者数が約四六三万人であったという（提案書8欄）。以上の施設の特色および、来園者の属性からもわかるように、この施設は国是である「多様性のなかの統一」の理想的な姿を表象し、自国民にそれを学ばせるような仕掛けとなっている。

国の文化政策を反映する巨大施設として、ＴＭＩＩは計画時から今世紀に入るまで、多くの研究者の目を引いてきた（たとえばアンダーソン　一九九五、瀬川　一九九五、Hitchcock 1998, Picard 1996、山下　一九九八、鏡味　二〇〇〇、

ブルーナー 二〇〇七）。アンダーソンは、まだ建設前の計画段階の時代の著作で、この計画に学生、出版界をはじめとして多方面からの反対があったこと、用地買収においては、土地を追い出された住民がいたこと、そしてそのような反対を押し切って大統領がこの建設を強行したことを記している。そして、そこに建てられる伝統家屋は、生活から切り離され、住民のいない「博物館」と化し、「機械的に再建された」ものになると論じた（アンダーソン 一九九五：二五九、二六〇）。アンダーソンに続く研究でも、ＴＭＩＩの政治性や、文脈から切り離された不自然な文化表象の在り方が指摘される。たとえば、ここでは民族の文化は、州の文化として読み替えられている（瀬川 一九九五、Hitchcock 1998、山下 一九九八）。こうして、数百あるいは千以上もあるといわれる民族集団の文化は三十三の州という行政の枠組みのなかに押し込められ、表象される。またＴＭＩＩの中では時間性が失われているとの指摘や（Pemberton 1994）、あるいは国家の公認する歴史観が表現され創造されてゆくとの指摘もある（瀬川 一九九五）。

ＴＭＩＩに関する先行研究の多くは、このようにＴＭＩＩが提供する展示やイベントを俯瞰的に分析しながら、そこに現れる政治性や権力性、ある種の暴力性を明らかにしてきた。それに対し、ブルーナーの分析は、やや趣が異なっている。彼は、ＴＭＩＩを訪れる人びとやそこで働く人びとの実践に目をむけてＴＭＩＩを捉えなおす。彼はトバ・バタク族の家屋内での展示やイベントを事例にするのであるが、一見文脈から切り離され、命を失ったかのように見えるＴＭＩＩの展示物もまた、当該民族集団の出身者たちにとっては多様な意味をもち、感情に訴えかけるものであることを指摘する（ブルーナー 二〇〇七）。また最新衣装のファッションショーや、現代化した舞踊のレッスンなど、新しい文化の創出も行われていることに着目する。そして、「博物館」化を案じた上述のアンダーソンとは対照的に「タマン・ミニ（ＴＭＩＩ）は生き生きとして元気だ」と論じるのである（ブルーナー 二〇〇七：三二七、括弧内は引用者）。筆者のＴＭＩＩをとらえる視点は、このブルーナーのものに近い。ＴＭＩＩのなかで実際に起きていること、そこに必ずしも「伝統的」ではないが、文化を育む営みがあることに目を向けたい。バリ芸能がＴＭＩＩでどのように実践されているかについては第四節で詳述する。

三　提案内容と不選出理由――「コミュニティの参加」とは?

ここでは、主に二〇一四年に提出されたＴＭＩＩの提案書[7]そしてそれを不採用とした政府間委員会の会議の審議録[8]に基づきながら、インドネシアの提案者側の意図とユネスコの委員会の期待とのずれについて考察したい。

提案時のタイトルは、「美しいインドネシアミニチュア公園における無形文化遺産の保護、発展、そして教育のための文化的スペースの創造」[9]である。ＴＭＩＩ設立の背景として、都市化による人口移動が目立つなか、無形文化遺産を保護し伝承してゆくための場をコミュニティと政府が協力しながら創造してきたことが挙げられている。またここでは、インドネシア諸島（Nusantara）が一つのまとまりとして、上述した「多様性のなかの統一」を促進すること、インドネシアの人びとの文化を保護し、学び、発展させてゆく使命を帯びていることが述べられている。

活動の保護対象は「インドネシアの無形文化遺産」という多様なジャンルをまとめた曖昧な言葉で設定されている。ＴＭＩＩで扱われる無形文化遺産は、条約で無形文化遺産として想定されている五つの領域、すなわちａ無形文化遺産を伝える手段としての言語を含む口頭伝承や表現、ｂ芸能、ｃ社会的慣習、儀式、祭礼行事、ｄ自然や万物に関する知識や慣習、ｅ伝統工芸技術、のすべてを網羅していることが述べられている。提案書内で言及される無形文化の項目はかなりの量にのぼるが、ｂに関しては、「歌、音楽、舞踊、文化パレード、カルチュラル・ナイト、舞踊劇、演劇、ワヤン人形劇など」と詳述されている。

具体的な保護活動としては、まず活動の目録作成と記録、無形文化遺産に関する調査などが挙げられる。また、芸能の訓練や上演、染織や工芸など民俗資料のコレクションの保存、展示、子供たちを対象とした芸能や工芸品製作のワークショップの開催にも言及している。またＴＭＩＩは、無形文化遺産を学ぶ生徒と指導者を対象に、段階的な検定試験を定期的に実施し、認定書を発行してもいるという。アーティストへの表彰や上演機会、およびトレーニングの機会の提供も挙げられる。幼稚園から高等教育まで様々なレベルの学校から生徒が訪れ、「ここで様々な種類の無形文化遺産を鑑賞し、経験し、練習する」（提案書1b欄）として、正規教育との関係も強調される。

地元の活動のマネジメントに責任のある管轄機関や団体（competent bodies）としては、先述の我々の希望財団ほか、ＴＭＩＩのマネジメントと開発部門、博物館および省庁の管轄下のユニット、三十三の州政府[10]、州間の展示コミュニケーションのためのフォーラム（Forum for Inter-Provincial Exhibit Communication）、博物館間コミュニケーション・フォーラム、地元コミュニティ協会（Associations for Local Communities）、芸術家コミュニティ（Communities of Artists）が挙げられている。このように、ＴＭＩＩに深い関わりのある機関や、省が挙げられている一方で、複数形で記される「芸術家コミュニティ」など、その範囲が曖昧な集団も含まれている。

こうした提案書に対し、二〇一四年十一月にパリで開催された無形文化遺産条約政府間委員会の下した判断は、先述したように不選出であった。その理由として、資金がかかりすぎ、発展途上国のモデルとはならないなどといった点も挙げられていたが、本案件の主要な問題とされたのは、ＴＭＩＩでの保護プログラムが無形文化遺産を地元のコンテクストから切り離しているという点にほぼ尽きる。プログラムの対象が国内外の観光客や来園者であること、目的が余暇とエンターテイメントであること、本来の社会的機能や文化的意味から分離されていること、伝承コミュニティや伝承者のコントロールの及ばない状況で企画実施されていること、あるいはその参与が不明であること、コミュニティ内での伝承を活性化させるうえでどれほどの効果があるかが不明なこと、等々が指摘された。プログラムのなかに条約の精神や目的が十分反映されていないと結論付けられ、「伝承者や実践者に彼ら自身の無形文化遺産保護において、主要な役割と地位を与える」（審議録9・b・3の6）べきであると指摘された。またこれと関連して、文化遺産の「民俗化あるいは博物館化（folklorization or museumification）」（審議録9・b・3の7）を避ける必要が提起されていた。つまり、不採用のポイントは二つあり、ＴＭＩＩは①「コミュニティ」とされる人びとの参加を十分取り込んでいないのみならず、②無形文化遺産の「従来の」機能を失わせ、展示物、収集物、あるいは娯楽として、不適切な役割を負わせているというわけである。以降まず①について考察を加える。そのうえで②については第四節と第五節にて主に扱うこととする。

提案書と、不選出を決めた会議の記録を付き合わせたとき、提案者側と審査側とでは、「コミュニティ」についての認識が大きくずれていることがわかる。提案書でも繰り返し、「コミュニティ」の語が現れるが、その語が意味するところは、曖昧かつ文脈によって範囲が一定でない。たとえば、本節のはじめの方で紹介した、ジャカルタのような大都市の出現と人口移動による無形文化遺産の伝承の衰退の懸念と、それゆえに生じるＴＭＩＩの重要性を強調する場面では、地方に存在する各民族集団、あるいはそれにジャカルタへの流入者を含めた集団を伝承コミュニティとして想定しているかのようである。「民族コミュニティ（ethnic community）」との表記もみられる（たとえば提案書1a、3欄）。また、ＴＭＩＩ近辺の人びとを指しながら「地元コミュニティ（local communities）」の語が用いられることもある（たとえば提案書6欄）。

他方、ＴＭＩＩに様々なレベルで関わる人びとをまとめて「ＴＭＩＩのコミュニティ（the TMII community）」と呼んでいる箇所もある（たとえば提案書7欄）[11]。提案書の、コミュニティを具体的に記入する欄では、このプログラムを用意する関連省庁やＴＭＩＩの各部門に加え、来園者としてこれに参加する幼稚園から大学までの学生や教員たちまでをも含んでいる（たとえば提案書5a欄）。また複数形を用いた「ＴＭＩＩのなかのコミュニティ（communities within TMII あるいは communities in TMII）」という表現もみられる（提案書4欄）。この文脈では、ＴＭＩＩが複数のコミュニティに活動機会を提供する場として想定されている。たとえば、アンジュンガンが各州から出されていることから、これらをそれぞれの地域のコミュニティの代表とみなし、アンジュンガンの職員たちをコミュニティ・メンバーと呼んでいるかのような箇所もある（提案書5a欄、TMII 2012: 33）。またTMIIが内包するとされるコミュニティのなかには、我々からみて不可解なものもある。たとえばTMIIのなかで活発なコミュニティとして、自転車愛好者倶楽部やビンテージ車の愛好家もが挙げられており、ここでのコミュニティの語は、サークルや愛好会とほぼ同義である（提案書5a欄）。インドネシア語にはもともとコミュニティに相当する語がなく、インドネシア語の書類や書籍では「コムニタス（*komunitas*）」という借用語が使われる。このことが、よけいにインドネシア側の混乱を助長している可能性がある。

提案者側のコミュニティの定義の曖昧さや流動性とは対照的に、審査する側はこの語によって、明確な輪郭をもち世代を超えて文化遺産を育んできた土地に根ざした共同体を一貫して指しているようにみえる。そこには、ジャカルタに流入した者たちで形成される民族コミュニティや、ましてやTMIIで働く芸能家職員、そして遠足や校外研修の名目でジャカルタの内外からやってくるインドネシア人の学生やレジャー目的で集う観光客は含まれていないであろう[12]。このようにTMIIの不選出の背景には、提案者側と審査側のコミュニティに対する認識のずれがあると考えられる。そしてそのことは次にみるように、無形文化遺産と伝承コミュニティの関係性に対する認識において、特に顕著である。

無形文化遺産はコミュニティの参加を非常に重視する。この制度は、無形文化遺産を伝承者コミュニティありきのものと位置づけ、国家や学者のおし着せではなく、コミュニティが主役となって保護活動をおこなってゆくことが理想だと考えるからである（七海 二〇一二）。他方インドネシアは、前節で見てきたように、地方にある文化あるいは民族文化をもとにして国民文化（無形文化遺産はその一部である）を創造することで、国家というコミュニティを「想像／創造」してきた歴史がある[13]。このように、コミュニティと無形文化遺産の関係のとらえ方は、条約とインドネシアの側で大きくすれ違う[14]。インドネシアのミニチュアであるTMIIを一つの「コミュニティ」（あるいは「複数のコミュニティの集合体」）ととらえ、そのなかで保護あるいは育成される文化を「インドネシアの無形文化遺産」と呼んだ今回の提案は、インドネシア側の歴史的背景や文化政策の在り方を考えたとき、それほど突飛なものでもないのである。

ところで、条約の理想の実現の鍵の一つともいえる「コミュニティ」の概念は、実は条文において明確な定義が示されていない（七海 二〇一二）。条約起草の段階では、地域共同体から国家までをも含んだ幅広い範囲を許容する定義も提案されていたが、合意に至らず条文にもりこまれなかったという経緯もある（七海 二〇一二）。結局条文では「コミュニティ」について「社会、集団、あるいは個人」と記されるのみであり、いかようにも解釈されうる状態である。無形文化遺産のコミュニティをどのように定義するのか、という問いの答えは、自明ではないのである。

バリ舞踊を例にとれば、バリ島内村落で行われている伝承に加え、州レベルの行政機関がイニシアティブをとるバリ芸術祭といった芸能育成もあれば、ジャカルタに流入してきたバリ人たちの間での芸能活動もある。また彼らの一部が指導者となりＴＭＩＩで来園者に向けて行われるイベントや舞踊レッスンがある。バリ芸能伝承者とは誰なのか、そのコミュニティとはどこにあるのか。[15] 七海（二〇一二：一六六）も指摘するように「コミュニティをどこで区切るかという問題は、ある無形文化遺産をどう定義するかという問題と密接」な関係にある。ＴＭＩＩという「コミュニティ」、そしてそこで育成される「インドネシアの無形文化遺産」を、真正でないと切り捨てることなく、その内実を、バリ舞踊を例にしながら具体的に見てゆこう。多民族都市ジャカルタ、そして「多様性のなかの統一」の国是を実現する拠点であるＴＭＩＩという場で、バリ舞踊は新たな機能や意味合いを担っているようだ。

四　ＴＭＩＩにおける芸能伝承――「ヌサンタラ舞踊」の一要素としてのバリ舞踊

バリ芸能は、インドネシアに存在するその他の舞踊に比べて愛好者も多く、また見世物としても洗練されていることから、ＴＭＩＩで特別な存在感を放っている。ＴＭＩＩ内での芸能コンテストではバリチームが何度も上位入賞をはたしている。

様々なアンジュンガンが、当該地方の舞躍の定期レッスンを開講しており、バリ舞踊のレッスンは、バリのアンジュンガンやインドネシア博物館内で行われている。二〇一四年にバリのアンジュンガンを訪れたときには、敷地内に設けられたワンティラン（*wantilan*）と呼ばれる壁のない集会場で、地元の子どもたち五名がバリ舞踊に汗を流していた。ジャカルタ郊外にあるＴＭＩＩ周辺の住民はムスリムが大多数を占める。そのためバリ舞踊を学ぶ生徒たちのなかで。バリ人（ヒンドゥ教徒）はかなり少数派であり、この日は五人の全員がムスリムであった。この時期はちょうどムスリムが日中断食をするラマダン月に当たっており、出席者が少なかったのだが、子供たちは、のどの渇きをこらえながらレッスンに取り組んでいた。付き添いの母親数名の姿もあった。教えていたのは、ＴＭＩＩの職員であるバリ人男性Ｓである。彼はバリ島の芸能家の家庭に生まれ、仕事を求めてジャカルタにやってきた人物で、八〇年代からＴＭＩＩに勤務している。彼は伴奏曲をカセットテープで流しながら、子供たちを踊らせていた。時に自分が前に立って見本を見せる。言葉での説明の少ない、模倣と反復を重視した舞踊訓練は、バリでのそれと変わらないものにみえた。

しかし、両者には差異もある。従来バリ舞踊は、バリ土着のアニミズムや祖霊崇拝そしてヒンドゥ教と深く結びついてきた。一方、ムスリムの生徒を多く抱えているＴＭＩＩやジャカルタのその他のバリ舞踊教室では、信仰との繋がりが強調されないよう、指導側が気遣うという側面がある。たとえば、ペンデット（*pendet*）という舞踊のなかには、両手を合わせ上へかざすという、バリ・ヒンドゥ教の祈りのしぐさが盛り込まれている。Ｓは、ここでは、それは神への祈りではなく、知恵を集め、それを人びとへと広めるというしぐさとして、意味づけなおし、生徒たちに教えている。

認定試験と進級制度が一般化しているという点も、バリでの状況と異なる。これはＴＭＩＩに限らず、ジャカルタのほかのバリ舞踊教室でも行われている。舞踊演目が難易度別に分けられており、生徒はまずは難易度の低い演目から学ぶ。そして、年に一、二度の進級試験に合格すると、より難しい演目に取り組むことが許される。衣装を着け、生のガムラン演奏をバックに踊るこの機会は、子供たちのモチベーションを喚起するうえ、ジャカルタのバリ舞踊に対するある種のクオリティ・コントロールとなっていると考えられる。試験に際して、バリ島

写真１　バリのアンジュンガンでのレッスン風景
（2014年７月15日撮影）

写真２　バリのアンジュンガンを訪れるムスリム観光客
（2014年７月15日撮影）

写真３　レオッグ舞踊のコンテスト（2015年８月16日撮影）

から高名な舞踊家が招かれ審査員をつとめることもある。こうした場合、ジャカルタで育まれるバリ舞踊が、バリ在住のバリ人からのお墨付きをもらうのである。ただし、合格の証明書の発行主は、バリではなく、ＴＭＩＩが位置する東ジャカルタ市の観光文化局である。また、ジャワ舞踊など、異なる舞踊ジャンルの専門家が、審査員に加わることもある。

　ムスリムたちがバリ舞踊に汗を流す一方で、ジャカルタ在住のバリ人が、ジャワ舞踊やアチェの舞踊等、バリ以外のインドネシアの民族や地域の舞踊に取り組むことも珍しくない。先述のバリ舞踊を教えるＳは、園内のイベントで様々な地域の民族芸能公演に駆り出されるという。隣のロンボク州は勿論のこと、西スマトラ、東ジャワなど、様々な州のアンジュンガンでの出し物に出演するうちに、いくつもの地域の芸能を身につけた。彼の娘も同様である。筆者が二〇一五年にＴＭＩＩを再訪した際には、彼女は東ジャワ州のアンジュンガンで開催中の、ポノロゴ（Ponorogo）という地域に伝わる舞踊劇レオッグ（*reog/reyog*）のコンペティションに参加していた。これはポノロゴから招かれた芸能家ではなく、ジャカルタ在住の愛好者グループによる対抗戦であった。Ｓの生徒たちもまた、他州のアンジュンガンとの交流会を通して、バリ舞踊以外の舞踊を学んだり観たりする機会が多く、次第に地域や民族ごとの舞踊の特徴について親しむようになるという。

　インドネシアに伝わる様々な舞踊の全体、あるいはそれらをちりばめた創作作品は、「ヌサンタラ舞踊（*tari Nusantara*）」と呼ばれる。インドネシア語でヌサンタラとは、インドネシア諸島を意味するが、ＴＭＩＩでは、創立記念日などの機会にこのヌサンタラ舞踊を取り上げた上演が繰り返し行われている。そこで育成されているのは、「インドネシア芸能家」とでも呼べる存在なのであり、ここで伝承されているのはバリ芸能である以上にヌサンタラ芸能であるといえる。ＴＭＩＩでの芸能伝承は、一般に想定されるような村落での昔ながらの芸能伝承とは異なるが、インドネシアというコミュニティを「想像」「創造」するために四十年近く行われてきた実践である。ところで、ＴＭＩＩやその周辺で子供にバリ舞踊を習わせている親たちにインタビューすると、「バリ舞踊は、ヌサンタラ舞踊のなかでも特に複雑であり、これをマスターすることで、他地域の舞踊の習得も容易となる」といった類の語りが聞かれることがある。このことは、ジャカルタでの子供の稽古事としてのバリ舞踊人気の理由の一つとなっているようだ。バリ舞踊は、彼らにとって、ヌサンタラ舞踊の基礎を提供する存在ともなっている。

五　観光化と博物館化という問題

ＴＭＩＩがベスト・プラクティスに選出されなかった理由として、審議録では、この公園が観光客向けであることと、無形文化遺産の博物館化が起きている場であることも挙げられていた。「テーマ・パーク」や「博物館」という語は、文化の伝承や実践の場としてふさわしくない状態の代名詞として、しばしば用いられる。たとえば七海（二〇一二：一六一）は、コミュニティの主導で保護がなされなければ、無形文化遺産も世界遺産と同様に、「観光目的に無形文化遺産を集めただけのディズニーランドになりかねないという懸念もあった」と述べている。皮肉なことに、ＴＭＩＩの設立を提案したスハルト夫人にインスピレーションを与えたものの一つがディズニーランドである（Taman Mini Indonesia Indah 2014）。

実際のＴＭＩＩに目を移せば、たしかに、舞踊練習の様子自体が、バリのアンジュンガンの見所の一部となっている。ここへやってきた観光客は、バリ建築でつくられた空間を味わい、展示された仮面や家具や工芸品を鑑賞するのと同時に、ワンティランでバリ舞踊レッスンを眺める。中には飛び入りでレッスンに参加し、子供たちと共に踊る観光客もいる。ジャカルタ在住の外国人愛好家がそれに加わることもある。

しかし少なくともバリのケースでは、芸能の多くは常に観光客や外国人愛好家の視線のなかで、また彼らとの関わりのなかで育まれてきたという歴史がある。ごく短く紹介すると、まずオランダ植民地時代には、文化の保護者としての役割を世界にアピールしたい植民地政府が、バリでの芸能と芸術の教育に力を入れていた（永渕 一九九八、ヴィッカーズ 二〇〇〇）。そしてバリ人芸能家を世界博覧会へ送り込み、欧米社会にバリ芸能を紹介したのもオランダであった（永渕 一九九八）。一九三〇年代ごろ主にヨーロッパからやってくるようになった外国人観光客の嗜好に合わせて、バリ芸能の改編が盛んに行われたが、そのなかで中心的な役割を果たしたのは、バリに長期滞在していたドイツ人画家ワルター・シュピース（Walter Spiece）であったということもよく知られている。バリ人の側もまた、こうした外部者の視線を受け止めながら、芸能や儀礼活動などバリに期待されるエキゾチックな文化を創りだし、活性化させ、観光資源として利用してきたのである（山下 一九九八、Picard 1996 も参照）。

現在もバリの観光地では、日常的に観光客が眺めるなかで練習が行われ、芸能家は彼らの前で演じるのみならず、彼らに教えたりしながら芸能活動を続けている。観光客向けの施設（ＴＭＩＩ）を舞台に行われている芸能レッスンは、実はバリ島内の芸能レッスンの在り方とそれほど断絶したものではない。

また、バリのアンジュンガンでは、バリの伝統的家屋が展示されているが、そこで常勤／非常勤のかたちで活動するバリ人にとって、これらの建物が単なる作り物やニセモノではないという点も指摘できる。バリのすべての民家と同様に、この家も、完成した際には入魂式にあたるムラスパス儀礼が施された。その一角には、神を祀る社（屋敷寺）が併設され、定期的に供物が捧げられている。アンジュンガンでは、警備のために夜泊りがけで勤務するスタッフがいるが、バリ人にとって儀礼を施さない家で過ごすのは「木の死体と寝る（*tidur sama bangke kayu*)」(従業員Sとの会話、二〇一五年七月五日)ようなものなのだという。そのため、公園内の展示物であっても魂を込められなければならない。屋敷寺へ一般の来館者が入れないようになっているのは、バリ・ヒンドゥでは穢れと見做される月経中や喪中の者が中に入り、寺を穢してしまうことを避けるためである。上述のようにTMIIには、ヒンドゥ寺院も建てられているが、これも同様の理由で普段は門が閉ざされている。無人の寺院は一見信仰の文脈から切り離され、その無機質な建物だけを展示する博物館資料のようにも見える。しかしそれは、周囲のヒンドゥ教徒たちにとり、生きた信仰の場であるからこその状態なのである。

確かにTMIIは、様々な民族文化を展示するまさに巨大な博物館なのではあるが、その全てを真正でないと退けることはできない。そこに通ったり、時に寝泊まりするスタッフたちは、「展示資料」であるモノ、そしてそれに付随する不可視の存在と関わり合う。そこにあるのは必ずしも文脈から切り離された死んだモノではない。そこでの日々は現地の物質文化とある種の連続性をもっているのである。そしてそれらのモノや不可視の存在に囲まれるなかで、芸能が学ばれているのである。先述のTMIIのヒンドゥ教寺院で寺院祭が行われる際には、ジャカルタ在住のムスリムの子供たちや外国人がバリ舞踊を披露したりもする。

おわりに

TMIIは、それぞれの地域に由来する物質文化、芸能文化、信仰が陳列され、比較され、交渉され、そのなかでインドネシア芸能と呼べるようなものが育まれる場である。本論は、ベスト・プラクティスにこの公園が選ばれるべきだったのだと主張するものではない(16)。しかし、この公園は、ユネスコの委員会の想像に反し、芸能を過去から受け継がれる静的な存在と位置づけ博物館資料のようにあつかうのではない。芸能の動態やそれゆえの訴求力・求心力に着目しながら、それを積極的に活用してきたのである。インドネシアの伝統観・文化遺産観と、文化遺産に先立つ明確な境界をもつコミュニティやそのなかでの伝承を前提としがちなユネスコの文化遺産観とのずれを、ＴＭＩＩの不選出は垣間見せてくれる。政府間委員会がＴＭＩＩの活動に欠けていると指摘する無形文化遺産の「コミュニティの文脈」「社会的機能」「文化的意味」は、本当にここには存在しないのであろうか。このコミュニティをバリ民族やバリの村落社会ではなくインドネシアに読み替えれば、ここにはまさに、多民族国家インドネシア独特の文脈における社会的機能や文化的意味を担った芸能の姿がある。

世界遺産とは異なり、無形文化遺産は、普遍的な価値を問わず、伝承コミュニティにとっての価値を最も重視するものであるはずである。しかし既にみてきたように、ベスト・プラクティスの選出の過程には、コミュニティとはこうあるべき、伝承とはこうあるべきといった、価値基準が不可避に滑り込んでしまう。このインドネシアの事例は、伝承コミュニティというものが一枚岩でなく、村での伝承もあれば都市や国家レベルでの伝承もあるということ、文化遺産を糧として創造されゆくコミュニティもあること、また文化遺産や伝統に対する理想や社会的位置づけは多様であることを明るみにだし、それゆえに無形文化遺産の制度が内包してしまうある種の普遍主義の限界をも示している。

付記

本論の一部は、ＪＳＰＳ科研費（JP25884096）による研究成果である。

（1）そのほか、電気通信、天然資源、エネルギー、交通などをテーマとする施設も作られ、国の誇る科学技術や資源の豊かさについても学ぶことができるようになっている。また子供向けのプールや遊園地もあり家族向けのレジャーランドとしての側面もある。今回は無形文化遺産をテーマし、特に芸能に関わる部分を取り上げたため、これらの施設は考察から外した。

（2）この地域や小地域とは、複数の国のあつまる領域を指すのであって、一国のなかの一部地域を意味しない（七海 二〇一二：一三）。

（3）Education and training in Indonesian Batik intangible cultural heritage for elementary, junior, senior, vocational school and polytechnic students, in collaboration with the Batik Museum in Pekalongan

（4）民族の決まった定義がないため、インドネシアの民族の数に関しては、基準の設け方によってその数が大きく変化する（関本一九九一：六）。言語も同様であり、文献によって大きく数字が異なるが、ここでは、*Ethnologue*（Lewis *et al.* 2016）のデータを参照した。

（5）バリ人の母を持つスカルノは、バリ文化を「インドネシアの母なる文化（ヴィッカーズ 二〇〇〇：二七九）」であると位置づけた。彼自身、バリの芸術活動のパトロン的な役割を担った（ヴィッカーズ 二〇〇〇：二八八）。

（6）インドネシアの建国五原則。（一）唯一神への信仰、（二）公正で文化的な人道主義、（三）インドネシアの統一、（四）合議制と代議制における英知に導かれた民主主義、（五）全インドネシア国民に対する社会的公正。

（7）提案書 2014 Nomination file no.00621.（http://www.unesco.org/culture/ich/doc/download.php?versionID=30277 最終アクセス日二〇一七年四月十七日）

（8）審議録 2014 Intergovernmental Committee for the Safeguarding of the Intangible Cultural Heritage, Item 9.b of the Provisional Agenda: Examination of Proposals to the Register of Best Safeguarding Practice.（http://www.unesco.org/culture/ich/doc/src/ITH-14-9.COM-9.b+Add.-EN.doc 最終アクセス日二〇一七年四月十七日）

（9）原文では "Creation of a Cultural Space for Safeguarding, Development, and Education in Intangible Cultural Heritage at Beautiful Indonesia in Miniature Park".

（10）ここでいう省には、教育文化省、青年スポーツ省、通信情報省、宗教省、運輸省、森林省、研究技術省を含む（申請書5欄）。

（11）提案書と併せて「コミュニティ」の提案書への同意を表明する署名リストも作成されたが、そこにはTMIIの様々な役職や持ち場で働く者たちの名前に加え、来館者と思われる学生たちの署名もみられる。そしてそれら全体が署名リストでは「TMIIのコミュニティ（the TMII Community）」と呼ばれている。

（12）二〇一四年ベスト・プラクティスの審査ではTMIIを含む四つの案件の採択が審議されたが、そのなかでコミュニティとして想定すべき範囲が議論となったという。その点については「コミュニティの概念の包括的な意味合いが用いられるべきであるが、観光客のような外部的観客は主要なコミュニティと考えられるべきではない」（審議録B-10）という結論がだされた。

（13）有形無形の文化遺産をもとにして国家というコミュニティを立ち上げるという手法は、なにもインドネシアに限ってみられるものではない。本書でもたとえば関論文、吉田憲司論文において報告される。

（14）国家を伝承コミュニティと位置づけた案件が無形文化遺産として認められた例はある。たとえば、代表リスト入りした和食では、日本人全体がその担い手であると想定されている。こういった事例にみられるように、無形文化遺産のとらえ方や、条約の運用の仕方には未だ可変的で不安定な面がある（岩崎 二〇一七）。他方、TMIIに関しては、審議録で見る限り、政府間委員会は、一貫して各無形遺産が元来伝承されていた（国家よりは小規模な）地域コミュニティを想定し、そのコミュニティが主体となった伝承を要求している。

（15）バリ舞踊自体は、二〇一五年十一月から十二月にかけて開催された政府間委員会の会議によって、無形文化遺産の代表リスト入りを果たした。この時の提案書でも、バリ舞踊が分布している地理的範囲として、バリ以外の様々なインドネシア国内の地域、そして日本や欧米の国々の名前が挙げられている（代表リスト提案書D欄）。この点からも、インドネシアの文化政策上、バリ舞踊が島内に固有の存在ではなく、その外へと続く愛好者の広がりのなかで育まれる芸能と捉えられていることがわかる。提案に関連して作成されたバリ舞踊の紹介ビデオの中では、日本と欧米の舞踊団の名前、そしてＴＭＩＩのバリのアンジュンガンの名前も挙げられていた。

（16）しかも、今回の考察はバリ舞踊に限ったものであり、その点からも不採用に関するトータルな評価は本章の射程を超えている。他の無形文化遺産の要素に着目すれば、また異なったＴＭＩＩ像が浮かび上がるはずである。

参考文献

アンダーソン、ベネディクト（一九九五）『権力と言葉――インドネシアの政治文化探求』中島成久（訳）、日本エディタースクール出版部。

――――（一九九七）『想像の共同体――ナショナリズムの起源と流行』白石さや・白石隆（訳）、ＮＴＴ出版。

飯田卓（二〇一七）「「人間不在の文化遺産」という逆説を超えて」飯田卓（編）『文化遺産と生きる』一一―三五頁、臨川書店。

岩崎まさみ（二〇一七）「無形文化遺産を語る人たち」飯田卓（編）『文化遺産と生きる』三九―六七頁、臨川書店。

ヴィッカーズ、エイドリアン（二〇〇〇）『演出された「楽園」――バリ島の光と影』中谷文美（訳）、新曜社。

鏡味治也（二〇〇〇）『政策文化の人類学――せめぎあうインドネシア国家と地域住民』世界思想社。

瀬川真平（一九九五）「国民国家をみせる――『美しいインドネシア・ミニ公園』における図案・立地・読みの専有」『人文地理』四七（三）：一―二二。

関本照夫（一九九一）「2　民族」土屋健治・加藤剛・深見純生（編）『インドネシアの事典』六―七頁、同朋舎出版。

永渕康之（一九九八）『バリ島』講談社。

七海ゆみ子（二〇一二）『無形文化遺産とはなにか――ユネスコの無形文化遺産を新たな視点で解説する本』彩流社。

ブルーナー、Ｅ・Ｍ（二〇〇七）『観光と文化――旅の民族誌』学文社。

山下晋司（一九九九）『バリ　観光人類学のレッスン』東京大学出版会。

Hitchcock, Michael 1998　Tourism, Taman Mini, and National Identity. *Indonesia and the Malay World* 26(75): 124-135.

Lewis, M. Paul, Gary F. Simons, and Charles D. Fennig（eds.）2016　*Ethnologue: Languages of the World, Nineteenth edition*, Dallas:

SIL International. Online version: https://www.ethnologue.com/country/ID

Pemberton, John 1994 Recollections from "Beautiful Indonesia" (Somewhere beyond the Postmodern). *Public Culture* 6: 241–262.

Panitia Kegiatan Nasional 2012 *Penciptaan Ruangan Budaya untuk pelindungan, pengembangan dan pendidikan warisan budaya di Taman Mini Indonesia Indah*. Jakarta: Panitia Kegiatan Nasional & Taman Mini "Indonesia Indah".

Picard, Michael 1996 *Bali: Cultural Tourism and Touristic Culture*, Singapore: Archipelago Press.

Taman Mini Indonesia Indah 2014 HUT39 Taman Mini "Indonesia Indah". *Indonesia Indah* 5: 4–5.

Yayasan Harapan Kita 1975 *Apa dan Siapa Indonesia Indah*. Yayasan Harapan Kita, Jakarta.

———2005 *Tri Dasawarsa Taman Mini "Indonesia Indah"*. Yayasan Harapan Kita, Jakarta.

ユネスコ関連資料

運用指示書 2014 Operational Directives for the Implementation of the Convention for the Safeguarding of the Intangible Cultural Heritage.

代表リスト提案書 2015 Nomination file no. 00617.

伝統と創作のはざま

——台湾原住民族の「伝統智慧創作」を事例として

野林厚志

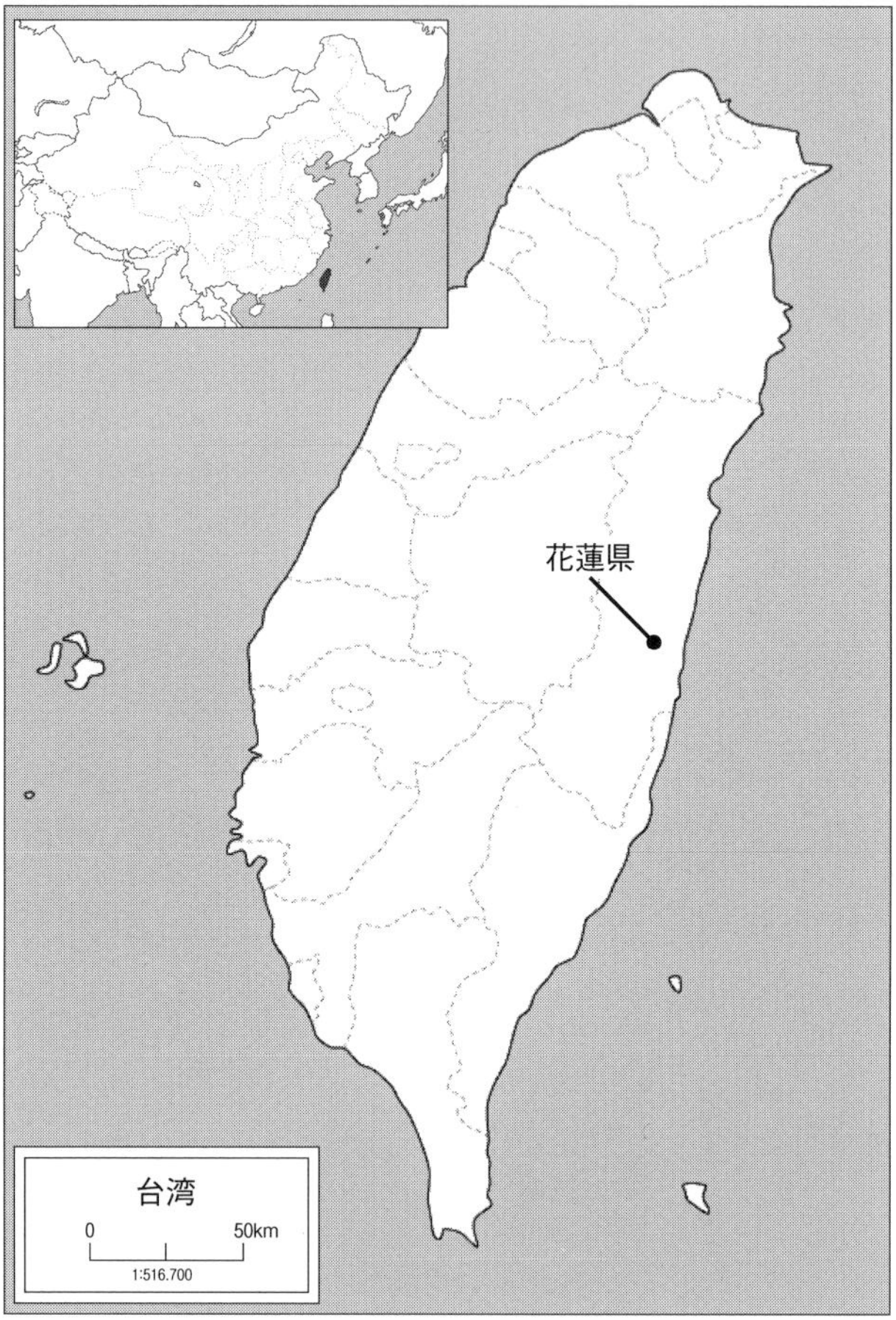
花蓮県
台湾
0
50km
1:516.700

本章の目的

本章の目的は、台湾の先住民族である台湾原住民族の知的財産をめぐる事件や争議の事例を通して、原住民族の知的財産がおかれている現在の状況とその行方について考えることである。伝統的知識だけではなく、伝統的に継承されてきた知恵とそれにもとづく創造的行為や創りだされるものの権利を保護するという台湾の新たな法的枠組のもとで、継承そのものへの考え方やその方法が基本的には異なってきた原住民族の知的財産と文化遺産とがどのように接合されようとしているのかについて考察したい。

台湾では、一九九四年の憲法改正の際に、国家は多元文化の存在を肯定し、原住民族の言語や文化を積極的に保護し発展させるという条文を新たに憲法に盛り込んだ。これらを政策を通して実現させていくための法律として「原住民族基本法」が二〇〇五年に制定された。「原住民族基本法」には、政府は原住民族文化の保存、保護に努め、伝統的な生物多様性の知識と知的創作について保護し発展を促進させるものとされている。

憲法と原住民族基本法という法的枠組の中で、具体的に原住民族の知的財産の保護を目的として制定されたのが、二〇〇七年の「原住民族傳統智慧創作保護條例」（「原住民族の伝統智慧による創作の保護条令」（筆者による訳）、以下「保護条令」とする）である。さらに、二〇一五年に「原住民族傳統智慧創作保護實施辦法」（原住民族の伝統智慧による創作の保護実施法（筆者による訳）、以下「実施弁法」）が発布された。これは、「保護条令」を具体的に運用するための関連法であり、より実質的な内容を有する法律と位置づけることができる。

現在、台湾原住民族の知的財産の権利を保障するための枠組は、大きく二つ用意されていると言ってよい。一つは一般台湾社会ならびに国際社会で共通の理解が得られている発明、意匠、著作等に関する権利である。これらは国内法と国際法によって規定されており、原住民族の身分の有無に関わらず適用される。もう一つは、「保護条令」が保障する、台湾原住民族の知的創作やそれを生み出すために必要となる伝統的な継承物や継承事に関する権利である。それらには当然のことながら、伝統知識も含まれているが、さらに、著作権が関わる創作という部分にまで範囲が及んでいる。

法案のなかで、法律が保護する対象は、原住民族が伝統的に継承してきた、宗教儀礼、音楽、舞踊、彫刻、編織物、図案、服飾、伝統の技やその他の文化的な表現とされている（第4条）。これらは各原住民族集団の民族らしさ、換言すればエスニシティを具体的に可視化させるものでもある。また、法案の名称の中の「傳統智慧創作」はその英文訳において、'traditional intellectual creations' とされていることにも留意しておきたい。この法案を対外的に説明するうえで、創作物が対象とされていることが表明されているからである。

一方で、実例がまだないため、現時点では明言できないが、「保護条令」にもとづいた訴えを国際的に起こすのは容易ではないであろう。「保護条令」の第21条には、中華民国政府（台湾）と外国政府が智慧にもとづく創作の保護についての条約や協定について正式に承認しあっている場合には、その規定に従うとされている。国際連合等で先住民族の知的財産に関わる同様なルールが整備された後、それに準じて各国の個別法が作られる場合はともかく、台湾の中で整備された法律に合わせた法整備を他の国が行うことは考えにくい。この「保護条令」は基本的に国内に適用されることを前提としていることが理解できる。したがって、グローバルな規模で原住民族の権利の侵害が起きた場合は、著作権や意匠権にもとづいた対応を原住民族はとらざるを得ない。

一　「保護条令」の目指すところ

「保護条令」が制定された根本的な要因は、原住民族が求める知的財産に関する権利の保護の範囲が、それまでの法制度、すなわち、著作権や意匠権、特許権等に関する法制度の下で保障されている内容とは異なっていたからである。近現代の法律が定める知的財産の定義と原住民族社会で育まれてきた知的財産の定義とが異なると言ってもよいだろう。

従前の問題を解消するために作られたのが「保護条令」である。「保護条令」が一般的な著作権法の規定と異なるのは、おおむね次の四点である。
(1) 登録保護主義、審査主義(第4条、第5条)
(2) 保護期間の非限定性(第15条)
(3) 権利主体の集団性(第6条、第7条)
(4) 原住民族に固有の権利(第3条)
一般の著作権保護制度では適用されない要素が、先住民族の文化の権利には複雑なかたちで含まれている。それに配慮しようとしたのが「保護条令」であると言ってもよい。その後、「保護条令」の運用法となる「実施弁法」やその他の関連した法律が発布、施行され、「保護条令」の本格的な運用に駒を進めることになったのである。

先住民族の知的財産をめぐる世界的な動きとしては、二〇〇七年に採択された「先住民の権利宣言」をあげることができる。これと同じ年に「保護条例」が施行された。これは、台湾が原住民族の知的財産問題に敏感になっており、早い対応を必要としていたことをうかがわせる。「先住民の権利宣言」はその草案が一九九三年に提出されていた。したがって、その内容が既知だったこともあり、「保護条例」は「先住民の権利宣言」を十分に意識したものとなっている。ただし、国連の動き、換言すれば、世界の動向に台湾が合わせたということも考えられるが、台湾では原住民族の知的財産に関わる実践的な課題が既に存在していたことも事実である。

筆者が原住民族の調査を開始した一九九〇年代の前半は、一九八〇年代の後半から勢いを増していった「原住民運動」の仕上げともいえる時期である。原住民族文化が社会の中で肯定的に認知されはじめた時期と言ってもよい。文化復興の志向も強くなり、儀礼や伝統行事をより積極的に実施しようとする雰囲気が原住民族社会全体に広がっていった。そうした儀礼や伝統行事には可視的にも原住民族性が求められ、伝統的な衣装などが原住民族の社会の中に再び普及しはじめた時期でもある。また、原住民族の工芸品やアート作品、必ずしも実用されるものではないが土産物や装飾品として手元におかれるスーヴニールの価値が社会の中でより広く認められるようになっていった。

一方で、こうした状況は新たな経済市場を生み出すことにつながった。原住民族が製作する衣装や工芸品の複製品が中国大陸や東南アジアで安価に製作され、台湾に流入するという現象が生じたのである。(1) 安価で質の悪いコピー製品は、原住民族の工芸文化の質そのものに対する社会的な信用を減退させた。原住民族の文化やもの作りの伝統に関する知識が希薄な一般の消費者にとっては、コピー製品のほうが安価に入手できるという理由から、原住民族の人々が製作したものが売れないという状況が生まれ、原住民族は経済的な損失をこうむることにもなった。こうした経緯もあり、原住民族の知的財産の保護制度を確立することが早くから求められてきたのである。

この状況が改善されていったのが、一九九〇年代の終わりごろからである。政府の文化政策や原住民族政策によって、原住民族の中から工芸家とよばれる人たちが増えるとともに、その作品が展示会等を通して社会の中で知られるようになっていった。地方で工芸品や衣装を制作する工房の数も増えていき、こうしたところから発信される作品が小規模ながらも市場に流通しはじめた。それにともない買い手側の目も肥えていき、安価なコピー製品には批判的になり、より良質なものを求める傾向が強くなっていった。一方で、創出される工芸品や生産物は洗練されていき、個人の著作性や民族の固有性に対する意識も高くなっていった。また、有形のものだけでなく無形の対象を権利化していく動きも急速に進んでいった。その法制上の一つの到達点が、「保護条令」であり「実施弁法」と考えてよいであろう。

ところで、漢字という同じ表意文字を使用している台湾と日本とでは、語意に多少のずれが生じる場合がある。

そこで、「保護条令」、「実施弁法」で用いられている智慧という言葉について確認しておきたい。智慧とは例えば英語では一般にwisdomと訳されているように、知識（knowledge）とは異なる概念で捉えられる。すなわち、智慧にはそれまでに蓄積、継承されてきた知識とともに、その知識を使って新たなものを作り出す力、換言すれば創造力が含まれている。「保護条令」はもともと、法令の英文訳にwisdomの語を使用してきた。それが、運用法の制定にあわせた「保護条令」の修正の段階で、wisdomという訳語は姿を消し、intellectualという単語が使われるようになった。これは、著作権等の既存の知的財産に呼応するような対応がなされた可能性もあるだろう。法律間のすりあわせも、新たな知的財産の枠組を作るうえでの重要な作業になっていることがうかがえる。

いずれにせよ、「保護条令」は原住民族が伝統的に培ってきた智慧とともに、智慧を実践する行為、そこから生み出される創作を総合的に保護することをねらった法律となっているのである。

二　台湾原住民族

台湾原住民族とは、台湾の人口の大多数を占める漢族系の住民よりも早い時期から台湾に居住してきた先住民族である。平地や島嶼部に居住していた一部の人たちを除き、原住民族の人々の大半は山岳地域に居住してきた。粟や陸稲、根栽類の焼畑栽培、狩猟活動を慣習的な生業とし、人間の霊魂やさまざまな精霊を畏れ崇めるアニミズム的観念、武勇と規律を尊ぶ社会の気風、かつて行なわれていた首狩りの行為などには、東南アジアの基層文化と共通する特徴がよく保持されているといわれてきた。

台湾原住民族の諸集団は、オーストロネシア語族に属する言語を母語としており、それらはオーストロネシア語族のなかでも古い特徴をよく保存していると考えられ、台湾がオーストロネシア語族の故地であった可能性が一部の言語学者によって指摘されている。一方で、分子人類学的な知見からは、台湾の原住民族は、もともと単一の集団だった人々が、台湾に渡来した後に別々の集団に分化していった可能性が指摘されており、台湾島における人類集団の形成やその言語の形成については、考古学的証拠や分子人類学、言語学の知見などをあわせて考えていかなければならない。とはいえ、台湾の原住民族が東南アジア島嶼部やオセアニア地域の諸民族と系統的に密接な関係にあることは確かである。

十六世紀以降に漢族系の住人が台湾に本格的に移住しはじめ、台湾における多数派を形成していった。漢族系の住人は西部地域に居住していた先住者と接触を重ねたため、漢族化が進んだ集団が形成されていった。この人たちは平埔族とよばれる。それに対して、漢族化の影響が相対的に少ない集団が、中央山脈や東部地域に地域的なまとまりをもちながら形成された。これらの集団が、現在の台湾原住民族の祖先集団であると考えられてきた。

原住民族という呼称が用いられるまでは、その時々の為政者によって、山地山胞、高砂族、「番族」といった名称が与えられてきた。原住民という呼称は一九九四年の中華民国憲法増修条文（追加／修正条文）によってはじめて明記されたものであり、その後、一九九七年の増修条文によって、原住民族という呼称が用いられることになった。また、政権を異にする大陸中国側では、原住民族の人々は現在、高山族と称されており、中華人民共和国における五十五の少数民族の一つに数えられている。

原住民族は複数の民族集団の総称である。日本統治時代の分類が前提となり、中華民国施政下では長期にわたって原住民族は九族の民族集団で構成されているという認識が強かった。これに対して、一つの民族集団としてくくられた中から、血縁や地縁も含め、出自をともにする人々が集団としての民族の固有性を明らかにし、分類された民族とは異なる固有の民族集団としての社会的な位置づけを確保しようとする人々が現れはじめた。出自の相違や文化的、社会的特徴にもとづいた「新たな」民族集団の認定が相次いでいると言ってもよい(2)。ここで、「新たな」という表現を用いたのは、台湾社会一般にとっては新たな民族の認識ではあるが、当事者にとってそれは必ずしも新しい民族の分類ではなく、もともとの民族の境界が、制度的な民族分類には反映されていなかったにすぎないからである。

三　台湾原住民族の知的財産をめぐる事件

一九八〇年代以降、先住民族の知的財産をめぐる課題が世界的な規模で表面化していったことと並行するように、台湾でも原住民族の知的財産に関わる問題が顕在化していった。台湾の場合は、世界の状況に呼応したという側面に加えて、社会運動として展開した原住民運動の指導者たちが文学や音楽といった諸分野で活躍してきたという事情も手伝い、知的財産の問題に対しては、特に著作権に加えて、原住民族の文化を誰が表現できるのかについて敏感な雰囲気があったと言える。原住民族の文化が「遅れた」ものにすぎず、その価値が認められない状況から、台湾固有の文化としての原住民族文化が認められはじめ、それが社会的にも経済的にも一定の価値をもつものとして扱われだすようになり、原住民族文化の知的財産をめぐる課題にも関心が及ぶようになっていったのである。

エニグマ事件

台湾原住民族の知的財産をめぐる事件で世界的に知られているのが「エニグマ事件」である。[3] これは、ドイツの有名な音楽グループであるエニグマが、アミ族の歌謡をそのまま自分たちの楽曲に挿入し、それが大ヒットしたことに端を発する。'Return to Innocence' というこの楽曲は、一九九六年のアトランタオリンピックの大会曲に採用され、世界中に響きわたることになった。

エニグマが 'Return to Innocence' に挿入したのは、アミ族のディファン（郭英男）らが歌った「老人飲酒歌」という曲である。エニグマは、ディファンら歌唱の同曲が録音された音源をもとにした音楽CDを発行した会社から、ＣＤに関するすべての権利を取得したうえで、「老人飲酒歌」を効果音的に'Return to Innocence'の中で使ったのであった。

ディファンらはこれに対し訴訟を起こし、結果的にはエニグマ側との示談に応じる結果となった。エニグマ側の主張の一つは、「老人飲酒歌」のもともとの歌はアミ族に伝わる民謡であり、それはパブリック・ドメインに属するというものであった。すなわち、エニグマが使用した「老人飲酒歌」には著作性は無いという解釈である。

これに対して、ディファン側は歌そのものについての知的財産権、換言すれば文化的な所有権は主張せず、もっぱらディファンの「老人飲酒歌」の歌唱の独自性、すなわち、著作者隣接権を主張したのであった。この主張の最大の強みは、ディファンたちが歌った音源そのものをエニグマが自分たちの楽曲の中に使ったことに対する異議であった点である。エニグマ自身がこの楽曲の中で「老人飲酒歌」の演奏や歌唱を行っていた場合には、著作権の権利侵害は認められなかったかもしれない。

この事件は、著作権としての知的財産権の本質がコピーライト、すなわち複製に対する権利であることをよく示していると思われる。再現するという行為そのものは著作性を侵害することにはならず、著作権が侵害されたか否かは再現されたもの自体が複製物に相当するかどうかの判断に委ねられる。

酒瓶袋訴訟

原住民族の知的財産をめぐる法的な争いは台湾の中でも生じている。以下に紹介するのは、サキザヤ族の工房で作られた商品のコピー製品をめぐる争いである(4)。

サキザヤ族の呉秀梅氏は、自身が開設している湛賞文化藝術工作坊（以下、湛賞工作坊）で製作、販売している酒瓶袋と酷似した製品が、花蓮のあるホテルで土産物として販売されていることについて、知的財産権が侵害されたという訴えを二〇〇八年に起こした。具体的には著作権侵害の訴えであり、著作権法（台湾では著作財産権法）91条に牴触するというものであった。91条には、販売や貸与を行うことを目的に複製という手段で著作権を侵害することに対して、罰則が示されている。ここで、ホテル側がとった対応は、湛賞工作坊の作品は原住民族文化に関わる創作品であり、個人の発想やアイデアにもとづく著作物ではなく著作権法の適用外ではないかという申し立てであった。それを受けて、検察は経済部の知恵財産局に説明を求めた。その判断を要約すると、以下のようなものであった。

（1）この酒瓶袋は衣服の形をしており、衣服という形をもったものに著作権は適用されない。

（2）ただし、酒瓶袋上の配色や線、紋様、その組み合わせは、「美術著作」の要件を満たしている。

（3）したがって、独創性と創作性は認められることから、著作権に係る案件である。

これを受けて、この案件では著作権に係る判断が求められることになったが、最終的にだされた結論は、ホテル側の不起訴処分であった。湛賞工作坊とホテルが製作、販売している酒瓶袋は、互いに似てはいるが全てが同じではないことから、コピー製品の販売にはあたらないという理由からであった。これを不服とした湛賞工作坊は、知的財産の専門家等の意見をあわせて控訴し、裁判所はこれを受理した。二審の審議中にホテル側から和解の提示があり、両者は和解にいたった。

この事件で留意すべきことは、それぞれの側が適用させたいと考えていた法律と当事者の間にある種のねじれが生じていたということである。すなわち、原住民族側である湛賞工作坊は著作権法を、ホテルは著作権法が適用されない判断、すなわち、「保護条令」を頼りにし、自分たちが侵害したのは著作権ではなく、原住民族の知恵創作物に関する権利であるという判断をねらったのであった。もちろん当事者の思惑が複雑に関わり、しかもそれらは争議の過程で変化していくものなので、事件全体の解釈を行うことは容易ではない。一方で、この問題を論じるいくつかの観点を示すことはできるだろう。

考えておくべき一つの観点は、法律の罰則とその運用である。著作権侵害が適用された場合は、91条にもとづき、六ヵ月以上五年以下の有期徒刑に処し、二十万元以上二百万元以下の罰金が併科できることになっている。一方で、「保護条令」では有期徒刑はなく、基本的には民法に準じた賠償請求が行われ、五万元以上三百万元以下の範囲内での請求が可能とされている。

また、著作権侵害の場合は扱われた件数や判例も多いのに対し、原住民族の伝統的知恵についての争議は裁判所側でも経験が浅く、明確な結論が出にくい可能性があった。一言で言えば、ホテル側は裁判そのものを曖昧にしてしまうことを期待して、この案件を原住民族の文化に関わる争議にしようとした可能性がある。逆に、湛賞工作坊側にとっては、著作権に関する争議にすることによって、著作権侵害という明確な結論をもって損害賠償請求を行うことを期待していたのかもしれない。

さらに、湛賞工作坊側には、この案件を原住民族の文化に関わる権利の問題に焦点化することを避けたい事情があったことは否めない。訴えの内容でこのことを象徴的に示すのは、アミ族とサキザヤ族の衣装を模した酒瓶袋について湛賞工作坊が訴えを起こしたという点である。この工房の経営者はもともとアミ族であったが、原住民族の認定の過程でサキザヤ族に身分を変えたという経歴を有していた。したがって、彼女が作り出すものにアミ族とサキザヤ族のエスニシティが具備されていることは、原住民族の文化の権利という観点からも説明がしやすい。つまり、これらを侵害されていることについて、当事者として訴えを起こしやすいという状況はあった。一方で、この工作房では、アミ族やサキザヤ族以外の民族の衣装を模した酒瓶袋も作っていた。これらについて工作房側は原住民族性を主張できないばかりか、工作房自体が自らのエスニシティと異なるものを作り、売り出しているという矛盾を生じることになる。著作権侵害に関する訴えを起こしたという点、自己に関連したエスニシティについてのみの訴えであったという点に、工作房側の戦略性をうかがうこともできるであろう。

「恋人の夜」争議

次に紹介する事例は、ある原住民族の集落が特定の歌や踊りに対して自分たちの専用権を「保護条例」にもとづき申請したところ、他の集落から抗議、反駁されたというものである。著作権が自然発生的であるのに対して、「保護条令」では登録された知的財産にのみ権利が発生するという登録主義をとっている。そして、登録できるのは原住民族もしくは「部落」すなわち集落が単位となっており、複数の集落が共同で登録することも可能である。登録したのちに、それが知恵創作物であると承認された場合に得られるのは専用権であるため、例えばある集落で特定の踊りが登録された場合、その踊りを踊ることができるのは登録申請した集落の成員のみということになりかねない。

二〇一三年の九月三日に台湾の大手メディアである自由時報がインターネット上のニュースで、花蓮県のアミ族の一つの集落が豊年祭で使用する楽曲や舞踊について原住民族智慧創作権の申請を行い、それが原住民族委員会の審査を通過したと報道した。(5) 申請を行ったのは、太巴塱（*Tavarong*）集落内にある「花蓮縣光復鄉阿美族生活美學協會」である。申請の内容は、太巴塱で慣行されている「恋人の夜」（中国語では「情人之夜」）の行事において使用される歌や踊りはこの集落に独特のものであり、近年、周囲の集落に模倣されていることから、これらが誤った使い方、歌い方、踊り方になってしまうことを防ぐために権利の申請を行うというものであった。太巴塱集落では日常的に未婚の男女は距離をおいているが、豊年祭の最後の夜に、*milidofot* という名の曲が歌唱されると、未婚の男性は輪になって踊りをはじめ、女性たちは気に入った男性が背中にかけている袋の口に、檳榔、煙草、小袋を入れる。それを男性が嬉しく思った時には、肩掛け袋を下ろして女性に渡し、交際もしくは婚姻が成立するのが慣習とされており、太巴塱集落は、この *milidofot* とよばれる楽曲やその歌い方、その時の踊り等について専用権を主張したのであった。

これに対して異議を唱えたのが、太巴塱集落の隣の馬太鞍（*Vata-an*）集落であった。九月十日の自由時報では、馬太鞍集落の長老の次のような談話が報じられた。

「馬太鞍集落にも *miildofot* はあり、漢語では同様に「情人之夜」と翻訳される。長老の亡くなった父親も恋人袋を介して母親と結婚している。しかし、この恋人袋をめぐる歌唱は太巴塱集落のものとは異なり、太巴塱集落の恋人袋の歌には意味のある歌詞がないのに対して、馬太鞍集落の恋人袋の曲には「母親の子供（媽媽的孩子）」という題名がある。十二分に及ぶその曲の歌詞は優美であり、集落の子供の勇敢さや美しさを歌った独特のものである。」

さらに、馬太鞍集落側は、太巴塱集落の主張は受け入れられるものではないということ、またアミ族は母系社会であり、それぞれの集落が系統的に祖を同じくしていることから、文化を共有するのは当然であるという主張も行った。

こうした状況を受けて、原住民族委員会は、自由時報の最初の報道にあったような太巴塱集落の楽曲の専用権はまだ認められたものではなく、「保護条例」を運用するための関連規定を整備している状況であると発表した。[6]合わせて、同年の九月二十六日には国立精華大学の科技法律研究所が馬太鞍集落のコミュニティセンターで説明会を開き、集落の人々への状況の説明を行うことで事態はひとまず収拾した。この事例が示しているのは、原住民族の知的財産の専用権の主張は同じエスニシティを有する集団内での軋轢や、場合によっては衝突さえも引き起こしかねないということである。

台湾の原住民族は現在十六集団が政府から認定されている。アミ族はその中でも比較的人口の多い集団で、台湾東部の海岸地域の平野部に居住してきた。ただし、言語や慣習等から五つ（南勢アミ、秀姑巒アミ、海岸アミ、馬蘭アミ、恆春アミ）の下位集団に分かれており、それらが地域的に集住してきた。太巴塱集落と馬太鞍集落はともに秀姑巒アミに属しており、近接した集団である。とはいうものの、両者は土地や水利における衝突を歴史的に繰り返してきており、また隣接してはいるものの、婚姻等による社会関係は非常に希薄であることが知られてきた。[7] すなわち、アミ族という自己認識は共通しているものの、集落間関係は特に経済上の利害が直接関わる点においては極めて競合的となってきたと考えてよい。そして、両方の集落で慣行されてきた「恋人の夜」の行事を構成する要素に経済性をともなう権利が付加されようとしたときに、外に見えるようなかたちでの文化の主張に関する衝突が新たに生じたのであった。

四　文化遺産の権利とエスニシティの単位

従前にあげた三つの事例は、権利をめぐる当事者の関係や当事者同士の関係の脈絡において、非常に対照的な様相を見せている。

エニグマ事件は原住民族と海外のアーティストとの間で生じた争議であり、著作権のグローバル環境のもとで扱われたものであった。このため、事件が発生するまで当事者間はほぼ無関係であったが、著作権の侵害によってはじめて当事者間に関係が生まれることになった。

酒瓶袋訴訟は、原住民族と漢族という、歴史的に軋轢を生じさせていた民族間に生じたものである。多数派である漢族に対して、原住民族は政治的にも経済的にも劣位に位置づけられてきた。原住民族側は漢族に対して根強い不信感を抱き、漢族側は、原住民族が文明の周縁にいる遅れた人々で、生活改善や文化的な教化を自分たちが施す必要がある対象と考えてきた。漢族中心の中華文明のもとでは、原住民族の作るものや行為は必ずしも価値のあるものとはみなされず、骨董趣味か観光地の土産物あるいは余興的な出しもの程度にみなされてきた。酒瓶袋についても、被告はその形やデザインを盗用したという意識はなく、許可が必要なほどのものではないという感覚があったのかもしれない。一方で、訴えの声をあげた側には、原住民族と漢族の両者が含まれていることにも留意しておく必要がある。もちろん、原住民族側にも著作権や意匠権という考えかたが浸透してきてはいるが、訴訟の手続きや争議の過程では、漢族が大多数を占めるなかで進めていかなければならない。こうしたことに躊躇する原住民族の人々はいまだ多いのが現実である。

「恋人の夜」争議は原住民族社会のなかで生じた。しかも、民族集団という次元ではアミ族という同じエスニシティが意識されていた人々の異なる集落間で生じたものである。歴史的にみれば、当事者同士は必ずしも良好とはいえない関係にあったことから、この争議は知的財産権の争いという形式をとりながら、実は集落間の積年の争いの一部となっていたとも言えなくはない。

この三つの事例のなかで、「保護条令」は後の二つに適用された。「保護条例」の基本的な精神は、原住民族の文化の権利や知的財産を非原住民族から守るということであるが、この二つの事例は、その精神が必ずしも生かされているとは言えないことを示している。一つは、非原住民族が自らの権利を守られることがないにも関わらず、経済的な条件から「保護条例」の適用を積極的に求める場合があるということである。原住民族側が「保護条令」を適用されてしまうことで、原住民族の著作権の行使を限定することになるのであれば、本末転倒になると言わざるを得ない。また、「保護条令」の適用は、原住民族の内輪の紛争を法廷に持ち込んでいく状況を作りうることも指摘できる。

「保護条令」の一つの特徴は、伝統的知識そのものの権利について規定しているのではなく、伝統的な知恵から生み出される創作に関わる権利をも保障しようとする点にある。すなわち、既存のものだけでなく、将来的に生じうるものやことに対しても権利が主張されうる。対象を特定することが容易でない非常に曖昧な制度となっているとも言えるだろう。

この種の問題については、早くからＷＩＰＯ（世界知的所有権機関）が懸念を表していた。私的な財産権が文化遺産として確立することによって、権利主体以外の人々は、文化遺産に基づいた創作及び技術革新を行うことができなくなるという指摘である（Sherman 2006）。

口承文芸や伝承音楽、伝承舞踊は、それを受け継ぐ側が様々な作用を加えていくというダイナミズムがあるからこそ、発展していくという性質を有している（本書吉田憲司論文と齋藤論文も参照）。ただし、受け継ぐ側が様々な作用を加えていくうえでは、伝える側と受け継ぐ側、また、それを受容するものたちの間で、作用を加えることや改変について一定の了解が必要となる。そのうえで、年月を経て、担い手を変え、内容や形が変化し洗練されながら、音楽や舞踊はその土地や共同体における文化として受け継がれていったのである。換言すれば、その内容の変化について許容しあえる範囲が、ある文化の事象を継承していく単位となり、その単位の中の成員はその文化事象を自由に扱う資格があるという点において、民族文化のパブリック・ドメインの基盤が形成、継承されてきたにほかならない。

注意しておかなければならないのは、この単位は規模も共有の条件も多様であるということである。そして、個々の単位内ではパブリック・ドメインとして扱われるものや行為も、他の単位の成員にとっては他者の私的財産ともなる。台湾の事例でより具体的に述べるならば、漢族が政治的な中心となり確立してきた著作権や特許権に関わるグローバルな権利制度のもとで認められるパブリック・ドメインは、原住民族の文化的な継承という次元では必ずしもパブリック・ドメインとはならないということになる。さらに、原住民族は一般著作権等にもとづくパブリック・ドメインと、自分たちの文化的な継承のなかでのパブリック・ドメインの両方を横断した存在であるのに対し、非原住民族は原住民族のパブリック・ドメインの領域に参加することは難しい。そこは原住民族エスニシティが不可欠な領域だからである。誰が原住民族として、また特定の民族として儀礼や制作活動を行ってよいのか、そして、それはどの部分まで許容されるのかについての共通した了解はなかなか得られないであろう。

この単位の不一致は、原住民族社会のなかでも生じていた。とりわけ、儀礼や制作活動といった無形の所作を所有する領域の範囲は、個々の民族で異なっている。アミ族に属する複数の集落の間で生じた「恋人の夜」行事に似たような争議が他の原住民族集団に見られるかどうかは、それぞれの集団における文化の継承に関する考えかたによっても異なるであろう。ただ確実に言えることは、「保護条令」が成立したことによって、「恋人の夜」行事に関する争いのような、従来は原住民族社会の中で完結していてもいいようなものが、台湾社会全体に関わる制度のもとで扱われるようになったということである。

結び

台湾が自国の先住民族である原住民族の知的財産を保護するうえで、伝統智慧という概念を打ち出したことは、今後の先住民族の知的財産のありかたに少なからず影響を与えていくであろう。伝統智慧は、知識の総体とともに、その知識を使って創作する能力、創作されたものを含めているところにその特徴がある。しかしながら、原住民族の伝統智慧は、原住民族社会という閉じられた系の中で生成されたものばかりではないであろう。ある原住民族集団が他の原住民族集団や漢族、日本人といった他者との交渉という多様な歴史経験の中で、自らの伝統智慧を育んできた可能性も否定することはできない（本書吉田ゆか子論文も参照）。そうした歴史的背景に配慮しない一方的な権利の主張は、必ずしも社会的に受容されるとは限らない。

一方で、こうした原住民族の知的財産の保護を行う必要が生じたのは、知的財産にかぎらず、原住民族の様々な権利が脅かされてきたからである。著作権をはじめとする一般的な知的財産の保護制度では、原住民族の知的財産を守りきることができなかった歴史が存在しているのである。

さらに、伝統智慧は能力を含めていることから、個人の内面的な領域にも立ち入った性格を有することになる。技能を継承することは可能であるが、能力には個人差があり、必ずしもそのまま継承されていくとは限らない。技能の方法や、そこから生み出される実体物は継承していくことは可能であるが、能力そのものを遺産とすることは不可能である。原住民族であるということと、能力を具備するということの関係についても説明が求められるであろう。

文化の継承という現象、もしくは文化遺産に、我々は時間という概念を必ず持ち込むことになる。過去のものを現在に、そして未来に受け継いでいこうとする考え方である。これに対し、能力は個人に備わった力であり、その時点で個人ができることである。すなわち、それは時間に依存しない要件となる。文化遺産とよばれるものと個人とをつなぐ線に時間という縦軸をなくし、共時的なつながりという観点でとらえなおした場合、個々の文化遺産と個人とをつなぐ線の長短が関係性の深さとなる。つまり伝統性よりも、今、どれだけ対象に関わっているのかが、文化遺産との関係においては重視されうる。こうした、従来とは異なる見取り図で、我々が文化遺産と呼んできたものをとらえることも必要になるのである。

付記

本章のもとになった研究はJSPS科研費JP26300040の助成を受けたものです。

（1）筆者の具体的な経験では、一九九〇年代の終わり、原住民族の集落で実施されていた集落の運動会で頭飾りを売っている臨時売店の写真を撮影しようとした際に、売店主から撮影を拒絶されたことがあった。撮影が拒絶された理由を聞いたりして会話を続けると、筆者の発音から売店主は筆者を日本人と認識し、それならば撮影をしても問題無いということになった。売店主は筆者のことを中国大陸から来たコピー製品の材料収集をしている人間だと思ったのであった。大陸中国や東南アジアから安価なコピー製品がはいり、原住民族の知的財産権を侵害していることについては台湾の国会にあたる立法院でも議論になった。

（2）二〇一五年九月の時点で、タイヤル（泰雅、*Atayal*）、サイシヤット（賽夏、*Saisiyat*）、ブヌン（布農、*Bunun*）、ツォウ（鄒、*Tsou*）、プユマ（卑南、*Puyuma*）、アミ（阿美、*Ami*）、パイワン（排灣、*Paiwan*）、ルカイ（魯凱、*Rukai*）、ヤミ（雅美、*Yami*）またはタオ（達悟、*Thao*）、サオ（邵、*Thao*）、クヴァラン（噶瑪蘭、*Kvalan*）、タロコ（太魯閣、*Taloq*）、サキザヤ（撒奇莱雅、*Sakizaya*）、セデック（賽德克、*Sedeq*）、サアロア（拉阿魯哇、*Hla, alua*）、カナカナブ（卡那卡那富、*Kanakanavu*）である。

（3）エニグマ事件については、インターネット上で日本、台湾の両方のサイトで概要を知ることができる。日本語で容易に読める、研究者による解説としては、塚田健一がその内容を手際よくまとめている。http://geiren.org/news/2007/070616.html（二〇一五

年十月三十日確認）

（4）この事件も含めて、原住民族の知的財産に関わる現代的課題を、湛賞文化芸藝術工作坊と野桐工房を具体的な事例として扱った優れた論考が、国立政治大学の修士論文として著されている（林 二〇〇九）。酒瓶袋事件の経緯は主にこの論文に依拠する。

（5）http://m.ltn.com.tw/news/local/paper/710550（二〇一七年三月七日確認）

（6）運用のための関連法であり、台湾では「子法」とよばれる。二〇一五年に成立した「実施弁法」は「保護条令」の子法にあたる。

（7）昭和五年の両集落間の婚姻は全体の二・五パーセントを満たしていない（劉 二〇一〇：八二）。

参考文献

章忠信（一九九九）「原住民族智慧財產權之保護」『智慧財產權』第十二期：一―二十二頁経済部智慧財産局。

林佳穎（二〇〇九）『台灣原住民文化產業之智慧資源規劃――以編織工藝為例』国立政治大学智慧財産研究所碩士論文。

劉金英（二〇一〇）『太巴塱部落與馬太鞍之接觸、衝突、部落認同』国立東華大学郷土文化学系碩士。

Sherman, Brad and L. Wiseman 2006 Towards an Indigenous Public Domain? In P. Bernt Hugenholtz and Luice Guibault (eds.) *The Future of the Public Domain*, pp. 259-277, Rijn: Kluwer Low International.（鈴木將文（訳）「先住民の創作物の著作権による保護――今後の課題『知的財産法政策学研究』一九：一九一―二二〇頁）。

参考となるＷｅｂサイト

伝統智慧創作の登録のＨＰ（http://ctm-indigenous.vm.nthu.edu.tw）

第四部　新しい担い手たち

遺産を担う変わり者
——スペイン・ガリシアの古城をめぐるM氏とアソシエーション

竹中宏子

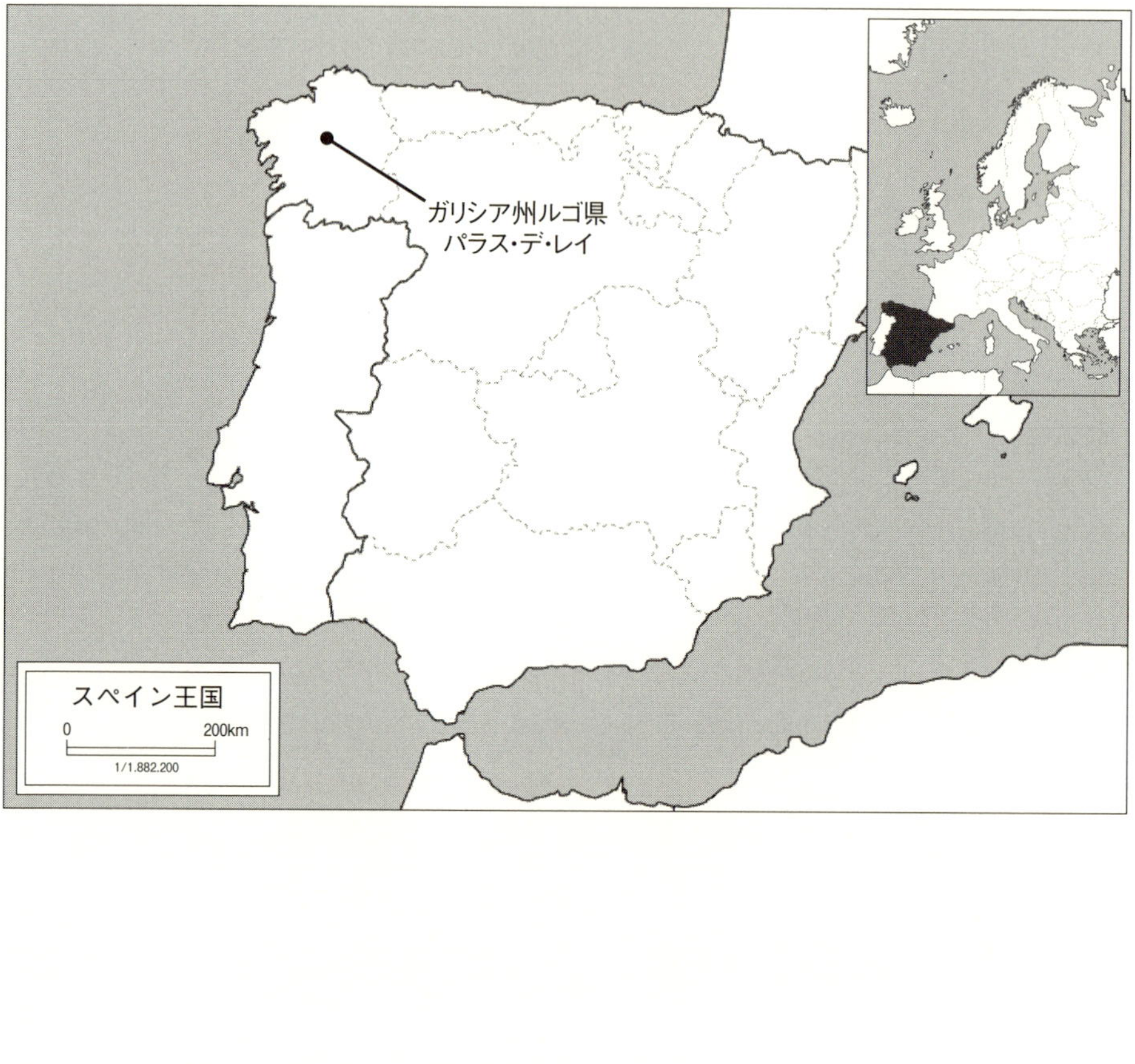
ガリシア州ルゴ県
パラス・デ・レイ
スペイン王国
0
200km
1/1.882.200

はじめに

スペインは、世界で三番目に多くの遺産物件をユネスコの世界遺産一覧表に記載しており、文化遺産のみ、あるいは文化遺産と複合遺産を合わせると、イタリアに次いで世界で二番目に多くの遺産が記載されている。だが、これだけ沢山の遺産（patrimonio）を抱えているにもかかわらず、文化遺産に関わる問題は、長らくこの国の人類学者のあいだでは研究対象として扱われてこなかった（Prat 1997, Burgos Estrada 1998, Díaz Viana 1998, Pazos 1998）。

スペイン人人類学者のプラッツは、自国において文化遺産研究が遅れた理由について、文化遺産の問題が「周縁的なもの」とみなされてきたからだ、と指摘している。一九七七年に全国規模の研究大会が始まって以来、個人発表から分科会まで、文化遺産は常に誰かが取り上げるテーマではあった。だが、その多くは博物館学芸員によるきわめて実践的・技術的関心に基づいたものであり、高等教育機関に属する「アカデミックな」人類学者たちは敬遠していた（Prats 1997）。ところが、一九九〇年代後半になると、文化遺産研究に対する理論的関心が芽生え始める。それ以前の研究では、遺産の定義も曖昧であったと指摘され（García 1998, Prats 1998, Cátedra 1998）、それを整理あるいは明確にすべく、「遺産概念」に関する論文が多くみられるようになった[1]。また一方で、事例研究の蓄積の欠如も問題視され始めた（Prats 1997）。

こうした一九九〇年代末に起きた文化遺産研究における視点転換は、現在も継続しており、理論的検討と事例研究の蓄積が現地の人類学者たちによって続けられている（González Alcantud 2003）[2]。そこに共通する視点は、文化遺産とは社会的な構築物であり、そこには何らかの政治あるいはイデオロギーが働いている、という理解である。ある文化要素が遺産となる場合には「遺産化の過程」がみとめられるが、そこでは「政治権力」が作動しているとされる（Prats 1997）。ただし、その行使は、国家、地方、地域など、さまざまな領域を基盤にした「集合的主体」（sujeto colectivo）にのみ独占されるものではない。なぜなら、遺産化の過程では特有な観点や性格を有した人物の介入や、また彼らが発揮する影響力について考慮することも重要であり、集合的主体は、遺産化の過程における個人の働きをその名の下に隠してしまうからだ（Prats 1997, Cruces 1997）。つまり、スペインの文化遺産研究においては、集団のみならず個人の実践についてもその役割や操作性（政治性）に注意が向けられ、文化遺産に関わる諸実践は政治的な文化現象として捉えられる傾向が強い。

プラッツらが指摘するように、確かに遺産化の過程で発起人あるいは尽力した個人の名が消えてしまい、あたかも集団または地域社会が中心となって遺産の認定や承認あるいは周知にこぎつけたかのような印象を与える場合が多くみとめられる。筆者も以前に論じたことがある通り、この点を緻密に分析することは人類学にとって必要な作業の一つだ（竹中 二〇一四）。だが同時に、本書の序章で飯田も述べている通り、文化遺産は単なる政治的所産として還元できない要素も含み持っている。なぜなら、文化遺産に関わる複数の実践の中には、担い手たちが既存のコミュニティを背景として、それを可視化したり強化したりするような「閉じた遺産化」に向かうのではなく、来たるべきコミュニティ創造の契機となり得るような「開かれた遺産化」もあるからだ（本書関論文も参照）。筆者がその点にこだわる理由は、それが文化遺産研究を「アイデンティティ・ポリティクスの陥穽」から救出する視点の一つだと考えるからである。それゆえ、担い手たちの実践の中に、文化の政治性に必ずしも還元されないような、行為や言葉、夢に、目や耳を澄ます必要がある。

このような視点をもって本章では、スペイン・ガリシア州にある文化遺産をめぐって展開される、政治とは質を異にした人びとの活動を捉え、そうした動きが地域社会に与える影響を考察する。そこでは特にアソシエーションに関わる個人の影響力に着目したい。対象とする地域は、ガリシア州では注目を引きにくく地味なところではあるが、州内で最大規模の城塞「パンブレ城」が残されている。パンブレ城は、長らく一般に開放されることもなく放置されていた。他方、一九九三年に世界遺産となった世界的に有名なサンティアゴ巡礼路が当地域を通過していて、地域および地域住民はいろいろな意味で巡礼路からインパクトを受けている。本章では、これらの異なる文化遺産がローカルな担い手によって保護または利用・活用されていく様子も捉えていく。また、パンブレ城の遺産化の過程を通して、担い手としての行政（地方自治体）とボランタリー・アソシエーションの文化遺産に対する関わり方の相違と、それぞれが目指す方向性を明らかにする。そこでは、文化の政治性の視点からは捉えにくい担い手の現実や、特徴あるいはその影響力、つまり担い手の実態が把握でき、新たなコミュニティを展望する共通意識も考察できるだろう。

一　対象地域と文化遺産について

ガリシア州とサンティアゴ巡礼

本題に入る前に本章で扱う対象地域と文化遺産について簡単に説明しておきたい。

本章で舞台となるパンブレ城が位置する地域は、スペインのガリシア州・ルゴ県内にある。ガリシア州は、スペインに十七ある自治州のひとつで、イベリア半島北西部に位置している。面積は二万九五七四平方キロメートル、人口二〇三万一四〇六八人（二〇一五年統計）で、国内では第七位の面積、第五位の人口を占める。ガリシア州はア・コルーニャ、ポンテベドラ、ルゴ、オウレンセの四県に分かれており（図2参照）、州都はサンティアゴ・デ・コンポステーラでア・コルーニャ県にある。ガリシア州の州都には、サンティアゴ巡礼路の最終目的地でもあるサンティアゴ大聖堂が位置している。先に挙げた四県は中央を南北に走る山系によって、ルゴ県とオウレンセ県の東部とア・コルーニャ県とポンテベドラ県の西部に分けられ、東部は内陸性気候に、西部は海岸性気候に属している。この海岸部と内陸部という分け方は、社会・経済的な格差とも重なる。つまりガリシアは、内陸部は貧しく、海岸部は資源が豊富で農業の面でも発展しており人口も集中しているという生態学的に分化した構造をもっている（Rodríguez González 1997）。

ガリシア州はスペインの他の地域と同様、近年では観光業が盛んとなってはいるが、海岸あるいは港沿いは漁業、内陸部で農牧業というように、常に第一次産業を基盤としてきた。ライ麦や牧草などを栽培し、スペイン国内では酪農業も有名である。しかし小規模な農業形態のため価格競争では他の地方に勝てず、スペインの中で自他共に認める「貧しい」地方、あるいは技術的、経済的に「遅れた」地方とされている。この遅滞的イメージは、十九世紀末から現在まで国内外に移民を多数送出した事実とも関連している（竹中 二〇一〇）。ガリシア人は、スペイン国内であればバルセロナやビルバオのような工業地域で単純労働に従事し、国外であればスイス、ベルギー、ドイツなどでタクシー運転手、庭師、家政婦などに従事してきた。中南米に渡った者も少なくなかった。「ガリシア人は世界中のどこにでもいる」と言われるぐらいガリシアから人が流出した。

このようなガリシアにとって、一九九三年にサンティアゴ巡礼路が世界遺産一覧表に記載されたことは、地方経済の活性化と文化程度の高さを世界に知らしめる好機であった。サンティアゴ巡礼の起源は中世に遡る。当時、イベリア半島はイスラム教徒に統治され、キリスト教徒は北部に追いやられていた。ヨーロッパ全土のキリスト教徒にとって、イスラム教徒はいつ侵入してきてもおかしくない恐怖の存在であった。そんな状況にあった九世紀初め、キリストの十二使徒の一人で最初の殉教者であるサンティアゴ（聖ヤコブのスペイン語呼称）の墓が発見されたといわれる。噂は瞬く間にヨーロッパ中に広まり、サンティアゴの墓を詣でる巡礼路が形成され、遺体が安置されているという聖地サンティアゴ・デ・コンポステーラは、イェルサレム、ローマと並ぶキリスト教の三大聖地の一つに数えられるようになり、サンティアゴ巡礼は隆盛を極める。しかし、皮肉にもイベリア半島におけるレコンキスタ（キリスト教徒にとっての「国土回復運動」）が完遂し、半島がキリスト教世界に再編されると、サンティアゴ巡礼熱は急激に冷めてしまう。再びサンティアゴ巡礼が注目を浴びるのは現代、すなわち二十世紀であり、世界遺産一覧表に記載された一九九三年には特に巡礼者数が上昇し、現在まで右肩上がりの状態を維持している（図1）。

今日ガリシア州政府は、サンティアゴ巡礼に関しては特別の配慮をもって対応している。当巡礼は文化・観光局が担当となり情報の流布を行うと同時に、「シャコベオ（Xacobeo）」と呼ばれるサンティアゴ巡礼に特化した機関が州政府内に設けられ、七月二十五日のサンティアゴの日が日曜日に当たると催される聖サンティアゴの大祭に際しては、一連の行事やイベントの計画と観光客を集めるための宣伝を行っている。さらには、巡礼路の整備や巡礼宿の管理などのインフラ整備も担っている。しかし、実際の巡礼者対応は地方自治体に任されており、ガリシア州政府に求められる役割はなお多い。サンティアゴ巡礼路に特化した文化活動を行うボランタリー・アソシエーションである「サンティアゴ巡礼路・ガリシア友の会」によると、ガリシア政府は巡礼者を観光客として呼び込む宣伝を大々的に行うが、訪問者の数がガリシアで用意されたインフラの許容範囲を超えていることを意に介さず、それによって伝統的な巡礼のあり方が失われてしまうことは考慮していない。そして、実際に巡礼路の景観や巡礼者の安全に配慮し、現状の改善を実行するのは、当アソシエーションと各地域において文化活動を行う小規模のアソシエーションだと指摘する。つまり、ガリシア政府は巡礼を観光として捉え、外部から多数の「巡礼者」を集めるために宣伝活動などを行うが、遺産としての巡礼路や巡礼そのものの保護、巡礼宿の整備などに関しては、各自治体あるいはボランタリー・アソシエーションの裁量に任されているのである。

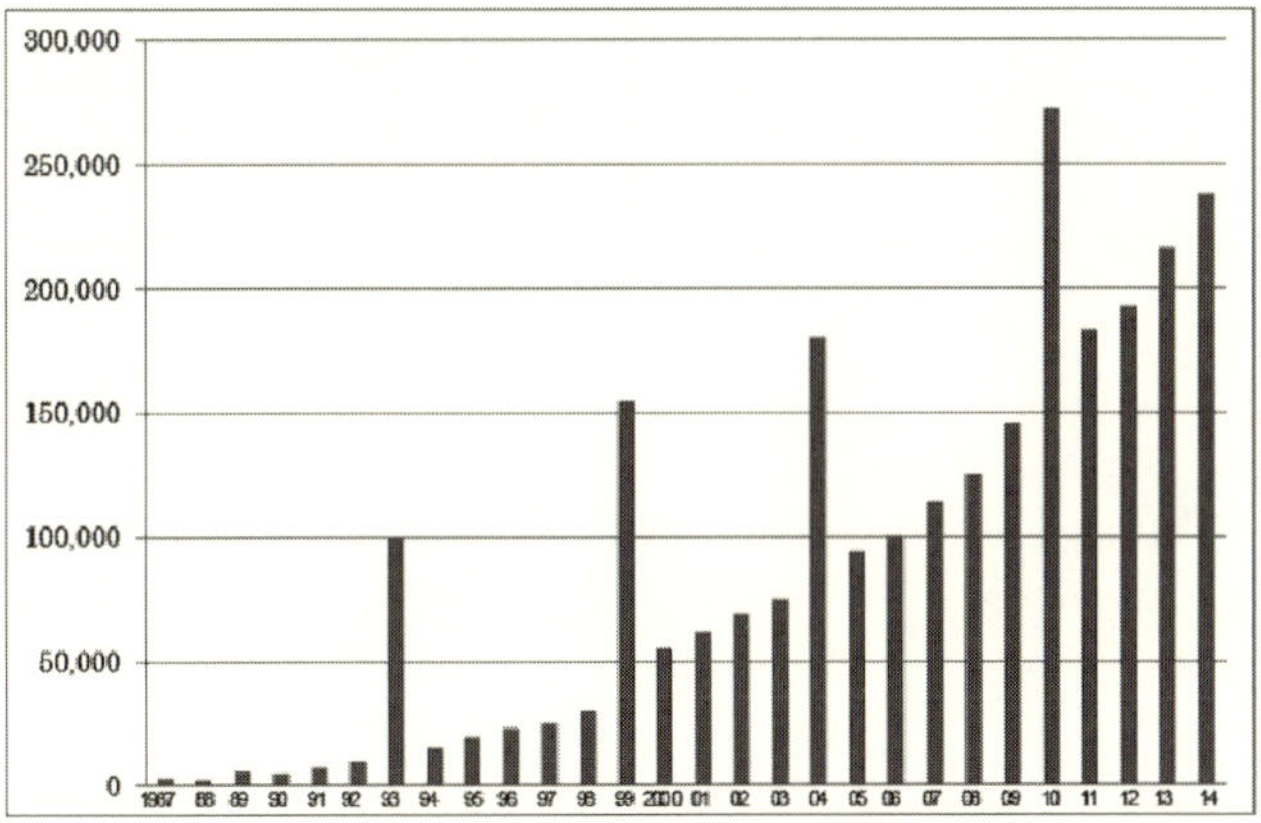

図１　巡礼者数の推移（1985～2013年）

（出典：サンティアゴ・デ・コンポステーラ大司教区および巡礼歓待所のデータを基に筆者作成）　※1993年、1999年、2004年、2010年はサンティアゴの聖年で巡礼者数も多い。

ムニシピオとコマルカ、パンブレ城とサンティアゴ巡礼のインパクト

本章では文化遺産をめぐって二つの行政的／地理・文化的区域が関係してくる（図2）。一つはムニシピオと呼ばれる行政区域である。スペインでは地方行政の最小単位で、日本でいうところの市や区に当たるであろう。本章で扱うムニシピオは「パラス・デ・レイ」（以下、パラスと略称）で、ここでは地方行政とはパラスを指す。パラスは、さらに小さい四十三の教会区から構成されており、例えばパンブレ城はサンブレイショ教会区内に位置する。パラスの面積は約二百平方キロメートルで、人口は現在三六〇一人（二〇一四年一月統計）である。一九八一年の人口六三九八人と較べると、ここ三十年間で人口は減少の一途をたどっているといえよう。

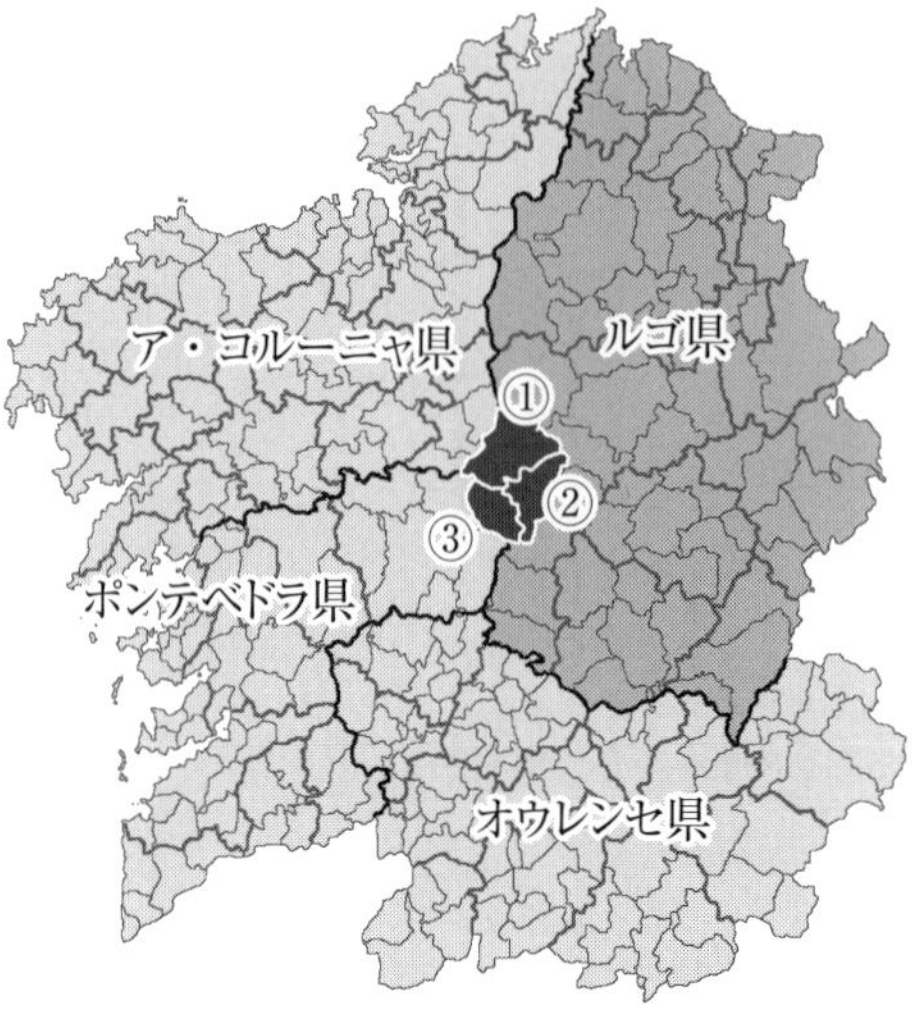

図2　ガリシア州の地図（県、コマルカ「ウジョア」、ムニシピオ「パラス」、パンブレ城の位置）
①パラス・デ・レイ、②モンテロッソ、③アンタス・デ・ウジャ。
■：コマルカ「ウジョア」

本章で扱うもう一つの区域は、役所のある行政単位ではなく、コマルカと呼ばれる土地区分である。これは、規模はそれほど大きくないにせよ、日本の「地方」に近い区分で、多くの場合施政の区画とは一致せず、いくつかのムニシピオを含む。ただしその地理的・歴史的・文化的な類似性から、特に農業など産業的な面において意味をもつことがある。本章で扱うコマルカは「ウジョア地方」と称することにする。このコマルカはアンタス・デ・ウジャ、モンテロッソ、そしてパラスの三つのムニシピオから成る。面積は四二一平

方キロメートル、人口は九五三二人（二〇一四年一月統計）である。やはり人口は減少傾向にある。

このような土地区分の中に存するパンブレ城は、十五世紀のヨーロッパで最大級とされる「民衆一揆」[3]のときにも被害を逃れた、ガリシアでほぼ唯一残された中世期の城塞である。その建立は、当時の領主ゴンサロ・オソーレス＝デ＝ウジョアによるもので、時は十四世紀に遡る。一四八四年にはモンテレイ伯爵家に所有権が移り、サンティアゴ巡礼路の監視や通行税の徴収を行う場所として、日本でいうところの「関所」のような役割を担うようになった。しかし、その後、カスティーリャ王国先導の下にガリシアもスペイン国家に統合され、常に通行人を監視しなければならないような不穏な状況は和らいでいった。さらに、他のヨーロッパ地域におけるプロテスタントの宗教改革の影響で、サンティアゴへの巡礼者数が急激に低迷したため、それまでのパンブレ城の存在意義は失われ、城塞自体もほとんど使用されることなく朽ちていった。パンブレ城が広大な農地（放牧地）の中に建てられたこともあって、城の機能が失われてからは所有者によって長い間放置されていたのだ。

十八世紀になるとモレイラス家が代々城の敷地内に在住していることが確認されており、十九世紀には、当時の領主アルバ公爵家がモレイラス家に城の所有権を与えている。二十世紀に入り、一九七四年にパンブレ城はモレイラス家からマヌエル・タボアーダ＝フェルナンデスに売却され、それ以来、一般の入城は禁じられていた。ガリシア州政府、ルゴ県、パラス市が公開を提案しても、所有者は交渉に応じなかったという。二〇〇九年に所有者が死去し、彼の遺言で救貧活動を行うキリスト教ＮＧＯ団体に城が譲渡されると、ガリシア政府は当団体と交渉にあたり、五百万ユーロ（支払期間十五年）で買収の話をまとめた。現・所有者のＮＧＯ団体は二〇一〇年には遺産保護法に則り城塞を公開すると公表した。また、二〇一二年からパンブレ城では、ガリシア政府の公的なプロジェクトの一環として、考古学および歴史学的な調査と公開に向けて修復工事が行われている（写真１）。

冒頭で述べたとおり、パラスには、世界遺産のサンティアゴ巡礼路が通過している。当巡礼路が世界遺産登録されて以来、巡礼宿をもつ町や村にもたらされた変化は大きく、パラスもその例外ではなかった。現在でこそスーパーマーケットは二店舗のみであるが、一時は六店舗開いていたこともあった。巡礼者を狙って、軽食や自炊用の食料品を販売するためだったろうと考えられる。ガリシアの中では観光資源の少ないパラスではあるが、中心部にはレストランやバルが十三軒、宿泊所が十一軒とかなりの数がみとめられる。特に宿泊施設と飲食店は毎年のように増えている。データとしては少し古いが、二〇〇五年に筆者が行った住民へのアンケート調査によると、巡礼路は第一に経済面において、第二に「常に巡礼者がみられる」といった心理的な面において地域を活性化していることが看取される（竹中 二〇〇五）。さらに、サンティアゴ巡礼路を「故郷」や「地域の文化遺産」とみなした回答はみられなかったことから、サンティアゴ巡礼路は、パラス住民の「われわれ意識」には直結しない文化遺産だと推察される。

写真１　一般公開に向けて現在修復中のパンブレ城（2014年撮影）

二　文化遺産と担い手

パラスの行政

ガリシア州政府は先述のとおり、サンティアゴ巡礼に関する文化遺産を観光収入源として大いに活用し、ガリシア全体の経済的活性化を狙っている。しかし、実際に巡礼宿の整備や巡礼路の景観管理を行うのは、ムニシピオ規模の地方自治体である。パラスは夏になると巡礼者で溢れかえり、ムニシピオ中心部にある公立の巡礼宿だけではとても立ち行かない状況であった。巡礼宿は、キリスト教徒の信徒会などが提供しない限り、通常、地方自治体が公的な建物を宿に改造して提供する。もちろん私営の巡礼宿もあり、巡礼者はそこを利用することもできる。だがやはり、公営の巡礼宿は十ユーロ未満という安価で宿泊することが可能で、また、商業的でない点で人気があり、連日足の踏み場もないほど「満室」となる（巡礼者はベッドで寝るとは限らず、寝袋で至る所で眠る）。公営の宿は事前予約ができないため、徒歩巡礼者がせっかく宿に着いても寝る場所がない場合も多々ある。その際は私営の巡礼宿または民宿に宿をとるか、一キロメートルほど今来た道を戻ってスポーツ施設（体育館）に行くか、またはさらに五キロメートル先の次の宿地までたどり着かねばならなかった（ただし到着しても宿に泊まれる保証はなかった）。この状況を改善すべく、二〇〇七年にパラスの行政は、ベッド数百以上の大型巡礼宿を巡礼路沿いの町はずれに設置し、近くにインフォメーション・ブースも建てた。

このような行政のサンティアゴ巡礼路への関わりは、一見、当該地域の文化遺産を気にかけ、その整備に腐心するようすを示しているようにみえる。しかしパラスの行政は、巡礼宿以外の問題を関知しない。すなわち、パラスの行政の動きからは、巡礼路周囲の景観に気を配ったり、車道にまで溢れる巡礼者や地元住民の安全に配慮して何かしらの方策を講じる、といった対処はみられない。パラス行政は、既述したガリシア州政府と同じく、地元にお金を落としてくれる観光資源として巡礼路を捉えていることがわかる。事実、住民の中には「巡礼宿を増やすのは悪いこととは思わないが、パラス行政は巡礼者ばかりを気にかけている」と非難する者もいる。文化遺産ということで言えば、パラスには他にも、保護修繕や修復整備すべき遺産があるからだ。少なくともパラスが発行する観光パンフレットやインターネットのホームページには、いくつかのモニュメントが紹介され[4]、それらは地域遺産として捉えられていることがうかがえる。先にも述べたとおり、サンティアゴ巡礼路はパラスの住民にとって「故郷」や「地域」と直結したものではない。では、現地では、何がパラスを表象する文化遺産と考えられており、それに直接関わっているのは誰だろうか。

アソシエーション「オス・ロボス」

パラスの中にある文化遺産の保護や維持、あるいは（再）評価の観点から活動を行っているのは、「オス・ロボス」というボランタリー・アソシエーションである。実際には後述するように、ムニシピオにとどまらず、より広いコマルカのレベルで活動を展開している。

オス・ロボスは一九九五年に設立され、日本でいうNPO法人である。この名称は、団体の所在地が属する教会区の昔の呼び名であり、ガリシア語で「狼」を意味している。活動主旨は、「（サンティアゴ巡礼やモニュメントといった）文化的、歴史的あるいは芸術的な遺産を支援・保護・推進すること」、「ガリシア文化およびガリシア語を支援・保護・推進すること」、「環境を保護すること」であり、ウジョア地方を活動範囲としている。ここから文化であれ自然であれ、または有形であれ無形であれ、ウジョアに昔から存するものを保護し、現在に活かす思想が見て取れる。ウジョア地方という範囲でこのような文化活動を行っているアソシエーションは、オス・ロボスだけである。組織としては、会長、副会長、会計などの役員会が設けられている。二〇〇五年のデータでは会員は十五人、協力者は五十七人となっている。会費を払って会員になる団体とは異なり、会の主旨に賛同し活動を共にする意思があれば誰でも会員になれる。したがって、「顔の見える」者同士の集団ということができよう。

活動内容は主に、地域に関する書籍の出版記念講演会、地域をテーマにした討論会、展覧会や写真展、地域を知る／紹介するための日帰り散策会、ウジョア地方に関する情報提供などで、巡礼者や訪問者から要求があれば、ウジョア地方のツアーなども企画・運営する。さらに、表には出にくいが、オス・ロボスの署名でパラスの行政やガリシア州政府に対し、文化遺産の置かれた現状を報告するとともに、その事態改善の要求も行っている。会員の中には、行政主催の公聴会などに積極的に出向き、文化遺産関連の情報をいち早く入手して他の会員に連絡する者もいる。それらの情報は、少し前までは電子メールや携帯電話メールで伝えられ、急きょ対応が必要な場合には直接通話で連絡し、仕事の合間を縫って話し合いの場が設けられた。現在では、LINEのようなコミュニケーションアプリを活用しながら情報を共有している。そこではほぼ毎日のようにウジョア地方およびガリシアの文化遺産や環境問題に関する新聞記事が映像で送られ、シニカルなコメントが会員のあいだで共有される。また、仕事中でも車で移動している際に、自然的・文化的な景観の破壊や文化遺産保護法に反した建築物など気になる状況を目にすると、それをすぐさま写真に収め、コミュニケーションアプリで事態を報告する。こうした会員の行為は、「文化遺産の日常的監視」と捉えることもできよう。

これまでオス・ロボスが行った代表的な活動は、当団体の拠点となるビラール・デ・ドナスの教会および修道院の修復を行政に嘆願し、一般に訪問可能な状態にまで戻し、案内人の設置にも成功したことであろう。教会は、中世に巡礼者を守りイスラム教徒と戦ったとされるサンティアゴ騎士団と関係が深く、歴史的に重要な壁画や石棺が残っているにも関わらず、長い間放置されてきた。敷地は湧水の近くにあり、湿気を吸っていたため、劣悪な保存状態にあった。

もう一つ重要と思われる彼らの活動成果は、ウジョア地方に特化したサンティアゴ巡礼路の紹介本をガリシア語、スペイン語、英語、フランス語、ドイツ語で作成したことである(5)。今でこそ、ウジョア地方を宣伝するガイドブックやインターネットのホームページはいくつかあるが、ウジョア地方をサンティアゴ巡礼との関係で紹介したのは、オス・ロボスが初めてであった。オス・ロボスが行う地域の紹介には、地域外からのいわゆる観光客や巡礼者に対してだけでなく、常に地域住民にも向けられて作成されている点も特徴的といえる。

こうしたオス・ロボスの活動は、基本的に不定期に行われる。そこには「気付いたら企画する」という緩やかなアソシエーションのあり方が反映されている。そんな中、創立初期の頃から毎年定期的に参加してきた行事が、十五世紀に起こった「民衆一揆」を真似てパンブレ城に向けてデモ行進する「民衆の行進」である。今ではオス・ロボス以外の団体も企画に加わっているが、当アソシエーションは、開始当初からオーガナイザーの一団体として常に名を連ねている。既述のとおり「民衆一揆」は、領主の圧政を終わらせるためにパンブレ城を攻撃した史実であるが、それに倣った「民衆の行進」は、文化遺産として万人にパンブレ城を開放するよう当時の所有者に訴えることを意図していた。二〇〇九年まで所有者だったタボアーダ＝フェルナンデスは、文化遺産保護法に反して城塞の保護に努めず、法律で決められた最低限の公開にも応じなかった。そのため、所有者は州政府ではなく民間企業に城塞を売るのではないかとの噂も流れ、文化遺産の存続危機を危惧したオス・ロボスが行動に出たのである。そこには、共有の財産でありパンブレ城を買収するようガリシア州政府に呼びかける意図も含まれていた。

オス・ロボスが「民衆の行進」の企画に参加するまでには、いくつかの経緯があった。史実として伝えられる「民衆一揆」にみられるとおり、パンブレ城は領主、すなわち地元権力者の象徴であった。しかしながら、城の敷地内には十二世紀のものとみられる礼拝堂があり、二十世紀までミサが行われる「教会」として機能していたと地元では伝えられている。つまり、この城は長らく、地域住民にとってアクセス可能な城でもあった。歴代の城の所有者の中には、こうした地元の伝統や文化を重んじ、要望があれば城を住民に開放した者もある。例えば、タボアーダ＝フェルナンデスより前の所有者マヌエル・ガルシア＝ブランコがそうであった。一九六六年からパンブレ城を含む教会区の自治会長を務めたエンリケ・ギタール＝コスタも、ガルシア＝ブランコの時代を記憶していた者の一人で、九十五年の生涯の半分以上にわたって、所有者が代わった一九七四年以来閉じられてしまった城門の開放を強く求めていた。(6) 彼は、地域住民の生活の質向上のために様ざまな努力をしたことで地元では有名な人物であるが、彼にとってパンブレ城は権力者のシンボルなどではなく、「田舎で生き、田舎の生活を送る権利」の象徴であった（エル・プログレッソ紙、二〇一五年十月二十日）。こうしたギタール＝コスタの視点には既に、パンブレ城に対する新たな意味づけ、すなわち、抑圧の記憶とは異なる文化遺産としての別の意味を見出していることがうかがえる。

パンブレ城をめぐって戦うギタール＝コスタの姿を、オス・ロボスの会員が見逃していたはずはない。彼らは、二〇〇二年にウジョア地方の文化遺産に関する第一回会議を開催し、その年のテーマに「パンブレ城」を選んだ。この会議には、ギタール＝コスタも呼ばれている。オス・ロボスの資料によると、会議の参加者にはオス・ロボス会員とギタール＝コスタの他に、地元出身の大学関係者、コマルカ活性化を目的とした財団法人の職員、パラス市長などの名が記録として残されている。会議では、現在につながる次の三点が確認された。第一に、パンブレ城は歴史的建造物としてのみならず、ウジョア地方の象徴とみなすことができ、このまま荒廃させてはならないということ。第二に、城の活用法については博物館や資料館、あるいはウジョア観光の拠点にするなど様ざまな意見があるが、いずれにせよ「生きた遺産」とすること。そして第三に、文化遺産への理解が皆無で、法律に従わず城を公開しない所有者に対しては、何らかの働きかけ（例えば、執拗に勧告する、罰則を適用する、所有権をはく奪するなど）を実行すること、という三点であった。

この第一回会議翌年の二〇〇三年に、オス・ロボスは、パンブレ城に関するガリシア州政府の対応について、疑問と不満を文書で表明している。それは、文化遺産の技術者によるパンブレ城の現状調査報告書（二〇〇〇年五月に調査実施）に関する質問状であった。質問状には、明らかに、ガリシア州政府に対する批判が読み取れる。その理由は、州政府自身が一九四九年に文化遺産として登録したパンブレ城を放置し、さらに報告書に示された調査結果においても、当時の「所有者に城の荒廃状態の責任はなく、整備・清掃された状態」だと結論していたからである。オス・ロボスが送った質問状の最後には、ガリシア州政府は文化遺産課を通してパンブレ城の所有者に圧力をかけるべきだ、と主張して締めくくっている。なお、オス・ロボスによれば、ガリシア政府からの回答は現在も得られていない。

こうした経緯や背景の中、二〇〇四年から「民衆の行進」が始まった[7]。その後もパンブレ城の公開に関しては活動が続けられ、例えば二〇〇六年には再び、ガリシア政府に対してパンブレ城の修復の必要性と、所有者が文化遺産法を看過している現状を訴えている。このときは、城の収用の可能性を示唆した弁護士の書簡も添えられたという。

個人の反映としてのアソシエーション

このように、オス・ロボスは世界遺産あるいは地域文化遺産としてのサンティアゴ巡礼路を実際に「監視」し、倒壊寸前だったパンブレ城を修復し活用するよう地道な活動を続けている。ここで確認したい点は、オス・ロボスのような小さなアソシエーションであっても、積極的に活動し会を先導していく者と、受動的にしか動かないあるいは生活上の問題で当座のところ深く関われない者がいるという現実である。確かに共通認識の下に活動している点からいえば、アソシエーションは一つの行為主体と捉えて差し支えないかもしれない。しかし敢えて踏み込めば、そこでの共通認識も個人同士の相互行為によってつくられるものであり、場合によってはアソシエーションの名の下に一人の個人だけが活動している場合や場面もあるだろう。筆者がこのように考えるのも、オス・ロボスの場合、「頼まれたから」、「彼の頼みならやる」といった声を今まで頻繁に聞いてきたからだ。つまり、各会員がアソシエーションの目的に即しているか、または自ら進んで活動に参加しているかというと、必ずしもそうではなく、友人との相互関係において行う行為が結果的にアソシエーション活動とみなされることが多いのだ。そこには、他の会員を先導するような立場の者が存在する。ここでは、文化遺産の担い手としてのアソシエーションの特徴と視点を把握するため、オス・ロボスの中心とみられる人物Mに着目したい。

Mは一九九五年の創立時からオス・ロボスの会長で、中心的かつ積極的に活動を行っている。両親の出身地はパラスであるが、M自身は両親の移民先のバスク地方で出生した。Mにとってパラスおよびウジョア地方は、幼いころ夏の長期休暇やクリスマス休暇を両親および兄弟と過ごした「田舎」であり、成人してからは、父親が退職して移り住むようになった土地である。兄弟もパラス出身の女性と結婚し、そこに移り住んでいることから、

Mもパラスに最も近い大都市ルゴに仕事を見つけ移り住むようになった。このように、Mは、その土地の出身ではないという意味では「よそ者」である。

外部者の視点を有したよそ者が地域に埋もれていた有形・無形の文化を評価し、遺産化の中心的な担い手になるケースはよくみられる。Mにとって周囲の歴史的建造物が放置、あるいはその価値が看過されたまま、ある日簡単に撤去されるという状況は信じがたいもので、何らかの対処をすべきだという想いに駆られたという。移り住んで間もない二十代の頃には、両親の自宅がある教会区の隣人組織で、兄弟とともに地区の祭りや行事を担当した。彼の母語はカスティーリャ語（スペイン語）であるが、その頃にガリシア語も習得した。民俗芸能のグループに入り、地元の踊りも習った。このようにMは自ら望んでガリシアの「田舎」に参入しようとしてきたが、しかし、閉鎖的な村社会にとってはよそ者であり続ける。

だが、そのような周囲の視線は、Mにとっては大きな問題ではなかったという。救出すべき地域の遺産があれば、仲間を集めて窮状を相談し合い、打開に向けて行動を起こす。ただし、Mの活動のし方は、移り住み始めてからまず土地の言語を習得して文化を学ぼうとする態度にもみられるとおり、他者に対して寛容で、自分の主義主張の正しさや、何かしらの大義や理念を振りかざして相手をやり込めるというものではない。そして、意思疎通や共感の難しい相手に対しては繰り返し訴えかけ、政治的にも不動の信条をもたない。基本的に「左」の政党を支持してきたが、現在は「右」の政党に属するパラス市長を支持し、「従妹のような関係」と表現するほど親しい間柄である。

パンブレ城に関してMは、地域の遺産に行政や世間の注意を向け、経済的・技術的な支援を得るために、初めからサンティアゴ巡礼の知名度を利用するという戦略を立てていた。オス・ロボスの活動目的から、ウジョア地方に存する遺産の一つであるサンティアゴ巡礼路をローカルなレベルで支援・保護・推進することは当然であるが、同時に、サンティアゴ巡礼と関連付けて（実際に歴史上関係あるものが多いが）、ガリシア政府に助成金を申請する。サンティアゴ巡礼の名を出せば申請が採択されやすいことを、Mは承知している。学術的に深い知識を持ち合わせていなくても、その機転と行動の軽快さが、いまだ知名度が低い地域の遺産を救うことにつながったのである。

アソシエーションとしてのオス・ロボスの活動は、このようなMの個人的性格や彼の関心や趣味、それらを反映した彼の文化活動観を基礎としている。そして、それに賛同する人びとが会員＝友人としてオス・ロボスを構成する。パンブレ城に関していえば、城が急に閉鎖され、それまでミサに通っていた教会に行かれなくなったというような緊急性や特別な想い入れがあったわけではない。誰が見ても明らかな文化遺産であるにもかかわらず、倒壊の危機に瀕していたから、Mはこれを救うべきだと考えた。それが会の活動のきっかけであった。だが、興味深いことにMの行動や言動を注視すると、事態は反転して認識されている。すなわち、文化遺産に込められた人びとの想いを会の活動のプロセスで受け止め、共感し、最終的に自分の想いとして行動の中で表現している、と状況を理解しているようにみえるからだ。いずれにせよMは、アソシエーションに主体的に関わることで、自身のアイデンティティを構築し、アソシエーション活動自体を生活の一部にしている[(8)]。新聞記事や画像を毎日送るというMの日常的行為からも、彼の中にアソシエーション活動が集約され、身体化されている点がみとめられるのだ。

三　個人による文化遺産への関わりと地域社会

キーマンであるMの文化遺産活動の軌跡から、何が読み取れるだろうか。筆者は次の二つのつながりの生成を促す点を重要と考える。

一点目は、パンブレ城の遺産化の過程で、「民衆の行進」を中心的に組織していた「ウジャ川上流地域を守るための社会的プラットフォーム」に関わる多様な人びとにつながりをつくり、活動の輪を広げたことである。Mの周囲には、筆者が把握しているだけでも数人、Mと同様の考えと行動力をもち、農業の活性化や環境保護の視点から活動を展開する人物がいる。彼らが個別に行う活動にもMは積極的に参加し、生活を基にした彼らの窮状や訴えに耳を傾けてきた。Mは、信頼する友人を可能な限り支援する態度で軽快に行動し、地域の問題に取り組むリーダー的人物をつなげる役割を果たしてきたといえる。

Mがオス・ロボスの活動を始めてから、受動的で行政には迎合するような住民が多い村社会で、少しずつ地域の問題を考える活動が広がっている。先に挙げた地域のリーダー的人物たちは、Mと異なりよそ者でないためか、表立って行政と対立することを好まなかった。しかし、Mがアソシエーション活動と称してパンブレ城の問題に地道に取り組む姿、そして、Mが執拗に行政に対して抗議文を送る行為をみてきた。また、示威行動に常に参加しても、それだけでは地域社会から排除されないことも経験してきた。ここからMの行動は、次の段階として、同様の社会的アクションを広めることにつながったと考察できる。Mと仲間の行動は、運動に参加しないがどこかで同様の考えをもっていた人びとを刺激し、緩やかな共通意識を形成していく。実際に、「歴史的な建物が倒壊していくことは悲しいけれど、どうしていいのかわからない」住民たちに、少なからぬ影響を与えているのである。

もう一点は、Mの行動が、コマルカを範囲とした「古くて新しい」地域のつながりの再認識を促したことである。パンブレ城はそれまで常に、パラスの象徴として利用されてきた。二〇一五年春に行われた選挙活動でも、パラスの現政権のポスターからは、パンブレ城のイメージをムニシピオのシンボルとして政治的に利用している様子がうかがえる（写真2）。しかしオス・ロボスは、その活動範囲をウジョア地方とすると規約に明記するとおり、パンブレ城を常にウジョア地方の遺産として捉えてきた。本章の中で既に、コマルカが行政単位ではなく国家のヒエラルキーから外れた土地区分であることは確認した。したがって、Mを中心としたオス・ロボスの文化

写真２　2015年５月に行われた地方選挙でパラスで過半数を勝ち取った民主党（Partido Popular）の選挙ポスター

活動は、行政単位に対応しないために人もお金も投じられない文化的・歴史的な地域を基にした人のつながりを（再）評価する試みと解釈できる。「コミュニティの再生」までには至らないにしても、パンブレ城の遺産化の過程でウジョア地方が常に連想されるようになった。そこにはコマルカ的な人のつながりを再評価し、コマルカを地域内外に再認識させる方向性がみられる。また、都市と対照的な農村を見直す視点、あるいは農村から地域を再考する動きが見て取れる。

実はかつて、行政もまた、ウジョア地方の創造を試みた時期があった。ガリシア全土でコマルカを単位に地域の活性化が試みられ、ウジョア地方には一九九四年にコマルカ単位の開発を目的とした財団法人が設置された。それは、経済的には農業などの第一次産業を活性化させ、社会的には「遅れた」田舎の生活の質の向上を目指すプロジェクトを計画・実行するものだった。対象となる地域は、都市部に対する「地方」あるいは「田舎」である。プロジェクトは、スペイン農林食料環境省およびガリシア州政府からの資金で実行され[9]、ウジョア地方の財団法人も一時は活発に動いていた。二〇〇二年にオス・ロボスが開催したウジョア地方の文化遺産に関する第一回会議でも、この財団から職員が参加している。オス・ロボスは、当財団法人とはよく行動を共にしていた。まだこの法人が機能していた当時、サンティアゴ巡礼路の世界遺産化のインパクトを調査していた筆者に対して、当職員は常に「ここはサンティアゴ巡礼路だけではない。農業で生計を立てる村がほとんどで、そちらのことを考えなければいけない」と言っていた。

ウジョア地方財団法人は、多くのガリシアに存するコマルカと同様、二〇〇八年に解体された。既存の行政単位であるムニシピオを超えてつながりを持とうとするコマルカは、各ムニシピオの利害関係が障害となって、新たな行政区画としての発展が進まなかったと考えられる。[10] それが地理的な類似性に基づく歴史的に「より自然な」地域の単位であろうと、あるいはガリシア州政府が決定した行政区画であろうと、既存の行政機関が複数では積極的な協力に至らなかったことが失敗の原因と考えられている。

Mの行動とそこから生まれる結果あるいは「成果」をこうして見てみると、彼はウジョア地方を基礎にした人のつながりを構築し、農村の再生のために活動している。それは一見、政治性を帯びた活動と捉えられるかもしれない。確かに、Mの友人であり運動や活動を共にする仲間は農業従事者なので、地域がまとまれば経済的な利益がもたらされ、自らの生活も向上するかもしれない。その意味では、彼らの動きが政治的なものに映る可能性はある。しかし、M自身の場合はそうではない。特に農業に直接携わることもなく、農村部に完全に浸かりながら生活しているわけでもない彼の活動は、彼自身の収入や生活の向上には直結しない。このようなMの、言ってみれば利益を顧みない「変わった」行動が地域社会に潜在する理想を顕在化させ、新しい、あるいは古くて新しいつながりの生成を導いているのである。

おわりに

このように行政に関わらないボランタリー・アソシエーション、さらには個人の地道な活動が鍵となって、パンブレ城は公共のものとなり、修復のプロジェクトも開始された。本章では、その過程において、サンティアゴ巡礼路という既に知名度の高い世界遺産が利用されていた事実を捉えた。そして、世界遺産を守りながらも地域文化遺産の創造につなげるという二重の意味での利用を実現していたことも把握できた。また本章では、パンブレ城のような地域コミュニティの遺産に関して活動を展開する人びとが、行政区画のムニシピオとは異なる地域のコマルカを意識しながら動いていたことを考察した。コマルカは、法的な拘束力はないものの昔から存在していて、地理的・歴史的・文化的な背景にもとづいて緩やかに住民をつなげるコミュニティ区分である。そこでは都市的なつながりではなく、農村あるいは「田舎」のあり方を尊重した地域を再考または再編しようという理想を読み取ることができた（高倉 二〇一七、本書塩路論文も参照）。ウジョア地方全体を対象とした統一的な施政が及ばない現在、文化遺産活動に主体的に関わる個人や、その反映としてのアソシエーション「オス・ロボス」が、地域社会の未来の理想を描いて人びとをつなげ、少しずつ夢を実現させているのが現実である。

本章を通じて、アソシエーションの核となる個人の豊かな動きに焦点を据えながら、行政とは異なる文化遺産への関わり、そして、個人の思考や行動を基礎にしたアソシエーションの非政治的側面を捉えようと試みた。地域活性化には「若者、よそ者、ばか者」といった人材が重要であることは、近年よく言われることだ（本書橋本論文も参照）。本章における個人への着目は、文化遺産化に関わる「ばか者」――とは言わないまでも「変わり者」に光を当てた考察だったともいえる。そうした変則的あるいは予測不可能な行動をみせる個人の存在について、人類学の視点からアプローチしたからこそ、時間をかけて細かな点まで捉えることができ、文化の政治性に還元されない遺産化の様態が捉えられたと考える。

謝辞

本研究は、文部科学省科学研究費の助成を受けた研究（JP26370964）の成果の一部である。ここに御礼申し上げます。

（1）「遺産としての文化から文化遺産へ」（García García 1998）、「文化遺産という概念」（Prats 1998）、「遺産の復活に関する問題――人類学的な見地から」（Cruces 1998）、そして『人類学と遺産』（Prats 1997）が代表的なものとして挙げられるが、例えば『政治と

社会　特集「文化遺産」』に収録されている他の論文においても、遺産の定義や概念に関しては議論されている。

（2）加筆すれば、二〇〇〇年代の遺産研究は無形文化遺産を対象に遺産概念および事例研究が進められているといえるだろう（Marcos Arévalo 2010, Mairal Buil 2012, Mejías López 2013）。

（3）飢餓、ペストの蔓延、貴族による圧政で立ち行かなくなったガリシア民衆が立ち上がり、領主に対して武力を行使した抵抗運動。蜂起した人びとの中には農民や都市在住の一般市民ばかりではなく、下級貴族や聖職者も含まれていた。標的となったのは城主である貴族あるいは大きな教会や修道院の所有者で、一四六七年の春からの二年間で一三〇の城砦や城塞が取り壊された。ポルトガルに逃げた貴族ペドロ・アルバレス・デ・ソトマヨールが、他の貴族やサンティアゴ・デ・コンポステーラ大司教、そしてカスティーリャ王国とポルトガル王国の協力を得て、一四六九年にこの民衆一揆を終わらせた（Barros 1990）。

（4）パンブレ城はその中に必ず入れられる。掲載媒体によって異なるが、その他ビラール・デ・ドナス教会、聖ティルソ教会などが挙げられる。

（5）一九九七年にガリシア語と英語で初版が印刷され、その後フランス語版とドイツ語版も刊行された。

（6）実際は大勢で集まってテレビをみる会である「パンブレ・テレビクラブ」が創立した年が一九六六年なのだが、当会は後に当教会区の隣人組織に改編される。創設者はギタール＝コスタ（一九二〇～二〇一五年）である。

（7）関係者ははっきり記憶していないが、オス・ロボスの呼びかけによるパンブレ城へのデモ行進は二〇〇四年より前から始められていた。その時には「民衆の行進」という名称はついておらず、目的もパンブレ城の開放のみではなかったという。二〇〇六年からはウジョアを含む「ウジャ川上流域の自然を守るための社会的プラットフォーム」が「民衆の行進」を組織するようになり、「行進」の後に地域を散策したり、伝統音楽のコンサートを準備したりと規模が拡大した。オス・ロボスはこのプラットフォームの参加団体に入っている。

（8）メルッチは社会運動に関して、運動主体が自己目的化しメッセージとなり、結果的に支配的コードへの象徴的挑戦になると論じ、現代の社会運動における成員のアイデンティティ構築の重要性を指摘している（メルッチ　一九九七）。

（9）具体的にはスペイン政府の「地方開発プログラム」（PRODER）とガリシア政府の地方開発プログラム（PDR）から助成を受けた。

（10）ガリシアの他の地域ではあるが、筆者は同様の状況を嘆く、ムニシピオを超えた地域のつながりを展望し尽力するアソシエーションの意見をきいている（竹中　二〇一四）。

参考文献

高倉健一（二〇一七）「住民不在の世界遺産――文化の担い手への配慮なき遺産保護の限界」飯田卓（編）『文化遺産と生きる』二一一―二三二頁、臨川書店。

竹中宏子（二〇〇五）「遺産を担う、もう一つの主体像――スペインの世界遺産『サンティアゴ・デ・コンポステーラへの巡礼路』に関わるボランタリー・アソシエーションの事例から」『白山人類学』八：六九―八九。

――――（二〇一〇）「スペイン・ガリシアにおける移民の歴史と現在――ラテンアメリカとヨーロッパの狭間のガリシア」『人間科学研究』二三（二）：二五七―二七一。

――――（二〇一四）「個人が開くソシアルの地平――スペインガリシアの地域文化コーディネーターの事例から」森明子（編）『ヨーロッパ人類学の視座――ソシアルなるものを問い直す』一六一―一八九頁、世界思想社。

メルッチ、アルベルト（一九九七）『現在に生きる遊牧民――新しい公共空間の創出に向けて』山之内靖・貴堂嘉之・宮崎かすみ（訳）、岩波書店。

Barros, C. 1990 *Mentalidad justiciera de los irmandiños, siglo XV*, Madrid: Siglo XXI.

Burgos Estrada, J. C. 1998 La elaboración jurídica de un concepto del patrimonio. *Política y Sociedad: El patrimonio cultural* 27: 47–62.

Cátedra, M. 1998 La manipulación del patrimonio cultural: la fábrica de harinas de Ávila. *Política y Sociedad: El Patrimonio Cultural* 27: 89–116.

Cruces, F. 1998 Problemas en torno a la restauración del patrimonio: una visión desde la antropología. *Política y Sociedad: El Patrimonio Cultural* 27: 77–88.

Díaz Viana, L. 1998 Versiones nativas y foráneas o el verdadero objeto de la etnografía: reflexiones en torno al conocimiento del patrimonio etnográfico de Castilla y León. *Política y Sociedad: El Patrimonio Cultural* 27: 21–32.

García García, J. L. 1998 De la cultura como patrimonio al patrimonio cultural. *Política y Sociedad: El Patrimonio Cultural* 27: 9–20.

González Alcantud, J. A.（ed.）2003 *Patrimonio y pluralidad: nuevas direcciones en antropología patrimonial*, Granada: Centro de Investigaciones Etnológicas Ángel Ganivet.

Mairal Buil, G. 2012 El patrimonio inmaterial. En E. Couceiro y E. Gómez（eds.）*Sitios de la antropología: Patrimonio, lenguaje y etnicidad*, A Coruña: Universidade Da Coruña.

Marcos Arévalo, J. 2010 El patrimonio como representación colectiva: La intangibilidad de los bienes culturales. *Gazeta de Antropología* 26（1）（http://hdl.nhandle.net/10481/6799 最終閲覧二〇一五年七月二日）

Mejías López, J. 2013 La perspectiva antropológica en el estudio del patrimonio intangible. *Revista de Antropología Experimental* 12: 241–248.（http://revista.ujaen.es/rae 最終閲覧 二〇一五年七月二日）

Pazos, A. 1998 La re-presentación de la cultura: museos etnográficos y antropología. *Política y Sociedad: El Patrimonio Cultural* 27:

33–46.
Prats, Ll. 1997　*Antropología y Patrimonio*, Barcelona: Ariel.
———　El conceto de patrimonio cultural.　*Política y Sociedad: El Patrimonio Cultural* 27: 63–76.
Rodríguez González, R. 1997　Villa y comarca funcional en Galicia.　*Investigaciones geográficas* 18: 115–130.

参考資料

ラ・ボス・デ・ガリシア紙（La Voz de Galicia）、二〇〇六年十一月二十五日（二〇一四年九月七日最終閲覧）
エル・パイス紙（El País）、二〇〇八年八月十二日（二〇一四年九月七日最終閲覧）
エル・プログレッソ紙（El Progreso）、二〇一一年六月二十九日（二〇一四年九月七日最終閲覧）
エル・プログレッソ紙（El Progreso）、二〇一五年十月二十日（二〇一五年十月二十日最終閲覧）
エル・ムンド紙（El Mundo）、二〇一〇年八月二十三日（二〇一四年九月七日最終閲覧）
スペイン国家統計局（Instituto Nacional de Estadística）（二〇一五年九月六日最終閲覧）
ガリシア州立統計局（Instituto Gallego de Estadística）（二〇一五年九月六日最終閲覧）
Oficina de Acogida al Peregrino/ S.A.M.I Catedral de Santiago（サンティアゴ・デ・コンポステーラ大司教区および巡礼歓待所）（二〇一五年九月六日最終閲覧）

遺産に暮らす新旧住民

——英国カントリーサイドの「住まい」とコミュニティ

塩路有子

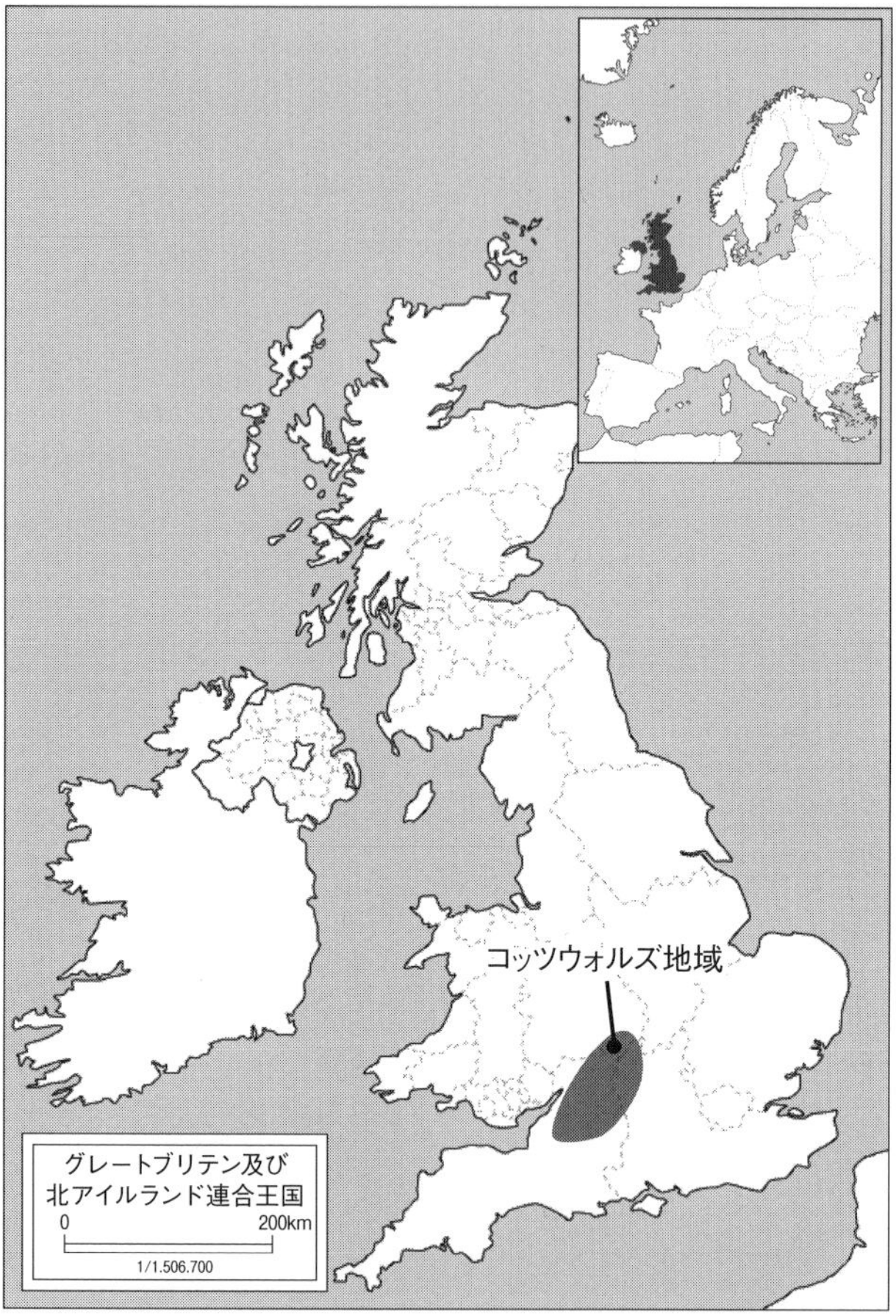
コッツウォルズ地域
グレートブリテン及び
北アイルランド連合王国
0
200km
1/1.506.700

はじめに

英国では、一九八〇年代以降、ヘリテージ（heritage）・ブームが続いている。毎週、国内のどこかで博物館がオープンする状況に、「英国は工業製品の代わりにヘリテージを製造している」（Hewison 1987: 9）という形容がなされたほどである。「ヘリテージ」は、直訳すると「遺産」だが、歴史的建築物から文化的景観、さらに人間が親しんできた自然環境を含む、広い意味での「文化的な遺産」のことである。

そのような社会状況を受けて、一九八〇年代後半から一九九〇年代にかけて、ヘリテージに関する議論が活発化した。ヘリテージへの関心の高まりの背景には、過去へのノスタルジアがあることが指摘された（Lowenthal 1985, Hewison 1987）。ノスタルジアとの関係において、ヘリテージは一種の安心、立ち返るところ、避難するところであり、社会的に安定作用と統一作用をもたらすものと捉えられる（塩路 二〇〇三）。しかし、現在の危機に対して自分たちにとって都合のよい過去を選択し、保存することから、ヘリテージは結局、真の歴史とは異質のものであり、商業主義や消費主義の産物であるという批判もある（Hewison 1987）。とはいえ、ヘリテージなくして一般市民がどのように歴史を理解するのかという主張もある。つまり、ヘリテージに何の意味があるのか、誰のためのものなのか、という問いかけがなされたのである。

一方で、一九六〇年代に始まる英国病（経済の長期停滞、インフレ、外貨危機や労働紛争など）と称された状況を克服する方策の一つとして、政府観光庁と地方行政の主導のもとで、ヘリテージ・ツーリズム（文化遺産観光）が推進された。とくに、カントリーサイド（田園地方）では、十九世紀末に始まった環境保護運動によってその豊かな自然・歴史的環境が保全されてきた。一九六〇年代から半世紀の間、そのようなヘリテージを活用した地域振興が続けられたことで、地域資源の保全と活用が実現している（塩路 二〇〇三）。また、現在、約二十万の多様な規模のトラストや協会などのチャリティが、全国・地域・市町村レベルでヘリテージを保全、活用する活動を展開している（塩路 二〇一四）。いまや英国は、ヘリテージの生産だけでなく、その保全と活用においても最先進国なのである。

本章では、現在もヘリテージを豊富に保有するカントリーサイドに焦点をあてる。まず、その保全と活用の歴史を振り返り、次に筆者が一九九六年から調査してきたコッツウォルズ地域（地図1）の「ヘリテージ・タウン」を事例に、居住環境を含めたヘリテージとしての「住まい」が、どのように住民によって維持、継承され、変化しているのか、ヘリテージと人々の関係について明らかにする。さらに、現在、国の政策という大きな力によって同町が直面している問題を指摘し、コミュニティとヘリテージの関係のあり方について考察する。

一　イングランドのカントリーサイド

カントリーサイドにおける環境保護運動

十八世紀末の産業革命以降、英国は「世界の工場」として急速に都市化が進み、都市への人口集中がはじまった。都市化と開発の波は、残った共用地や自然的・歴史的環境を破壊していった。十九世紀から二十世紀初頭の十五年間で、英国全土で約二千平方キロメートルの農地と林地が消えたといわれる（木原 一九九二）。それに対する反対運動として、一八六五年に共用地保存協会（Commons Preservation Society）が設立された。一方、残された歴史的建造物については、一八七七年にウィリアム・モリスの主導によって古建築物保護協会（Society for the Protection of Ancient Buildings）が発足した。同協会は、カントリーサイドに残っていた中世の教会や大穀物倉庫といった建築物を保存する活動も行った。

自然・文化遺産の保護運動が活発化するなかで、一八九五年に国民のために土地や文化財を買い取り保管することを目的とする法人組織として、ナショナル・トラスト（The National Trust）が正式に発足した。二〇一四年現在、ナショナル・トラストは約二六〇〇平方キロメートルを所有し、四百万人を超える会員をもつ、英国における民間最大の環境保護団体となっている。

このように、カントリーサイドの保護運動は、十九世紀末に民間による社会運動として現れたが、この傾向は一九二六年発足のイングランドの田園を守る会（The Council of Protection of Rural England）などのように、二十世紀に入っても続いた。その後も、これらの全国規模の団体だけでなく、地域や市町村レベルでトラストや協会など多様な民間のアソシエーションが自然・文化遺産を含めた環境保護の活動を続けている（塩路　二〇一四）。

観光地としてのカントリーサイド

一方で、交通機関の発達と国民のレジャー意識の高揚によって、カントリーサイドは、アクセスしやすい旅の目的地となった。カントリーサイドの景観に「絵画的美」を求めた十八世紀の旅人は、上流階級や画家などの限られた人々だった。しかし、十九世紀以降、旅の交通機関が馬車から鉄道に変化し、道路の舗装によってバスや自動車が普及していった。また、レジャー意識が大衆に広く浸透したことで、より多くの人々がカントリーサイドを訪れるようになった。さらに、第二次世界大戦後の自動車の普及によって、旅行の形態が大きく変わった。旅行の目的もスポーツやカントリー・ウォークなど、多様化した。一九八〇年代後半から九〇年代には、観光による環境への影響を最小限にしてカントリーサイドを楽しむレジャーのかたちがカントリーサイド委員会（Countryside Commission）[1]によって打ち出された（Countryside Commission 1987, 1991a, 1991b, 1992）。

現在、カントリーサイドは、自然・文化遺産を豊富に残し、景観維持や環境保全意識の高い地域となっている。それらの自然・文化遺産を活用した観光振興によって、活性化を図っている地域も多い。たとえば、歴史的建築物は一般公開されるだけでなく、宿泊施設としても活用されている。全国の宿泊施設の二十六パーセントにあたる九五〇七棟のホテルがイングリッシュ・ヘリテージ[2]などにより登録された歴史学的、文学的、建築学的に重要な建物を利用し、本章で事例として取り上げるコッツウォルズ地域を含むグロースターシャー州では宿泊施設の四十五パーセントを占めている（BTA/ETB 1996）。

理想の居住地としてのカントリーサイド

英国におけるカントリーサイドは、観光の目的地であると同時に、人々が理想としてきた居住地でもある。英国では、産業革命以降の国内における急速な社会変化に加えて、十九世紀には帝国拡大という国外の社会変化も起きた。そのような中で、人々の帰属意識はとくにイングランドのカントリーサイドに向かった。文学作品では、古きイングランド、農村的美徳、田園風景などが強調されたり、田園風景が風景画に象徴的に描かれたり、カントリーサイドがモチーフとして注目されるようになった。

一方で、大英帝国時代の植民地に赴いた英国人にとってイングランドを故国（home）と見る考え方が定着した（Williams 1973）。彼らが抱いた故国のイメージの多くは、イングランドのカントリーサイドの風景と共同体感覚に類似している。彼らの厳しい外地勤務の報酬は「都会的で工業的なイングランドの内部にある田園的なところに帰ること」だった（Williams 1973: 282）。貴族が所有していた大邸宅に暮らすほど大金を得た場合は別として、イングランドのカントリーサイドにささやかな住居をもつことは、彼らが理想として実現してきた居住地の条件だった（Williams 1973）。こうして、帝国時代以降、カントリーサイドは老後の安住地と化したのである。一八九〇年代に創刊され、現在も発行されている雑誌『カントリーライフ』は、カントリーサイドに関する記事だけでなく、カントリーサイドの住宅広告を多く載せており、人々が理想の居住地を実現する手助けをしている。

「引退したらカントリーサイドのささやかな家で庭いじりをしながら暮らす」という英国人が理想とする隠居生活は、あながち嘘ではない。しかし、実際には、カントリーサイドの住居は歴史的建築物であることが珍しくなく、かなり高価でもある。そのため、だれもがカントリーサイドに移住できるわけではなく、都市である程度成功した経済的に豊かな人々が多い。

二　コッツウォルズ地域の「生きたコミュニティ」

チッピング・カムデン

コッツウォルズ地域は、英国の南西部に位置する丘陵地帯で約一四五の小さな町村の集落が点在している。この地域の人口は約八万人で、行政区としては主にグロースターシャー州と他の四つの州にまたがる領域である。十九世紀末から二十世紀初頭にかけて、全国的に環境保護運動が活発化するなかで、この地域でも篤志家や環境保護団体によって残存する古い家々の修復と町並みの保全、自然環境の保護が行われてきた。現在のコッツウォルズ地域は、自然景勝特別保護地域（Area of Outstanding Natural Beauty、以下ＡＯＮＢとする）として政府に指定されており、残された自然や文化が観光資源となり、年間約三百万人が訪れる観光地でもある。

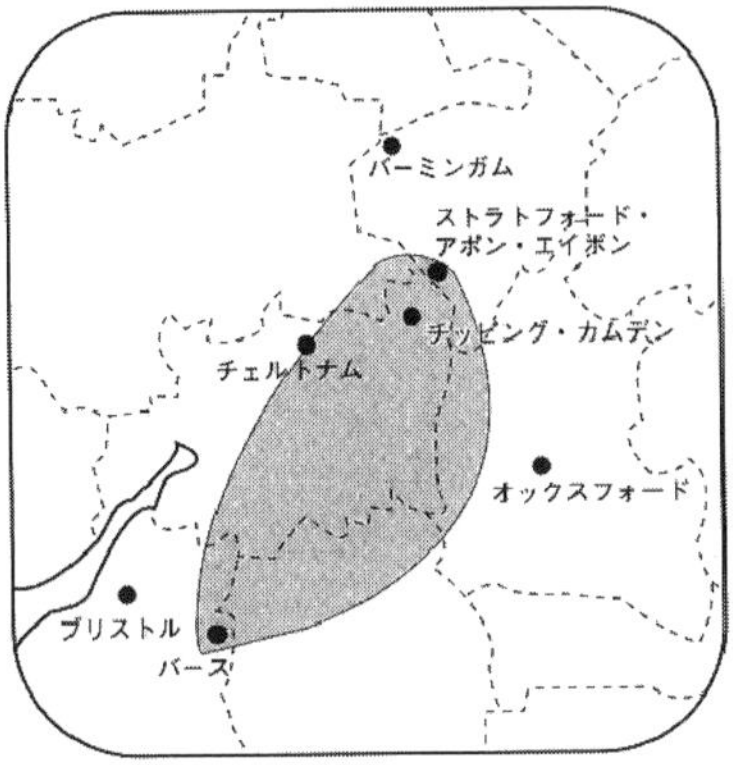

地図1　コッツウォルズ地域拡大図

ここで事例として取り上げる町は、同地域北部に位置する人口約二千人のチッピング・カムデン（Chipping Campden、以下カムデンとする）である。この町は、中世の市場町であり、五世紀から十世紀には同地域の地方行政の中心地だった。その後、この地域の他の町村同様に、羊毛産出で大いに繁栄し、十七世紀には富裕な羊毛商人が聖ジェームス教会や救貧院、マーケットホールを建設し、現在に至る町並みが整った。十九世紀末までのカムデンは産業革命に取り残された辺鄙な田舎町にすぎず、一八七〇年代の農業不況で都市に移住した人々の家

写真１　チッピング・カムデンのハイストリート（2009年9月11日撮影）

が荒れ果てた状態で放置されていた。しかし、アーツ・アンド・クラフツ[3]運動の理想を実現するべく、一九〇二年に建築家C・R・アシュビーと手工芸ギルドがロンドンから移住して以来、町は文化、社会、経済的に復興していった（塩路 二〇〇四）。アシュビー以降、カムデンへやってくる移住者の数は徐々に増え続けた。中産階級の芸術家だけでなく、植民地に赴任していた軍人や役人が帰国後にこの町を永住先として、そして都市で成功したビジネスマンが退職後の隠居先として移住してきた。

現在、カムデンは文化財密度が国内第二位と、歴史的建築物が非常に多い、いわば「ヘリテージ・タウン」[4]である。町の大部分が保全地域（Conservation Area）に指定されており、建築物や景観に関する法的規制が多い。また、豊かな自然環境にめぐまれたAONBの一部でもある。この町は、近年、コッツウォルズ地域に多く見られる別荘化あるいは観光化が進んだ村々とは異なり、その歴史的建築物の多くに人々が暮らし、生活に必要な商店や郵便局、学校などが存在する「生きたコミュニティ」である。

町の社会変化と住宅の高騰

二十世紀の農業の機械化で、カムデンの雇用は減少し、若者の流出が起きた。町の人口は高齢化し、現在、人口の約三十七パーセントが退職年齢以上の高齢者であり、年金生活世帯が全世帯の約二十三パーセントを占める[5]。特に一九八〇年代のロンドンでの土地高騰を契機に、より多くの都市民が比較的安価なカントリーサイドの土地に注目するようになり、この町への移住者の数は急増した。英国人の理想であるカントリーサイドでの暮らしが現実のものとなったのである。しかし、それに伴って、同町に生まれ育った「カムドニアン」(Campdonian)と裕福な移住者「インカマー」(incomer)の経済格差や生活様式と価値観の違いを背景にした葛藤や対立が住民の中に生じることとなった。

ほとんどのカムドニアンは地元の産業で生計をたてる労働者階級の人々であり、インカマーは多くの場合、都市で成功した裕福な中産階級の退職者たちである。インカマーの増加によって町の住宅は、都市民向けの価格設定が定着し、高騰を続けている。彼らの好む数世紀前の石造りの家や茅葺き屋根の家などは、独立したての若いカムドニアンにとっては到底買うことはできない。

さらに、都市民に一度わたった住宅は、カムドニアンに買い戻されることは非常に少ない。カムデンでは、住宅の所有者が亡くなると相続人がいない限り、その住宅はすぐに売りに出される。歴史的建築物としての住居に長い間一人で暮らしていた高齢のカムドニアンが亡くなると、その親族は家の内部を改装しなければとても住むことはできない。その上、老朽化が進んだ住宅は、売りものにならない場合が多い。とくに、歴史的価値の高い住宅の場合は、建物を増改築するさいに行政に提出する計画申請案(planning application)の手続きが複雑で改装費も高いために、空き家のままにしておくか、不動産業者に改装なしの状態で安価で売り渡さねばならない。

都市からの移住者や別荘購入者が増え始めた頃、売り手はカムドニアン、買い手はのちにインカマーとなる都市民であった。現在でもこの状況は基本的には変わらないが、インカマーも定年を迎えた高齢者であるために、インカマーから新たなインカマーへ住宅が売買される場合が増えている。インカマーは、住宅購入後に改装する場合が多いので、その親族は住宅を改装なしで新たな都市民に高値で売ることができる。この町では、売り手側である住宅所有者が変わるサイクルが早く、カムドニアンからインカマー、もしくはインカマーからインカマーという具合に売り渡されているので、カムドニアンの居住場所は必然的に限定されている。

一九九〇年代後半の筆者の調査によると、インカマーは歴史的建築物の建ち並ぶハイストリートや茅葺き屋根の家が密集する地区など町の文化的、景観的「中心」に居住し、カムドニアンは表通りから奥に入ったところや二十世紀に町はずれに建てられたカウンシルハウスと呼ばれる行政の賃貸住宅や集合住宅などの「周縁」に居住する状況がみられた（塩路 二〇〇三）。このように、町の社会変化と住宅の高騰によって生じた住宅問題は、カムデンの文化的景観を構成する歴史的建築物を受け継いできたカムドニアンを遠ざける結果をもたらしている。

新住民の増加とコミュニティ

カムデンは、ロンドンなどの都市から政治的、経済的に「周縁」に位置づけられるが、カントリーサイドの神話的なイメージに憧れて「中心」からやってきたインカマーが町を協会やトラストによって支配するようになったといわれる（Fees 1996）。また、インカマーは、議論やマネージメントにたけた人々であるために、一九八〇年代には、町議会議員として町の政治にも関与し始めた。

一九八八年には、町の中央を通る大型トラックが町の景観を損ねていると主張するインカマーに対してカムドニアンの不満が爆発した。当時、町議会はインカマーの訴えを受けて、町を通るトラックの重量制限に関する計画を提案し、州議会で道路制限法として申請する準備がなされた。町議会が業務用のトラックを使用する地元業者を呼んで意見を聴いたさい、ヨーグルトや牛乳などの乳製品を地域に提供している会社の代表は次のように主張した。

この町を壊そうとする皺だらけの無法者たちの典型的な提案だ。彼らがカムデンにやって来たのは、数百年間ここに住み続けてきた人々が町を美しくしてきたからだ。しかし、新参者のせいで突然商売が考慮されなくなった。彼らは、カムデンを皺だらけの楽園にしようとしている。彼らは一体この町に何をしようとしているのだ。…都市の人々はカムデンに群れをなしてやって来て、私たちに彼らの生活様式に合わせるように期待する。私たちはただ生計を立てようとしているだけなのに。町議会が早く駐車場の問題を解決しなければ、彼らは彼ら自身の生活の糧を提供している人間を攻撃するようになる（*Evesham Journal* 一九八八年六月二日）。

この代表がいう「皺だらけの無法者たち」「都市の人々」「新参者」は、定年後に都市から移住してきた中産階級のインカマーを指している。定年後の裕福なインカマーに対して、カムドニアンは家族を養う就労年齢の少数の人々である場合が多い。インカマーが彼らの価値観に沿ってカムドニアンに生活の変化を強いるとき、カムドニアンの不満が表面化する。それは、単なる景観をめぐる新旧住民の見解の相違では終わらず、両者の経済格差と生活様式の違いを浮き彫りにするものである。このような新旧住民の対立は、一九九〇年代後半に筆者が調査したときには表面化することはなかったが、両者の立場や考え方の相違を話す住民は多かった。一九九〇年代以降、インカマーは町議会議員もその多数を占めるようになり、政治的にも町を主導している。

二〇〇〇年以降、高齢のカムドニアンが次々と亡くなり、カムドニアンの数は減少の一途をたどっている。二〇一五年現在、町の人口は二三〇〇人となり、このコミュニティに、もはや新旧住民の対立という構図は見られないのではないかと思われるほど、インカマーは増加を続け、コミュニティは変化している。

三　ヘリテージ・タウンに暮らす

カムデンのようなヘリテージ・タウンでは、歴史的建築物を代々受け継いできた人々、それらを保全しようとする人々、逆に、それらと距離をとって暮らす人々など、同じコミュニティの中でも個々の住民がヘリテージである建物や文化的景観、環境と築いている関係は異なる。ここでは、彼らがどのようにヘリテージとの関係を築いているか、また、なぜそうしているのかについて具体的な事例を紹介する。便宜上、ここでは新旧住民に分けて説明する。一九九〇年代後半の筆者の調査から、彼らの暮らしぶりには新旧住民の生活様式や価値観の違いが見られるが、同時に各グループは単なる一枚岩的な人々の集まりではなく多様性があることも明らかになった（塩路 二〇〇三）。そこで、次にそれらのデータも踏まえて、現在までの約二十年間の変化に着目しながら述べる。

旧住民とヘリテージ

①三世代が暮らすカムドニアン一族の事例

八十歳になるベティ・グローブは、ハイストリートの南側に位置するカーフ・レーンの平屋にカムドニアンの夫とともに暮らしている。彼らの三人の娘のうち、長女と末娘もこの町に住んでいる。ベティの住む家は、建設業を営む夫が一九六〇年代に建てたもので、当時、カーフ・レーンはまだ住宅が少ない地区だったために、新築できたと言う。彼らは、新しくてもコッツウォルド石で建てた平屋で広々と明るい今の家を気に入っている。ベティは彼らの娘が全員カムデンで暮らせるように願っている。しかし、バーミンガムに暮らす次女夫婦については、大都市の安価な家であるため、その家を売ってもカムデンで家を購入することは難しいという。

ベティの五十代後半の長女キャロル・ホープは、町の中心部から少し離れたキャトブルック地区の家にエンジニアの夫と住んでいる。彼らが暮らしている家は、C・R・アシュビーが二十世紀初頭に建設した二軒一体型の住宅で、外壁が白く塗られており、この地域のコッツウォルド石を使った伝統的な建築様式とは全く異なる。彼らは、その家を気に入っているという。なぜなら、カウンシルハウスが多いキャトブルック地区には、カウンシルハウス以外の住宅も比較的安く、また保全地域の外であるために、建物にかかる法的規制を気にしないで暮らせるからだという。一九九六年当時、二人の幼い子供を抱えた夫婦にとっては、町で最も暮らしやすい場所だったため選んだと話していた。現在、彼らの娘たちは独立し、ロンドンなどの都市で暮らしている。

ベティの四十代の末娘は、ハイストリートに続くパーク・ロードから裏に入ったリトルワース地区のカウンシルハウスに家族で暮らしている。そこは安い賃貸住宅だから住むことができたのだとベティは語る。カムデンでは、比較的安く住めるカウンシルハウスも空きがでるまで順番待ちという状態であり、優先順位の高いカムドニアンの子であっても町内に住むことは難しい。

ベティの亡父フレッドは、一九一〇年にカムデンのハイストリート沿いの家で生まれ、第二次世界大戦中の兵役を除いて、人生の大半をカムデンで暮らした。彼は、この地域に四百年以上も住み続けてきた農家アイゾット一族と親族関係にあり、彼自身この町で建設業に携わっていた典型的な労働者階級のカムドニアンだった。彼がまだ健在だった頃は、聖ジェームス教会の隣にある十七世紀の小さなコテージに暮らしていた。ベティの夫によると、フレッドが最後に住んだそのコテージには、昔、彼の家族が住んでいたという。その後、数人の所有者を経て、フレッドの手に渡ったという。つまり、古い住宅は、戦後にいたるまで、カムドニアンの間でのみ取り引きされていたのである。

②三代目銀細工職人のカムドニアンの事例

七十代後半のデイヴィッド・ハートは、一九〇二年にC・R・アシュビーがロンドンから連れてきた銀細工職人の孫にあたる。彼の祖父は町最大の土地所有農家の娘と結婚したために、ハート一族はこの町に根づき、地元のコミュニティと強いつながりをもつようになった。デイヴィッドは、彼の息子と甥と一緒にシープ・ストリートの古い絹工場の二階の工房で、祖父の代から変わらぬ技法で銀をうっている。彼の二人の娘は近郊都市で生活しているので、現在、デイヴィッドは元教師の妻との二人暮らしである。

彼は、ハイストリート沿いの十七世紀の三階建ての家に四十二年間暮らしていたが、二〇一三年に町の中心から少し離れたステーション・ロードの一九三〇年代の家に移った。デイヴィッドの三人の弟たちも、この町に暮らしており、農業に従事したり、庭師として個人宅の庭の手入れを行ったり、自動車整備業を営んだりしている。干し草作りや収穫時には弟を手伝うこともある。デイヴィッドは、イングランドの伝統的なダンスであるモリス・ダンスを踊り、町の歴史的な行事であるスキャトルブルック・ウェイク（五月祭の流れをくむこの町の祭り）の運営委員も務める。毎週日曜日には、聖ジェームス教会の鐘をならす。彼は、コミュニティに対して昔ながらの強い帰属意識をもっているが、一九九〇年代後半には「近頃はハイストリート沿いの近所に誰が住んでいるのか全くわからなくなってきた」と嘆いていた。

　ハイストリート沿いの元の住居は、二階の床が傾いたままの家で、その土地には、中世の市場町に特徴的なバーゲージ・プロッツ（burgage plots）[6]の細長い庭があった。彼は、そこに野菜や果樹を栽培し、鶏やミツバチ

写真２　17世紀の家（上）とバーゲージ・プロッツの庭（下）（2013年９月13日撮影）

を飼育したりして、昔ながらの自給自足の生活を心がけていた（塩路　一九九九）。しかし、彼の家が文化財（listed building）に指定されていることから、建築規制が複雑で改築や修復に多大な費用がかかるため、改修をほとんど施さず暮らしていた。夫妻は、長年、子供たちが家を出るまでに小さな家を探そうと考えていた。彼らは、元の家は、夫婦には広すぎ、寒くて、暗く、窓からの景色もない家で、庭も大きすぎたという。

ようやく元の家が二〇一三年に売れたことで、彼らは今住んでいる新しい家を買うことができた。今の家は、夫婦にはちょうどよい大きさだという。二重窓でセントラル・ヒーティング設備があり暖かく、現代的な構造と内装のため、窓が大きく室内が明るい。庭も夫婦が満足するだけの野菜や花、果樹を植えることができる大きさである。何より、窓の外に広がる牧草地の眺めが気に入っているという。

写真 3　町内で住み替えた小さめの家（2015年 9 月 4 日撮影）

元に住んでいた家を買いとったのは、ロンドン在住の医師と会計士の男性二人組だという。彼らも十年ほどこの町で物件を探していたが、二〇一三年六月に開催されたオープンガーデンの日に訪れたデイヴィッドの庭と家が気に入り、購入を決めたという。新しい所有者たちは、まだ移り住まず、家の改築工事をすすめている。デイヴィッドによると、彼らは歴史的建築物に興味があり、デイヴィッドの家がハイストリート沿いで唯一バーゲージ・プロッツの形を残す住宅であることから、彼らはその庭をなるべく壊さないように大切にするつもりだという。また、そのつもりのない買い手には、デイヴィッドも家を売らなかっただろうと話す。

カムドニアンから富裕なインカマーへ、また一つハイストリート沿いの住宅が売却されたが、バーゲージ・プロッツの庭も含めた歴史的建築物として、カムドニアンの意志を尊重して保全しながら暮らすための改築が進んでいる。

③カムドニアン兄弟の事例

六十代のグレーアム・グリーネルは、建設業を営み、妻と息子とリトルワース地区の家に住んでいる。彼の祖父は、カムデンに古くから伝わるクリスマスの仮面劇（mummers' play）を演じたことがあり、グリーネル家は昔から町に住む労働者階級のカムドニアンとして知られている。彼は、町議会議員で、町の伝統行事であるドーバース・ゲームス（十七世紀に創始された競技会）運営委員会の委員長も務め、若いときから町の学校行事などコミュニティに関わる活動には積極的に参加、協力してきた。

彼の妻は、カムデンから三マイル（約四・八キロメートル）離れた隣村の出身で、彼らは現在の家に暮らす前、同じリトルワース地区のカウンシルハウスに住んでいた。一九八〇年代のサッチャー政権時に、カウンシルハウス居住者が当時の居住住宅を安価で取得できるような措置がとられたため、一九八五年頃に現在の家を買ったという。彼は仕事柄、町の老朽化した家を改築したり、コッツウォルド石の住宅の外観を修復したり、町の古い住宅を取り扱うことに慣れ親しんでいる。それでも、「古い建物の間に新しい建物を建て、町を生き生きさせるべきだ」と語り、カムデン協会（The Campden Society）(7)などの町の景観保全団体には参加していない。彼自身は現代的な家を建てたいという希望をもっている。彼らの家は、カウンシルハウスが立ち並ぶリトルワース地区なので規制が少なく、内装を自分たちの使いやすいように変えることができるので、満足していると話す。

グレーアムの亡兄ゴードンは、ハイストリートに近いパーク・ロード沿いの十七世紀のコテージに住んでいた。ゴードンは、町の消防士として二十年以上勤務し、ハイストリート沿いに骨董屋を経営したこともあった。彼は石造りの古い建物や骨董に関心をもち、幼い頃から知っている周辺の自然環境にも日々の散歩を通して目を配っていた。彼がその家を買ったときには、かなり老朽化していたので、多くの部分を改築するために費用がかかり、コッツウォルド行政府（地方政府）が補助金を出したという。彼はグレーアムと話し合いながら改築工事を進めた。しかし、ゴードンは、町に暮らす人々の諸事情よりも法規制による景観保全を優先するカムデン協会や地方政府のあり方に反感をもっていた。一九八〇年代に、家の奥行きを増築したが、町議会とカムデン協会などからハイストリートに続くパーク・ロードの景観を損ねるとして多くの批判を受け、何度も文化財許可（listed consent）の計画申請案を訂正し、建築許可を得るのに一年かかった(8)。

ゴードンは数年前に亡くなり、彼の家は売りに出され、ゴードンの隣家を所有するロンドン在住の男性が購入した。新しい所有者は、自身の家を週末の別荘として頻繁に利用しており、現在は隣のゴードンの家を旅行者向けの宿泊施設として改装している。古くから町に暮らし、ゴードンを知る住民は、ゴードンは手入れをしてきれいに住んでいたから、全く改装する必要はないのに残念だと話す。都市民がカムドニアンから家を購入して、週末用の別荘にしたり、資産として運用するために旅行者に貸したりすることは、最近では少なくない。町の住民たちは、このような住宅が増えると町に活力がなくなり、古い建物だけが立ち並ぶ博物館のようになるといって心配している。

新住民とヘリテージ

この二十年間に、筆者の知るカムドニアンは高齢化し、町の中心から周辺に移動、あるいは亡くなり、その家がインカマーや別荘を求める都市民に渡っている状況が明らかになった。依然として四十歳代以下の比較的若いカムドニアンは町内に住むことが難しく、住んでいてもカウンシルハウスなどに暮らす場合が多い。

一方で、インカマーは、どのようにこの町に移り住み、暮らしているのだろうか。次に、彼らの暮らしぶりはこの二十年間にどのように変わったのかも含めて述べる。

①ハイストリートに二十年暮らすインカマーの事例

八十代のデイヴィッド・エヴァンスは、一九九四年に妻とともにロンドンから来たインカマーである。エヴァンス氏は、ロンドンの大手デパート会社で重役を勤め、退職後に妻とともにこの町に移住した。彼らの息子と娘たちは、すでに独立してそれぞれの家族と都市で暮らしている。この町には、彼の両親が一時期住んでいたために、故郷のような印象があり、カムドニアンに知人も多い。

写真４　新住民の暮らし（家の外観、外壁）（1996年撮影）

エヴァンス氏は、ハイストリート沿いの住居を親戚のいない知人の遺産として一九八九年に贈与された。その知人は一九二八年にその家に移り住んだ医師の未亡人で、エヴァンス氏の両親の友人で親交が深かった。彼は贈与を受けたことで、家の内部を改装するための計画申請案を地方政府に提出した。地方政府から建築許可を得た後、一九九二年から八ヶ月かけて実際の改装工事を行った。工事前に、イングリッシュ・ヘリテージの職員が家の写真を撮りに来たという。イングリッシュ・ヘリテージは、その家の文化財等級を査定し、ハイストリートに面した家の前部は十九世紀に追加されたと判定した(9)。地方政府からは、保存建築士と建築規制担当の職員が定期的にやって来て、改築のさいに何が可能で、何が不可能なのかを議論していたという。そのため、贈与を受けてから完成までに五年を費やした。

夫妻は、老朽化していた住居を修復しつつ、床を石張りにし、暖炉を再利用して家の古さを残しながら住みやすく改装した。改装前は、浴室が一階にあり、その前に壁があったが、それを壊して居間の空間を広くした。彼は、イングリッシュ・ヘリテージに改装のための補助金を申請したが、採用されなかった。しかし、自費で改装中に壁の奥から中世の暖炉が見つかり、この家が石造ではなく、さらに古い、チューダー朝の土壁の家だったことが判明した。そこで、地方政府の保存建築士の指導のもとで、裏庭側の家の外壁から石材を取り去って土壁にした。家の改築後、エヴァンス氏は、この土壁の内部の一部分を外から見えるように工夫してショーケースを取り付け、訪れる親戚や友人に見せて、家の古さを説明している。一方で、妻は、もともと農家だった家の歴史を伝えるために、天井の梁に残っていたフックに鍋やバスケットをぶらさげている。それらのフックは、かつてハムやソーセージをぶら下げるのに用いられていたもので、農家の台所の歴史を物語る。しかし、それ以外では、電子レンジや食洗機、オーブンが設置されており、現代的で快適なシステムキッチンである。

写真５　新住民の暮らし（リビング、キッチン）（1996年撮影）

　こうして、エヴァンス夫妻は、移り住む前から古い建物を修復し、その歴史を残すために努力してきた。彼らはそこに暮らすことを誇りに思うとともに、古さを演出しながら現代的な快適さを享受している。

　夫妻は、町を開発から守ることにも強い関心をもっている。十五年前、カムデン協会が町はずれの農地を購入したことも肯定的に捉えている。カムデンでは、ハイストリート沿いに常に車が溢れており、長年、町には大きな駐車場が必要だった。多すぎる駐車や渋滞は町の景観を守る上でも、住民生活の面でも問題は多い。カムデン協会はそのような観点から駐車場建設に賛成し、当時唯一駐車場を建設できる場所だったその土地を購入して地方政府から建築許可もとった。しかし、駐車場建設については当時から住民の反対が非常に多かったため、同協会はその土地を町の中高等学校に貸し出した。学校側は、生徒の農業と環境学習のために果樹を植えて利用している。エヴァンス夫妻は、カムデン協会がその土地を買ったことで宅地開発から町を守ったと考えている。

②ハイストリートに三十年暮らすインカマーの事例

ハイストリート沿いの十七世紀の家に住む七十代のキャロル・ジャクソンは、一九八八年にロンドンから画家の夫とともに移住してきた。彼女自身は、ビジネス界で長く働いていた。彼女は、この町の歴史に精通しており、長年、町の歴史協会の会長を務めてきた。彼女は、C・R・アシュビーがアーツ・アンド・クラフツ学校を開いたとき、自分の住む家を校舎として使ったことを誇りに思っている。また、コッツウォルズ地域の環境保護団体のメンバーでもあり、ボランティアで観光客向けに町の歴史を説明しながら歩くガイド・ウォークを引率することもある。

家の前所有者は、オークションでこの建物を安く手に入れ、六ヶ月間だけ所有して彼女たちに売却したという。つまり、前所有者は、不動産を転売することで利益を得ようとしたのである。さらに、前所有者は地方政府の建築許可を得ずに、窓枠をプラスチック製に替えた。このことは、キャロルたちが引っ越してきてから近隣の住民によって通告され、地方政府の建築計画審議会の職員も調査して確認したため、前所有者は窓枠をもとの金属製に戻す費用を支払うよう命じられた。

一方で、彼女の夫は、家の一部を画廊にする改築を計画したが、地方政府から許可は下りなかった。個人利用でなくビジネス利用のための改築とみなされたためである。夫婦が建築許可を得て実際に行った改装は、浴室に新しいシャワールームを設置したくらいだという。このように、行政に無断で改装や改築が行われる場合もあれば（判明すれば元の状態にもどす費用が請求される）、建物の利用目的が変わるという理由で建築許可が下りない場合もある。

ここ数年、町の外からやってきた人間が、町の住宅を購入して増改築や内装工事を施した後、しばらくして高額な価格で家を売ることがしばしば起きているという。このような人々の取り引きによって、町の住宅が値上りし、地元の人々がさらに住宅を買えなくなっているとキャロルはいう。住居にかかる税金は寝室と浴室の数によって変わるが、町外の人々が転売による利益を求めて住宅内部に加える変更は、地方政府にはわかりにくい。建築申請と建築許可に関する規制の実効性は、年々縮小しているが、それでも、あからさまな住宅転売に歯止めをかけて、地元の人々の生活空間と町の歴史的な雰囲気を守る効果があると彼女は考えている。

住宅を転売しようとする人々が町の景観を脅かすとして、キャロルは、近隣の建物の改築や使途の変更に注意を払っている。彼女の家の近所にあった骨董屋は、店主が店の二階に住んでいた。一階が店で、二階は住宅という仕様だった。その後、骨董屋の後に食料品店が入り、一階にカフェを併設したが、そもそも建物の仕様が異なるため、その使途は制限された。しかしその後、同店は、夕方以降に酒をだすバーのようなものを開くための改築を含んだ計画申請案を行政に提出した。その案に対して周辺の五軒の家が反対したため、公開集会で意見を聴取したところ、一票差で反対派が勝ち、バーは開店されなかった。このように、個人宅からビジネス利用に変更するさいだけでなく、同じビジネス利用であっても、その内容によっては建築許可を得ることは容易ではなく、町の住民の賛成を必要とする場合もある。

③農村的な環境を選んだインカマーの事例

七十代のウェッブ夫妻は、一九八〇年代初めに町はずれのステーション・ロード沿いの家とそれに隣接した土地を買ってストラトフォードから移り住んできた。夫は、建設会社に勤めるホワイトカラーでありながら、妻の

写真6　隣村に住み替えた夫婦が改築した家（2015年9月5日撮影）

助けを借りて兼業で畜産農業を営んできた。夫妻は、豚、鶏、羊、牛などの家畜を飼うとともに、野菜も栽培している。彼らが有機飼育している豚は毎年、家畜の品評会で優勝し高い値で売れた。

彼らの二人の息子は結婚して家を出たために、夫婦だけで二十年以上暮らしている。筆者は一九九六年の夏から半年間、彼らの家に滞在した。ウェッブ夫人はカムデンから南に十マイル（約十六キロメートル）ほど離れたコンディコットという小さな農村の出身で、夫はストラトフォード北部の出身である。そのため、二人ともこの地域に詳しく、自然と家畜に囲まれた子どもの頃の農村生活を肌で覚えているという。彼らは歴史的建築物の並ぶハイストリート沿いよりも、町の中心から離れた農地や牧草地の多い場所を好む。

彼らが三十年以上暮らした家は、二十世紀半ばに建てられたもので、外壁にはコンクリートが使われている。彼らが全室にセントラル・ヒーティングを導入したので、冬でも家は暖かかった。夫人は「古い家は特徴があって好きだが、新しい家の方が暮らしやすい」といい、「牧草地や庭が家のまわりに広がっていると安らぎを感じる」ために、その住居がとても気に入っていると述べていた。

二〇一五年春、夫妻は、前の家を売って、隣村のさらに自然に近い環境に引っ越した。そこで牧草地の中にあった平屋を二階建てに増築した。内装は最新のものを使って快適にし、牧草地に隣接する庭も整備した。家は歴史的建築物ではなく、保全地域でもない場所にあるので、かなり自由に内装や外装、庭に手を入れることができた。七十歳をすぎてから町から離れた所に住むと聞いて、彼らの古い友人たちは驚き、もっと年をとったとき切なのである。

の生活に不安を感じないのかと尋ねる。しかし夫妻にとっては、家そのものやその場所よりも、家を取り囲む自然環境の方がむしろ次の世代に残すべきヘリテージであり、昔のように牧草地や家畜に囲まれて暮らすことが大切なのである。

宅地開発とコミュニティ

英国政府は、カントリーサイドにおける住宅建設を推進する政策を打ち出している。そのため、この町にも開発の波が押し寄せている。隣町のミケルトンでは、現在も数件の開発計画が進められており、これまでに数百戸の住宅が建設され、町が拡大を続けている。この隣町の影響もあり、カムデンにも住宅開発案がここ数年で次々と出されている。カムデンでは、歴史的建築物が多いことで建築規制が厳しく、住宅数が限られていたため、長年、町の人口は二千人前後で安定していた。しかし、二〇一五年に二三〇〇人にまで増加したのは、このような開発による住宅増加に起因する。町の行政事務官によると、現在、二つの大きな建築計画が進んでいるという。

地元の最大農家は、町の中心に近い四～五エーカー（約一万六〇〇〇～二万二〇〇〇平方メートル）の農地を開発業者に売ろうとしている。その広さの農地からは二十五万ポンドの収入しか得られないが、住宅を建設することでその価値は一九〇〇万ポンドに跳ね上がる。限られた農地で農業を続けるよりも農地を売った方が利益が大きいのである。開発業者は七十六戸の住宅を建設する計画申請をしたが、公共の自然道であるパブリック・フットパスがその土地の中央を通るという理由で却下された。この農地は、ＡＯＮＢ内のアクセス自由な土地であり、斜面にあるので人々はそこから町を見渡すことができる。そこに住宅を建てることに住民五五〇人が反対した。しかし、開発業者は、地方政府に却下されると、中央政府の審査官に直接申請したという。開発業者はフットパスのルートを変更した建築計画案を作成し、再申請している。今回の申請は通るだろうと町の行政事務官は話す。

町の小さなチャリティであるバッジャーズ・トラストが保全してきた牧草地にも、十六戸の住宅が建設されることが決まった。そのうちの半数は行政の福祉住宅であり、収入の低い人々向けの安い住宅や安い賃貸住宅となる。町から外にのびるステーション・ロード沿いにも二十六戸の福祉住宅があるが、この町に住む六人が入居の順番を待っている。行政の福祉住宅を建設することで、町外から入居する人々が増え、コミュニティの形は変化を続けている。今後は、このような新しいタイプの新住民との関係もコミュニティにとっては課題となるだろう。そして、国の政策に守られて転入してきた人々の数が増えることで、ヘリテージに対するこのコミュニティの姿勢も変化する可能性がある。

おわりに

本章では、ヘリテージの生産・保全・活用において最先進国である英国に着目し、その歴史的背景、とくにカントリーサイドにおける観光と移住によるコミュニティの変化、さらに実際のヘリテージ・タウンにおける住まいの事例を取り上げながら、英国におけるヘリテージと人々の関係について述べてきた。

ヘリテージ・タウンであるカムデンでは、この二十年間に人口は増加したが、旧住民の数はさらに減少した。旧住民には、カウンシルハウスや保全地域外の家に暮らす人が多いが、彼らは積極的にコミュニティの伝統行事や活動に取り組む傾向がある。中にはヘリテージである歴史的建築物に暮らし、あまり建物に手を加えることなく簡素で昔ながらの生活を四十年以上送ってきた人々もいる。しかし、そのような旧住民も年をとり、保全地域外の現代的で小さい家に移った。また、亡くなった旧住民の家は、別荘や資産運用を目的とする都市民に渡っていた。一方で、新住民は、建築規制のある中でも、試行錯誤しながら自分たちが暮らす古い建物を修復、維持し、町の歴史や家の古さを大切にしている。そして、それらを演出しながら工夫して暮らしている。彼らは、カムデン協会などの景観保全活動を肯定的に捉えており、彼ら自身も個々に町の景観の変化に注意し、それを守るために声を上げる。また、新住民には昔ながらの農村的な自然環境を求めて、隣村に住居を変える人々も存在する。いわゆるヘリテージである古い建物も、新住民だけではなく、別荘や資産として運用、転売しようとする都市民に代表される町外の人間によって売買されることで価格が高騰し、旧住民はさらに住めなくなっている。この傾向が進み、別荘化する家が増えると、町が古い建物だけで人が住んでいない「生きていない」コミュニティになるだろう。ヘリテージ・タウンであるが故に起こる現象である。

さまざまな住民たちの語りから、古い建物だけでなく、町の文化的景観、さらに牧草地や農地を含む周辺の環境全体が、彼らにとって「生きたコミュニティ」を守る重要なヘリテージであることも明らかになった。それらは、近年、英国政府が強く推進するカントリーサイドにおける住宅増加、その実現のため地方行政が受容する宅地開発、さらにそれに呼応して利益を求める地元農家の農地売却によって失われようとしている（高倉 二〇一七も参照）。こうした変化も、これまで維持、継承してきたヘリテージだからこそ生まれる状況といえる。

今後、「生きたコミュニティ」をヘリテージとともに守るためには、これまで新住民が行ってきたヘリテージ保全だけでは、不可能だろう。建築に関する法的規制の再考、町内への若い旧住民の居住促進、資産運用や別荘が目的の住宅購入の制限、宅地開発をめぐる地元の土地所有者と開発業者、さらに地方政府との関係（本書竹中論文も参照）という、多様で異なる次元の問題に取り組み、宅地開発後に移住してくる人々も含めた新しいコミュニティのあり方を目指す必要がある。

謝辞

本研究は、ＪＳＰＳ科研費（JP15K03067）基盤研究（C）「英国のパブリック・フットパスをめぐる文化・社会的環境の構築に関する人類学的研究」（平成二十七年度）と、阪南大学助成研究「観光まちづくりの展開に関するシステム論的研究」（平成二十五年度）の助成を受け可能となった。

また、英国の調査地の方々の長年にわたる協力に対してここに改めて感謝申し上げる。

（1）カントリーサイド委員会は、英国政府の公的機関で環境省から予算を得て、カントリーサイドの景観保全とレクリエーション振興を主たる役割としていた。一九六八年に国立公園委員会から環境省に組織替えしたが、一九九九年に農村開発コミッション（Rural Development Commission）と合併して、カントリーサイド・エージェンシー（Countryside Agency）となった。その後、二〇〇六年にナチュラル・イングランド（Natural England）に吸収合併された。

（2）イングリッシュ・ヘリテージは、イングランドの歴史的建築物を保護する目的で英国政府が設立した特殊法人である。対象の保護、助言、登録などが目的で、同じく公的な自然保護機関であるナチュラル・イングランドなどと協力体制をとっている。二〇一五年にヒストリック・イングランド（Historic England）に名称が変更された。

（3）アーツ・アンド・クラフツ運動とは、十九世紀末から二十世紀初頭にかけて英国で活発化した芸術運動である。産業革命によって生じた工場での大量生産と大量消費のシステムによる人間生活の歪みを正そうとし、中世におけるデザインのあり方をモデルとして、小さな集団による小さなサイクルでの創造を探求した。

（4）カムデンのようなＡＯＮＢに含まれる住宅地は、保全地域に指定され、その範囲内で文化景観に関する開発規制が条例として定められている。同町のハイストリートが一九七〇年にはじめて保全地域に指定されて以来、その範囲は町を包む形で拡大した。保全地域内では、許可なく木を切ることすらできない。

（5）二〇〇一年に行われた国勢調査のデータにもとづいた数値である。英国では国勢調査は十年ごとに行われる。

（6）カムデンでは、十二世紀にヘンリー二世が市場を開催する勅許を発令した時に、人口が一一八〇人に増え、ハイストリート沿いに「バーゲージ・プロッツ」と呼ばれる市場町の特徴的な家並みが形成されたといわれている。バーゲージ・プロッツとは、間口が狭く、奥に細長くのびる家とその敷地がハイストリート沿いに並んでいる形状を呼び、カムデンの場合は、それぞれの家の敷地はハイストリートと平行に走るバック・エンズという裏通りまでのびていた。

（7）カムデン協会は、一九二四年に発足し、その後、一九七〇年に再結成された同町の景観保全団体である（塩路 二〇〇三）。同協会は、地方政府に提出された建築に関する計画申請案を検討する計画審議会（Planning Committee）の諮問機関のような役割をもち、カムデン住民の代表として地方政府に意見を提出するという保全活動を行っている。同協会と旧住民の関係については、塩路（二〇〇三）を参照のこと。

（8）英国内のすべての建築物に対する増改築、修復などの建築行為に関しては、その所有者が地方政府に計画申請案を提出して建築許可を得なければならない。文化財指定された建築物については文化財許可が加えて適用される。カムデンの場合は、コッツウォルド行政府に申請する。行政府に提出されたカムデンの建築物に関する申請書は、カムデンの町議会においても審議される。行政府は、計画審議会で各申請案について町議会の決定もふまえて吟味し、受理、一部変更、却下のいずれかの最終的な判断を下す。

受理された計画申請案に対しても、行政府の保存建築士が所有者に助言を与え、その判断によってさらに細かい規制が加えられることもある。

（9）個々の歴史的建築物には、指定された文化財の等級によって規制が定められている。そのため、異なる等級の文化財が建ち並ぶカムデンのハイストリートなどでは、建築物それぞれに違った法規制がかけられていることになる。ナショナル・トラストやイングリッシュ・ヘリテージなどの環境保護団体や機関が所有あるいは援助している歴史的建築物の場合は、それらの団体の規定に応じて、さらに建築行為に対する規制が増える。

参考文献

木原啓吉（監修）（一九九二）『ナショナル・トラスト』三省堂。
塩路有子（一九九九）「ヘリテージと生きる」佐藤浩司（編）『住まいはかたる』学芸出版社。
――（二〇〇三）『英国カントリーサイドの民族誌：イングリッシュネスの創造と文化遺産』明石書店。
――（二〇〇四）「C・R・アシュビーとギルド・オブ・ハンディクラフト」藤田治彦（監修）『ウィリアム・モリスとアーツ&クラフツ』梧桐書院。
――（二〇一四）「英国カントリーサイドのチャリティ――理想の居住地における『コミュニティ』の変化」森明子（編）『ヨーロッパ人類学の視座――ソシアルを問い直す』世界思想社。
高倉健一（二〇一七）「住民不在の世界遺産――文化の担い手への配慮なき遺産保護の限界」飯田卓（編）『文化遺産と生きる』二一一―二三二頁、臨川書店。
British Tourist Authority and English Tourist Board（BTA/ETB）1996 *English Heritage Monitor*, London: BTA/ETB.
Countryside Commission 1987 *Policies for Enjoying the Countryside*. Caontryside Commission.
――1991a *Visitors to the Countryside*. Countryside Commission.
――1991b *Area of Outstanding Natural Beauty: A Policy Statement 1991*. Countryside Commission.
――1992 *Enjoying the Countryside: Policies for People*. Countryside Commission.
Fees, Craig 1996 Tourism and the Politics of Authenticity in a North Cotswold Town. In T. Selwyn（ed.）*The Tourist Image: Myths and Myth Making in Tourism*, pp. 121–146, Chichester: John Wiley and Sons.
Hewison, Robert 1987 *The Heritage Industry: Britain in a Climate of Decline*, London: Methuen.
Lowenthal, David 1985 *The Past is a Foreign Country*, Cambridge: Cambridge University Press.
Williams, Raymond 1973 *The Country and the City*, London: Chatto and Windus.

蠅としての民俗学者

——無形文化遺産におけるよそ者の役割

橋本裕之

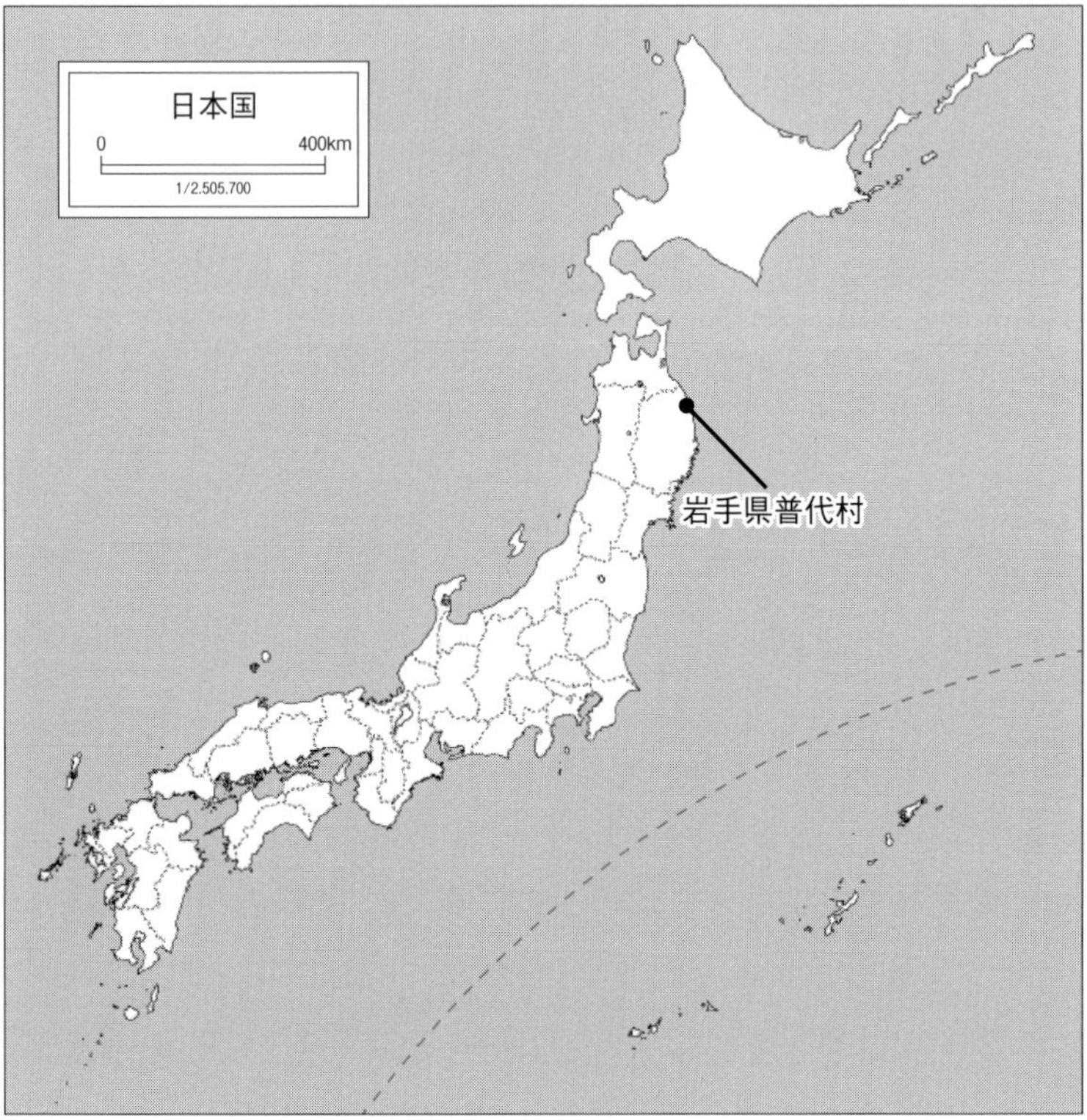
日本国
0
400km
1/2.505.700
岩手県普代村

一　蝿としての民俗学者

最初に「蝿としての民俗学者」は、「蝿としての人類学者」とも「蝿としての社会学者」とも言い換えられることを強調しておきたい。東日本大震災が発生した当時、私は盛岡大学文学部に在籍していた。岩手県の文化財保護審議会委員だったこともあって、私は研究者として何ができるのかを思い悩むよりも、とにかく中間支援に徹しようと考えて、民俗芸能支援に関するさまざまな活動に従事してきた。当初は何もかも失っても自分たちの活動を再開したいと思っている被災地の民俗芸能団体を支援するべく、各種の基金や助成金をできるだけ数多くの民俗芸能団体につなげる作業に奔走していた。とにかく流失した用具を取り戻すことが必要だった。

最も大きな活動はおそらく、日本音楽財団がストラディバリウスを売却して得た約十二億円を活用することによって設置された日本財団の伝統芸能復興基金を相当額仲介したことであろう。たとえば、大槌町の民俗芸能団体にも合計七六〇〇万円強というかなり莫大な資金を早い時期に投入することができたため、各団体が活動を再開させる過程において、その一端を多少なりとも手伝うことができた。私は資金を含めたさまざまな情報を媒介することが、危機的な状況における私たちの仕事だと思っている。私が上梓した『震災と芸能――地域再生の原動力』（橋本 二〇一五）はこうした活動を紹介したものであった。

私は新聞各紙のインタビューを受けたさい、「蝿としての民俗学者」というアイデアに触れて、「僕は、民俗学者はハエのような存在だと思ってきた。普段は地域の芸能にたかって論文を書き、職を得ている。ただ、ハエはあちこち飛び回り、情報や関係を媒介することもできる。ようやく地域に役立つことができるかもしれない、と脊髄反射のような感覚で行動している」（『神戸新聞（朝刊）』二〇一一年七月十日）といっている（日高 二〇一七も参照）。また、「盛岡大学教授の橋本さんは震災後、頻繁に被災地に入った。郷土芸能の被害を調べ、日本財団の支援を取り次ぐ。こんなときにしか役に立てないから、と奮闘する橋本さんは過労から歯痛に見舞われ、点滴まで受けた。そんな我が身をハエにたとえる。「ふだんは芸能にたかって論文を書かせてもらうが、危機には飛び回って情報を伝えることができるんです」」（『日本経済新聞（夕刊）』二〇一一年八月二十七日）とも紹介されている。

そして、私はほぼ同様の内容について、平成二十七年（二〇一五）十二月五〜六日に福島大学で開催された第六十七回舞踊学会大会「福島の民俗芸能」の第二日目「震災と復興」におけるシンポジウム「研究の現在」でも発言している。実際は「協働する共同体へ――民俗芸能を復興する／させる方法の可能性」という報告の冒頭において、蚊や虻を持ち出すことによって、蠅が持つ固有の性格を強調しながら、「蠅としての民俗学者」がはたすべき役割に言及していた。

思うんですけど、私たちみたいな民俗芸能学者は蠅だと思っています。普段私たちは地域の芸能に寄ってたかって何の役にも立たない、たかって論文を書いて就職して、博士号を取って本を書いて偉くなって、という寄生虫です。それはそれで良いと思うんですよ、別に相手にも迷惑をかけていなければ。私たちは、蚊とか虻ではないので、刺さない。鬱陶しいだけですから、追い払えば良いわけです。どんどんどんどん飛び回っている状況ですから、地元がよろしくやっている時には関係ない。だけど、後継者難とか震災とか極端な何か問題があって地元の人たちだけでは解決できない状況があった時に、そのために媒介したり、いろんな情報をつなげたりできるんだと思うんですね。今まで食い物にして生きているんだから、そういう時くらい返せよと強く思っています。／各種の助成金を仲介するようなこともやっていたんですけど、被災している方々の人間関係が難しくて、なかなか仲良くしていただけない場合もあって。支援するにもできなくてという状況で、虫歯ではなくストレスで歯が痛んで、結局抜いてしまったんですけども、それでも我々がしている仕事って普段は芸能にたかって論文を書いている寄生虫なので、こういう時ぐらいやれることがあるだろうと強く強く思っていたんですね（橋本　二〇一六c：一〇六）。

民俗学者は五月蠅い、文字どおり蠅である。だが、通常は蚊でも虻でもない。最も大きな違いは、蚊や虻が人間を刺すため、人間も蚊や虻を殺そうとすることが一般的だが、蠅は刺さないということだろう。したがって、人間も蠅を五月蠅がって追い払ったとしても、殺そうとすることは少ないはずである。プラトンが著した「ソクラテスの弁明」において、ソクラテスはアテネを素姓のよい大きな馬に譬えており、自分が馬の体を刺す虻であるといっている。

わたしは、なんのことはない、すこし滑稽な言い方になるけれども、神によってこの国都に付着させられている者なのです。それはちょうど、ここに一匹の馬がいるとして、これは素姓のよい大きな馬なのですが、大きいためにかえってふつうより鈍いところがあり、目をさましているのには、なにか虻のようなものが必要だという、そういうばあいにあたるのです。つまり神は、わたしをちょうどその虻のような者としてこの国都に付着させたのではないかと、わたしには思われるのです。つまりわたしは、あなた方を目ざめさせるのに、各人一人一人に、どこへでもついていって、膝をまじえて、まる一日、説得したり、非難したりすることを、すこしもやめない者なのです（田中　一九七八：四三七）。

このようなソクラテスが結局、死刑を宣告されて毒殺されたことはうなずける。アテネという素姓のよい大きな馬を刺したため、ソクラテスという虻は殺されたのである。だが、哲学者でも何でもない私は虻として民俗芸能を刺すことによって、民俗芸能の目をさまさせようとしているわけでもない。そもそも現代日本における民俗芸能は「ふつうより鈍いところがあ」る場合ですら、刺されなくても目をさまさざるを得ない状況に置かれており、安穏な状態を享受している民俗芸能など存在しないだろう。したがって、民俗芸能を取り上げながら無形文化遺産におけるよそ者の役割を検討する本章は、自分自身を語るメタファーとして虻よりも蠅を選び取りたいと思っている。さまざまな情報を媒介することによって、当該の活動を変容させる契機を提供する存在としての蠅である。

とりわけユネスコの無形文化遺産条約が発効した二〇〇六（平成十八）年以降、民俗芸能も無形文化遺産として位置づけられており、従来にも増して社会的に大きな関心を集めている。にもかかわらず、大半の民俗芸能が少子化や高齢化に伴って、後継者難を従来にも増して深刻な問題として経験している。そして、二〇一一（平成二十三）年三月十一日、東日本大震災が発生した。東日本大震災は被災地の民俗芸能に甚大な被害をもたらしたが、私たちが民俗芸能を再考してその意味を再発見したり再認識したりする契機として重要であったとも考えられる。東日本大震災が民俗芸能の可能態を触発するとしたら、私のようなよそ者にできることは何だろうか。

二　無形文化遺産としての民俗芸能

民俗芸能は今日、ユネスコが定める無形文化遺産における主要な部分として位置づけられており、新しい意味が付与されている。だが、従来は長らく文化財保護法によって無形民俗文化財として扱われてきた（菅 二〇一七）。私は無形民俗文化財の社会性を主題化した論文において、無形民俗文化財の誕生について要約している。文化財保護法に係る背景的な状況も含めて、関連する部分を抜粋して紹介しておきたい（橋本 二〇一六b：一二三―一二四）。

文化財保護法は第二次世界大戦後の一九五〇（昭和二十五）年に制定された。文化財保護に関する法律は戦前にも古社寺保存法、史蹟名勝天然記念物保存法、国宝保存法などが存在していたが、個々の法律が限定的な対象を扱うだけであった。ところが、文化財保護法は「文化財を保存し、且つ、その活用を図り、もつて国民の文化的向上に資するとともに、世界文化の進歩に貢献することを目的とする」ものであり、各種の文化財を定義して、その内容と価値を明示した。また、当時の文部省における外局として文化財保護委員会（後の文化庁）を設置して、文化財保護行政を統一的に推進することが定められた。文化財保護法は従来の法律が扱っていなかった無形文化財をも包含しており、民俗芸能もその範疇に含まれて、助成と公開の措置を講じることが定められたのである。だが、指定制度は採用されなかった（本書小谷論文を参照）。

そして一九五四（昭和二十九）年、文化財保護法が一部改正される。文化財に関する定義を整備して、文化財を有形文化財・無形文化財・民俗資料・記念物の四種類に分けるものであった。無形文化財は世界にも類例を見なかった重要無形文化財、いわゆる人間国宝を指定する制度を設け、重要無形民俗文化財以外の無形文化財についても必要なものを選択して記録作成等の措置を講ずることが定められた。また、民俗資料は有形の民俗資料を重要民俗資料として指定すること、無形の民俗資料についても選択して記録作成等の措置を講じることが定められた。無形の民俗資料は「衣食住、生業、信仰（主として民間信仰をいう）、年中行事等に関する風俗慣習そのもの」をいう。無形の民俗資料を指定しなかったのは、それが時代によって変化するものであり、指定制度になじまないと考えられたためであった。民俗芸能は無形文化財と無形の民俗資料のどちらにも含まれる曖昧な基準であったが、実際は一九五一（昭和二十六）年に定められた「助成の措置を講ずべき無形文化財の選定基準」にしたがって、一九七〇（昭和四十五）年年以降は毎年、記録作成等の措置を講ずべき無形文化財として選択された。

ところが、高度経済成長期を経て近代化や都市化の過程が急速に進行した結果として、文化財は数々の困難に対峙せざるを得なかった。かくして一九七五（昭和五十）年、文化財保護を強化するべく文化財保護法が再度改正される。文化財は有形文化財・無形文化財・民俗文化財・記念物・伝統的建造物群の五種類に分けられた。民俗資料は民俗文化財という名称に改められて、有形のみならず無形民俗文化財にも指定制度が導入された。民俗文化財は「衣食住、生業、信仰、年中行事等に関する風俗慣習、民俗芸能及びこれらに用いられる衣服、器具、家屋その他の物件で我が国民の生活の推移の理解のため欠くことのできないもの」をいう。

民俗芸能に関して最も大きく改変された部分は、民俗芸能を民俗文化財として統一的に位置づけたことであった。「旧法上は民俗芸能がどの文化財の種別に属するかについては明文の規定がなく、運用上は無形文化財と民俗資料のいずれにも属するものとして取り扱われてきたが、これを改め民俗文化財に属するものとして明記した」わけである。以降、民俗芸能は重要無形民俗文化財として指定、もしくは記録作成等の措置を講ずべき無形の民俗文化財として選択された。その基準は⑴芸能の発生又は成立を示すもの、⑵芸能の変遷の過程を示すもの、⑶地域的特色を示すものである。地方公共団体も文化財保護法に倣って文化財保護条例を漸次制定したため、全国各地の民俗芸能が都道府県および市町村の無形民俗文化財として指定されていった。

近年、俵木悟は文化財としての民俗芸能を主題化した論文において、文化財保護法に係る背景的な状況を細密に描き出している。新しい知見も提出されているが、概していえば民俗芸能を無形民俗文化財として位置づける時代が長く続いていた（俵木 二〇〇三、二〇一三）。ところが、ユネスコの無形文化遺産条約が発効した二〇〇六（平成十八）年以降、民俗芸能は無形文化遺産としても位置づけられていったわけである。俵木は別の論文（俵木 二〇一五）において、無形文化遺産としての民俗芸能が含意する特徴として、①変化、②当事者性、③管理をあげている（飯田 二〇一七も参照）。

①は「現状を変更することを積極的に捉える」という意味において、「現状保存を原則とする日本の文化財保護の考え方にはない、新しい考え方であ」り、「伝えられてきた文化が変化することは、一律に「価値の喪失」を意味するのではない」（俵木 二〇一五：六二）ことが強調されている。また、②は日本の文化財保護の考え方が「担い手である伝承者の意志よりも、国民が享受する恩恵の方に重きを置き、研究者にはその恩恵を考慮して、担い手に指導するという役割が求められている」ことに対して、「無形文化遺産は一義的にその担い手のコミュニティのものであり、その人びとの意志と判断に基づいて伝えられていく、そのプロセスを保護するのが無形文化遺産の保護の考え方である」（俵木 二〇一五：六四）という。

そして、③は「所有者やそれに代わる管理責任者という存在に管理という行為を従属させるのではなく、実質的・具体的に管理に携わる人びとが、その文化財／文化遺産の担い手コミュニティであり、当事者であるという考え方であ」（俵木 二〇一五：六五）り、日本の文化財保護法において「所有は私的な性格の強い権利と見なされてきたのに対し、用益は公的に開かれたものと考えられてきた」が、「この二極に対し、管理に焦点を当てることで、その中間領域とも言える「共」的な社会関係によって実際の民俗芸能が伝えられる状況と、文化財や文化遺産という制度の接点を見なおそうという」（俵木 二〇一五：六七）のである。こうした所説は俵木自身が提唱する民俗芸能の管理アプローチに依拠しているが、民俗芸能の現況に照らしても十分納得できるものである。俵木はこう述べている。

かつてであればともかく、民俗芸能の現況をみると、特定の土地に結びつく点を強調することは実態にそぐわなくなってきている。帰省者や移住者は言うまでもなく、ほぼ土地と繋がりのないよそ者によって伝承活動が維持され、活性化されている例すら珍しくない。上演の場所や機会が変更されることで新たな意味を見いだす例も少なくない。民俗芸能の伝承における地理的排除性は漸次的に低くなり続ける。筆者はこうした問題もまた、「管理」の観点で理解できると考える。いつ、どこで、誰が、どのように演じるべきか、それ自体が一定のメンバーの合意によって判断される。こうした合意形成や意思決定の諸側面も、当該民俗芸能の管理の一面として捉えることが可能だろう。所有や用益は、まず管理の実態に即して、それと調和するように考えられるべきである（俵木 二〇一五：六八）。

「このように管理の観点から民俗芸能の伝承活動をみることで」、俵木も指摘しているとおり「民俗芸能の上演形態の変化を、それを担う人びとの判断によって選ばれた道であると考えることもできる」はずである。「このような判断や合意形成のプロセスに正統に参加する人びとの集団こそが、当該民俗芸能の当事者として構成される」としたら、「管理が主体を構成し、その主体によって管理の内容が構成される」という意味において、「両者は相互規定的であると言える」（俵木 二〇一五：六八―六九）だろう。

人びとの判断は状況が変われば別の結果に至るかもしれないし、一度下した判断が後から否定、修正されることもあるだろう。はじめから「昔のやり方が正しいやり方だ」といった正解があるのではなく、人びとの選んだやり方が常に最善であると考える必要もない。それぞれの時点で人びとがより良いと考える道が選ばれる。主体のあり方も同様に変更され、修正されながらも、意見を合わせる場への参加というかたちでその都度現れる。時にはよそ者としての研究者が、その場に呼ばれることもあるだろう（俵木 二〇一五：六九）。

そして、俵木は「無形文化遺産保護条約の核心には、このような管理の実践の積み重ねによって、文化の多様性が実現されることが期されるという趣意がある」（俵木 二〇一五：六九）ことを強調している。そうだとしたら、長らく無形民俗文化財として扱われてきた民俗芸能が無形文化遺産として位置づけられた経緯は、よそ者も含めた多様な当事者が構成するネットワークに向けて民俗芸能を解放する契機として理解することもできそうである。東日本大震災は望むと望まざるにかかわらず、そのような事態を飛躍的に推進させる契機であったともいえるだろう。俵木自身も「上演の場所や機会が変更されることで新たな意味を見いだす例も少なくない」と書いたことについて、「東日本大震災後の民俗芸能や祭礼の活動の状況はそれを如実に表している」（俵木 二〇一五：七三）という註を付していた。

一方、小谷竜介は、東日本大震災以降に被災地の文化遺産を保護するべく継続してきた活動を整理した論文において、「文化遺産と文化財との違いはどこにあるのか」という問いを提示した上で、「東日本大震災後の一連の活動で実感したのは、その価値評価の担い手であるように思っている」（小谷 二〇一二：一一七）と述べている。だれが価値を評価するのか。小谷はこう述べている。

文化財レスキュー事業が所有者の要請に基づく活動を前提に実施し、祭礼行事の再開に向けての支援についても地元の要望・熱意を前提に進められた。つまり、文化遺産の価値付けは学術的なものでも芸術的なものでもなく、所有者を含む地域の価値付けに基づき評価されるもの、というのが出発点になる。言い換えれば、多様な対象に対して、文化財としての評価とともに地域の評価が並立し、複合的な評価を認め、その価値判断のなかでもっともよい方法で、支援を行うことが求められているように思われる（小谷 二〇一七：一一七）。

すなわち、小谷は東日本大震災以降の活動に従事する過程において、長らく依拠してきた文化財という概念に対置されるべきものとして、担い手である地域の価値評価を重視した文化遺産という概念を提示し、その有用性を強調しているのである（日高 二〇一七も参照）。新しくても当事者にとって価値があると考えられるものがあれば、そうした対象を支援するべきだろう。こうした必要性が危機的な状況において顕在化してきた。東日本大震災に引きつけていえば、当事者が価値を認めて、コミュニティを再建するべく必要であるとみなしたものが文化遺産であるとも考えられるかもしれない。

だが、俵木も強調していたとおり、民俗芸能を管理する活動を通して「このような判断や合意形成のプロセスに正統に参加する人びとの集団こそが、当該民俗芸能の当事者として構成される」以上、そのような担い手コミュニティによそ者が含まれていたとしてもおかしくない（本書塩路論文も参照）。じっさい、東日本大震災以降は被災地の民俗芸能に関して、「ほぼ土地と繋がりのないよそ者によって伝承活動が維持され、活性化されている例」が少なからず見受けられた。そして、「時には、よそ者としての研究者が、その場に呼ばれること」すらあったのである。私もその一例であった。

三　主題としてのよそ者

今石みぎわは二〇一五（平成二十七）年十二月四日に東京文化財研究所無形文化遺産部が開催した第十回無形民俗文化財研究協議会「開かれる無形文化遺産――魅力の発信と外からの力」の趣旨を説明した文章において、「今回のテーマを選んだ背景には、実は、東日本大震災とそこからの無形文化遺産の復興ということがありました」といっている。そして、「祭りの復興にボランティアとして関わる、そして復興した後も毎年毎年、その祭りに行って神輿を担いだり山車を引っ張ったりするというかたちでお祭りに関与していく」ことによって、「もはや、その人たちがいないと祭り自体が継続できないというような例」などを念頭に置きながら、「被災して甚大なダメージを受けた地域が、外の力をうまく取り込んでいくことで復興していく、結果的に文化が継承されていく」形態が「ひとつの新しい文化継承のかたちになり得るのではないかという印象」（今石 二〇一六：一）を披歴している。

そこで本日のテーマですが、より積極的に外の力というものを伝承に関与させていくあり方、そういったことについて議論していきたいと思います。私たちは今回、「ひらく」という言葉を使わせていただきました。とても抽象的な言葉ですが、いわゆる「外」に対して無形文化遺産をひらいていく。〝よそもの〟の力を伝承の力に変えていく、繋げていくというような、非常に広い意味で今のところは使っています。ヨソモノと一言で言っても、これも様々なレベルがありまして、例えば一度地域の外に出た人が祭りの時だけ帰って来て祭りを手伝うとか、あるいはIターンやUターンの方など、地域に割と深く関与することで伝承を実際担っていくような方たちもいれば、愛好家やファンなど、お祭りや芸能の時だけ見に来てくれるとか、あるいは伝統技術の場合だと商品を買ってくれるような、そういう関わりのあり方もあります。それからもっと一過性の高い観光客、あるいはマスコミという媒体もあろうかと思います。今の段階ではそれらをすべてひっくるめて「外の力」としておいて、それに対して柔軟にひらくというようなイメージを持っていただければと思います（今石 二〇一六：三）。

この会合は残念ながら、よそ者を主題化するところに向かわなかったようである。だが、久保田裕道はディスカッションの冒頭において、「ひらく」という問題が「伝承者の拡大」と「享受者の拡大」という二つの位相を持っていることを指摘している。前者は「伝承者がどこまで広がっていくのか」（東京文化財研究所無形文化遺産部 二〇一六：八四）ということだろう。

その中には、例えばよそへ出てしまった人が祭りに帰って来るということ、あるいはUターンで住むようになった、あるいはIターンのようによそから入って来て、そこに定住するようになった人もいるでしょう。中には研修というかたちで来て住み込むという方も、発表の中でありました。それから、またちょっと毛色の違う話として、コミュニティの中の本来関わっていなかった、例えば子どもや女性、そういった人たちにひらかれるというふうなひらき方もあるかと思います。そして、たくさん事例が出て来ていましたが、一時的に参加をするような観光客をはじめとして、体験をしたいといった人たち。そういった伝承者をどこまで拡大するのか。そして伝承の内容はどうなるのか（東京文化財研究所無形文化遺産部 二〇一六：八四）。

一方、久保田は後者について、「要は観客であったり、あるいは技術であれば購入者ですね。そういった買う人、あるいは見る人、参加をする人、その拡大という意味です。観光客をできるだけたくさん取り込みたい、あるいは海外からのお客も取り込みたいとか、あるいはその層を多様化させる、より広げていくという方法・仕組みがあると思います」（東京文化財研究所無形文化遺産部 二〇一六：八四）という。無形文化遺産として位置づけられた民俗芸能において、よそ者はどのような役割をはたすことができるのだろうか。

よそ者という主題は従来こそ民俗芸能研究の分野において、積極的に扱われてこなかった。そもそも文化財行政の現場において、よそ者である民俗芸能研究者は担当者を含めて、どうやら影が薄かったのかもしれない。また、よそ者は民俗芸能研究者の自画像でもあるせいだろうか、むしろ忌避されたり敬遠されたりしてきたのかもしれないという意味において、長らく未発の主題であったようにも思われる。だが、よそ者は環境運動や地域づくりの現場において、重要な主題として扱われてきた。たとえば、環境倫理学者である鬼頭秀一は諫早湾と奄美大島における環境運動を取り上げながら、よそ者の役割についてこう要約している。

そもそも「よそ者」は地域に埋没した生活では得られにくいより広い普遍的な視野を環境運動に提供し、ごく当たり前だから気づかされない自分たちの自然とのかかわりを再認識するなどの新たな視点を外から導入する役割がある。さらに、その「よそ者」はその当該の地域の人たちの生活や文化との関係の中で、その文化に同化するなど、変容を遂げていくことは多く見られる。「よそ者」も「地元」も運動の進展の中で相互作用しながら変容していくものとして捉え、環境運動の構成員のダイナミックな動きを、あるがままに捉えるための分析ツールとして考えることが必要である（鬼頭 一九九八：四四）。

鬼頭はよそ者に関して、⑴当該地域やその地域から地理的に離れたところに暮らしている人、⑵外から当該地域に移住してきて、その地域の文化や生活をよく理解していない人、⑶当該地域やその地域の文化にかかわると自認する人たちによって「よそ者」のスティグマを与えられうるし、また実際に与えられている人、⑷利害や理念の点において、当該地域の地域性を超え、普遍性を自認している人という四つの概念を列挙した上で、とりわけ⑷が「「よそ者」の理念上の重要な特徴であり、その概念を一般的に普遍化する場合に重要な特質である」（鬼頭　一九九八：四六）ことを強調している。そして、諫早のよそ者を紹介しながら、「普遍的な視点をもった「よそ者」もまた、地域の中において、地域的視点を学び、変容していったこと」（鬼頭　一九九八：五〇）が提示されているのである。

一方、観光学者である敷田麻実はよそ者を主題化した成果を広く渉猟した上で、地域づくりにおいてよそがはたす効果、つまりよそ者効果についてくわしく論じている。実際は⑴技術や知識の地域への移入、⑵地域の持つ創造性の惹起や励起、⑶地域の持つ知識の表出支援、⑷地域（や組織）の変容の促進、⑸しがらみのない立場からの問題解決という五つの効果を積極的に評価した上で（敷田　二〇〇九：八六―八九）、「よそ者性は、よそ者とそれを受け入れる地域との関係で決まる」ものであり、「よそ者が同一の組織や地域に所属し続けることでよそ者性は変化する」以上、「その関係は相互関係であり、よそ者と地域双方によって「操作する」ことも可能だと考えることもできる」（敷田　二〇〇九：九四）という。

例えば、地域外から移住してきたよそ者があえて地域と同化することを拒み、よそ者として地域の生活や活動から距離をとって暮らし続けることで、よそ者であり続けることは可能である。逆に、地域住民と同じように振る舞えば、よそ者が地域と同化する、つまりよそ者ではなく、内なる人になることも可能であろう。そしてこの関係は双方が恣意的に操作することが可能であるという前提に立てば、それぞれにとってそれを有利に位置づける「戦略」をとりえる（敷田　二〇〇九：九四）。

かくして、敷田は「一方が他方に影響するだけではない、相互変容を基調としたよそ者と地域の関係を考察し」て、「地域づくりの場で一般に言われる「よそ者期待論」でもなく、逆に地域が外部から独立した地域自立でもない、地域がよそ者を「うまく使うモデル」を示唆し」ている（本書竹中論文も参照）。だが、「こうした「よそ者」使いは地域で簡単にできることではない」だろう。「ともすればよそ者の持つ異質性を過度に取り入れ、自らのアイデンティティを失」（敷田 二〇〇九：九七）いかねないのである。

しかし、ほんらいのよそ者効果とは、彼らの持つ力を利用して地域が変容することである。そのためには外部の文化を受容して、「再編集」しなければならない。それが可能な脅力を持った地域は、よそ者の持ち込む知識や技能が地域を変容させたように彼には見せながら、実際にはそうした知識や技術を新たな文化に昇華させる。その「相互変容」のプロセスこそが地域づくりである（敷田 二〇〇九：九七）。

こうした所説は鬼頭が「普遍的な視点をもった「よそ者」もまた、地域の中において、地域的視点を学び、変容していったこと」を提示していた消息とも響き合う。一方、敷田の結論は「効果的な地域づくりとは、多様なよそ者を受容し活用する地域の戦略であることを述べた。そのためには、よそ者と協働しながら地域もよそ者も相互変容することであり、それが結果的に地域を持続可能にすることにつながるのでないだろうか」（敷田 二〇〇九：九七）というものであったが、俵木や小谷の所説を追いかけながら検討してきた無形文化遺産の担い手コミュニティが、今日よそ者も含めた多様な当事者が構成するネットワークの重層化によって担われていることを想起させるのである。

四　神楽子としての私

冒頭でも言及したとおり、東日本大震災が発生した以降、私は六年以上にわたって岩手県沿岸部の民俗芸能を支援する活動を継続してきた。実際は文字どおり蠅として、資金を含めたさまざまな情報を媒介してきたのである。こうした活動は中間支援という主題に引きつけながら、あらためて総括してみたいと考えているが、一方で民俗芸能が演じられる場を創出することも重要な活動であった。その一例として、私が岩手県下閉伊郡普代村に伝わる鵜鳥神楽に関して継続してきた活動を紹介しておきたい。

鵜鳥神楽は鵜鳥神社の獅子頭である権現様を奉じて演じられる、岩手県を代表する民俗芸能である。二〇一一（平成二十三）年五月十日に岩手県無形民俗文化財、そして二〇一五（平成二十七）年三月二日に国重要無形民俗文化財に指定された。鵜鳥神楽は毎年一月から三月にかけて、北廻りと南廻りを隔年で務めながら、久慈市〜釜石市の広域を巡行して、神楽宿を訪問してきた。鵜鳥神社を舞立った一行は、日中に門打ちといって、権現舞によって家々を祈祷する。その夜は定められた神楽宿で神楽を演じるのである。神楽宿はそもそも個人宅であるが、現在は公民館などを使用する場合が多い。

鵜鳥神楽は無形民俗文化財として高い価値を持っている。そう断言することができる最大の理由は、一九九五（平成七）年十二月二十六日に鵜鳥神楽と宮古市の黒森神楽が文化庁によって記録作成等の措置を講ずべき無形民俗文化財として選択されたさい、「陸中沿岸地方の廻り神楽」という名称を付されたことにも示唆されているとおり、鵜鳥神楽が岩手県沿岸部の広域を巡行して人々に祝福をもたらす、廻り神楽という上演形態を今日でも維持していることに求められるだろう。これは全国的に見ても稀有であるのみならず、世界的に見ても奇跡とすらいえるものであり、鵜鳥神楽が地域社会に根ざしている消息を最もよく知らせている（橋本 二〇一五）。

鵜鳥神楽は二〇一一（平成二十三）年二月十日に岩手県文化財保護審議会において、岩手県無形民俗文化財として指定することが答申された。私自身も岩手県文化財保護審議会委員として指定文化財調査報告書を作成した。だが、約一か月後の三月十一日に東日本大震災が発生して、鵜鳥神楽が巡行する沿岸部の村々は壊滅的な被害を受けた。鵜鳥神楽が演じられる最も重要な場が危機的な状況にさらされたのである。かくして、私は鵜鳥神楽が演じられる場を確保するべく、さまざまな団体とも連携しながら、従来の神楽宿を支援したり新規の神楽宿を開拓したり関西公演や海外公演を企画したりしてきた（橋本 二〇一五、二〇一六a）。私はこうした活動を継続するべく、鵜鳥神楽が演じられるさい毎回に近いくらい顔を出していたため、次第に神楽衆に受け入れられていったようである。私自身も鉦囃子などを担当する機会が増えていった。

実際は二〇一三（平成二十五）年五月二十四日、岩泉町江川に鎮座する赤比羅神社の例大祭において鉦囃子を担当した以降、私は鵜鳥神楽のいわばサポートメンバーとして活動してきた。神楽衆は年齢も職業も十人十色であり、胴取の三上岩富さんなどは九十一歳という高齢だが、それでも全員が私を先生という敬称（?）で呼びならわしている。といっても、次第に指定する側／指定される側とか支援する側／支援される側とかいう関係を意識しなくなり、私を仲間として扱うという新しい局面が生まれていったようにも思われる。

もちろん私が鉦囃子を担当したきっかけは、別の論文においてくわしく紹介しているが、神楽衆の人数が足りなかったという事情でしかなかった。だが、「私は二年以上も鵜鳥神楽に同伴してきて、神楽衆が慢性的な人手不足に悩まされていることを感じて」おり、「私にも何か手伝えることはないだろうか」とか「鉦だったらできるかもしれない」とか思っていたから、稽古は前日に一度だけ「鉦を恐る恐る触ってみて、少しばかり摺り合わせてみた程度だった」（橋本 二〇一六a：二九二）としても望むところだったのだが――。

そして本番が始まった。それはあらかじめ定められたレールの上を走らされるような奇妙な体験だった。ほぼ未経験だったにもかかわらず、私は数時間を乗り切らなければならなかった。大人数を要する演目の場合、鉦囃子を担当する神楽衆が誰もいなくなって、私だけが鉦囃子を担当しているという状況にも置かれてしまった。もちろん私の鉦囃子はおぼつかないものであり、必死で太鼓にあわせようとしていたはずであるが、鉦を素早く摺り合わせることもできなかった。私の初舞台は当時を振り返ってみたら散々な出来だったはずである（橋本 二〇一六a：二九一）。

にもかかわらず、私は以降も二年にわたって、サポートメンバーとして参加した。鉦囃子も多少は上達してきて、次第におもしろくなってきた。鵜鳥神楽保存会の一員であるという意識も芽生えてきたはずである。そして二〇一五（平成二十七）年三月二日、鵜鳥神楽は国の重要無形民俗文化財に指定された。私自身も約一か月後の三月二十九日、鵜鳥神楽保存会の一員として正式に迎えられた。神楽衆にも祝福してもらって、嬉しく誇らしい気持ちが沸き上がってきたことを思い出す。私は被災した民俗芸能団体を支援する活動を開始した当初まったく考えていなかった、新しい段階に入ったことを実感していた。

二〇一六（平成二十八）年は神楽子として正式に参加する最初の巡行だった。私は現在、大阪という遠方に在住しているが、十二回の神楽宿のうち十一回も出勤したから、ほぼ皆勤したといっていいだろう。私はこうした過程を通して、神楽子としての意識が醸成されていったことを実感している。私は民俗学者としてというよりも、新米の神楽子として参加していたはずである。じっさい、私は二〇一六年一月十一日の舞立ちに臨むさい、鵜鳥神社の拝殿において「精一杯勤めますので、どうか見守っていてください」と念じた。ところが、同日に普代村の鳥居公民館で催された神楽宿において、私は大失敗を犯してしまった。私は「斐の川」において櫛名田姫の役を演じたのだが、従来もこの役を何度か演じていたにもかかわらず、何を勘違いしたのか、演目の途中で出番が終わったと思い込んでしまい、舞台裏で衣装を脱いでしまったのである。

幕内に戻ってきた大蛇役の早野洋二さんは下着姿でくつろいでいる私を見て目を丸くして、「先生、何してん

写真１　鵜鳥神楽の「山の神」において鉦囃子を担当する私
（2016年２月６日撮影、岩手県下閉伊郡大槌町赤浜）

写真２　鵜鳥神楽の「斐の川」において櫛名田姫を演じる私
（2016年６月５日撮影、岩手県久慈市麦生）

の?」という。早野さんはようやく事態を理解して動転する私をせかして、ともかく襦袢と女面と冠だけを着けて舞台に送り出した。舞台上はもう笹山英幸さんが演じる素戔嗚尊と三上さんが演じる足名椎の会話が進行しており、素戔嗚尊が「姫はどうした?」と聞き、足名椎が「今に来んべえ」と応じて、素戔嗚尊も「後で「嫁に」もらいます」と返したから、客席に笑い声が響いていたそうである。だが、下着姿の櫛名田姫に舞台の雰囲気を察知する心の余裕などなく、舞台上で客席に向かって頭を下げるしかなかった。最後に櫛名田姫は素戔嗚尊に伴われて退出するのだが、この日に限って素戔嗚尊に頭を軽く叩かれるというおまけがついてしまった。

私はどうやら神楽衆に対して、私をからかう恰好の素材を提供してしまったようである。三上さんは直後に「長いこと神楽をやってきましたが、こんなことは前代未聞ですなあ」といい、笹山さんは翌々日に「結果的に笑いになったのでよしとしましょう（笑）」というEメールを送ってきた。そして、第一発見者の早野さんは現在でも、幕内でくつろいでいた私の様子をくわしく語って、「先生はすぐ脱ぐからなあ」とかいって神楽衆の笑いを取っている。私は早くも伝説をつくってしまったらしい。

私は今日でも依然として、失敗ばかり重ねる新米の神楽子である。虻が相手を触発することによって、相手を変革したいと願う存在だとしたら、私は相手を説得したり圧倒したりするような効果的な道具を持ち合わせていないどころか迷惑ばかりかけているという意味において、虻というよりも蠅であるといわざるを得ない。もちろん私は鵜鳥神楽が演じられる場を確保したり無形民俗文化財として指定される状況を仲介したりしてきたが、鵜鳥神楽のパフォーマンスについていえば、文字どおり何もできなかったから、虻として相手を変革することはいかにもおこがましい。私は新米の神楽子として、神楽衆が共有している身体的な知識を必死で習得するしかなかった。だが、失敗が続いてしまうのも当然である。私は右往左往しながら良いものも良くないものも運び込む存在であるという意味において、やはり蠅であったといえるだろう。

だが、敷田に倣っていえば、私が変容しているのみならず、神楽衆も次第に変容していったことは強調しておかなければならない。神楽衆は私が仲介した新しい場を経験することによって、鵜鳥神楽が演じられる場にまつわる従来の視野を拡張していった。すなわち、神楽衆も変容していったわけである。これは敷田がいう「相互変容」の典型であろうが、同時に鵜鳥神楽が巡行することによって紡ぎ出されてきた地域社会、つまり鵜鳥神楽が構築する世界じたいが変容することをも意味している。従来も地域社会のネットワークが巡行する鵜鳥神楽によって維持されてきたとしたら、鵜鳥神楽は新しい場を獲得することによって、東日本大震災以降に地域社会が再生する契機としても重要な役割をはたせるはずである。

五　当事者としてのよそ者

私は現在、鵜鳥神楽においてよそ者として外部の情報や視点を導入する一方、当事者として担い手コミュニティに参加している。鵜鳥神楽が演じられる場はそもそも人々が集まる場であったが、そのような場が当事者のみならず、よそ者をも含み込みながら形成されることによって、新しい担い手コミュニティが創出されて、鵜鳥神楽によって紡ぎ出される地域社会のネットワークも再編成されていった。何の取り得もない私が鉦囃子を習得して神楽子として参加することによって、神楽衆も私が仲介した新しい場が持つ意義を認識する一方、巡行が従来はたしてきた役割を再認識することができた。こうした相互変容が一助として働くことによって神楽宿が再生して、地域社会が再編される。それは世界じたいが新しい現実として構築される過程を意味しており、東日本大震災以降に地域が再生する道筋をも示唆しているはずである。

敷田は前掲した論文の結語において、「効果的な地域づくりとは、多様なよそ者を受容し活用する地域の戦略であることを述べた」上で、「そのためには、よそ者と協働しながら地域もよそ者も相互変容することであり、それが結果的に地域を持続可能にすることにつながるのではないだろうか」（敷田　二〇〇九：九七）という。また、鬼頭は「研究者が新たな視点によって「指導」し「方向づけ」をするということではない」ことを強調しており、「その運動体と研究者との相互の変容の過程の中で研究者が提示した枠組みによって、運動の側が何らかの気づきをしていく可能性が想定されている」（鬼頭　一九九八：五六）といっていた。

ソクラテスという虻はアテネを刺すことによって、人々の目をさまさせようとしたが殺されてしまった。一方、私という蠅は刺すというような効果的な方法を持ち合わせていないため、助力したり参加したりすることくらいしかできない。蠅の幼虫である蛆が傷の状態を改善させるといっても、それは傷口を治癒させるというよりも、あくまでも壊死した組織を除去することによって、問題を解決したり改善したりする過程に貢献するというものである。蠅が蛆の成虫であることを念頭に置けば、蠅が情報や視点を導入することができるのも、蛆が持つ能力の延長線上に位置づけられるべきものだろう。鬼頭もこう続けている。

研究者の作業は、「被害者や生活者に視点を定めた研究」であると共に、その作業の結果は、環境運動に対して普遍的観点からの評価を何らかの形で与えられることになる。ただし、その場合でも主体はあくまで当事者である環境運動の担い手であり、「よそ者」としての研究者は、その運動体との相互作用による変容の中で、自らの枠組みを検証することになる。その意味で、環境運動の研究は、自らを再び参照するような自己参照的な研究としてしか存立しえないものであろう（鬼頭　一九九八：五六）。

そう考えていけば、本章じたいも、無形文化遺産としての民俗芸能を支援する活動に関する「自らを再び参照するような自己参照的な研究」かもしれない。岡部隆志は冒頭でも触れた『震災と芸能――地域再生の原動力』を評した文章において、「興味深いのは、それらの課題に取り組むときの、大学の教員である研究者としての学問的装いを外してしまっている著者のその身の処し方である」という。この著者はあらためて強調するまでもなく私だが、「著者の努力は、公的機関と掛け合って神楽復興のために公的資金をいかに獲得するかということに費やされる」一方、「神楽実演の機会を作る祭りのコーディネーターとしても行動する」というような活動について、「これらは、芸能研究者としての学問的知見を踏まえて行動するということではなく、研究者であることを、言わば芸能復興のための道具として使いこなしている姿だと言った方がいい」（岡部　二〇一五：九七）とも述べている。

かくして、岡部は「制度を利用しながら制度にとらわれない現場での柔軟な姿勢に、私は共感するところ大であった」（岡部 二〇〇五：九七）という所感を書きつけているが、これこそが「蠅としての民俗学者」の所以だろうか。私自身は最近も「当事者と部外者が民俗芸能を協働することは、意識しているか否かはともかくとしても、自分たちの身の丈で考えられる方法を模索した結果であるといえそうである」ことを指摘した上で、「民俗芸能支援はいわゆる支援という従来の枠組みを脱して、協働という新しい段階に入っているのかもしれない」（橋本 二〇一六a：二九二）と述べた。そう考える理由を書いた部分をあげておきたい。

数多くの民俗芸能団体が東日本大震災以降、極限的な状況に追い込まれながらも、自分たちの民俗芸能に元の姿を取り戻すため、文字どおり試行錯誤してきた。にもかかわらず、民俗芸能の本来的な存在形態を維持することは、もはやきわめて難しいだろう。だからこそ、当事者と部外者が協働して新しい場を構築する試みが生み出されているともいえるのである（橋本 二〇一六a：二九三―二九四）。

したがって、本章は「私自身がかかわってきた過程にも触れながら、民俗芸能を復興する／させる方法の現在進行形として、当事者と部外者が民俗芸能を協働する消息の一端を描き出す地点に到達した」後、その向う側に踏み出す第一歩であったといえるだろう。「こうした消息は民俗芸能の本来的な存在形態を破壊する契機として、否定的に受け止められてしまうかもしれない」（橋本 二〇一六a：二九四）が、俵木悟もこう述べている。

もちろん、民俗芸能を演じることにまつわる諸事象をすべて称揚するつもりも、そこに過度に情緒的・道徳的な麗しさを読み込むつもりもないが、民俗芸能の実践に参加することで、自分がその一部である地域の文化に愛着を感じたり、経験を共有する仲間や、世代の異なる者との紐帯を育んだりするという意味での有用性まで否定する必要はないだろう。そのような意義を認めた上で、その人々が望むなら、それを伝えてこれからも続けることを支援するような役に立てないものかと考える。民俗芸能を「伝える」とはどのようなことで、どのような問題があるか、どのようにこれまでの民俗芸能は問題を乗り越えてきたかを考察することは、ためになるはずである。正体を隠していたつもりもないが、筆者自身は文化財保護という政策に深く関わる立場にある。文化財保護を、人が担う文化に国家という枠組みから価値を付与して「残す」ことを要請するのではなく、彼らの希望によって「伝える」ための支援の施策として組み換えていく方法を探ることも筆者の責務である。そのときはもう、「文化財」という言葉はふさわしくないのかもしれないが（俵木 二〇〇九：八七）。

よそ者も当事者として民俗芸能に関与することによって、民俗芸能を継承するという当該の活動に貢献する。無形文化遺産はそのような可能性が存在することを示唆しているはずである。無形文化遺産はよそ者も含めた多様な当事者が構成するネットワークの重層化によって担われており、かくも多様な当事者が希求するニーズの複数化に規定されるという意味において、当事者の利益や権利のみならず幸福にもかかわるものであった（菅 二〇一七）。

だからこそ、本章は東日本大震災以降の民俗芸能を無形民俗文化財として扱うよりも、むしろ無形文化遺産として扱う視座を強調してきた。岡部は前述した書評において、「本書において著者は研究者のあり方を何度も問い直しているが、おそらく、いずれ、震災にあった地域の民俗芸能再興活動の体験を基に、新たな方法論的視座を考察する本を書くだろうと推察する」（岡部 二〇一五：九七）と述べていた。無形文化遺産におけるよそ者を扱った本章は、どうやら岡部が推察している本に向けた、最初の一歩を意味していたともいえそうである。

謝辞

本章は二〇一四—二〇一六年度に実施された科学研究費助成事業（挑戦的萌芽研究）「芸能復興と被災地ツーリズム」（研究代表者：橋本裕之 研究課題／領域番号：JP26580044）の成果である。

参考文献

飯田卓（二〇一七）「「人間不在の文化遺産」という逆説を超えて」飯田卓（編）『文化遺産と生きる』一一—三五頁、臨川書店。

今石みぎわ（二〇一六）「趣旨説明」東京文化財研究所無形文化遺産部（編）『ひらかれる無形文化遺産——魅力の発信と外からの力』一—四頁、独立行政法人国立文化財機構東京文化財研究所無形文化遺産部。

岡部隆志（二〇一五）「橋本裕之著『震災と芸能　地域再生の原動力』」『日本文学』六四（一一）：九六—九七。

鬼頭秀一（一九九八）「環境運動／環境理念研究における「よそ者」論の射程——諫早湾と奄美大島の「自然の権利」訴訟の事例を中心に」『環境社会学研究』四：四四—五八。

小谷竜介（二〇一二）「被災地の文化遺産を保護するための試み」日高真吾（編）『記憶をつなぐ——津波災害と文化遺産』一一二—一二一頁、財団法人千里文化財団。

敷田麻実（二〇〇九）「よそ者と地域づくりにおけるその役割にかんする研究」『国際広報メディア・観光学ジャーナル』九：七九—一〇〇。

菅豊（二〇一七）「幻影化する無形文化遺産」飯田卓（編）『文化遺産と生きる』六九—九六頁、臨川書店。

田中美知太郎（編）（一九七八）『世界の名著六（プラトンⅠ）』中央公論社。

東京文化財研究所無形文化遺産部（編）（二〇一六）『ひらかれる無形文化遺産——魅力の発信と外からの力』独立行政法人国立文化財機構東京文化財研究所無形文化遺産部。

橋本裕之（二〇一五）『震災と芸能——地域再生の原動力』追手門学院大学出版会。

——（二〇一六a）「支援から協働へ——民俗芸能を復興する／させる方法」橋本裕之・林勲男（編）『災害文化の継承と創造』二七二—二九四頁、臨川書店。

——（二〇一六b）「無形民俗文化財の社会性——現代日本における民俗芸能の場所」『追手門学院大学地域創造学部紀要』一：一二三—一二四。

——（二〇一六c）「協働する共同体へ——民俗芸能を復興する／させる方法の可能性」『舞踊學』三八：一〇六—一一二。

日高真吾（二〇一七）「地域文化遺産の継承」飯田卓（編）『文化遺産と生きる』三七三—三九四頁、臨川書店。

俵木悟（二〇〇三）「文化財としての民俗芸能——その経緯と課題」『藝能史研究』一六〇：四八—七三。

――（二〇〇九）「民俗芸能の「現在」から何を学ぶか」『現代民俗学研究』一：七九―八八。

――（二〇一三）「あのとき君は〈無形文化財〉だった――文化財としての民俗芸能の昭和三〇～四〇年代」岩本通弥（編）『世界遺産時代の民俗学――グローバル・スタンダードの受容をめぐる日韓比較』二一五―二三八頁、風響社。

――（二〇一五）「「護るべきもの」から学ぶべきものへ――民俗芸能研究のフロンティアとしての無形文化遺産」『民俗芸能研究』五九：五六―七五。

おわりに

本書では、有形・無形あるいは動産・不動産といった遺産の性質にとらわれず、また地域にもこだわることなくさまざまな文化遺産をとり上げた。全体を見渡してみて、次の点を最後に強調しておきたい。

第一に、文化遺産に関わる人びとのなかで、客体としての文化と生きられた文化はしばしば渾然一体となっており、区別しがたいことが少なくない。文化人類学のなかで文化をあらためて論じるにあたっては、このことが出発点となっていくだろう。そして、この点をふまえて文化概念を洗練していくことは、人文諸学にも大きな影響を与えていくと予想される。容易な作業ではないが、文化人類学の将来を見わたすうえでは、こうした長期的課題を視野に入れる必要があると考える。

第二に、文化遺産といえば華々しい響きがあるが、それを支えるコミュニティの内外では熾烈な競合がくり広げられている。文化遺産がなんらかの「価値」に結びついたものである以上、価値づけをめぐる競合は当然である。しかし、多様な価値を認めあう社会の実現はさまざまな場面で模索されており、文化遺産もそうした理想と無関係ではない。権力によってものごとを動かす古い意味での政治からの脱却を視野に入れてこそ、文化遺産の運動は可能性をもつだろう。いかにして競合のない多様性をめざすかは、文明史のなかで二十一世紀に課せられた課題だとすらいえる。

第三に、右のことと関連して、多様な人たちから成るコミュニティが抱える問題も少なくない。しかし、そうしたコミュニティのかたちはさまざまな因子によって変わっていくものであるから、文化遺産やコミュニティを完成品（プロダクツ）としてでなく、プロセスとして受けいれつつ問題を解決することが望ましい。

第四に、人びとの営みに結びついた文化遺産は、物理的な修復だけによってうけ継がれるものではないため、当然のようにかたちを変えていく。ここでも、文化遺産の完成品を想定するのではなく、変わらざるをえないものの変化を受けいれる必要があろう。文化遺産をめぐる動きのなかには、移ろいやすいものにかたちを与える動きがかならず生じ（河合論文を参照）、記憶として定着する。こうした不変のものと可変のものが相克的に創りあげていくものこそ、真の意味で「生きられた」文化といえる。

第五に、文化遺産をめぐる動きは、公的な認定の機能を受けもつユネスコや各国政府などとさまざまな関わりあいをもちながら展開しており、この傾向は当面続くことと予想される。このことをふまえれば、マクロな制度とミクロな実践との間に位置するものとして、文化遺産の現象をとらえていくことが必要だろう。しかし、現在の動きは、多様性にもとづく文化運動へと帰結していく可能性もあり、その場合には、マクロな制度は文化運動の後景に退いていくことも考えられる。マクロな制度が重要であるにせよないにせよ、文化遺産にはたらきかける人びとの実践（創出、継承、修復、反復、複製、普及、流用、商品化、秘匿、放置など）は、担い手相互の作用（協力、競合、妥協、決裂など）とともに重要なテーマでありつづけるだろう。文化人類学は、文化遺産学と協力関係を意識したとき、こうしたミクロな分析についての事例提供や理論構築をはたすことができるだろう。

本書に収録した各論文は、国立民族学博物館の機関研究「文化遺産の人類学――グローバル・システムにおけるコミュニティとマテリアリティ」の研究期間（二〇一二―一五年度）中に実施したさまざまな集会での研究発表をもとにしている。とりわけ重要な発表機会となったのは、国際シンポジウム「文化遺産はコミュニティをかたどるか？――アフリカの事例から」（二〇一三年五月二十七日―二十八日）、公開フォーラム「文化遺産の人類学」（二〇一四年十一月八日）、国際フォーラム「中国地域の文化遺産――人類学の視点から」（二〇一五年一月二十四日―二十五日）、および国際シンポジウム「無形文化遺産の継承における『オーセンティックな変更・変容』」である。このため、寄稿者すべてが一堂に会して議論をおこなったわけではない。また、それぞれの研究集会には個別の討議課題があったため、上記の問題意識だけが議論されていたわけではない。しかし、すべての研究集会は、発表者がフィールド調査で得た一次資料を共有しながら議論を進めた点で共通しており、各発表は、文化人類学と文化遺産との関係を帰納的に考察するために貴重な素材を提供していた。このため、研究集会とは異なる文脈において各発表を配列しなおし、あらたな研究分野の胎動を示すことも可能だと判断した。

こうした個別の意思疎通が可能だった背景として、行政が文化遺産の担い手に着目するようになっているにもかかわらず、個々の研究者がフィールドで出会ったことがらが行政はおろか現場に近い実務者にも知られていないという現実がある。本書の書き手たちは、自分たちが見聞きした情報が然るべきかたちで共有されていないことにある種の歯痒さを感じ、発表や執筆に臨んだ。その結果、論者によっては現状に批判的な態度を露わにしているが、このことは、それだけ行政の関心と論者の関心が大きく重なっていることを示している。文化人類学者と行政担当者の協業がどこまで可能かはわからないが、文化人類学者が向きあうべきもうひとつの「フィールド」がたち現れつつあることは確かだろう。今後の文化人類学と文化遺産学（ヘリテイジ・スタディーズ）とのあゆみ寄りを期待したい。

本書では、文化人類学の分野において文化遺産という対象をあつかう意義を効果的に示す諸論考をとり上げた。文化遺産学全般に文化人類学的な視点を導入する意義に関しては、本書と並行して準備している姉妹編『文化遺産と生きる』で詳しく論じている。この本も本書と同じく、四つの研究集会での研究発表をもとに構成されている。併せてお読みいただければ幸いである。

本書出版にあたり、館外での出版を奨励する国立民族学博物館の制度を利用した。また、臨川書店の工藤健太氏には、企画の段階から相談に乗っていただき、本書を実現にまで導いていただいた。関係者すべてに対し、記してお礼申しあげる。

編者・執筆者紹介（五十音順）

[編 者]

飯田　卓（イイダ　タク）

国立民族学博物館准教授。専門：生態人類学、漁民研究。『身をもって知る技法――マダガスカルの漁師に学ぶ』（臨川書店 2014）、『海を生きる技術と知識の民族誌――マダガスカル漁撈社会の生態人類学』（世界思想社 2008）

[執筆者]

門田岳久（カドタ　タケヒサ）

立教大学観光学部准教授。専門：文化人類学、民俗学。『〈人〉に向き合う民俗学』（共編、森話社 2014）、『巡礼ツーリズムの民族誌――消費される宗教経験』（森話社 2013）

河合洋尚（カワイ　ヒロナオ）

国立民族学博物館准教授。専門：社会人類学、漢族研究。『日本客家研究的視角与方法――百年的軌跡』（編著、社会科学文献出版社 2013）、『景観人類学の課題――中国広州における都市環境の表象と再生』（風響社 2013）

小谷竜介（コダニ　リュウスケ）

東北歴史博物館学芸員。専門：文化人類学、民俗学。「被災地の文化遺産を保護する試み」『記憶をつなぐ』（千里文化財団 2012）、「雄勝法印神楽の再開過程と民俗性――文化財の保存と活用の観点から」『無形民俗文化財が被災すると云うこと』（新泉社 2014）

齋藤玲子（サイトウ　レイコ）

国立民族学博物館准教授。専門：アイヌ、北米・北西海岸先住民／物質文化、観光。「アイヌ工芸の200年――その歴史概観」『世界のなかのアイヌ・アート（先住民アート・プロジェクト報告書）』（北海道大学アイヌ・先住民研究センター 2012）、『極北と森林の記憶――イヌイットと北西海岸インディアンの版画』（共編、昭和堂 2010）

塩路有子（シオジ　ユウコ）

阪南大学国際観光学部教授。専門：文化人類学、観光人類学、英国研究。「英国カントリーサイドのチャリティ――理想の居住地における『コミュニティ』の変化」『ヨーロッパ人類学の視座――ソシアルなるものを問い直す』（世界思想社 2014）、『英国カントリーサイドの民族誌』（明石書店 2003）

関　雄二（セキ　ユウジ）

国立民族学博物館教授。専門：アンデス考古学、文化人類学。“Participation of the Local Community in Archaeological Heritage Management in the North Highlands of Peru.” In *Finding Solutions for Protecting and Sharing Archaeological Heritage Resources*（Springer 2015）、『アンデスの文化遺産を活かす――考古学者と盗掘者の対話』（臨川書店 2014）

竹中宏子（タケナカ　ヒロコ）
早稲田大学人間科学学術院准教授。専門：文化人類学、スペイン地域研究。「個人が開くソシアルの地平――スペイン・ガリシアの地域文化コーディネーターの事例から」『ヨーロッパ人類学の視座――ソシアルなものを問い直す』（世界思想社 2014）、*La fiesta en la ciudad; antropología en Huesca*（Exmo. Ayuntamineto de Huesca 2005）

中村　亮（ナカムラ　リョウ）
福井県里山里海湖研究所研究員。専門：文化人類学、インド洋西海域世界の比較研究。「スーダン紅海北部ドンゴナーブ湾海洋保護区の漁撈活動とジュゴン混獲問題」『アフリカ研究』87（日本アフリカ学会 2015)、『マングローブ』（共編著、臨川書店 2013）

野林厚志（ノバヤシ　アツシ）
国立民族学博物館学術資源研究開発センター教授。人類学、民族考古学、台湾研究。『タイワンイノシシを追う――民俗学と考古学の出会い』（臨川書店 2014)、『台湾原住民研究の射程――接合される過去と現在』（順益台湾原住民博物館 2014）

橋本裕之（ハシモト　ヒロユキ）
追手門学院大学地域創造学部教授。専門：民俗学、演劇学。『儀礼と芸能の民俗誌』（岩田書院 2015)、『震災と芸能――地域再生の原動力』（追手門学院大学出版会 2015）

吉田憲司（ヨシダ　ケンジ）
国立民族学博物館館長。専門：博物館人類学、アフリカ研究。『仮面の世界をさぐる――アフリカとミュージアムの往還』（臨川書店 2016)、『宗教の始源を求めて――南部アフリカ聖霊教会の人びと』（岩波書店 2014）

吉田ゆか子（ヨシダ　ユカコ）
東京外国語大学アジア・アフリカ言語文化研究所助教。専門：文化人類学、インドネシア地域研究。『バリ島仮面舞踊劇の人類学――人とモノの織りなす芸能」（風響社 2016)、「仮の面と仮の胴――バリ島仮面舞踊劇にみる人とモノのアッサンブラージュ」『文化人類学』76（1）（日本文化人類学会 2011）

索　引

あ行

か行

さ行

た行

は行

ま、や、ら行

文明史のなかの文化遺産

二〇一七年五月三十一日　初版発行

編　者　飯田　卓
発行者　片岡　敦
印刷製本　亜細亜印刷株式会社

606-8204 京都市左京区田中下柳町八番地
発行所　株式会社　臨川書店
電話（〇七五）七二一-七一一一
郵便振替　〇一〇七〇-二-八〇〇

落丁本・乱丁本はお取替えいたします
定価はカバーに表示してあります

ISBN 978-4-653-04362-1　C0036